토마스 아퀴나스 신학대전 34

참사랑

안 소 근 옮김

제2부 제2편
제23문 - 제33문

신학대전 34

참사랑

2022년 7월 22일 교회인가
2022년 7월 29일 1판 1쇄 발행
2022년 8월 10일 1판 2쇄 발행

간행위원 | 손희송 주교 정의채 몬시뇰 이재룡 신부(위원장)
        안소근 수녀 윤주현 신부 이상섭 교수 정현석 교수
        박승찬 교수 이경상 신부 임경헌 박사 조동원 신부
지은이 | 토마스 아퀴나스
옮긴이 | 안소근
펴낸이 | 이재룡
펴낸곳 | 한국성토마스연구소

25244 강원도 횡성군 우천면 경강로산전7길 28-53
등록 | 제2018-000003호 2018년 6월 19일
전화 | 033) 344-1238
ⓒ 한국성토마스연구소

보급 | 기쁜소식
전화 | 02) 762-1194 팩스 | 741-7673

값 40,000원

ISBN 979-11-978446-4-5 94160
ISBN 979-11-969208-0-7 (세트) 94160

Summa Theologiae, vol.34
by St. Thomas Aquinas

Korean translation copyright ⓒ 2022 by St. Thomas Institute in Korea
All rights reserved
Published by St. Thomas Institute in Korea

> 이 책은 저작권법에 따라 보호를 받는 저작물이므로 무단전제와 복제를 금지하며, 이 책의 내용 전부 또는 일부를 이용하려면 반드시 저작권자와 한국성토마스연구소의 서면 동의를 받아야 합니다.

토마스 아퀴나스 신학대전 34

참사랑

S. Thomae Aquinatis
SUMMA THEOLOGIAE

안 소 근 옮김

제2부 제2편
제23문 - 제33문

한국성토마스연구소

차 례

성 요한 바오로 2세 교황의 격려와 축복의 말씀 / xi
교황 레오 13세의 회칙 발췌문 / xvi
성 요한 바오로 2세 교황의 회칙 발췌문 / xix
『신학대전』 완간을 꿈꾸며 / xxiv
『신학대전』 간행계획 / xxvii
일러두기 / xxix
일반 약어표 / xxxiii
성 토마스 작품 약어표 / xxxv
'참사랑' 입문 / xl

제23문 참사랑 그 자체 / 3
    제1절 참사랑은 우정인가? / 5
    제2절 참사랑은 영혼 안의 피조물인가? / 13
    제3절 참사랑은 덕인가? / 23
    제4절 참사랑은 특수한 덕인가? / 29
    제5절 참사랑은 하나의 덕인가? / 35
    제6절 참사랑은 덕들 가운데 가장 큰 덕인가? / 39
    제7절 참사랑 없이 다른 참된 덕이 있을 수 있는가? / 45
    제8절 참사랑은 덕들의 형상인가? / 53

제24문 참사랑의 주체 / 59
　제1절 의지는 참사랑의 주체인가? / 61
　제2절 참사랑은 주입에 의하여 우리 안에 있게 되는가? / 65
　제3절 참사랑은 본성적 능력들에 따라 주입되는가? / 71
　제4절 참사랑은 그것을 소유한 사람 안에서 증가되는가? / 77
　제5절 참사랑은 첨가에 의하여 증가되는가? / 83
　제6절 참사랑은 어떤 참사랑의 행위로도 증가되는가? / 93
　제7절 참사랑은 무한히 증가되는가? / 99
　제8절 현세의 삶에서 참사랑이 완전할 수 있는가 / 105
　제9절 참사랑의 세 단계, 곧 초보 단계, 진보 단계,
　　　　완성 단계를 구별하는 것이 적절한가? / 111
　제10절 참사랑은 감소할 수 있는가? / 117
　제11절 한번 소유한 참사랑을 잃어버릴 수 있는가? / 127
　제12절 하나의 사죄 행위로 참사랑을 잃어버리는가? / 137

제25문 참사랑의 대상 / 149
　제1절 하느님만을 참사랑으로 사랑해야 하는가,
　　　　또는 이웃도 그러한가? / 151
　제2절 참사랑을 참사랑으로 사랑해야 하는가? / 157
　제3절 비이성적 피조물들을 참사랑으로 사랑해야 하는가? / 163
　제4절 인간은 자기 자신을 참사랑으로 사랑해야 하는가? / 167
　제5절 자신의 육체를 참사랑으로 사랑해야 하는가? / 173
　제6절 죄인들을 참사랑으로 사랑해야 하는가? / 177
　제7절 죄인들은 그 자신을 사랑하는가? / 187
　제8절 원수들을 참사랑으로 사랑해야 하는가? / 193
　제9절 원수들에게 우정의 표지를 보여야 하는가? / 199

v

제10절 천사들을 참사랑으로 사랑해야 하는가? / 205

제11절 마귀들을 참사랑으로 사랑해야 하는가? / 209

제12절 참사랑으로 사랑해야 하는 대상을 하느님, 이웃, 우리의 육체와 우리 자신의 네 가지로 열거하는 것이 적절한가? / 215

제26문 참사랑의 질서 / 221

제1절 참사랑에 질서가 있는가? / 223

제2절 이웃보다 하느님을 더 사랑해야 하는가? / 227

제3절 참사랑으로 하느님을 자신보다 더 사랑해야 하는가? / 233

제4절 인간은 참사랑으로 이웃보다 자신을 더 사랑해야 하는가? / 239

제5절 인간은 자신의 육체보다 이웃을 더 사랑해야 하는가? / 245

제6절 어떤 이웃을 다른 이웃보다 더 사랑해야 하는가? / 249

제7절 더 선한 이들을 더 사랑해야 하는가, 또는 우리와 더 밀접한 사람을 더 사랑해야 하는가? / 257

제8절 혈연으로 결합된 사람을 더 사랑해야 하는가? / 265

제9절 참사랑으로 부모보다 자녀를 더 사랑해야 하는가? / 271

제10절 어머니를 아버지보다 더 사랑해야 하는가? / 277

제11절 아내를 아버지나 어머니보다 더 사랑해야 하는가? / 281

제12절 자신에게 은혜를 베푸는 사람을 자신이 은혜를 베푸는 사람보다 더 사랑해야 하는가? / 287

제13절 참사랑의 질서는 본향에서도 유지되는가? / 293

제27문 참사랑의 주요 행위인 사랑 / 301

제1절 사랑받는 것이 사랑하는 것보다 더 고유하게 참사랑에 속하는가? / 303

제2절 참사랑의 행위인 사랑은 호의와 동일한가? / 309

제3절 참사랑으로 하느님을 그분 자신 때문에 사랑해야 하는가? / 315
제4절 현세의 삶에서 하느님을 직접적으로 사랑할 수 있는가? / 321
제5절 하느님을 전적으로 사랑할 수 있는가? / 327
제6절 하느님을 사랑하는 데에 정도가 있어야 하는가? / 329
제7절 친구를 사랑하는 것보다 원수를 사랑하는 것이
  더 공로가 되는가? / 337
제8절 하느님을 사랑하는 것보다 이웃을 사랑하는 것이
  더 공로가 되는가? / 343

제28문 즐거움 / 351
제1절 우리 안에서 즐거움은 참사랑의 결과인가? / 351
제2절 참사랑에서 나오는 영적 즐거움은 슬픔이 혼합되는 것을
  받아들이는가? / 357
제3절 참사랑에서 기인하는 영적 즐거움은
  우리 안에서 충만할 수 있는가? / 363
제4절 즐거움은 덕인가? / 369

제29문 평화 / 375
제1절 평화는 조화와 동일한가? / 375
제2절 모든 것이 평화를 바라는가? / 383
제3절 평화는 참사랑의 고유한 결과인가? / 391
제4절 평화는 덕인가? / 397

제30문 자비 / 401
제1절 악은 자비의 고유한 동기인가? / 401
제2절 결함은 자비를 베푸는 사람 편에서 자비를 베푸는
  이유가 되는가? / 409

제3절 자비는 덕인가? / 415
제4절 자비는 가장 큰 덕인가? / 423

제31문 선행 / 429
제1절 선행은 참사랑의 행위인가? / 429
제2절 모든 이에게 선행을 해야 하는가? / 435
제3절 우리에게 더 밀접하게 연관된 이들에게
         더 많은 선행을 해야 하는가? / 439
제4절 선행은 특수한 덕인가? / 449

제32문 자선 / 453
제1절 자선을 베푸는 것은 참사랑의 행위인가? / 455
제2절 자선의 유들을 적절하게 구별할 수 있는가? / 461
제3절 물질적 자선은 영적인 자선보다 더 중요한가? / 471
제4절 물질적 자선에는 영적인 결과가 있는가? / 477
제5절 자선은 계명에 속하는가? / 481
제6절 필요한 것에서도 물질적 자선을 베풀어야 하는가? / 491
제7절 부당하게 취득한 것에서 자선을 할 수 있는가? / 497
제8절 다른 사람의 권한 아래 있는 사람이 자선을 할 수 있는가? / 507
제9절 더 밀접한 이들에게 더 많은 자선을 해야 하는가? / 513
제10절 자선은 풍부하게 해야 하는가? / 519

제33문 형제적 교정 / 525
제1절 형제적 교정은 참사랑의 행위인가? / 527
제2절 형제적 교정은 계명에 속하는가? / 533
제3절 형제적 교정은 장상들에게만 속하는가? / 543

제4절 자신의 장상을 교정해야 하는가? / 549
제5절 죄인은 잘못하는 사람을 교정해야 하는가? / 555
제6절 교정으로 악화될 것을 두려워하여 교정을 중단해야 하는가? / 561
제7절 형제적 교정에 있어 계명에 의하여 고발에 앞서
        은밀한 교정이 요구되는가? / 567
제8절 공적인 고발에 앞서 증인이 있어야 하는가? / 579

주제 색인 / 586
인명 색인 / 590
고전작품 색인 / 591
성 토마스 작품 색인 / 593
성경 색인 / 594

FROM THE VATICAN

April 26, 1994

Dear Father Tjeng,*

His Holiness Pope John Paul II was indeed pleased to learn that a Korean translation of the *Summa Theologiae* of Saint Thomas of Aquinas is being published. He warmly encourages you and your collaborators in this enterprise, which will lead not only to a better knowledge of the teachings and method of the one whom Pope Leo XIII called "inter Scholasticos Doctores, omnium princeps et magister"(Leo XIII, *Aeterni Patris,* No. 22), but also to a most fruitful encounter between Christian philosophy and theology and the intellectual traditions of Korea.

Only recently, His Holiness referred to the unique place of Saint Thomas in the history of thought by stating that "the philosophical and theological synthesis which he elaborated is a solid, lasting possession for the Church and humanity"(*Great Prayer,* 16 March 1994, No. 6). That synthesis flows from the principle that there is a profound and inescapable harmony between the truths of reason and those of faith.(cf. *Address to*

---

* The Reverend Paul Tjeng Eui-Chai

성 요한 바오로 2세 교황의 격려와 축복의 말씀

친애하는 정의채 바오로 신부님,

교황 요한 바오로 2세 성하께서는 성 토마스 아퀴나스의 『신학대전』이 한국어로 번역·출판되고 있다는 소식을 들으시고 매우 기뻐하십니다. 이 작업에 참여하는 이들을 따뜻한 마음으로 격려하십니다. 이 작업은 교황 레오 13세 성하께서 "스콜라 학자들의 수장(首長)이며 스승"(레오 13세, 『영원하신 아버지』 22항)이라고 부르신 성 토마스의 가르침과 방법에 대해 보다 깊은 이해를 하게 할 뿐만 아니라 그리스도교의 철학과 신학이 한국의 전통 사상과 만나 매우 풍요로운 결실을 맺게 할 것입니다.

교황 성하께서는 최근에도 "성 토마스가 집대성한 철학적·신학적 종합은 교회와 온 인류의 건실하고 항구한 자산입니다."(『위대한 기도』 1994년 3월 16일, 6항)라고 하시어, 사상사(思想史)에 있어 성 토마스가 차지하는 독보적인 위치를 확인하셨습니다. 성 토마스가 이룩한 종합은 이성의 진리와 신앙의 진리 사이에는 근본적이고 불가피한 조화가 존재한다는 원리로부터 비롯됩니다.(제8차 국제 토마스 회의에서의 말씀: 1980년 9월 13일, 2항 참조)

Eighth International Thomistic Congress: 13 September 1980, No. 2)

The heart of Saint Thomas' reflection is man's relationship to God, his Creator and Lord. He sees man as proceeding from creative divine wisdom and returning to the Father on the basis of an elevation of the human intellect and will, through the grace of Christ's redemptive love. Indeed, he defines man as "the horizon of creation in which heaven and earth join, like a link between time and eternity, like a synthesis of creation." (Ibid., No. 5)

For Saint Thomas, true philosophy should faithfully mirror the order of things themselves, otherwise it ends by being reduced to an arbitrary subjective opinion. "This realistic and historical method, fundamentally optimistic and open, makes St. Thomas not only the 'Doctor Communis Ecclesiae', as Paul VI calls him in his beautiful Letter *Lumen Ecclesiae,* but the 'Doctor Humanitatis', because he is always ready and disposed to receive the human values of all cultures." (Ibid., No. 4) Is this approach itself not a solid point of contact with the great philosophical systems of the East and a sure promise of a very fruitful dialogue between the intellectual traditions of East and West? Such a dialogue in turn is the obligatory path of the progress of human culture, as well as a requisite for a deeper inculturation of Christianity among the peoples of the vast continent of Asia.

His Holiness values the present translation as an important contribution to these lofty goals. He invokes an abundance

성 토마스 사상의 핵심은 인간이 자신의 창조자이며 주님이신 하느님과 인간이 맺고 있는 관계입니다. 성 토마스는 인간을 하느님의 창조적 지혜에서 출발하여, 인간 자신의 지성과 의지를 고양(高揚)시키는 그리스도의 구원적 사랑의 은총에 힘입어 아버지께로 다시 돌아가는 존재로 봅니다. 바로 그렇기 때문에 성 토마스는 "인간을 하늘과 땅이 만나는 창조의 지평, 시간과 영원의 연결 고리, 또는 창조의 종합"으로 정의합니다.(같은 곳, 5항)

사실 성 토마스가 보기에 참다운 철학이란 실재 자체의 질서를 성실하게 반영하여야 합니다. 만일 그렇지 못하다면 철학이란 한낱 인위적인 주관적 견해로 전락하고 말 것입니다. "근본적으로 낙관적이고 개방적이며, 실재주의적이고 역사적인 이 방법은, 바오로 6세 성하께서 『교회의 빛』이라는 아름다운 서한에서 그를 지칭한 것처럼, 성 토마스를 '교회의 보편적 스승'일 뿐만 아니라 '인류의 스승'이 되게 해 줍니다. 그것은 성 토마스가 언제나 모든 문화 속에 포함되어 있는 인간적 가치들을 받아들일 준비가 되어 있기 때문입니다." (같은 곳, 4항) 이러한 그의 입장이야말로 동양의 위대한 철학 체계들과의 만남을 가능케 하는 건실한 기반이자, 동(東)과 서(西)의 지성적 전통 사이의 창조적 교류를 약속하는 것이 아니고 무엇이겠습니까? 그리고 이와 같은 교류는 인류 문화가 발전해 가야 할 도정(道程)임과 동시에 아시아라는 방대한 대륙에 사는 민족들에게 그리스도교가 더 깊이 토착화되기 위한 필수조건인 것입니다.

교황 성하께서는 현재 진행되고 있는 번역 작업을 그런 숭고한 목적을 달성하는 데 기여하는 중요한 작업으로 평가하고 계십니다. 교

of divine blessings upon the authors, publishers and readers of this masterpiece of Christian philosophy and theology.

With good wishes, I am

Sincerely yours in Christ,

Card. Angelo Sodano

Cardinal Angelo Sodano
Secretary of State

황 성하께서는 그리스도교 철학과 신학에 관한 이 위대한 걸작을 번역하는 이와 출판하는 이와 읽는 이 모두에게 주님의 풍성한 축복이 내리기를 기도드리십니다.

1994년 4월 26일

그리스도 안에서 만사형통하시기를 빌며,
바티칸국 국무성 장관
추기경 안젤로 소다노

교황 레오 13세의 회칙 발췌문

『영원하신 아버지』(Aeterni Patris, 1879)

[1879년 8월 4일에 반포된 이 회칙의 원제목은 『가톨릭 학교들에서 성 토마스 데 아퀴노의 정신에 따라 교육되어야 하는 그리스도교 철학에 관하여』(De philosophia christiana ad mentem sancti Thomae Aquinatis Doctoris Angelici in scholis catholicis instauranda)이다.]

30. 그러므로 더할 나위 없이 타당한 이유를 가지고 상당수의 철학자들이 철학을 쇄신하기 위해서는 토마스 데 아퀴노의 놀라운 가르침을 그 순수한 광채 속에서 회복시켜야 한다고 믿고 헌신적으로 투신하였습니다.

그리고 저에게, 이 '천사적 박사'라는 수원(水源)으로부터 영구히 풍부하게 흘러넘치는 가장 순수한 지혜의 강물을 온 세계 젊은이들에게 넉넉하게 마시게 하는 일보다 더 소중하고 바람직한 일은 없다는 점을 모든 이에게 확실하게 일러두는 바입니다.

32. 그리고 신앙에서 멀어져서 가톨릭교회의 가르침을 미워하는 사람들 가운데 상당수는 오직 이성만을 유일한 스승이며 안내자로 삼는다고 선언하고 있습니다. 가톨릭 신앙으로써 그들을 치유하고 은총으로 돌아오게 하려면, 하느님의 초자연적 도우심 다음으로는 교부들과 스콜라 학자들의 건전한 가르침보다 더 적절한 것은 없습

니다. 이들은 신앙의 튼튼한 토대, 그 신적인 기원, 그 확실한 진리, 그 증명 논거, 인류에게 가능해진 은혜, 그리고 이성과의 완전한 조화 등을 증명하였고, 또 너무도 명료하고 강력했기 때문에, 주저하는 자들과 허풍떠는 자들까지도 회심시키기에 충분했습니다.

타락한 이론들의 해악 때문에 우리가 모두 목격하고 있듯이 매우 심각한 위험에 노출되어 있는 가정과 시민사회조차도, 만일 대학과 학교들에서 교회의 가르침에 가장 일치되는 건전한 교육이 시행되기만 했더라면 분명 훨씬 더 평온하고 확실한 기반 위에 서 있을 수 있었을 것입니다. 우리는 바로 이런 가장 건전한 가르침을 토마스 데 아퀴노의 작품들 속에서 발견합니다. 왜냐하면 오늘날 방종으로 변형되고 있는 자유의 진정한 본성, 법칙과 그 힘, 자명한 원리들의 영역, 더 높은 권위에 대한 마땅한 복종, 인간 상호 간의 사랑 등에 대한 토마스의 가르침들은 사회질서의 평온과 대중의 안녕에 위험하기 짝이 없는 새로운 법의 원리들을 전복시킬 수 있는 대단히 강력하고 꺾일 수 없는 힘을 지니고 있기 때문입니다.

36. 특별히 신중한 분별력을 가지고 그대들[전 세계 주교들]이 뽑은 스승들[신학교와 가톨릭 대학교 교수들]은 자기 제자들의 정신이 성 토마스 데 아퀴노의 가르침으로 관통될 수 있도록 깊은 노력을 기울여야 하며, 그의 가르침이 다른 모든 이론에 견주어 얼마나 튼튼하고 월등한지를 분명히 해야 합니다. 그대들이 설립한 (또는 설립할) 학부들은 그의 가르침을 해설하고 옹호하며 흔한 오류들을 논박하는 데 활용할 수 있어야 합니다.

그리고 그대들은 정통 가르침 대신에 이런저런 허풍떠는 이론들에

말려들거나, 진정한 가르침 대신에 타락한 이론들에 현혹되지 않도록 성 토마스의 지혜가 그 원천으로부터, 또는 적어도 뛰어난 지성들의 확실하고 한결같은 판단에 따르면 그 원천에서 흘러나와 아직도 맑고 투명하게 흐르는 저 강물들로부터 탐구될 수 있도록 조처해야 합니다. 그리고 같은 원천에서 나왔다고들 말하기는 하지만 실제로는 이질적이고 해로운 저 시냇물에서 젊은이들의 정신을 멀리 떼어 놓도록 최선의 노력을 기울여야 합니다.

성 요한 바오로 2세 교황의 회칙 발췌문

『신앙과 이성』(Fides et Ratio, 1998)

43. 이 오랜 발전 과정에서 성 토마스 데 아퀴노(St. Thomas de Aquino)는 특별한 자리를 차지하고 있습니다. 그것은 그가 가르친 내용 때문만이 아니라 당대의 아랍 사상과 유다교 사상과 나눈 대화 때문입니다. 그리스도교 사상가들이 고대 철학, 특히 아리스토텔레스의 보화들을 재발견하고 있던 시대에, 성 토마스는 신앙과 이성 사이의 조화에 영예로운 자리를 배정한 위대한 공로를 가지고 있습니다. 이성의 빛과 신앙의 빛은 둘 다 하느님에게서 오는 것이고, 따라서 양자 사이에는 어떠한 모순도 있을 수 없다고 그는 논증하고 있습니다.

더욱 근본적으로, 토마스는 철학의 일차적 관심사인 자연(natura)이 하느님의 계시를 이해하는 데 적극적으로 기여할 수 있다는 것을 인정합니다. 따라서 신앙은 이성을 두려워할 필요가 없고, 오히려 이성을 추구하고 그것에 대해서 신뢰를 가지고 있습니다. 은총이 자연에 의존하고 자연을 완성시키듯이, 신앙은 이성에 의존하고 이성을 완성합니다. 신앙을 통해서 조명받을 때, 이성은 죄의 불복종 때문에 오는 연약성과 한계로부터 해방되어, 삼위일체 하느님에 대한 지식으로 고양되는 데 요구되는 힘을 얻게 됩니다. 비록 신앙의 초자연적인 성격을 강조하기는 했지만, 이 '천사적 박사'(Doctor Angelicus)

는 신앙이 지니고 있는 합리적 성격의 중요성을 간과하지 않았습니다. 참으로 그는 이 이해 가능성의 깊이를 천착해 들어가 그 의미를 밝혀낼 수 있었습니다. 신앙은 어떤 의미에서 일종의 '사고 훈련'(exercitium cogitationis)입니다. 그리고 인간 이성은, 어쨌든 자유롭게 심사숙고해서 내리는 선택으로 얻어지는 신앙의 내용들에 동의한다고 해서, 무효화되는 것도 아니고 그 품위가 손상되는 것도 아닙니다.

바로 그렇기 때문에 교회는 한결같이 성 토마스를 사고의 스승이며 올바른 신학자의 전형으로 추천해 온 것입니다. 이 점에 관해서 저는 선임자인 하느님의 종 교황 바오로 6세께서 천사적 박사의 서거 700주년[1974년]의 기회에 하신 말씀을 상기하고 싶습니다. "의심할 바 없이, 토마스는 진리에의 용기, 새로운 문제들을 직면할 때의 정신의 자유, 그리고 그리스도교가 세속 철학이나 편견으로 감염되는 것을 허용하지 않는 사람들의 지적 정직성 등을 최고도로 소유하고 있었습니다. 따라서 그는 그리스도교 사상사 속에서 언제나 새로운 철학과 보편적 문화에 이르는 길의 선구자로 남아 있습니다. 그가 찬란한 예언자적 통찰력으로 신앙과 이성 사이의 새로운 만남에서 제시한 요점과 해결의 씨앗은 세계의 세속성(saecularitas)과 복음의 근본성 사이의 화해였고, 따라서 세상과 그 가치들을 부정하려는 자연스럽지 못한 경향을 피하면서도 동시에 초자연적 질서의 숭고하고 준엄한 요구들로써 신앙을 지킬 수 있었습니다."

44. 성 토마스의 또 하나의 위대한 통찰은, 지식이 지혜로 성장해 가게 되는 과정에서 성령의 역할을 깊이 깨닫고 있었다는 사실입니

다. 그의 『신학대전』(*Summa Theologiae*)의 앞머리에서 아퀴나스는, 성령의 선물로서 천상의 것들에 대한 지식으로의 통로를 열어 주는 지혜의 우위성을 날카롭게 보여 주고 있습니다. 그의 신학은 우리가 신적인 것들에 대한 신앙과 지식에 밀접하게 연관되어 있는 지혜의 특성을 이해할 수 있게 해 줍니다. 이 지혜는 천성적으로(per connaturalitatem) 알려지게 됩니다. 그것은 신앙을 전제로 하고 있고, 결국 신앙 자체의 진리에 입각한 올바른 판단을 형성해 줍니다. "성령의 선물들 가운데 하나인 지혜는 지성적 덕 가운데서 발견되는 지혜와는 구별됩니다. 이 두 번째 지혜는 연구를 통해서 얻어지지만, 첫 번째 지혜는 야고보 사도가 말하고 있는 것처럼 '높은 데서 옵니다.' 이것은 또한 신앙과도 구별되는데, 그것은 신앙이 신적인 진리를 있는 그대로 받아들이기 때문입니다. 그러나 지혜의 선물은 신적인 진리에 따라서 판단할 수 있게 해 줍니다."

그렇지만 이 지혜에 어울리는 우위성은 천사적 박사가 철학적 지혜와 신학적 지혜라는 지혜의 다른 두 개의 보충적 형태들이 있다는 것을 간과하게 만들지 않습니다. '철학적 지혜'는 자연적인 제약을 가지고 있는 지성의 실재 탐구 역량에 기초를 두고 있고, 신학적 지혜는 계시에 기초를 두고 신앙의 내용들을 탐구하여 하느님의 신비에 접근해 갑니다.

"진리는 누가 발설하든지 간에 모두 성령으로부터 오는 것"(omne verum a quocumque dicatur a Spiritu Sancto est)임을 깊이 확신하고 있던 성 토마스는 그의 진리 사랑에 공평무사했습니다. 그는 어디에서든지 진리를 추구하였고, 진리의 보편성을 입증하는 데 전력을 다했습니다. 교회의 교도권은 그에게서 진리를 향한 열정을 인정하였습니다. 그리고 정확히 그것이 일관되게 보편적이고 객관적이며 초월적인 진리의 지평 속에 머무르기 때문에, 그의 사상은 '인간 지성이 결코 생각해 낼 수 없을 높은 경지'에 도달했습니다. 그는 정당하게도 '진리의 사도'(apostolus veritatis)라고 불릴 수 있을 것입니다. 확고하게 진리만을 추구하는 토마스의 실재주의(realismus)는 진리의 객관성을 인정하고 '현상'의 철학뿐만 아니라 '존재'의 철학(philosophia essendi) 까지도 제시할 수 있습니다.

57. 그러나 교도권은 철학 이론들의 오류들과 일탈들을 지적하기만 하는 것은 아닙니다. 이에 못지않은 관심을 가지고 교회 교도권은 철학적 탐구의 진정한 쇄신의 기본 원리들을 강조하고 특정 방향을 지시하기도 합니다. 이 점에서 교황 레오 13세께서는 회칙 『영원하신 아버지』(Aeterni Patris)에서 교회 생활을 위해 역사적으로 매우 중요한 일보를 내디디셨습니다. 왜냐하면 그 회칙은 오늘날까지도 온전히 철학만을 위해 작성된 유일한 권위 있는 교황 문헌으로 남아 있기 때문입니다. 이 위대한 교황께서는 신앙과 이성 사이의 관계에 관한 제1차 바티칸공의회의 가르침을 발전시키는 가운데, 철학적 사고가 신앙과 신학에 얼마나 깊이 공헌하는지를 보여 주셨습니다. 한 세기 이상이 지났지만 그 회칙이 담고 있는 실천적이고 교육적인 통찰들은 그 중요성을 조금도 잃어버리지 않았습니다. 특히 성 토마스의 철학이 지니고 있는 그 어느 것에도 비할 수 없는 가치에 관한 강조는 더욱 그렇습니다. '천사적 박사'의 사상에 대한 쇄신된 강조야말로 교황 레오 13세께서는 신앙의 요구들에 부합되는 철학의 활용을 활성화시키는 최선의 길로 비쳐졌습니다. "성 토마스는 이성과 신앙을

날카롭게 구분하였습니다. 그러나 이 양자를 조화시켜 각각 자신의 권리와 품위를 고스란히 간직하게 할 수 있었습니다."

78. 이 성찰들의 빛 속에서, 교도권이 왜 반복적으로 성 토마스 사상의 공로들을 격찬하고 그를 신학 연구의 인도자이며 전형(典型)으로 삼았는지가 명백히 드러납니다. 이것은 순수하게 철학적인 문제들에 대해서 어떤 입장을 취하기 위해서도 아니고, 또 특정 이론들에 대한 호감을 표시하기 위한 것도 아니었습니다. 교도권의 의도는 언제나, 성 토마스가 어떤 의미에서 진리를 추구하는 모든 사람을 위한 진정한 전형인지를 보여 주자는 것이었습니다. 실상 그의 성찰 속에서 이성의 요구들과 신앙의 힘이, 일찍이 인간 사고가 이룩한 가장 고상한 종합을 발견합니다. 왜냐하면 그는 이성에게 고유한 모험을 평가 절하함이 없이, 계시를 통해서 도입된 근본적인 새로움을 옹호할 수 있었기 때문입니다.

『신학대전』 완간을 꿈꾸며

　그리스도교 2000년 역사에서는 물론 인류 문화사에서도 경이로운 불후의 걸작으로 인정받고 있는 방대한 『신학대전』을 대역판으로 간행하는 이 대사업은 정의채(鄭義采) 몬시뇰의 혜안과 용단에서 비롯되었다. 몬시뇰께서는 그리스도교 전래 200주년(1784-1984년)을 기념한 다음해인 1985년에 첫 권을 발간한 이래 꾸준히, 어려운 여건 가운데서도 고군분투하며 전체 3부 60권(보충부까지 포함하면 72권) 가운데 10권을 직접 번역하였고, 2006년 즈음부터는 소장 학자들에게도 번역 지침을 주어 과제를 분담하고 또 탈고 단계에서는 직접 감수를 통해 지도 편달함으로써 5권을 더 출간하였다. 여기에는 강윤희 신부, 김율 교수, 김정국 신부, 김춘오 신부, 윤종국 신부, 이상섭 교수, 이진남 교수, 채이병 박사 등이 참여했고, 막바지에는 이재룡 신부도 가담했다. 그렇게 해서, 제1부를 모두 마치고, 인간의 윤리 문제(제2부 전체)의 궁극 목표인 '행복'에 관해 논하는 첫 다섯 문제(제16권)까지 출간해 내었다.

　이제까지 도서 출판을 통한 복음 전파를 카리스마로 삼고 있는 '바오로딸수도회'가 어려운 출판 여건 속에서도 큰 희생을 기꺼이 감내하며 몬시뇰의 피땀 어린 노력을 묵묵히 뒷받침해 왔다. 몬시뇰과 수도회에 깊은 존경과 감사의 뜻을 전하고 싶다.

　그런 가운데 서울대교구 교구장이신 염수정(廉洙政) 추기경은 2016

년 8월, 15년 뒤에 맞게 될 천주교 조선교구 설정 200주년(1831-2031년)까지는 『신학대전』을 완간해야겠다는 큰 계획을 세우고 이미 번역진에 합류하고 있던 이재룡 신부를 그 전담 책임자로 임명하였다. 계획대로 추진된다면, 그리스도교가 이 땅에 들어온 지 근 반세기 만에 교구가 설정됨으로써 제대로 체제를 갖춘 당당한 지역 교회가 되었듯이, 『신학대전』도 근 반세기 만에 완간될 것이다.

전담 책임을 맡은 이재룡 신부는 우선 '한국성토마스연구소'(St. Thomas Institute in Korea)를 설립하고, 바오로딸출판사와 긴밀히 상의하며 이제까지 몬시뇰께서 추진해 온 출간 사업을 계승하여, 완간된 부분과 진행 중인 작업들을 총점검하고 향후 사업 일정을 확정하여 2017년 12월 《천주교조선교구설정 200주년기념 신학대전간행사업》(2019-2031년)이라는 제목으로 교구장님께 보고드렸다. 간행위원단 구성은 손희송 주교, 정의채 몬시뇰, 이재룡 신부(위원장), 안소근 수녀, 윤주현 신부, 이상섭 교수, 정현석 박사로 단순화하였다. 2019년부터 13년간 매년 분책 4-5권씩을 번역해 낸다는, 다소 무리한 계획이었지만, 최근 완간된 일어 역본(2007년)과 대만에서 발간된 한역본(2009년)도 자극제가 되어 200주년을 넘지 않도록 서두르기로 하였다.

2019년 말, 감사하게도 총 12개년(2020-2031년)에 걸친 《천주교조선교구설정 200주년기념 신학대전간행사업》이 문화체육관광부의 '국고지원사업'으로 선정되었다. 사업의 중심 내용은 당연히 『신학대전』의 나머지 부분인 분책 50권('보충부' 포함)의 간행이지만, 여기에 보조 장치 3권(『입문』, 『총색인』, 『요약』)과 선결 필수 사업으로 판단되는 3권의 사전(『성 토마스 개념사전』, 『교부학사전』, 『라틴어사전』) 간행을 추가하였다.

이제부터 시작이지만, 여기까지 오는 데에도 우여곡절을 거쳐야 했는데, 매일 묵주기도 5단을 바치며 성모님과 토마스 아퀴나스 성인님께 도움을 청했고, 고비 때마다 기묘한 방식으로 도와주시는 주님 섭리의 손길을 느꼈다. 그리고 많은 분들의 도움을 받았다. 존경하는 교구장님과 정진석(鄭鎭奭) 추기경님을 비롯한 교구 주교님들과 다른 주교님들, 동창 신부님들과 선후배 신부님들, 그리고 사업을 하시는 몇몇 지인들의 적극적인 격려와 지원 외에도, 일선 사목 현장에서 동고동락했던 잠실, 오류동, 혜화동 성당의 교우들과 교리신학원의 제자들도 꾸준히 정기적으로 도움을 주고 있다. 그리고 세 차례에 걸친 국고 지원 신청 과정에서 적극적인 행정적 지도와 격려를 아끼지 않은 문화체육관광부의 장우일 종무관과 실무진, 만만찮은 대응자금 문제 때문에 어려움을 겪고 있을 때 길을 열어 주고 적극적인 지지를 보내 준 김영국 신부님과 이경상 신부님을 비롯한 학교법인 가톨릭학원 신부님들의 도움이 컸다. 마지막으로, 지난해에 무리한 계획과 국고 지원 신청 과정 때문에 출판 일정이 겹치고 뒤엉켜 절망적인 국면에 처했을 때 흔쾌히 도움의 손길을 내밀고 끝까지 동행하기로 한 '기쁜소식'의 전갑수 사장님께 감사의 뜻을 전하고 싶다.

이렇게 많은 분들의 기대와 성원을 받으며 전능하신 하느님의 보호와 우리나라의 주보(主保)이신 성모 마리아의 도우심과 '인류의 스승'(Doctor Humanitatis)인 토마스 성인의 전구에 힘입어 벅찬 희망을 안고 대여정의 첫걸음을 내딛는다.

2020년 성모성월에
한국성토마스연구소에서
간행위원장 이재룡 신부

『신학대전』 간행계획

(2031년 완간)

[제1부]

01 (ST I, 1-12) 하느님의 존재, 정의채 옮김, 1985. 3판 2014.
02 (ST I, 13-19) 하느님의 생명, 정의채 옮김, 1993. 2판 2014.
03 (ST I, 20-30) 하느님의 작용과 위격, 정의채 옮김, 1994. 2판 2000.
04 (ST I, 31-38) 위격들의 구별, 정의채 옮김, 1997.
05 (ST I, 39-43) 위격들의 관계, 정의채 옮김, 1998.
06 (ST I, 44-49) 창조, 정의채 옮김, 1999.
07 (ST I, 50-57) 천사, 윤종국 옮김, 2010.
08 (ST I, 58-64) 천사의 활동, 강윤희 옮김, 2020.
09 (ST I, 65-74) 우주 창조, 김춘오 옮김, 2010.
10 (ST I, 75-78) 인간, 정의채 옮김, 2003.
11 (ST I, 79-83) 인간 영혼의 능력, 정의채 옮김, 2003.
12 (ST I, 84-89) 인간의 지성, 정의채 옮김, 2013.
13 (ST I, 90-102) 하느님의 모상으로 창조된 인간, 김율 옮김, 2008.
14 (ST I, 103-114) 하느님의 통치, 이상섭 옮김, 2009.
15 (ST I, 115-119) 우주의 질서, 김정국 옮김, 2010.

[제2부 제1편]

16 (ST I-II, 1-5) 행복, 정의채 옮김, 2000.
17 (ST I-II, 6-17) 인간적 행위, 이상섭 옮김, 2019.
18 (ST I-II, 18-21) 도덕성의 원리, 이재룡 옮김, 2019.
19 (ST I-II, 22-30) 정념, 김정국 옮김, 2020.
20 (ST I-II, 31-39) 쾌락, 이재룡 옮김, 2020.
21 (ST I-II, 40-48) 두려움과 분노, 채이병 옮김, 2020.
22 (ST I-II, 49-54) 습성, 이재룡 옮김, 2020.
23 (ST I-II, 55-67) 덕, 이재룡 옮김, 2020.
24 (ST I-II, 68-70) 성령의 선물, 채이병 옮김, 2020.
25 (ST I-II, 71-80) 죄, 안소근 옮김, 2020.
26 (ST I-II, 81-85) 원죄, 정현석 옮김, 2021.
27 (ST I-II, 86-89) 죄의 결과, 윤주현 옮김, 2021.
28 (ST I-II, 90-97) 법, 이진남 옮김, 2020.
29 (ST I-II, 98-105) 옛 법, 이경상 옮김, 2021.
30 (ST I-II, 106-114) 새 법과 은총, 이재룡 옮김, 2021.

[제2부 제2편]

31 (ST II-II, 1-7) 신앙, 박승찬 옮김, 2022.
32 (ST II-II, 8-16) 신앙(II)
33 (ST II-II, 17-22) 희망
34 (ST II-II, 23-33) 참사랑, 안소근 옮김, 2022.
35 (ST II-II, 34-44) 참사랑(II)
36 (ST II-II, 45-56) 현명

37 (ST II-II, 57-62) 정의
38 (ST II-II, 63-79) 불의
39 (ST II-II, 80-91) 종교와 경신
40 (ST II-II, 92-100) 종교와 경신(II)
41 (ST II-II, 101-122) 사회적 덕
42 (ST II-II, 123-140) 용기
43 (ST II-II, 141-154) 절제
44 (ST II-II, 155-170) 절제(II)
45 (ST II-II, 171-178) 예언과 은사
46 (ST II-II, 179-182) 활동과 관상
47 (ST II-II, 183-189) 사목과 수도생활

[제3부]
48 (ST III, 1-6) 육화하신 말씀
49 (ST III, 7-15) 그리스도의 은총
50 (ST III, 16-26) 하느님과 인간 사이의 중재자
51 (ST III, 27-30) 동정녀 마리아
52 (ST III, 31-37) 그리스도의 유년기
53 (ST III, 38-45) 그리스도의 생활
54 (ST III, 46-52) 그리스도의 수난
55 (ST III, 53-59) 예수 부활
56 (ST III, 60-65) 성사

57 (ST III, 66-72) 세례와 견진
58 (ST III, 73-78) 성체성사
59 (ST III, 79-83) 영성체
60 (ST III, 84-90) 고해성사(*절필)

[보충부]
61 (ST Sup, 1-11) 통회
62 (ST Sup, 12-20) 보속과 열쇠
63 (ST Sup, 21-28) 냉담과 대사
64 (ST Sup, 29-33) 병자성사
65 (ST Sup, 34-40) 성품성사
66 (ST Sup, 41-49) 혼인성사
67 (ST Sup, 50-62) 혼인장애
68 (ST Sup, 63-68) 재혼
69 (ST Sup, 69-74) 죽음과 심판
70 (ST Sup, 75-86) 육신의 부활
71 (ST Sup, 87-96) 최후 심판과 성인들
72 (ST Sup, 97-99) 단죄받은 자들
73 (***) [신학대전 요약]
74 (***) [신학대전 입문]
75 (***) [총색인]

일러두기

1. 『신학대전』의 대구조(macro-structura)

1.1. 성 토마스는 불후의 걸작인 이 방대한 작품을 신플라톤주의의 '발원-귀환'이라는 웅장한 구도를 활용하여 구성하고 있다. 그래서 제1부는 만물이 하느님으로부터 나오는 발원(發源, exitus) 과정이고, 제2부는 만물이 하느님께로 되돌아가는 귀환(歸還, reditus) 여정이며, 제3부는 그 귀환의 길 또는 수단이 되어 주신 구세주의 위업(偉業)을 다루고 있다. 보충부는 일찍 찾아온 그의 죽음 때문에 미완으로 남게 된 (제3부의) 공백을 그의 제자, 혹은 제자 그룹이 그의 초창기 작품으로부터 관련 내용을 정리하여 옮겨다 채워 넣은 보완 부분이다.

1.2. 'Ⅰ'(Prima Pars)은 제1부, 'Ⅰ-Ⅱ'(Prima Pars Secundae Partis)는 제2부 제1편, 'Ⅱ-Ⅱ'(Secunda Pars Secundae Partis)는 제2부 제2편, 'Ⅲ'(Tertia Pars)은 제3부, 그리고 'Sup.'(Supplementum)은 보충부의 약식 기호들이다.

1.3. 지금 우리의 기획처럼, 방대한 『신학대전』의 내용을 나누어 출간하는 경우에, 분책(分冊)의 기초가 되는 단위로, 여러 개의 문(quaestio)들이 한데 모여 이루는 공동의 주제인 'tract.'(tractatus)를 '논고'(論考)라고 부른다.

1.4. 'q.'(quaestio)라고 표기되는 단위를 '문'(問)이라고 부른다.

1.5. '문'에서 제기된 문제를 해결하기 위해서는 필요한 만큼의 분절 작업(articulatio)이 요구되는데, 이렇게 세분된, 실질적인 논의의 기본 단위를 이루는 'a.'(articulus)를 '절'(節)이라고 부른다.

2. 절(節)의 세부 구조(micro-structura)

각각의 절에서 본격적으로 논의되는 세부 내용은 규칙적인 형식으로 구성되어 있고, 크게 두 부분으로 대별된다. 먼저, 권위 있는 가르침들이 찬-반(贊反)으로 제시되고, 다음에 저자 자신의 해결책이 제시된다.

2.1. 첫 번째 부분에서는 먼저, 중세 스콜라 학자들의 기본적인 학문 방법인 '권위'(auctoritas), 곧 성경과 교부들, 그리고 때로는 고대 철학자들을 비롯한 사상가들로부터 해당 주제에 대한 가르침들 가운데 (곧 제시될 필자의 입장에 반대되는) '부정적인' 가르침들이 엄선하여 제시된다. 곧 '반론들'(objectiones)로서, 보통 세 개 정도가 제시되는데, '반론 1'(obj.1), '반론 2'(obj.2)라 부른다.

2.2. 다음으로는 (역시 권위들 가운데에서) 그에 대해 반대되는, 곧 저자의 입장을 지지하는 긍정적인 가르침이 (보통은 하나) 제시된다. 곧 '재반론'(sed contra)이다.

2.3. 저자 자신의 독창적 해결책이 제시되는 두 번째 부분도 또다시 두 부분으로 구별되는데, 먼저 '답변'(Respondeo) 부분에서는 그 주제에 대한 저자 자신의 해결책이 제시되며, 가끔은 '본론'(corpus)이

라고 불리기도 한다.

2.4. 그런 다음에 '해답'(solutio) 부분에서는 '답변'에서 확인한 결론들을, 앞머리에 제시되었던 반론들 하나하나에 대해 적용한다. 원문에서 라틴어로 'ad1' 'ad2' 등으로 표시되는 것을 우리는 '제1답' '제2답' 등으로 부른다.

3. 본문과 각주에서의 유의 사항

3.1. 번역 대본은 비판본인 레오판(ed. Leonina)을 주로 따르고 있는 마리에티판이다: S. Thomas Aquinatis, *Summa Theologiae*, cum textu ex recensione Leonina, Taurini-Romae, Marietti, 1952.

3.2. (괄호) 속의 내용은 라틴 원문에 있지만, 길고 복잡한 문장 구조가 조금이나마 시각적으로 간명해지도록 역자가 임의로 괄호로 묶은 것이다.

3.3. [꺾쇠괄호] 안의 단어나 구절은 해당 라틴어 원문에는 없으나, 문맥상 요구된다고 판단되는 내용을 삽입한 것이다.

3.4. 성경은 기본적으로 한국천주교주교회의에서 발행한 『성경』을 따르지만, 내용에서 차이가 있는 경우에는 역자가 라틴 원문에 충실하게 번역하고, 각주에 『성경』 구절을 제시하였다.

3.5. 다양한 종류의 각주에 대해 아라비아 숫자로 일련번호를 매겼다. 단, 마리에티판의 권말에 추가주(adnotationes)로 실려 있는 내용을 번역한 경우에는 일련번호에 이어 '(* 추가주)'라는 별도의 표시를 했다.

4. 약어표에 관하여

4.1. 일반적인 약어들을 '일반 약어표'로 제시하였다.

4.2. 성 토마스의 작품들에 대해서는 약어표를 따로 제시하였다.

4.3. 성경 약어에 대해서는 가톨릭교회에서 통용되는 일반 관례를 따른다.

4.4. 성 아우구스티누스를 비롯한 교부들의 작품들에 대해서는 한국교부학연구회가 펴낸 『교부 문헌 용례집』(수원가톨릭대학교출판부, 2014)을 따른다.

4.5. 아리스토텔레스를 비롯한 고대 사상가들의 작품들에 대한 약어는 한국서양고전철학회 등에서의 일반적인 관례를 준용한다.

일반 약어표

a.	절(articulus). 예) '제1절', '제7절' 등.
aa.	여러 절들(articuli). 예) aa.1-3은 '제1절에서 제3절까지'를 가리킴.
ad1, ad3	제1답, 제3답: 절(articulus)을 시작하면서 제기되었던 반론들(objectiones)에 대해, 일일이 '해답'(solutio) 부분에서 해결책으로 제시하는 답변들.
c.	장(capitulum).
c.	본론(corpus) 곧 '답변'(Respondeo)을 가리킴.
Can.	카논(Canon: 공의회의 장엄 결정문).
Cf.	참조(conferire).
d.	구분(divisio). 특히 『명제집』과 『명제집 주해』에서 기본 틀로 제시될 때, '제1구분', '제2구분'으로 표기. 예) 『명제집 주해』 제1권 제2구분 제1문 제3절. (많이들 'divisio'와 혼용하고 있는 'distinctio'는 '구별'.)
DH	『덴칭거-휘너만』 혹은 『규정-선언 편람』(Denzinger-Hunermann이 1991년부터 편찬).
DS	『덴칭거-쇤메처』 혹은 『규정-선언 편람』(Denzinger-Schoenmetzer가 1963년부터 편찬).
Ibid.	같은 작품 또는 같은 곳(Ibidem).
ID.	같은 저자(Idem).
lect.	강(lectio). 예) '제1강', '제2강' 등. (단, 서술문에서 지칭 시에는 '강독'.)
lib.	권(liber). 예) '제1권', '제2권' 등.
ll.	행(行, lineae).
loc. cit.	인용된 곳(loco citato).

n.	번(numerum) 또는 그대로 'n'. 예) '2번' 또는 'n.2'.
obj.	반론(objectio). 예) '반론1,' '반론2' 등.
op. cit.	이미 인용된 작품(opere citato).
parall.	병행 문헌(paralleli).
PG	미뉴, 『그리스 교부 전집』(Migne, *Patrologia Graeca*).
PL	미뉴, 『라틴 교부 전집』(Migne, *Patrologia Latina*).
Proem.	머리말(Proemium).
Prol.	머리글(Prologus).
q.	문(quaestio). 예) '제1문,' '제89문' 등. (단, 간혹 서술 문장 중 특정 '문'을 가리킬 때에는 '문제'라고 지칭할 수도 있다.) 예문) "창조에 관해 논하는 이 '문제'는…."
qc.	소문제(quaestiuncula). (주로 『명제집 주해』에 나타남.)
qq.	여러 문들(quaestiones). 예) qq.57-59는 '제57문에서 제59문까지'를 가리킴.
Resp.	답변(Respondeo) [=본론].
s.c./sc	재반론(Sed contra) 또는 '그러나 반대로'. (보통은 재반론이 하나이지만, 드물게 번호와 함께 두세 개가 제시되기도 한다. 이때에는 '재반론1,' '재반론3' 등으로 표기한다.)
sol.	해답(solutio). (단, 기본 틀 가운데에서 반론1에 대한 해답[ad1], 반론2에 대한 해답[ad2] 등은 '제1답,' '제2답' 등이라고 지칭.)
tract.	논고(tractatus: 여러 문들이 함께 모여 이루는 논의 주제).

성 토마스 작품 약어표

In Sent., I, d.3, q.1, a.3, qc.1, ad1	『명제집 주해』 제1권 제3구분 제1문 제3절 제1소문제 제1답
ScG, I, II	『대이교도대전』 제1권, 제2권
ST (* 생략)	『신학대전』
I, q.1, a.1, ad2	『신학대전』 제1부 제1문 제1절 제2답
I-II	『신학대전』 제2부 제1편
II-II	『신학대전』 제2부 제2편
III	『신학대전』 제3부
Sup.	『신학대전』 보충부
Catena Aurea	『황금 사슬』 또는 『4복음서 연속주해』
Compendium Theol.	『신학 요강』
Contra doct. retrah.	『소년의 수도회 입회를 비난하는 전염병과도 같은 가르침 논박』
Contra err. Graec.	『그리스인들의 오류 논박』
Contra impugn.	『전례와 수도회를 거스르는 자들 논박』
De aetern. mundi	『세상 영원성』
De anima	『영혼에 관한 토론문제』 또는 『영혼론』
De articulis fidei	『신앙 요목』
De beatitudine	『참행복』 또는 『진복』
De caritate	『참사랑』 또는 『참사랑에 관한 토론문제』
De correct. Frat.	『형제적 충언』 또는 『형제적 충언에 관한 토론문제』
De demonstratione	『증명론』
De diff. verbi Domini	『하느님의 말씀과 인간의 말의 차이』
De dilex. Dei et prox.	『하느님 사랑과 이웃 사랑』

De dimens. indeterm.	『무한의 크기』
De divinis moribus	『하느님의 습성』
De duo. praecep. char.	『사랑의 이중계명』
De empt. et vend.	『신용거래』 또는 『매매론』
De ente et ess.	『존재자와 본질』 또는 『유(有)와 본질(本質)에 대하여』
De eruditione principis	『군주 교육』
De expos. missae	『미사 해설』
De fallaciis	『오류론』
De fato	『운명론』
De forma absol.	『사죄경 형식』
De humanitate Christi	『그리스도의 인성』
De instantibus	『순간론』
De intellectu et intell.	『지성과 가지상』
De inventione medii	『수단의 발명』
De iudiciis astr.	『점술가의 판단』
De magistro	『교사론』 또는 『교사에 관한 토론문제』
De malo	『악론』 또는 『악에 관한 토론문제』
De mixtione element.	『요소들의 혼합』
De motu cordis	『심장 운동』
De natura accidentis	『우유의 본성』
De natura generis	『유(類)의 본성』
De natura loci	『장소의 본성』
De natura luminis	『빛의 본성』
De natura materiae	『질료의 본성』
De natura syllog.	『삼단논법의 본성』
De natura verbi intell.	『지성의 말의 본성』
De occult. oper. naturae	『자연의 신비로운 작용』
De officio sacerdotis	『사제의 직무』

De perf. vitae spir.	『영성생활의 완성』
De potentia	『권능론』 또는 『권능에 관한 토론문제』
De potentiis animae	『영혼의 능력들』
De principiis naturae	『자연의 원리들』
De principio individ.	『개체화의 원리』
De propos. mod.	『양태명제론』
De purit. consc. et modo conf.	『양심의 순수함과 고백 양식』
De quat. oppositis	『네 대당(對當)』
De quo est et quod est	『'그것에 의해 있는 것(존재)'과 '있는 것(본질)'』
De rationibus fidei	『신앙의 근거들』
De regimine Iudae.	『유다인 통치』
De regimine princ.	『군주통치론』
De secreto	『비밀』
De sensu resp. singul. et intellectu resp. univ.	『감각과 개체, 지성과 보편자』
De sensu respectu singul.	『개별자 감각』
De sortibus	『제비뽑기』
De spe	『희망론』 또는 『희망에 관한 토론문제』
De spir. creat.	『영적 피조물』 또는 『영적 피조물에 관한 토론문제』
De sub. sep.	『분리된 실체』
De tempore	『시간론』
De unione Verbi Incarn.	『육화하신 말씀의 결합』 또는 『육화하신 말씀의 결합에 관한 토론문제』
De unit. vel plurit. formarum	『형상의 단일성 여부』
De unitate Intell.	『지성단일성』
De usuris in communi	『고리대금』
De veritate	『진리론』 또는 『진리에 관한 토론문제』
De virt. card.	『사추덕』 또는 『사추덕에 관한 토론문제』
De virtutibus	『덕론』 또는 『덕에 관한 토론문제』
Ep. ad comitissam	『플랑드르 백작부인 회신』

Ep. ad duciss. Brabant.	『브라방의 백작부인 서신』
Ep. exhort. de modo stud.	『학업 방식에 관한 권고 서한』
Hymn.: Adoro Te	『찬미가: 엎드려 흠숭하나이다』
In Anal. post., I, II	『분석론 후서 주해』 제1권, 제2권
In Cant. Canticor.	『아가 주해』
In De anima, I, II	『영혼론 주해』 제1권, 제2권
In De cael., I, II	『천지론 주해』 제1권, 제2권
In De causis	『원인론 주해』
In De div. nom.	『신명론 주해』
In De gen. et corrupt.	『생성소멸론 주해』
In De hebd.	『주간론 주해』
In De mem. et remin.	『기억과 회상 주해』
In De meteora	『기상학 주해』
In De sensu et sensato	『감각과 감각대상 주해』
In De Trin.	『삼위일체론 주해』
In decem praecept.	『십계명 해설』
In Decretal.	『교령 해설』
In Ep. ad Col.	『콜로새서 주해』
In Ep. ad Ephes.	『에페소서 주해』
In Ep. ad Hebr.	『히브리서 주해』
In Ep. ad Philem.	『필레몬서 주해』
In Ep. ad Philipp.	『필리피서 주해』
In Ep. ad Rom.	『로마서 주해』
In Ep. I ad Cor.	『코린토 1서 주해』
In Ep. II ad Cor.	『코린토 2서 주해』
In Ep. I ad Thess.	『테살로니카 1서 주해』
In Ep. Pauli	『바오로 서간 주해』
In Ethic., I, II	『니코마코스 윤리학 주해』 제1권, 제2권
In Hieremiam	『예레미야서 주해』

In Ioan.	『요한복음서 주해』
In Iob	『욥기 주해』
In Isaiam	『이사야서 주해』
In Matth.	『마태오복음서 주해』
In Metaph., I, II	『형이상학 주해』 제1권, 제2권
In orat. dominicam	『주님의 기도 해설』
In Periherm., I, II	『명제론 주해』 제1권, 제2권
In Phys., I, II	『자연학 주해』 제1권, 제2권
In Pol., I, II	『정치학 주해』 제1권, 제2권
In Psalm.	『시편 주해』
In salut. angelicam	『성모송 해설』
In Symbolorum	『사도신경 해설』
In Threnos	『애가 주해』
Officium de fest. Corp. Dom.	『성체축일 성무일도』
Orationes	『기도문』
Primus tract. de univers.	『보편자 제1론』
Principium	『취임 강연』
Quaestiones Disp.	『토론문제집』
Quodlibet., I, II	『자유토론문제집』 제1 자유토론, 제2 자유토론
Resp. ad 108	『108문항 회신』
Resp. ad 30	『30문항 회신』
Resp. ad 36	『36문항 회신』
Resp. ad 42(43)	『42(43)문항 회신』
Resp. ad 6	『6문항 회신』
Resp. ad Abba. Casin.	『몬테카시노 아빠스 회신』
Secundus tract. de univers.	『보편자 제2론』
Sermones	『설교집』
Summa totius logicae	『총논리학 대전』
Tabula Ethicorum	『윤리학 도표』

'참사랑' 입문

『신학대전』 제2부 제1편에서는 인간의 최종 목적을 제시하고 그 행복에 이르기 위한 수단인 인간적 행위와 관련하여 덕, 죄, 악습, 법과 같은 일반적인 주제들을 다루었다.

제2부 제2편에서는 여러 덕들을 각각 다루게 되는데, 그 앞부분에서는 대신덕들인 믿음(제1-16문), 희망(제17-22문), 그리고 참사랑(제23-44문)을 설명한다. 그다음으로는 사추덕을 하나씩 다루어 갈 것이다.

참사랑에 관한 부분에서는 먼저 참사랑 그 자체(제23문)와 참사랑의 주체(제24문), 대상(제25문), 질서(제26문)를 설명하고 이어서 참사랑의 행위들을 고찰하여, 먼저 참사랑의 주요 행위인 사랑(dilectio, 제27문)을 다루고 이어서 참사랑의 부수적인 효과들 가운데 내적인 효과들인 즐거움(제28문), 평화(제29문), 자비(제30문), 그리고 외적인 효과로서 선행(제31문), 자선(제32문), 형제적 교정(제33문)을 다룬다. 제34-44문에서는 참사랑에 반대되는 것들을 고찰하는데, 본서에는 분량 관계로 제23-33문만 싣고, 나머지는 다음 권으로 미룬다.

먼저 용어상의 구분을 지적해 둔다. 본서의 제목인 '참사랑'은 대신덕(對神德)의 하나인 caritas를 번역한 말이다. 정념(情念, passio)에 속하는 amor는 '사랑'으로 옮겼는데, 참사랑의 주요 행위로 일컬어지는 dilectio를 다시 '사랑'으로 번역하여 번역문을 읽을 때에 난점으로 남는다.

1. 참사랑 그 자체(q.23)

토마스는 참사랑이 하느님과 인간 사이의 우정(友情, amicitia)이라고 말한다. 모든 사랑이 우정인 것은 아니며 우정에는 대상의 선을 바라는 호의(benevolentia)가 함께 있어야 하는데, 하느님은 인간의 선(善, bonum)을 바라시어 그에게 당신의 참행복을 전달해 주시므로, 이에 근거하여 하느님과 인간 사이의 우정이 가능하다. 인간의 외적인 삶만을 생각한다면 인간은 하느님과 사귈 수 없겠으나, 인간에게는 비록 현세에서 불완전한 상태로나마 영적인 삶이 있기에 하느님과 우정의 관계를 맺을 수 있게 된다. 물론 그 참사랑은 인간이 스스로 만들어 내는 것이 아니며, 하느님이 인간의 영혼 안에 성령을 부어 주심으로써 인간의 영혼 안에 생겨나게 된다. 성령이 인간의 의지를 움직여 사랑하게 만드실 때, 그 의지는 자연적 능력을 넘어 초자연적인 참사랑을 행할 수 있게 되는 것이다.

참사랑은 인간을 하느님께 도달하게 만드는 것이기에, 인간적 행위의 원리에 부합하는 하나의 덕이다. 토마스가 『신학대전』 제2부를 시작할 때에 출발점으로 삼았던, 인간의 최종 목적(最終目的)이라는 주제가 여기에서 다시 부각된다. 그에게 덕(德, virtus)은 인간을 자신의 최종 목적에 도달하도록 해 주는 것인데, 인간을 하느님께 결합시키는 참사랑은 하느님께 도달하게 하고, 그것이 바로 인간의 최종 목적이다. 따라서 참사랑은 덕이다. 그렇다면 모든 덕이 하느님을 사랑하는 데에 있으므로 참사랑은 하나의 특수한 덕이 아니라고 생각할 수도 있겠으나, 모든 덕이 참사랑에 의존하는 것은 사실이지만, 그럼에도 불구하고 참사랑이 모든 덕은 아니다. 이는 모든 도덕적 덕들이 현명에 의존하는 것과 견줄 수 있다. 개별적으로는 참사랑 없이도 어떤 개별적 선을 향한 덕이 가능하지만, 최종적으로는 참사랑의 대상인 최종적 선, 곧 하느님에 대한 사랑 없이는 어떤 덕도 있을 수 없다. 실상 참사랑은 덕들 가운데 가장 큰 덕인데(1코린 13,13 참조), 이는 참사랑이 하느님을 대상으로 삼는 덕이기 때문이다. "믿음과 희망은 그분으로부터 우리에게 진리의 인식이나 선의 성취가 이루어지게 된다는 점에서 하느님께 도달하지만, 참사랑은 그분으로부터 우리에게 다른 무엇이 이루어지게 된다는 점에서가 아니라 하느님 그 자체 안에서 하느님께 도달한다."(q.23, a.6)

2. 참사랑의 주체(q.24)

참사랑의 대상은 신적 선인데, 그 선은 감각으로 파악되지 않고 오직 지성에 의해서만 파악되므로, 참사랑의 주체(主體, subiectum)는 감각적 욕구가 아닌 지성적 욕구 곧 의지(意志, voluntas)이다. 의지는 이성 안에 있으나 이성의 규칙에 의하여 규정되지는 않으며 하느님의 지혜에 의하여 규정되므로 이성이 참사랑의 주체라고 말할 수 없고, 다. 또한 의지가 자유재량과 구별되는 능력은 아니지만, 참사랑은 수단을 선택하는 것이 아니라 목적 자체에 관한 것이므로, 자유재량이 참사랑의 주체라고 말할 수도 없다. 참사랑은 성령을 통하여 우리 마음 안에 부어지는 것으로서(로마 5,5), 인간의 본성적 능력에 따른 것이 아니라 하느님 은총의 선물로 인간 안에 주입된다. 그래서 참사랑은 그 선물을 받는 인간 각자의 능력에 비례하지 않고, 자유롭게

선물을 나누어 주시는 성령의 뜻에 따라 주어진다.(1코린 12,11 참조)

참사랑은 그것을 소유한 사람 안에서 증가될 수 있다. 참사랑의 대상은 하느님 오직 한 분이시지만 그 사랑의 강도는 커질 수 있고, 주체 안에 더 깊이 뿌리를 내릴 수 있기 때문이다. 우리는 참행복의 최종 목적인 하느님을 향해 가는 여정 중에 있으며, 참사랑이 증가할 때 그 여정은 앞으로 나아가게 된다. 참사랑은 무한한 참사랑인 성령에 참여하는 것이므로 그 증가에는 끝이 없다. 하느님의 선하심이 무한하다는 측면에서 생각한다면 피조물인 인간이 하느님을 그분의 무한하신 선하심에 합당하게 사랑할 수는 없으므로 하느님이 당신을 사랑하시는 그 참사랑만이 완전하고, 인간은 비록 그분을 완전히 사랑할 수 없으나 인간이 자신의 가능성을 다하여 그분을 사랑한다면 그 주체 편에서는 참사랑이 완전하다고 할 수 있을 것이다. 참사랑이 증가할 때 초보자 단계에서는 죄를 멀리하고 참사랑에서 멀어지게 하는 욕망에 저항하며, 진보자 단계에서는 선에서 진보하여 사랑이 증가하도록 노력하고, 완성자 단계에서는 세상을 벗어나 오직 그리스도와 함께 있기를 갈망하게 된다.

그러나 참사랑은 주체 안에서 감소할 수도 있다. 참사랑의 행위들의 실행을 중단시키는 소죄들은 참사랑의 소멸을 준비시키며, 현세에서의 참사랑은 선의 본질 자체인 하느님의 본질을 보지 못하는 상태에서 걸어가는 나그넷길의 참사랑이므로 한번 소유했던 참사랑을 잃어버리게 될 수도 있다.

3. 참사랑의 대상(q.25)

참사랑의 대상(對象, obiectum)은 하느님이다. 그러나 하느님에 대한 사랑으로 이웃을 사랑할 때 이웃도 참사랑의 대상이 된다. 하느님 안에서 이웃을 사랑한다면, 하느님을 사랑하는 행위와 그 이웃을 사랑하는 행위는 서로 다른 종에 속하지 않는다. 비이성적 피조물의 경우 그것은 우정의 대상이 되지 못하므로 고유한 의미에서는 참사랑의 대상이 되지 않으나, 다른 이들에게 바라는 선으로서 사랑하는 것은 가능하다.

  토마스는 그 밖에도 인간 자신, 자신의 육체, 죄인, 원수, 천사, 마귀 등이 참사랑의 대상이 될 수 있는지를 묻는다. 각 경우에 대하여 세부적인 논의를 여기서 다룰 여유는 없지만, 이 질문들에 대한 답변이 참행복을 기준으로 삼는다는 점만은 지적하고 넘어가고 싶다. 이웃을 사랑하는 것은 그 이웃도 같은 하느님을 최종 목적으로 삼고 있으며, 참행복에 함께 참여하도록 부름 받고 있기 때문이다. 그가 최고선이며 최종 목적인 하느님과 결합되어 있는 그만큼 그는 참사랑의 대상이 되는 것이다. 참사랑이 "주로 하느님을 향한 그리고 그에 따라 하느님께 속한 것들을 향한 인간의 우정"(q.25, a.4)이기에, 인간 자신과 그의 육체도 그가 하느님께 속하는 그만큼 참사랑의 대상이 된다. 죄인의 경우 죄는 인간의 본성을 제거하는 것이 아니기 때문에 그가 참행복을 누릴 수 있는 인간이라는 한에서는 참사랑의 대상이다. 원수 역시 그가 원수라는 점에서는 참사랑의 대상이라고 말할 수 없으나 그들이 인간이고 참행복으로 부름 받았다는 점은 변하지 않으므로, 적어도 위급한 경우에는 그를 도우려는 태도를 지녀야 한다. 전반적으로 토마스는, 참사랑의 대상이 하느님, 이웃, 우리 자신, 우리의 육체라는 아우구스티누스의 견해를 받아들인다.(q.25, a.12)

4. 참사랑의 질서(q.26)

참사랑에는 질서(秩序, ordo)가 있어야 하는데, 토마스에게 그 질서의 원리는 매우 단순하고 명백하다. "참사랑의 사랑은 하느님을 참행복의 원리로서 사랑하고, 우정의 사랑은 참행복의 공유에 기초한다. 그러므로 참사랑으로 사랑받는 대상들 사이에서는 이 사랑의 첫 번째 원리 곧 하느님과의 관계에 따라 어떤 질서가 있어야 한다."(q.26, a.1)

그러므로 하느님은 자신이나 이웃 등을 다른 무엇보다 더 사랑해야 한다. 하느님은 참행복의 원인이시고, 이웃은 참행복에 우리와 함께 참여하는 이들로서 참사랑의 대상이 되는 것이다. 이웃과 자신을 비교한다면, 자신을 사랑하는 것은 자신이 하느님과 결합되어 참행복에 참여하기 때문이며 이웃을 사랑하는 것은 그가 그 행복에 함께 참여하기 때문이므로, 자신을 이웃보다 더 사랑해야 한다. 예를 들면, 이웃에 대한 사랑 때문에 참행복에 반대되는 죄를 스스로 저지를 수는 없는 것이다. 그러나 자신의 육체와 이웃을 비교할 때에는, 육체는 잉여적으로 참행복에 참여하는 것이므로 영혼 구원에 관련해서는 자신의 육체보다 이웃을 더 사랑해야 한다. 이웃들 사이에서는 하느님 편에서는 참행복에 더 완전히 참여하는 의인들을 더 사랑해야 하겠지만, 우리 편에서는 우리에게 더 가까운 이들을 더 사랑해야 한다. 그들에 대한 우리의 사랑이 더 강하며, 또한 우리는 그들을 참사랑의 우정만이 아니라 혈연과 같은 본성적 관계 등 다른 여러 이유로도 사랑하기 때문이다.

사랑의 질서와 관련하여 토마스는 부모와 자녀, 아버지와 어머니, 아내와 부모 등 여러 부류의 사람들을 비교한다. 여기에서, 자녀의 출산에서 아버지의 역할과 어머니의 역할에 대한 설명 같은 세부 사항은 중요성이 덜하며 오늘날에는 유지되지 않는 부분도 있다. 하지만 전반적으로 말해서 토마스의 설명은 현실적이다. 그는 인간이 감정적으로 모든 사람에게 동일한 호의를 가져야 한다거나 모든 사람이 똑같이 모든 사람의 사랑을 받아야 한다고 주장하지 않으며, 사람들 사이에는 더 가까운 이들과 멀리 있는 이들이 있으며 그 관계들에 서로 차이가 있음을 인정한다. 다만 그들에 대한 사랑이 하느님과의 관계를 출발점으로 하고 참행복에 함께 참여함을 근거로 하는 것이라면, 자신에게 가까운 이들을 더 사랑하는 것은 참사랑의 완전함에 속한다. '나그넷길'(via)의 삶에서만이 아니라 '본향'(本鄉, patria)에 이르러서는 모든 것 위에 하느님을 사랑해야 한다는 점에 따라서는 인간의 의지가 온전히 하느님의 의지에 부합하게 되어 선한 이들을 더 많이 사랑하게 되겠으나, 자신과 연관된 이들에 대해서는 그들이 하느님과 가까운 이들이라는 주된 이유 외에도 그들을 사랑하는 다른 이유들이 남아 있어 여러 이유로 그들을 사랑하게 될 것이다.

5. 참사랑의 주요 행위인 사랑(q.27)

참사랑은 하나의 덕으로서, 사랑을 받는 것보다 사랑을 하는 행위가 더 고유하게 참사랑에 속한다. 그러한 참사랑의 행위인 '사랑'(dilectio)은 다른 사람의 선을 원하는 호의(好意, benevolentia)가 포함되지만 그뿐만 아니라 감정적인 결합도 있어야 한다.

사랑 가운데 하느님에 대한 사랑을 먼저 살펴본다면, 다른 어떤 것을 목적으로 해서 하느님을 사랑하는 것이 아니고 하느님 자신이 최종 목적이시므로 우리는 하느님 자신 때문에 그분을 사랑한다. 그러나 하느님으로부터 받은 은혜 때문에, 또는 상급을 바라고 벌을 피하고자 하는 이유로 하느님을 사랑하게 될 수는 있다. 이러한 이유들은 하느님에 대한 사랑에서 진보하게 할 수 있다.

현세에서 인간은 하느님을 직접 알 수 없으나, 하느님에 대한 사랑은 직접적이다. "욕구적 능력의 행위는 욕구가 그 대상 자체를 향함으로써 완성"(q.27, a.2)되므로, 사랑은 '나그넷길'의 상태에서도 직접 하느님을 향하는 것이다. 하지만 인간이 현세에서 하느님을 전적으로 사랑할 수 있는가 하는 문제에 대해서는, 한마디로 대답할 수 없다. 인간은 하느님께 속하는 모든 것을 사랑해야 하고 자신의 힘을 다해서 하느님을 사랑해야 하지만(신명 6,5), 하느님의 무한하신 선성에 합당한 무한한 사랑은 현세에서 인간에게는 불가능하다. 그의 능력은, 비록 주입된 것이라 하더라도 유한하기 때문이다. 그 무한하신 하느님이 하느님에 대한 사랑의 척도라고 할 때, 하느님에 대한 사랑에는 적당한 정도라는 것은 있을 수 없으며 하느님을 더 많이 사랑할수록 더 나은 것이 된다.

친구를 사랑하는 것과 원수를 사랑하는 것을 비교한다면, 사랑받는 이웃 편에서 본다면 우리와 더 밀접하게 결합되어 있는 친구를 사랑하는 것이 더 선하지만, 원수를 사랑하는 것은 오직 하느님 때문에 그를 사랑하는 것이고 또한 원수를 사랑하기 위해서는 친구를 사랑할 때보다 더 하느님에 대한 사랑이 강해야 하는 것이므로 이러한 측면에서 본다면 원수에 대한 사랑이 더 뛰어나다고 말할 수 있다. 한편 하느님을 사랑하는 것과 이웃을 사랑하는 것을 비교한다면, 하느님에 대한 사랑은 하느님을 향유하는 것이므로 더 큰 공로가 되는 것이지만, 하느님에 대한 사랑 때문에 이웃을 사랑한다면 여기에는 하느님에 대한 사랑과 이웃에 대한 사랑 모두가 포함되므로 더 뛰어난 것이 될 수 있다.

6. 참사랑의 내적인 효과들(qq.28-30)

참사랑의 효과(效果, effectus)들에 대해서는 간략하게 살펴보겠다. 내적인 효과 가운데에는 먼저 즐거움(gaudium)이 있다.(q.28) 즐거움은 참사랑과 구별되는 다른 덕이 아니라 참사랑에서 나오는 결과이다. 즐거움은 자신이 사랑하는 선이 현존하기 때문에, 또는 그 선이 자신의 선을 지니고 있다는 데에서 나오는 것이기에 사랑으로부터 나온다. 그 사랑하는 대상이 선을 잃는다면 사랑에서 슬픔이 나오게 되겠으나, 하느님을 대상으로 하는 참사랑의 경우 하느님의 선은 변치 않으므로 참사랑은 영적인 즐거움을 가져온다. 또한 하느님의 선은 무한하시므로 유한한 피조물 안에 그 즐거움이 모두 담길 수는 없으나, 즐거워하는 인간 편에서 본다면 그에게는 즐거움이 차고 넘치게 된다. 그리고 본향에서 그가 참행복에 도달하게 되면 더 이상 바랄 것이 없이 완전히 충만한 즐거움을 누릴 것이다.

둘째로는 평화(平和, pax)가 있다.(q.29) 평화는 조화와 동일한 것은 아니다. 평화가 있는 곳에는 조화가 있지만 조화가 있다고 해서 평화가 있는 것은 아닌데, 조화는 서로 다른 의지들이 일치될 때 이루어지는 것이지만 평화를 위해서는 그 조화에 질서가 있어야 하기 때문이다. 참된 평화는 오직 욕구들이 참된 선을 원할 때에만 가능하다. 악인들이 참된 선이 아닌 다른 어떤 것을 원하면서 서로 조화를 이루고 있다면 그것은 외관상의 평화일 뿐 참된 평화가 아니다. 완전한 평화는 최고선이신 하느님을 완전히 향유하는 데에 있으며, 한 사람이 마음을 다하여 하느님을 사랑한다면 그 참사랑의 결과로 그의 욕구들이 질서를 이룰 것이고 또한 그가 이웃을 자신처럼 사랑한다면 이웃의 의지를 자신의 의지와 일치시킬 것이므로 진정한 평화가 있게 될 것이다. 이러한 평화 역시 기쁨과 마찬가지로, 하나의 고유한 덕이 아니라 참사랑에서 나오는 결과이다.

셋째로는 자비(慈悲, misericordia)가 있다.(q.30) 토마스는 아우구스티누스의 정의를 인용하는데, 이에 따르면 "자비는 다른 사람의 비참함(miseria)에 대한 우리 마음속의 동정심이며, 우리가 할 수 있다면 그를 돕도록 촉구한다." 이러한 자비는 슬픔의 일종으로, 어떤 사람이 스스로 원치 않는 악 내지 불행을 겪고 있을 때 참사랑을 지닌 사람은 그에 대하여 자비를 갖게 된다. 다른 사람의 고통에 대한 이러한 고통은, 감각적 욕구의 움직임일 때에는 정념에 해당하고 지성적 욕구의 움직임일 때에는 덕이 된다. 덕으로서의 자비는 하느님을 향한 참사랑보다는 높지 않다. 자신보다 못한 사람의 결함을 채워 주는 것보다 우리를 하느님과 일치시키는 것이 더 앞서기 때문이다. 하지만 다른 사람을 향한 덕들 가운데에서는 자비가 가장 큰 덕이다.

7. 참사랑의 외적인 효과들(qq.31-33)

참사랑의 외적인 효과들 가운데 첫째는 선행(善行, beneficentia)이다.(q.31) 선행은 다른 사람에게 선을 행하는 것이므로, 다른 사람의 선을 원하는 사랑으로부터 나온다. 그래서 선행은 참사랑과 구별되는 별개의 덕이라기보다, 참사랑에서 나오는 결과이다. 참사랑은 기회가 된다면 누구에게나 선을 행하려는 자세를 요구한다. 그러나 인간이 모든 이들에게 개별적으로 선행을 할 수는 없으며 실제에 있어 선행의 행위는 시간과 장소 같은 상황에 의하여 제한되어야 하고, 토마스는 아우구스티누스를 인용하면서, 어떤 계기를 통하여 자신에게 더 가까운 이들을 특별히 생각해야 한다고 말한다. 이는 은총이 본성의 질서를 모방하는 한 예라고 말할 수 있다.

둘째로는 자선(慈善, eleemosyna)을 들 수 있다.(q.32) 자선은 하느님으로 인하여 동정심에서 곤궁한 이에게 무엇을 주는 행위로서, 자선이 자비의 행위이고 자비는 참사랑의 결과이므로 자선은 참사랑의 행위라고 말할 수 있다. 자선은 그 자선을 받는 이웃이 겪고 있는 결함의 종류에 따라 육적인 자선과 영적인 자선으로 구분되는데, 육적인 자선에는 "굶주린 사람에게 먹을 것을 주는 것, 목마른 사람에게 마실 것을 주는 것, 헐벗은 사람에게 입을 것을 주는 것, 손님을 맞아 주는 것, 병자를 방문하는 것, 포로를 속량하는 것, 죽은 사람을 묻어 주는 것"이 있고, 영적인 자선에는 "무지한 사람을 가르치는 것, 망설이는 사람에게 조언하는 것, 슬퍼하는 사람을 위로하는 것, 죄짓는 사람에게 훈계하는 것, 잘못하는 사람을 용서하는 것, 부담스럽고 귀찮은 사람을 참아 주는 것, 모든 이들을 위하여 기도하는 것"이 있다.(q.32, a.2) 단적으로 말한다면 영이 육체보다 고귀하므로 영적인 자선이 더 우선되지만, 절박한 경우에는 육적인 자선이 우선되어야 한다. 이러한 자선은 계명에 속하는데, 받는 사람이 곤궁하고 주는 사람이 여분의 것에서 줄 수 있다면 자선을 주는 것은 계명에 속한 명령이 되고, 그렇지 않은 경우 자선은 권고에 속한다.

셋째로는 형제적 교정(兄弟的矯正, correctio fraterna)이 있다.(q.33) 형

제적 교정은 영적인 자선의 일종으로서 참사랑의 행위이며, 형제의 죄를 막는 것이기에 물질적 자선보다도 위에 있다. 토마스에 따르면 형제적 교정은 계명에 들어가지만, 부정적 계명들은 어떤 경우에도 죄를 금하는 반면, 긍정적 계명들은 마땅한 장소와 시간과 방법을 따라야 하는 것이기에 형제적 교정을 위해서는 그 상황을 고려해야 한다. 그러나 장상이 형제에게 훈계하는 것은 공동선을 위한 것으로서 정의에 속하는 계명이고 강제력을 지니는 것이므로, 그 형제가 교정으로 더 악화될 가능성이 있다 하더라도 해야 하는 것인 반면, 장상이 아닌 사람의 형제적 교정은 참사랑의 행위이고 잘못하는 이에게 권고하는 데에 머무는 것이므로 형제를 바로잡는 데에 도움이 되지 않을 것이라면 행하지 않는 편이 낫다. 덧붙여서, 공적인 고발에 앞서 은밀한 교정이 요구되며 또한 소수의 증인들을 통한 교정도 형제가 많은 이들에게 불명예를 당하지 않고 잘못을 바로잡게 하는 데에 도움이 될 수 있다.

8. 끝맺음

"우리가 받은 성령을 통하여 하느님의 사랑이 우리 마음에 부어졌기 때문입니다."(로마 5,5) 참사랑에 대해 토마스가 첫째로 강조하는 것은 그것이 인간의 본성적 능력에서 나오는 것이 아니라 하느님으로부터 오는 은총의 선물이며, 그것이 우리를 하느님과 결합시켜 하느님의 참행복에 참여하게 한다는 것이다. 참사랑은 인간이 노력해야 하는 의무이기 이전에 하느님의 생명에 참여하는 길이기에, 그 사랑의 대상과 방법 등 여러 요소들에 대한 질문은 모두 참행복을 기준으로 그 답을 찾게 된다. 인간이 본향에 이르러 하느님을 온전히 뵙고 알게 될 때(1코린 13,12 참조), 사랑은 더 이상 수고가 아니라 생명이며 기쁨이 될 것이다.

참고문헌

Aumann, Jordan, "Thomistic Evaluation of Love and Charity", *Angelicum* 55(1978), 534-556.

Bobik, Joseph, "Aquinas on communicatio: The Foundation of Friendship and Caritas", *Modern Schoolman* 64(1988), 1-18.

Bonino, Serge-Thomas, OP, "St. Thomas Aquinas in the Apostolic Exhortation Amoris Laetitia", *The Thomist* 80(2016), 499-520.

Cessario, Romanus, OP, *The Virtues, or The Examined Life*, London, Continuum, 2002(ch.3: "Theological Charity and Communio", pp.61-95).

Decosimo, David, *Ethics as a Work of Charity: Thomas Aquinas and Pagan Virtue*, Stanford(CA), Stanford University Press, 2014.

Fuchs, Marko, "*Philia and Caritas*: Some Aspects of Aquinas's Reception of Aristotle's Theory of Friendship" in Tobias Hoffmann et als. (eds.), *Aquinas and the Nicomachean Ethics*, Cambridge, Cambridge University Press, 2013, pp.203-219.

Gondreau, Paul, "The Passions and the Moral Life: Appreciating the Originality of Aquinas", *The Thomist* 71(2007), 419-450.

Gotia, O., *L'amore e il suo fascino: Bellezza e castita nella prospettiva di San Tommaso d'Aquino*, Cantagalli, 2011.

Huetter, Reinhard, *Bound for Beatitude: A Thomistic Study in Eschatology and Ethics*, Washington, Catholic University of America Press, 2019(ch.8: "The Virtue of Charity", 329-366)

Jones, L. Gregory, "The Theological Transformation of Aristotelian Friendship in the Thought of St. Thomas Aquinas", *New Scholasticism* 61(1987), 373-399.

Keaty, Anthony, "Thomas's Authority for Identifying Charity as Friendship: Aristotle or John 15", *The Thomist* 62(1998), 581-601.

Keenan, James A., SJ, "Distinguishing Charity as Goodness and Prudence as Rightness: A Key to Thomas's Secunda pars", *The Thomist* 56(1992), 407-426.

Mansini, Guy, OSB, "Duplex amor and the Structure of Love in Aquinas", in E. Manning(ed.), *Thomistica*, Leuven, Peeters, 1995, pp.137-196.

Mansini, Guy, OSB, "Aristotle and Aquinas's Theology of Charity in the Summa Theologiae". in Gilles Emery, OP & Matthew Levering(eds.), *Aristotle in Aquinas's Theology*, London, Oxford University Press, 2015, pp.121-139.

McEvoy, J., "Amitie, attirance et amour chez S. Thomas d'Aquin", *Revue philosophiques de Louvain* 91(1993), 383-408.

McKay, Angela, *The Infused and Acquired Virtue in Aquinas's Moral Philosophy*, Ph.D. Dissert. University of Notre Dame, 2004.

McKay, Angela, "Relating Aquinas's Infused and Acquired Virtues: Some Problematic Texts for a Common Interpretation", *Nova et Vetera* 9(2011), 411-431.

Noriega, Jose, "Love and Reason: The Originality of the Ordo amoris", *Josephinum. Journal of Theology* 17(2010), 126-141.

O'Meara, Thomas F., OP, "Virtues in the Theology Thomas Aquinas", *Theological Studies* 58(1997), 254-285.

Osborne, Thomas M., *Love of Self and Love of God in the Thirteenth-Century Ethics*, University of Notre Dame Press, 2005.

Osborne, Thomas M., "Perfect and Imperfect Virtues in Aquinas", *The Thomist* 71(2007), 39-64.

Pieper, Josef, *Faith, Hope, Love*, San Francisco, Ignatius, 1997.

Pinsent, Andrew, *The Second-Person Perspective in Aquinas's Ethics: Virtues and Gifts*, New York-London, Routledge, 2012.

Porter, Jean, "De ordine caritatis: Charity, Friendship, and Justice in Thomas Aquinas' Summa Theologiae", *The Thomist* 53(1989), 197-213.

Sherwin, Michael S., OP, *By Knowlege & By Love: Charity and Knowledge in the Moral Theology of St. Thomas Aquinas*, Washington, Catholic University of America Press, 2005.

Sherwin, Michael S., OP, "Augustine and Aquinas on Charity's Desire", in Harm Goris et al.(eds.), *Faith, Hope and Love: Thomas Aquinas on Living by the Theological Virtues*, Leuven, Peeters, 2015, pp.177-198.

Sherwin, Michael S., OP, *On Love and Virtue: Theological Essays*, Steubenville(OH), Emmaus Academic, 2018.

Spezzano, Daria, *The Glory of God's Grace: Deification according to St. Thomas Aquinas*, Ave Maria(FL), Sapientia Press, 2015.

Torrell, Jean-Pierre, OP, *Christianity ad Spirituality in St. Thomas Aquinas*, Washington, Catholic University of America Press, 2011(ch.3: "Charity as Friendship in St. Thomas Aquinas", pp.45-64)

Wadell, Paul J., *The Primacy of Love: An Introduction to the Ethics of Thomas Aquinas*, Eugene(OR), Wipf & Stock, 1992.

Wadell, Paul J., "Friendship with God: Embodying Charity as a Way of Life", in Harm Goris et al.(eds.), *Faith, Hope and Love: Thomas Aquinas on Living by the Theological Virtues*, Leuven, Peeters, 2015, pp.199-214.

Wallace, J., *Inspiravit ei voluntatem pariendi pro nobis, infundendo caritatem: Charity, the Source of Christ's Action according to Thomas Aquinas*, Cantagalli, 2013.

Wawrykow, Joseph, "Charity", in ID., *Westminster Handbook to Thomas Aquinas*, Louisville(KY), Westminster John Knox Press, 2005, pp.22-25.

Wohlman, Avital, "Amour du bien propre et amour de soi dans la doctrine thomiste de l'amour", *Revue Thomiste* 81(1981), 204-234.

김윤상, 「감정의 문화사적인 학제 간 연구를 위한 이론적 기초 1: 감정 연구의 출발점으로서의 토마스 아퀴나스의 감정 개념」, 『독일문학』 125(2013), 69-89쪽.

김율, 「정념에 대한 책임: 성 토마스 아퀴나스의 이론을 중심으로」, 『가톨릭철학』 8(2006), 82-115쪽.

김혜숙, 『사랑, 그 아름다운 역동성: 성 토마스 아퀴나스의 사랑의 신학』, 사람과 사랑, 2014.

몬딘, 바티스타, 「참사랑」, 『성 토마스 개념사전』, 이재룡 외 옮김, 2021, 716*-719*쪽.

손은실, 「토마스 아퀴나스의 사랑론」, 『중세철학』 제24호(2018), 75-106쪽.

요한 바오로 2세, 『사랑과 책임』, 김율 옮김, 가톨릭출판사, 2010.

패렐, 월터, 『성 토마스 아퀴나스의 신학대전 해설서 III』, 윤주현·조규홍 옮김, 수원가톨릭대학교출판부, 2021.

프란치스코 교황, 『사랑의 기쁨』(Amoris Laetitia), 한국천주교중앙협의회, 2016.

쇼켄호프, 에버하르트, 「16. 대신덕: 참사랑(II-II, qq.23-46)」, 스테픈 포프(편), 『아퀴나스의 윤리학』, 이재룡 외 옮김, 한국성토마스연구소, 2021, 333*-352*쪽.

토마스 아퀴나스 신학대전 34

참사랑

제2부 제2편
제23문 - 제33문

QUAESTIO XXIII
DE CARITATE SECUNDUM SE
in octo articulos divisa

Consequenter considerandum est de caritate.[1]

Et primo, de ipsa caritate; secundo, de dono sapientiae ei correspondente.[2]

Circa primum consideranda sunt quinque: primo, de ipsa caritate; secundo, de obiecto caritatis;[3] tertio, de actibus eius;[4] quarto, de vitiis oppositis;[5] quinto, de praeceptis ad hoc pertinentibus.[6] Circa primum est duplex consideratio, prima quidem de ipsa caritate secundum se; secunda de caritate per comparationem ad subiectum.[7]

Circa primum quaeruntur octo.

Primo: utrum caritas sit amicitia.

Secundo: utrum sit aliquid creatum in anima.

Tertio: utrum sit virtus.

Quarto: utrum sit virtus specialis.

---

1. Cf. q.1, Introd.
2. q.45.
3. q.25.
4. q.27.

제23문
참사랑 그 자체
(전8절)

다음으로는 참사랑에 대해 고찰해야 한다.[1]

첫째, 참사랑 그 자체에 대하여, 둘째, 지혜의 선물과 그에 상응하는 것에 대하여[2] 고찰할 것이다.

첫째에 대해서는 다섯 가지를 고찰해야 한다. 첫째로는 참사랑 자체에 대하여, 둘째로는 참사랑의 대상에 대하여,[3] 셋째로는 참사랑의 행위에 대하여,[4] 넷째로는 참사랑에 반대되는 악습에 대하여,[5] 다섯째로는 참사랑에 속하는 계명에 대하여[6] 고찰해야 한다. 그 첫째는 두 가지로 고찰된다. 먼저 참사랑 그 자체에 대하여, 다음으로 주체에 비교된 참사랑에 대하여.[7]

첫째에 대해서는 여덟 가지 문제가 제기된다.

1. 참사랑은 우정인가?
2. 참사랑은 영혼 안의 피조물인가?
3. 참사랑은 덕인가?
4. 참사랑은 특수한 덕인가?

---

5. q.34.
6. q.44.
7. q.24.

Quinto: utrum sit una virtus.

Sexto: utrum sit maxima virtutum.

Septimo: utrum sine ea possit esse aliqua vera virtus.

Octavo: utrum sit forma virtutum.

Articulus 1

Utrum caritas sit amicitia

Ad primum sic proceditur. Videtur quod caritas non sit amicitia.

1. *Nihil enim est ita proprium amicitiae sicut convivere amico*; ut Philosophus dicit, in VIII *Ethic.*[1] Sed caritas est hominis ad Deum et ad angelos, *quorum non est cum hominibus conversatio,* ut dicitur Dan. 2, [11]. Ergo caritas non est amicitia.

2. Praeterea, amicitia non est sine reamatione, ut dicitur in VIII *Ethic.*[2] Sed caritas habetur etiam ad inimicos, secundum illud Matth. 5, [44]: *Diligite inimicos vestros.* Ergo caritas non est amicitia.

3. Praeterea, amicitiae tres sunt species, secundum Philosophum, in VIII *Ethic.*,[3] scilicet amicitia *delectabilis, utilis*

---

1. c.6, 1157b19-24; S. Thomas, lect.5, n.1600.
2. c.2, 1155b28-29; S. Thomas, lect.2, n.1557.

5. 참사랑은 하나의 덕인가?
6. 참사랑은 덕들 가운데 가장 큰 덕인가?
7. 참사랑 없이 다른 참된 덕이 있을 수 있는가?
8. 참사랑은 덕들의 형상인가?

제1절 참사랑은 우정인가?

Parall.: I-II, q.65, a.5; *In Sent.*, III, d.27, q.2, a.1.

[반론] 첫째에 대해서는 다음과 같이 진행된다. 참사랑(caritas)은 우정(友情, amicitia)이 아닌 것으로 생각된다.

1. 철학자가 『니코마코스 윤리학』 제8권[1]에서 말하듯이 우정에는 친구와 함께 사는 것만큼 적절한 것이 없다. 그러나 참사랑은 인간이 다니엘서 2장 [11절]에서 말하듯 인간들과 교제하지 않으시는 하느님과 천사들을 향하여 하는 것이다. 그러므로 참사랑은 우정이 아니다.

2. 『니코마코스 윤리학』 제8권[2]에서 말하듯이 갚음이 없이는 우정이 없다. 그러나 마태오복음서 5장 [44절]에서 말하듯이 참사랑은 원수들에게도 품는다. 그러므로 참사랑은 우정이 아니다.

3. 철학자가 『니코마코스 윤리학』 제8권[3]에서 말하듯이 우정에는 세 가지 종류가 있다. 그것은 유쾌한 우정, 유익한 우정, 정직한 우정

---

3. c.3, 1156a7-10; S. Thomas, lect.3, nn.1563-1564.–Cf. c.2, 1155b21; S. Thomas, lect.2, n.1552.

et *honesti*. Sed caritas non est amicitia utilis aut delectabilis, dicit enim Hieronymus, in Epist. *ad Paulinum*,[4] quae ponitur in principio Bibliae: *Illa est vera necessitudo, et Christi glutino copulata, quam non utilitas rei familiaris, non praesentia tantum corporum, non subdola et palpans adulatio, sed Dei timor et divinarum Scripturarum studia conciliant*. Similiter etiam non est amicitia honesti, quia caritate diligimus etiam peccatores; amicitia vero honesti non est nisi ad virtuosos, ut dicitur in VIII *Ethic*.[5] Ergo caritas non est amicitia.

SED CONTRA est quod Ioan. 15, [15] dicitur: *Iam non dicam vos servos, sed amicos meos*.[6] Sed hoc non dicebatur eis nisi ratione caritatis. Ergo caritas est amicitia.

RESPONDEO dicendum quod, secundum Philosophum, in VIII *Ethic*.,[7] non quilibet amor habet rationem amicitiae, sed amor qui est cum benevolentia, quando scilicet sic amamus aliquem ut ei bonum velimus. Si autem rebus amatis non bonum velimus, sed ipsum eorum bonum velimus nobis, sicut dicimur amare vinum aut equum aut aliquid huiusmodi, non est amor amicitiae, sed cuiusdam concupiscentiae, ridiculum

---

4. Epist.53, al.103, n.1: PL 22, 540.
5. c.5, 1157a18-20; S. Thomas, lect.4, n.1501.

이다. 그러나 참사랑은 유익한 우정이나 유쾌한 우정이 아니다. 히에로니무스는 성경 첫머리에 둔 『파울리누스에게 보낸 편지』[4]에서, "그리스도에 의하여 결합된 참된 우정은 가정사의 유익함이나 육체만의 현존, 기술이나 아첨하는 아부에 의해서가 아니라 하느님에 대한 경외심과 성경 공부에 의하여 함께 모이는 것"이라고 말한다. 이와 마찬가지로, 참사랑은 정직한 우정도 아니다. 참사랑으로는 죄인들도 사랑하는데, 반면에 『니코마코스 윤리학』 제8권[5]에서 말하듯이 정직한 사랑은 덕스러운 이들만을 향하기 때문이다. 그러므로 참사랑은 우정이 아니다.

[재반론] 그러나 반대로 요한복음서 15장 [15절]에서는 "나는 너희를 더 이상 종이라고 부르지 않는다. 나는 너희를 친구라고 불렀다."[6]라고 말한다. 그런데 이것은 참사랑이 아닌 다른 이유에서 그들에게 말한 것이 아니다. 그러므로 참사랑은 우정이다.

[답변] 철학자가 『니코마코스 윤리학』 제8권[7]에서 말하듯이, 모든 사랑이 우정의 특성을 지니고 있는 것은 아니며, 호의(好意, benevolentia)와 함께 있는 사랑만이 그러하다. 곧 우리가 어떤 사람에게 선을 바라면서 그를 사랑할 때에만 그러하다. 반면에 우리가 사랑하는 사물의 선을 바라지 않고, 포도주를 사랑한다거나 말을 사랑한다거나 그와 같은 어떤 것을 사랑한다고 할 때와 같이 우리 자신을 위하여 그 선을 바란다면, 그것은 우정의 사랑이 아니라 욕망이다.

---

6. Vulgata: Iam non dicam vos servos... Vos autem dixi amicos.
7. c.2, 1155b31-1156a3; S. Thomas, lect.2, nn.1559-1560.

q.23, a.1

enim est dicere quod aliquis habeat amicitiam ad vinum vel ad equum. Sed nec benevolentia sufficit ad rationem amicitiae, sed requiritur quaedam mutua amatio, quia amicus est amico amicus. Talis autem mutua benevolentia fundatur super aliqua communicatione.

Cum igitur sit aliqua communicatio hominis ad Deum secundum quod nobis suam beatitudinem communicat,[8] super hac communicatione oportet aliquam amicitiam fundari. De qua quidem communicatione dicitur I *ad Cor.* 1, [9]: *Fidelis Deus, per quem vocati estis in societatem filii eius.*[9] Amor autem super hac communicatione fundatus est caritas. Unde manifestum est quod caritas amicitia quaedam est hominis ad Deum.[10][11]

---

8. 형상인으로서뿐만 아니라 능동인으로서도 전달하신다.
9. 이성적 피조물 안에 신적 본성이 전달되어 우리가 현세에서는 희망으로, 본향에서는 실제로 하느님의 참행복에 참여하게 되는 것은 성경에 여러 가지로 표현되어 있다. "때로는 한 시민(convivium), 한 가족(domesticorum, 에페 2,19); 때로는 친교(sociorum, 1코린 1,9; 1요한 1,3); 때로는 형제(fratrum, 요한 20,17; 히브 2,11); 때로는 신부(sponsae) 또는 아내(uxoris, 에페 5,23 이하; 묵시 19,7; 21,9)…. 그러나 가장 중요하고 고유한 표현은 아버지에 대한 자녀들의 친교라고 생각된다.(마태 5,45; 요한 1,12; 로마 8,14 이하; 1요한 3,1-2) 실상 여기에는 본성의 공유, 공경, 차등, 정의와 사랑의 균형, 탁월함, 사랑하고 아끼는 다른 이들에 대한 관계가 표현되어 있다고 생각된다."(Caetanus in h. a. n.1)
10. 성 토마스의 말에 따르면(*In Sent.*, III, d.27, q.2, a.1) 사랑은 욕망, 호의, 선행, 일치에 어떤 것을 더한다. 곧 사랑은 "욕구가 사랑받는 사물 안에 멈추게" 하는데, 이것이 없다면 이 네 가지 술어들 가운데 어느 것도 있을 수 없다. 그리고 이렇게 덧붙인다. "이들은 사랑 또는 애정에 어떤 것을 더하는 것들이다. 애정은 사랑에 그 사랑의 강도를 더하는데, 마치 그 열성을 더하는 것과 같다. 우정은 두 가지를 더하는데, 그 하나는 사랑으로 사랑하는 사람과 사랑받는 사람의 교제로, 서로 사랑하고 또 서로 사랑함을 아는 것이다. 또 하나는 그 사랑이 정념

어떤 사람이 포도주나 말에 대해서 우정을 갖고 있다고 말하는 것은 우스운 일이 될 것이기 때문이다. 그러나 우정을 위해서는 호의로도 부족하며, 상호적인 사랑이 요구된다. 친구는 그의 친구에게 친구이기 때문이다. 이러한 상호적인 호의는 어떤 소통에 근거한다.

그러므로 하느님과 인간 사이에는 하느님이 우리에게 당신의 참행복을 전달하신다는[8] 점에서 소통이 있으므로, 그 소통을 토대로 어떤 우정이 세워지는 것이 필요하다. 이 소통에 대해서 코린토 1서 1장 [9절]에서는 이렇게 말한다. "하느님은 성실하신 분이십니다. 그분께서 당신의 아드님 우리 주 예수 그리스도와 친교를 맺도록 여러분을 불러 주셨습니다."[9] 그 소통에 근거한 사랑(amor)은 참사랑(caritas)이다. 그러므로 참사랑은 하느님에 대한 인간의 우정임이 명백하다.[10] [11]

에 의해서가 아니라 선택으로 이루어지게 하는 것이다. 그래서 철학자는[*Ethica Nic.*, VIII, c.5; 1157b28-29; S. Thomas, lect.5, n.1602], 우정은 습성과 유사하고 사랑은 정념과 유사하다고 말한다. 그러므로, 우정은 앞서 말한 모든 것을 포함하는 사랑에 속하는 둘 사이에서 가장 완전함이 분명하다. 인간이 하느님을 사랑하고 하느님이 인간을 사랑하는 하느님에 대한 인간의 우정인 참사랑은 그러한 것이다. 그리고 이렇게 하여 1요한 1,7에서 '우리도 빛 속에서 살아가면, 우리는 서로 친교를 나누게 됩니다.'라고 말하듯이 하느님에 대한 인간의 일치가 이루어진다."

11. "사랑은 사랑하는 사람의 선에 대한 욕구의 습성을 수반하므로, 어떤 것을 사랑하는 방법은 다른 것의 선이 존재하는 방법만큼 많다. 그런데 그것은 두 가지 방법으로 있을 수 있다. 존재자가 그렇듯이 선도 두 가지로 일컬어지기 때문이다. 그 한 가지로 돌이나 인간처럼 스스로 존재하는 것은 참되고 고유한 의미의 존재자이고, 다른 방식으로 흰색이 스스로 존재하는 것이 아니라 흰색으로써 다른 것이 희게 되듯이 스스로 존재하는 것이 아니라 그것으로써 다른 것이 어떠하게 되는 것이다. 이와 같이 선은 두 가지로 일컬어진다. 한 가지 방법은 마치 선 안에 스스로 존재하는 것과 같고, 다른 방법은 다른 것의 선으로서, 곧 다른 것에게 선하게 됨으로써이다. 그러므로 어떤 것이 사랑을 받는 것은 두 가

q.23, a.1

AD PRIMUM ergo dicendum quod duplex est hominis vita. Una quidem exterior secundum naturam sensibilem et corporalem, et secundum hanc vitam non est nobis communicatio vel conversatio cum Deo et angelis. Alia autem est vita hominis spiritualis secundum mentem. Et secundum hanc vitam est nobis conversatio et cum Deo et cum angelis. In praesenti quidem statu imperfecte, unde dicitur *Philipp.* 3, [20]: *Nostra conversatio in caelis est.*[12] Sed ista conversatio perficietur in patria, quando *servi eius servient Deo*[13] *et videbunt faciem eius,* ut dicitur *Apoc.* ult., [v. 3, 4]. Et ideo hic est caritas imperfecta, sed perficietur in patria.

지로 이루어진다. 한 가지 방법은 스스로 존재하는 선으로 인해서이고, 그것은 참되고 고유하게 사랑받는 것이다. 우리가 그것이 선하기를 원하기 때문이다. 많은 이들은 이 사랑을 '호의의 사랑' 또는 '우정'이라고 부른다. 다른 방식은 내재하는 선으로써인데, 이에 따라서는 우리는 스스로에게 선한 것이기에 사랑하는 것이 아니라 학문을 사랑하거나 건강을 사랑한다고 말할 때와 같이 그것이 다른 것에게 선한 것을 원하는 것이다.

그러나 그 자체로 스스로 존재하는 것을 그 실체의 이유 때문이 아니라 거기에서부터 얻어지는 다른 어떤 것의 완전성 때문에 사랑한다면 그것은 부적절하지 않다. 마치 포도주의 실체 때문에, 곧 그것이 포도주에게 좋기 때문이 아니라 포도주가 우리에게 좋기 때문에, 곧 우리가 그 맛으로 즐거워지거나 기분이 좋아지기 때문에 우리가 포도주를 사랑한다고 말하는 것과 같다. 그런데, 우연적으로 존재하는 모든 것은 그 자체로 존재하는 것으로 환원된다. 마찬가지로, 다른 것에게 좋기 때문에 우리가 사랑하는 것은, 그것에게 좋기 때문에 우리가 사랑하는 그 사랑에 포함된다. 그러므로 어떤 것이 다른 것에게 사랑할 만한 것은 우연적으로 존재하는 것 때문이 아니라 그 자체로 존재하는 것 때문이다. 그러므로 우리가 사랑을 하고 그에게 선을 기원하는 것에 따라 사랑의 다양성을 받아들여야 한다.

그리고 우리는 어떤 것을 그것이 우리의 선인 한에서 사랑하므로, 어떤 것이 다른 것의 선이 되는 방법에 따라 사랑이 달라져야 한다. 이것은 네 가지로 이루어진다:

[해답] 1. 인간의 삶은 두 가지이다. 그 하나는 외적인 삶으로, 감각적이고 육체적인 본성에 따른 삶이다. 이 삶에 따라서는 우리에게 하느님과 그리고 천사들과의 소통이나 교제가 없다. 다른 삶은 정신에 따른 인간의 영적인 삶이다. 이 삶에 따라 우리는 하느님과 그리고 천사들과 교제한다. 그 교제는 현세의 상태에서는 불완전하다. 그래서 필리피서 3장 [20절]에서는 "우리의 교제는 하늘에 있습니다(Nostra conversatio in caelis est)."[12]라고 말한다. 그러나 이 교제는 요한묵시록 마지막[22]장 [3-4절]에서 말하듯이 "그분의 종들이 하느님을[13] 섬기며 그분의 얼굴을 뵐" 때에는 완전하게 될 것이다. 그러므로 참사랑은 여기에서는 불완전하지만 본향에서는 완전하게 될 것이다.

첫째 방법은 어떤 것이 그 자체에게 선이 되는 데에 따라서인데, 어떤 것이 자신을 사랑할 때 이렇게 한다.
다른 방법은 어떤 것이 어떤 유사성에 의하여 다른 것과 거의 하나이고 그래서 그것이 다른 질서 안에서 자신과 동등한 위치에 있는 것을 사랑하는 경우인데, 사람이 같은 종의 다른 사람을 사랑하고 사람이 동료 시민을 사랑하며 혈족이 혈족을 사랑하는 것과 같은 경우이다.
또 다른 방법은 어떤 것이 다른 것에게 속하기 때문에 그 선이 되는 것인데, 손이 사람의 것이고 보편적으로는 부분이 전체에 속하는 것과 같다.
또 다른 방법은 그 반대로, 전체가 부분의 선이 되는 것이다. 부분은 전체 안에서가 아니면 완전하지 않으며, 따라서 본성적으로 부분은 전체를 사랑하고 부분은 전체의 건강을 위하여 자연히 버려진다. 존재자들 안에서 더 우월한 것들은 더 하위의 것들에 비하여, 부분에 대한 전체의 관계와 같이, 우월한 것이기에 하위의 것이 불완전하고 부분적으로 소유하고 있는 것을 완전하고 전적으로 소유하고 있으며, 가장 상위의 것은 자신 안에 많은 하위의 것들을 포함하고 있다."(*In de div. nom.*, nn.404-406. Cf. nn.428-429.)
사랑은 호의, 보답, 소통을 수반한다. 더 넓게는 다른 사람의 선을 그 자체 때문에 원하는 것과 특별한 영혼의 선에 참여하게 하는 것을 수반한다(여기에서 정직한 사람의 우정이 나온다). 더 넓게는 신적 본성의 초자연적 공유에 참여하게 하는 것이 있다(여기에서 신적 우정이 나온다).

12. 여기서 하느님에 대한 인간의 교제는 그분을 관조함으로써 이루어진다. *ScG*, IV, 22, n.3585.
13. Vulgata: illi (우리말 성경도 "그분을").

AD SECUNDUM dicendum quod amicitia se extendit ad aliquem dupliciter. Uno modo, respectu sui ipsius, et sic amicitia nunquam est nisi ad amicum. Alio modo se extendit ad aliquem respectu alterius personae, sicut, si aliquis habet amicitiam ad aliquem hominem, ratione eius diligit omnes ad illum hominem pertinentes, sive filios sive servos sive qualitercumque ei attinentes. Et tanta potest esse dilectio amici quod propter amicum amantur hi qui ad ipsum pertinent etiam si nos offendant vel odiant. Et hoc modo amicitia caritatis se extendit etiam ad inimicos, quos diligimus ex caritate in ordine ad Deum, ad quem principaliter habetur amicitia caritatis.

AD TERTIUM dicendum quod amicitia honesti non habetur nisi ad virtuosum sicut ad principalem personam, sed eius intuitu diliguntur ad eum attinentes etiam si non sint virtuosi. Et hoc modo caritas, quae maxime est amicitia honesti, se extendit ad peccatores, quos ex caritate diligimus propter Deum.

Articulus 2
Utrum caritas sit aliquid creatum in anima

2. 우정은 두 가지 방식으로 다른 사람을 향할 수 있다. 첫째 방식은 그 사람 자신으로 인한 것이며, 이러한 방식으로는 우정은 친구만을 향한다. 다른 방식으로는, 다른 어떤 사람으로 인하여 한 사람에게 우정을 가질 수 있다. 이러한 방식으로는, 한 사람이 어떤 사람에게 우정을 갖고 있다면 그 사람 때문에 그에게 속한 모든 이들을 자녀들이든 종들이든 또는 어떤 식으로 그와 관련된 이들이든 모두를 사랑하게 된다. 친구에 대한 사랑(dilectio)은, 친구에게 속한 사람이 우리를 해치거나 미워하더라도 그 친구 때문에 그들 모두를 사랑하게 할 수 있다. 이러한 식으로 참사랑의 우정은 원수들에게까지 이른다. 우리는 참사랑의 우정이 주로 향하게 되는 대상인 하느님에 대한 참사랑으로 그들을 사랑한다.

3. 정직한 우정은 주로 덕스러운 이들만을 향한다. 그러나 그 덕스러운 사람 때문에 그에게 관련된 다른 이들을 그들이 덕스럽지 않다 하더라도 사랑하게 된다. 이러한 식으로, 최고의 정직한 우정인 참사랑은 우리가 하느님에 대한 참사랑으로 사랑하는 죄인들에게까지 이른다.

제2절 참사랑은 영혼 안의 피조물인가?

Parall.: *In Sent.*, I, d.17, q.1, a.1; *De caritate*, a.1.
Doctr. Eccl.: "[죄인의 의화는] 지극히 거룩한 그 수난 공로로 말미암아 성령을 통해 하느님의 사랑이 의롭게 될 이들의 마음 안에 부어지고[로마 5,5 참조] 내재함으로써 이루어진다."(트리엔트공의회, 제6차 회기, 제7장): DS 800(=DH 1530). "오로지 그리스도의 의로움의 덕분으로만, 또는 성령을 통해서 인간의 마음 안에 부어져[로마 5,5 참조] 자리 잡은 은총과 사랑을 배제하고 오로지

Ad secundum sic proceditur. Videtur quod caritas non sit aliquid creatum in anima.

1. Dicit enim Augustinus, in VIII *de Trin.*:[1] *Qui proximum diligit, consequens est ut ipsam dilectionem diligat. Deus autem dilectio est. Consequens est ergo ut praecipue Deum diligat.* Et in XV *de Trin.*[2] dicit: *Ita dictum est, Deus caritas est, sicut dictum est, Deus spiritus est.* Ergo caritas non est aliquid creatum in anima, sed est ipse Deus.

2. Praeterea, Deus est spiritualiter vita animae, sicut anima vita corporis, secundum illud *Deut.* 30, [20]: *Ipse est vita tua.* Sed anima vivificat corpus per seipsam. Ergo Deus vivificat animam per seipsum. Vivificat autem eam per caritatem, secundum illud I Ioan. 3, [14]: *Nos scimus quoniam translati sumus de morte ad vitam, quoniam diligimus fratres.* Ergo Deus est ipsa caritas.

3. Praeterea, nihil creatum est infinitae virtutis, sed magis omnis creatura est vanitas. Caritas autem non est vanitas, sed magis vanitati repugnat, et est infinitae virtutis, quia animam hominis ad bonum infinitum perducit. Ergo caritas non est aliquid creatum in anima.

---

1. c.7, n.10: PL 42, 957.
2. c.17, n.27: PL 42, 1080.

죄의 용서를 통해서만 인간이 의화되거나 우리를 의화시키는 은총이 단지 하느님의 호의에 불과하다고 말하는 자는 파문될 것이다."(상동, 법규 제11조): DS 821(=DH 1561).

[반론] 둘째에 대해서는 다음과 같이 진행된다. 참사랑은 영혼 안의 피조물이 아닌 것으로 생각된다.

1. 아우구스티누스는 『삼위일체론』 제8권[1]에서 이렇게 말한다. "이웃을 사랑하는 사람은 결과적으로 사랑(dilectio) 자체를 사랑하게 된다." 그런데 하느님은 사랑(dilectio)이시다. 그리고 『삼위일체론』 제15권[2]에서는 이렇게 말한다. "하느님이 참사랑이시라고 말하는 것은 하느님이 영이시라고 말하는 것과 같다." 그러므로 참사랑은 영혼 안에 있는 창조된 것이 아니라 하느님 자신이다.

2. 신명기 30장 [20절]에서 "주님은 너희의 생명이시다."라고 말하는 바와 같이, 영혼이 육신의 생명이듯이 하느님은 영적으로 영혼의 생명이시다. 그런데 영혼은 그 자체로 육체에 생명을 준다. 그러므로 하느님은 당신 자신으로 영혼에 생명을 주신다. 그러나 요한 1서 3장 [14절]에서 "우리는 형제들을 사랑하기 때문에 우리가 이미 죽음에서 생명으로 건너갔다는 것을 압니다."라고 말하듯이, 참사랑을 통하여 생명을 주신다. 그러므로 참사랑은 바로 하느님이다.

3. 어떤 창조된 사물도 그 능력이 무한하지 않으며, 오히려 모든 피조물은 허무하다. 그러나 참사랑은 허무가 아니며, 오히려 허무에 반대되고 그 능력이 무한하다. 참사랑은 인간의 영혼을 무한한 선으로 인도하기 때문이다. 그러므로 참사랑은 영혼 안의 피조물이 아니다.

---

3. c.10, n.16: PL 34, 72.

Sed contra est quod Augustinus dicit, in III *de Doct. Christ.*:³ *Caritatem voco motum animi ad fruendum Deo propter ipsum.* Sed motus animi est aliquid creatum in anima. Ergo et caritas est aliquid creatum in anima.

Respondeo dicendum quod Magister perscrutatur hanc quaestionem in 17 dist. I lib. *Sent.*, et ponit quod caritas non est aliquid creatum in anima, sed est ipse Spiritus Sanctus mentem inhabitans. Nec est sua intentio quod iste motus dilectionis quo Deum diligimus sit ipse Spiritus Sanctus, sed quod iste motus dilectionis est a Spiritu Sancto non mediante aliquo habitu, sicut a Spiritu Sancto sunt alii actus virtuosi mediantibus habitibus aliarum virtutum, puta habitu spei aut fidei aut alicuius alterius virtutis. Et hoc dicebat propter excellentiam caritatis.

Sed si quis recte consideret, hoc magis redundat in caritatis detrimentum. Non enim motus caritatis ita procedit a Spiritu Sancto movente humanam mentem quod humana mens sit mota tantum et nullo modo sit principium huius motus, sicut cum aliquod corpus movetur ab aliquo exteriori movente. Hoc enim est contra rationem voluntarii, cuius oportet principium in ipso esse, sicut supra⁴ dictum est. Unde sequeretur quod diligere non esset voluntarium. Quod implicat contradictionem, cum amor de sui ratione importet quod sit actus voluntatis.—Similiter etiam non potest dici quod sic moveat Spiritus Sanctus voluntatem

[재반론] 그러나 반대로 아우구스티누스는 『그리스도교 교양』 제3권[3]에서, "하느님을 그 자신 때문에 향유하려는 영혼의 움직임을 참사랑이라고 부른다."고 말한다. 그러나 영혼의 움직임은 영혼 안에 창조된 것이다. 그러므로 참사랑은 영혼 안의 피조물이다.

[답변] 스승[롬바르두스]은 『명제집』 제1권 제17구분에서 이 문제를 검토하며, 참사랑은 영혼 안의 피조물이 아니라 정신 안에 머무시는 성령 자신이라고 본다. 그러나 그의 의도는 우리가 하느님을 사랑하는 사랑의 움직임이 바로 성령이라는 것이 아니라, 그 사랑의 움직임이 성령으로부터 나오는데, 다른 덕스러운 행위들이 믿음이나 희망이나 다른 덕의 습성과 같은 다른 어떤 덕들의 습성을 통하여 성령으로부터 나오듯이 중간의 습성을 통해서 나오는 것이 아니라 직접 성령으로부터 나온다는 것이다. 그가 이 말을 한 것은 참사랑의 탁월함 때문이다.

하지만 이를 잘 살펴보면, 그것은 오히려 참사랑에 손해를 입힌다. 참사랑의 움직임이 인간 정신을 움직이는 성령으로부터 나온다고 할 때, 인간 정신은 마치 어떤 사물이 다른 외적 원동자에 의하여 움직여질 때와 같이 그저 움직여질 뿐, 어떤 식으로도 그 움직임의 원리가 되지는 않는 식으로 움직여지는 것은 아니기 때문이다. 그것은 위에서[4] 말한 바와 같이 의지적 행위는 그 원리를 자기 자신 안에 지니고 있어야 한다는 특성에 반대된다. 만일 그렇다면 사랑하는 것은 의지적 행위가 아니게 될 것인데, 이는 모순이다. 사랑은 본성상 의지의 행위를 수반하기 때문이다. – 마찬가지로, 성령이 마치 도구가

---

4. I-II, q.6, a.1.

ad actum diligendi sicut movetur instrumentum quod, etsi sit principium actus, non tamen est in ipso agere vel non agere. Sic enim etiam tolleretur ratio voluntarii, et excluderetur ratio meriti, cum tamen supra[5] habitum sit quod dilectio caritatis est radix merendi.—Sed oportet quod sic voluntas moveatur a Spiritu Sancto ad diligendum quod etiam ipsa sit efficiens hunc actum.

Nullus autem actus perfecte producitur ab aliqua potentia activa nisi sit ei connaturalis per aliquam formam quae sit principium actionis. Unde Deus, qui omnia movet ad debitos fines, singulis rebus indidit formas per quas inclinantur ad fines sibi praestitutos a Deo, et secundum hoc *disponit omnia suaviter*, ut dicitur *Sap.* 8, [1]. Manifestum est autem quod actus caritatis excedit naturam potentiae voluntatis. Nisi ergo aliqua forma superadderetur naturali potentiae per quam inclinaretur ad dilectionis actum, secundum hoc esset actus iste imperfectior actibus naturalibus et actibus aliarum virtutum, nec esset facilis et delectabilis. Quod patet esse falsum, quia nulla virtus habet tantam inclinationem ad suum actum sicut caritas, nec aliqua ita delectabiliter operatur.[6] Unde maxime necesse est quod ad actum caritatis existat in nobis aliqua habitualis forma superaddita

---

5. I-II, q.114, a.4.
6. 스승의 견해로는, "그렇다면 참사랑 안에 있는 사람은 기꺼이 참사랑의 행위를 하지도 않으며 즐겁게 그것을 행하지도 않을 것이다. 하지만 덕의 행위는 우리에게 즐겁다. 습성에 따라서 우리가 그 행위들에 확고해지고 본성적 성향의 방식으

움직여지듯이 의지를 사랑의 행위로 움직이신다고 말할 수도 없다. 도구는 비록 행위의 원리이면서도 그 자체로 스스로 움직이거나 움직이지 않을 수는 없다. 그런데 만일 이러한 경우라면 의지적인 성격이 제거되고 공로가 될 이유도 없어질 것이다. 그러나 위에서[5] 말한 바와 같이 참사랑의 사랑은 공로의 근원이다.-오히려 의지는 성령에 의하여 사랑하도록 움직여지되, 의지 자신이 그 행위를 일으키도록 움직여져야 한다.

어떤 행위가 어떤 능동적 능력에 의하여 완전하게 산출되려면, 그 능력이 그 행위의 작용 원리가 되는 어떤 형상을 통하여 그 행위와 공통된 본성을 지니고 있어야 한다. 그러므로 모든 것을 그들의 마땅한 목적으로 움직이시는 하느님은 각 사물 안에 그들이 그분께서 미리 정하신 목적을 지향하게 하는 형상들을 넣어 주셨고, 이에 따라 지혜서 8장 [1절]에서 말하듯이 "모든 것을 부드럽게 안배하신다." 그런데, 참사랑의 행위는 의지의 능력의 본성을 넘어선다는 것이 명백하다. 그러므로 본성적 능력에 사랑의 행위를 향하게 하는 어떤 형상이 더해지지 않는다면 그 행위는 본성적 행위들이나 다른 덕들의 행위들보다 불완전하게 될 것이다. 또한 그 행위는 쉽지도 즐겁지도 않을 것이다. 그러나 이는 명백히 그릇된 것이다. 어떤 덕도 참사랑만큼 자신의 행위를 향한 지향을 갖고 있지 않으며, 어떤 것도 그렇게 즐겁게 이루어지지 않기 때문이다.[6] 그러므로 참사랑의 행위를 위해서는 우리 안에 본성적 능력에 더해진 어떤 습성적 형상이

로 그 행위들을 향한 성향을 갖게 되기 때문이다. 그러므로 참사랑의 행위는 참사랑 안에 있을 때 가장 즐겁고 가장 기꺼이 행하게 되고, 이를 통하여 우리가 행하거나 겪는 모든 것은 즐길 수 있는 것이 된다."(*De caritate*, a.1.)

potentiae naturali, inclinans ipsam ad caritatis actum, et faciens eam prompte et delectabiliter operari.[7]

AD PRIMUM ergo dicendum quod ipsa essentia divina caritas est, sicut et sapientia est, et sicut bonitas est. Unde sicut dicimur boni bonitate quae Deus est, et sapientes sapientia quae Deus est,[8] quia bonitas qua formaliter boni sumus est participatio quaedam divinae bonitatis, et sapientia qua formaliter sapientes sumus est participatio quaedam divinae sapientiae; ita etiam caritas qua formaliter diligimus proximum est quaedam participatio divinae caritatis. Hic enim modus loquendi consuetus est apud Platonicos, quorum doctrinis Augustinus fuit imbutus. Quod quidam non advertentes ex verbis eius sumpserunt occasionem errandi.[9]

AD SECUNDUM dicendum quod Deus est vita effective et animae per caritatem et corporis per animam, sed formaliter caritas est vita animae, sicut et anima corporis. Unde per hoc potest concludi quod, sicut anima immediate unitur corpori, ita caritas animae.

AD TERTIUM dicendum quod caritas operatur formaliter. Efficacia autem formae est secundum virtutem agentis qui inducit formam. Et ideo quod caritas non est vanitas, sed facit

---

7. "그렇다고 해서 창조되지 않은 참사랑인 성령이 창조된 참사랑을 지닌 사람 안에 계시고 또한 하느님이 모든 것들을 그들이 자신의 형상으로부터 그 행위에 대

있어서 그 형상이 본성적 능력을 참사랑의 행위로 향하게 하고, 즉시 그리고 즐겁게 이를 행하게 하는 것이 지극히 필요하다.[7]

[해답] 1. 신적 본질 자체는 지혜이고 선이며 또한 참사랑이다. 그러므로 우리가 그로써 형상적으로 선하게 되는 그 선은 하느님의 선에 참여하는 것이고 또한 우리가 그로써 형상적으로 지혜롭게 되는 그 지혜는 하느님의 지혜에 참여하는 것이기에 우리는 하느님이신 선으로 선하고[8] 하느님이신 지혜로 지혜롭다고 일컬어지는 것과 같이, 마찬가지로 우리가 그로써 형상적으로 이웃을 사랑하는 그 참사랑은 하느님의 참사랑에 참여하는 것이다. 플라톤주의자들은 흔히 이렇게 말하는데, 아우구스티누스는 그들의 가르침에 젖어 있었다. 그래서 이를 깨닫지 못하는 이들은 그의 말들로 인해 오류에 빠진다.[9]

2. 하느님은 작용인으로서는 참사랑을 통하여 영혼의 생명이시며 또한 영혼을 통하여 육체의 생명이시다. 그러나 형상인으로서는, 영혼이 육체의 생명이듯이 참사랑이 영혼의 생명이다. 그러므로 영혼이 직접적으로 육체에 결합되듯이 참사랑이 직접적으로 영혼에 결합된다는 결론을 내릴 수 있다.

3. 참사랑은 형상으로서 작용한다. 그러나 어떤 형상의 효력은 그 형상을 부여하는 행위자의 힘에 달려 있다. 그러므로 참사랑은 허무

한 성향을 지니고 있는 행위로 움직이시듯이 영혼을 사랑의 행위를 하도록 움직이신다는 것이 배제되는 것은 아니다. 그러므로 그분은 모든 것을 부드럽게 안배하신다. 모든 것에게 그분께서 그들을 그것을 향해 움직이게 하시는 바로 그것을 향한 성향을 갖도록 형상과 능력을 부여하시어, 강제적이 아니라 거의 저절로 그것을 향하게 하시기 때문이다."(*De caritate*, a.1. Cf. I-II, q.110, a.2.)

8. Cf. I, q.6, a.4.
9. Cf. Mag.[Lombardus], loc. cit.

effectum infinitum dum coniungit animam Deo iustificando ipsam, hoc demonstrat infinitatem virtutis divinae,[10] quae est caritatis auctor.

Articulus 3
Utrum caritas sit virtus

Ad tertium sic proceditur. Videtur quod caritas non sit virtus.

1. Caritas enim est amicitia quaedam. Sed amicitia a philosophis non ponitur virtus, ut in libro *Ethic.*[1] patet, neque enim connumeratur inter virtutes morales neque inter intellectuales. Ergo etiam neque caritas est virtus.

2. Praeterea, *virtus est ultimum potentiae*, ut dicitur in I *de caelo.*[2] Sed caritas non est ultimum; sed magis gaudium et pax. Ergo videtur quod caritas non sit virtus; sed magis gaudium et pax.

3. Praeterea, omnis virtus est quidam habitus accidentalis. Sed caritas non est habitus accidentalis, cum sit nobilior ipsa anima; nullum autem accidens est nobilius subiecto. Ergo caritas non est virtus.

---

10. "참사랑은 작용인으로서가 아니라 형상인으로서 무한한 선과 결합시킨다. 그러므로 무한한 능력은 참사랑에 해당되는 것이 아니라 참사랑의 제작자에 해당된다. 그러나 인간이 무한한 참사랑에 의하여 무한한 선을 무한히 지향하게 된다면, 무한한 능력이 참사랑에 해당되게 된다. 그러나 이것은 그릇됨이 분명하다. 사물의 방법은 그 형상을 따르기 때문이다."(*De caritate*, a.1, ad10.) "피조물은 하느님과 유사하기 때문이 아니라 무로부터 생겨났기 때문에 허무하다. 이 때문에

가 아니며 오히려 영혼을 의롭게 하여 하느님과 결합시킴으로써 무한한 효력을 낸다는 것이 명백하다.[10] 이는 참사랑의 기원인 하느님의 힘의 무한함을 입증해 준다.

제3절 참사랑은 덕인가?

Parall.: *In Sent.*, III, d.27, q.2, a.2; *De caritate*, a.2.

[반론] 셋째에 대해서는 다음과 같이 진행된다. 사랑은 덕(德, virtus)이 아닌 것으로 생각된다.

1. 참사랑은 일종의 우정이다. 그러나 『니코마코스 윤리학』[1]에서 명백히 드러나듯이 우정은 철학자들에 의하여 덕으로 여겨지지 않는다. 그것은 도덕적 덕들 가운데에도 지성적 덕들 가운데에도 들지 않는다. 그러므로 참사랑은 덕이 아니다.

2. 『천지론』 제1권[2]에서 말하듯이 "덕은 능력의 완성"이다. 그러나 참사랑은 완성이 아니며, 완성은 오히려 즐거움과 평화이다. 그러므로 참사랑은 덕이 아닌 것으로 생각된다. 참사랑이 아니라 오히려 즐거움과 평화가 덕이다.

3. 모든 덕은 우유적 습성이다. 하지만 참사랑은 우유적 습성이 아니다. 실상 참사랑은 영혼 자체보다 더 고귀하다. 그런데 어떤 우유도 그 주체보다 고귀하지 않다. 그러므로 참사랑은 덕이 아니다.

창조된 참사랑이 제1진리와 결합시킨다.(*Ibid.*, ad11.)

1. VIII, c.1, 1155, a, 3-4; S. Thomas, lect.1, n.1538.
2. c.11, 281a14-19; S. Thomas, lect.25, n.4.

q.23, a.3

SED CONTRA est quod Augustinus dicit, in libro *de Moribus Eccles.*:³ *Caritas est virtus quae, cum nostra rectissima affectio est, coniungit nos Deo, qua eum diligimus.*

RESPONDEO dicendum quod humani actus bonitatem habent secundum quod regulantur debita regula et mensura, et ideo humana virtus, quae est principium omnium bonorum actuum hominis, consistit in attingendo regulam humanorum actuum. Quae quidem est duplex, ut supra⁴ dictum est, scilicet humana ratio, et ipse Deus. Unde sicut virtus moralis definitur per hoc quod est *secundum rationem rectam*, ut patet in II *Ethic.*,⁵ ita etiam attingere Deum constituit rationem virtutis, sicut etiam supra⁶ dictum est de fide et spe. Unde, cum caritas attingit Deum, quia coniungit nos Deo, ut patet per auctoritatem Augustini inductam;⁷ consequens est caritatem esse virtutem.

---

3. c.11, n.19: PL 32, 1319.
4. q.17, a.1.
5. c.6, 1107a1; S. Thomas, lect.7, n.322. Cf. II, c.2, 1103b31-34; S. Thomas, lect.2, n.257; VI, c.13, 1144b21-32; S. Thomas, lect.11, nn.1283-1285.
6. q.4, a.5; q.17, a.1.
7. 재반론.
8. "덕은 선을 향하여 작용하게 되므로, 어떤 덕이든지 그 선을 향하여 잘, 곧 자발적으로, 기꺼이, 즐거이, 그리고 확고하게 작용해야 한다…. 그런데 덕이 그것을 향하여 작용하는 선은 인간으로서의 인간에게 속하고 인간과 본성이 같다. 그러므로 인간의 의지 안에는 본성적으로 선에 대한 사랑이 있고, 그것은 이성적인 사랑이다.

[재반론] 그러나 반대로 아우구스티누스는 『가톨릭교회의 관습과 마니교도의 관습』³에서 이렇게 말한다. "참사랑은 덕이다. 우리의 애정이 지극히 올바를 때 참사랑은 우리가 그것으로 그분을 사랑하는 하느님께 우리를 결합시킨다."

[답변] 인간의 행위는 그것이 마땅한 규칙과 척도에 의해 조절되는 정도에 따라 선한 것이 된다. 그러므로 인간의 모든 선한 행위의 원리인 인간적 덕은 인간적 행위의 규칙에 부합하는 데에 있다. 위에서⁴ 말한 바와 같이 그 규칙은 두 가지, 곧 인간 이성과 하느님 자신이다. 따라서 『니코마코스 윤리학』 제2권⁵에서 명백히 드러나듯이 도덕적 덕은 올바른 이성에 부합하는 것으로 정의되고, 위에서⁶ 믿음과 희망에 대해 말한 바와 같이 덕은 하느님께 도달하는 데에 있다. 그런데 위에⁷ 인용한 아우구스티누스의 권위에 의해 명백하게 드러나듯이, 참사랑은 우리를 하느님께 결합시키므로 참사랑은 하느님께 도달하고, 따라서 참사랑은 덕이다.⁸

그러나 우리가 인간의 덕을 다른 점에서 고찰하여 그것은 인간에게 본성적이지 않다는 것을 받아들인다면, 이러한 덕에 대해서는 그 덕이 지향하는 선에 대한 사랑이 의지의 본성에 더해져야 한다. 예술가가 그의 예술을 통하여 의도하는 선에 대한 사랑이 그에게 더해지지 않는다면 그는 잘 작용하지 않는다. 그래서 철학자는 『정치학』 8권[제1장]에서, 좋은 정치인이 되려는 사람은 사회의 선을 사랑하는 것이 요구된다고 말한다.
어떤 사람이 어떤 사회의 선에 참여하도록 허락되고 그 사회의 시민이 된다면, 시민이 해야 할 것들을 해야 하며 사회의 선을 사랑해야 하는 것이 그에게 해당된다. 그러므로 인간은 하느님의 은총에 의하여 하느님을 뵙고 누리는 천상의 참행복에 참여하도록 허락되어, "여러분은 성도들과 함께 한 시민이며 하느님의 한 가족"이라는 에페 2,19에 따라 천상 예루살렘이라 불리는 복된 사회의 시민이며 동료가 된다. 그러므로 사람들이 천상에 등록될 때에는 무상의 덕인 주입덕들이 적합하다. 이들의 올바른 작용을 위해서는 모든 사회들의 공통된 선, 곧 신적 선

q.23, a.3

AD PRIMUM ergo dicendum quod Philosophus in VIII *Ethic.* non negat amicitiam esse virtutem, sed dicit quod est *virtus vel cum virtute*. Posset enim dici quod est virtus moralis circa operationes quae sunt ad alium, sub alia tamen ratione quam iustitia. Nam iustitia est circa operationes quae sunt ad alium sub ratione debiti legalis, amicitia autem sub ratione cuiusdam debiti amicabilis et moralis, vel magis sub ratione beneficii gratuiti, ut patet per Philosophum, in VIII *Ethic.*[8]

Potest tamen dici quod non est virtus per se ab aliis distincta. Non enim habet rationem laudabilis et honesti nisi ex obiecto, secundum scilicet quod fundatur super honestate virtutum, quod patet ex hoc quod non quaelibet amicitia habet rationem laudabilis et honesti, sicut patet in amicitia delectabilis et utilis. Unde amicitia virtuosa magis est aliquid consequens ad virtutes quam sit virtus.—Nec est simile de caritate, quae non fundatur principaliter super virtute humana, sed super bonitate divina.

에 대한 사랑이 요구되는데, 그것이 참행복의 대상이다. 그러나 어떤 사회의 선을 사랑하는 것은 두 가지로 이루어진다. 그 한 가지는 그 선이 얻어지게 하는 것이고, 다른 방법은 그것이 보존되게 하는 것이다. 그러나 어떤 사회의 선이 얻어지거나 소유되도록 그것을 사랑하는 것은 정치적 선이 되지 않는다. 폭군도 그 사회를 지배하기 위하여 그 사회의 선을 사랑하기 때문이다. 이것은 사회를 사랑하는 것이라기보다 자신을 사랑하는 것이다. 그는 사회를 위해서가 아니라 자신을 위해 그 선을 바라는 것이기 때문이다. 그러나 사회의 선이 보존되고 방어되도록 그 선을 사랑하는 것은 참으로 사회를 사랑하는 것이며, 이것은 정치적 선이 된다. 어떤 사람이 사회의 선을 보존하거나 증가시키기 위하여 자신을 죽음의 위험에 처하게 하거나 사적 선을 소홀히 할 때에는 더욱 그러하다.

그러므로 복된 이들이 참여하는 선을 차지하거나 소유하기 위하여 그것을 사랑

제23문 제3절

[해답] 1. 철학자는 『니코마코스 윤리학』 제8권에서, 우정이 덕이라는 것을 부인하는 것이 아니라, "덕이거나 또는 덕과 함께 있다."고 말한다. 우정은 다른 이들에 대한 작용에 관련된 도덕적 덕이라고 말할 수 있을 것이지만, 정의와는 다른 측면에 따른 것이다. 정의는 법적 의무라는 측면에서 다른 사람에 관련된 작용에 대한 것인데, 철학자가 『니코마코스 윤리학』 제8권[9]에서 말하듯이 우정은 친밀함 또는 도덕적 의무라는 측면 또는 오히려 무상의 은혜라는 측면에 관련된다.

그러나 우정은 그 자체로 다른 덕들과 구별되는 덕은 아니라고 말할 수 있다. 우정이 훌륭하고 존경받을 만하다고 여겨지는 것은 오직 그 대상에 의해서, 곧 그 덕의 도덕적 선성에 기초해서이다. 이는, 유쾌함이나 유용함에 기초한 우정들의 경우에 분명하듯이 모든 우정이 훌륭하고 존경받을 만한 것은 아니라는 사실에서 명백하게 드러난다. 그러므로 덕스러운 우정은 덕이라기보다 덕에 따르는 어떤 것이다.-그러나 주로 인간적 덕에 근거한 것이 아니라 하느님의 선하심에 근거한 덕인 참사랑은 이와 유사하지 않다.

하는 것은 인간을 참행복을 위하여 잘 준비되게 하지 않는다. 악인들도 그 선을 갈망하기 때문이다. 그러나 그 자체를 위하여, 그것이 보존되고 전파되도록, 아무것도 이 선에 맞서지 않도록 하기 위하여 이 선을 사랑하는 것은 인간을 그 복된 이들의 사회를 위하여 잘 준비되게 한다. 이것은 하느님을 그분 자신을 위하여 사랑하고 참행복을 누릴 수 있는 이웃을 자신처럼 사랑하는 사랑이며, 자신과 다른 이들 안에서 모든 장애에 저항하는 사랑이다. 이 사랑은 참행복을 가로막는 사죄와 결코 공존할 수 없는 사랑이다. 그러므로 사랑은 하나의 덕일 뿐만 아니라 가장 강한 덕이다."(*De caritate*, a.2.)

9. c.15, 1162b21-25; S. Thomas, lect.13, n.1734. 법적 의무와 우정의 의무 또는 도덕적 의무에 관하여: Cf. q.80, a.1; q.102, a.2, ad2; q.106, a.4, ad1; q.114, a.2; q.117, a.5, ad1; q.118, a.3, ad2.

AD SECUNDUM dicendum quod eiusdem virtutis est diligere aliquem et gaudere de illo, nam gaudium amorem consequitur, ut supra[9] habitum est, cum de passionibus ageretur. Et ideo magis ponitur virtus amor quam gaudium, quod est amoris effectus.[10]—Ultimum autem quod ponitur in ratione virtutis non importat ordinem effectus, sed magis ordinem superexcessus cuiusdam, sicut centum librae excedunt sexaginta.

AD TERTIUM dicendum quod omne accidens secundum suum esse est inferius substantia, quia substantia est ens per se, accidens autem in alio. Sed secundum rationem suae speciei, accidens quidem quod causatur ex principiis subiecti est indignius subiecto, sicut effectus causa. Accidens autem quod causatur ex participatione alicuius superioris naturae est dignius subiecto, inquantum est similitudo superioris naturae, sicut lux diaphano. Et hoc modo caritas est dignior anima, inquantum est participatio quaedam Spiritus Sancti.

Articulus 4

Utrum caritas sit virtus specialis

Ad quartum sic proceditur. Videtur quod caritas non sit virtus specialis.

---

10. I-II, q.25, a.2.

2. 어떤 사람을 사랑하는 것과 그를 두고 기뻐하는 것은 같은 덕에 속한다. 위에서[10] 정념들에 대한 설명에서 말한 바와 같이 즐거움은 사랑에 뒤따르는 것이기 때문이다. 그러므로 사랑의 결과인 즐거움보다는 사랑이 덕으로 여겨진다.[11] — 덕이 마지막의 것이라고 말하는 것은 결과의 순서에서가 아니라 마치 100리브라가 70리브라를 능가하듯이 능가함의 순서에서이다.

3. 모든 우유는 그 본질에 따라서는 실체보다 하위에 있다. 실체는 그 자체로서 존재하는데 비하여 우유는 다른 것 안에서 존재하기 때문이다. 그러나 그 종에 따라서 볼 때에는, 우유는 그것이 주체의 원리들에 기인하는 것이라면 결과가 그 원인보다 덜 고귀한 것과 같이 주체보다 분명 하위에 있지만, 우유가 더 상위의 본성에 참여하는 데에 기인한 것이라면 빛이 반투명체에 대하여 그렇듯이 주체보다 더 고귀하다. 그것이 더 상위의 본성의 유사성이기 때문이다. 이렇게 하여 참사랑은 영혼보다 더 고귀하다. 그것이 성령에 참여하는 것이기 때문이다.

제4절 참사랑은 특수한 덕인가?

Parall.: *In Sent.*, III, d.27, q.2, a.4, qc.2; *De malo*, q.8, a.2; q.11, a.2; *De caritate*, a.5.

[반론] 넷째에 대해서는 다음과 같이 진행된다. 참사랑은 특수한 덕이 아닌 것으로 생각된다.

---

11. Cf. q.29, a.4.

q.23, a.4

1. Dicit enim Hieronymus:[1] *Ut breviter omnem virtutis definitionem complectar, virtus est caritas, qua diligitur Deus et proximus.* Et Augustinus dicit, in libro *de Moribus Eccles.*,[2] quod *virtus est ordo amoris.* Sed nulla virtus specialis ponitur in definitione virtutis communis. Ergo caritas non est specialis virtus.

2. Praeterea, illud quod se extendit ad opera omnium virtutum non potest esse specialis virtus. Sed caritas se extendit ad opera omnium virtutum, secundum illud I *ad Cor.* 13, [4]: *Caritas patiens est, benigna est*, etc. Extendit etiam se ad omnia opera humana, secundum illud I *ad Cor.* ult., [14]: Omnia opera vestra in caritate fiant.[3] Ergo caritas non est specialis virtus.

3. Praeterea, praecepta legis respondent actibus virtutum. Sed Augustinus, in libro *de Perfect. Hum. Iust.*,[4] dicit quod *generalis iussio est, Diliges; et generalis prohibitio, Non concupisces.* Ergo caritas est generalis virtus.

SED CONTRA, nullum generale connumeratur speciali. Sed caritas connumeratur specialibus virtutibus, scilicet fidei et spei, secundum illud I *ad Cor.* 13, [13]: *Nunc autem manent fides, spes, caritas, tria haec.* Ergo caritas est virtus specialis.

---

1. Cf. Aug., Epist. 167 *ad Hieron.*, c.4, n.15; c.5, n.16: PL 33, 739.
2. Cf. *De civ. Dei*, XV, c.22: PL 41, 467.

제23문 제4절

1. 히에로니무스는 이렇게 말한다.[1] "모든 덕을 짧게 정의하면, 덕은 우리가 그로써 하느님과 이웃을 사랑하는 참사랑이다." 그리고 아우구스티누스는 『가톨릭교회의 관습과 마니교도의 관습』[2]에서 "덕은 사랑의 질서"라고 말한다. 그러나 공통된 덕의 정의에는 어떤 특수한 덕도 들어갈 수 없다. 그러므로 참사랑은 특수한 덕이 아니다.

2. 모든 덕들의 행위에 미치는 것은 특수한 덕일 수 없다. 그런데 참사랑은 코린토 1서 13장 [4절]에서 말하듯이 모든 덕들의 행위에 미친다. "참사랑은 참고 기다립니다. 참사랑은 친절합니다…." 참사랑은 인간의 모든 행위들에까지 미친다. 사도는 코린토 1서 16장 [14절]에서, "여러분이 하는 모든 일이 참사랑으로 이루어지게 하십시오."[3]라고 말한다. 그러므로 참사랑은 특수한 덕이 아니다.

3. 율법의 계명들은 덕의 행위들에 상응한다. 그런데 아우구스티누스는 『인간 의로움의 완성』[4]에서, "일반적인 명령은 사랑하라는 것이며, 일반적인 금령은 욕망을 품지 말라는 것"이라고 말한다. 그러므로 참사랑은 일반적인 덕이다.

[재반론] 그러나 반대로 일반적인 것은 어떤 것도 특수한 것들과 함께 열거될 수 없다. 그런데 참사랑은 코린토 1서 13장 [13절]에서 특수한 덕들인 믿음과 희망과 함께 열거된다. "그러므로 이제 믿음과 희망과 참사랑 이 세 가지는 계속됩니다." 그러므로 참사랑은 특수한 덕이다.

---

3. 대중 라틴말 성경에는 opera가 없다.
4. c.5: PL 44, 297.

RESPONDEO dicendum quod actus et habitus specificantur per obiecta, ut ex supradictis[5] patet. Proprium autem obiectum amoris est bonum, ut supra[6] habitum est. Et ideo ubi est specialis ratio boni, ibi est specialis ratio amoris. Bonum autem divinum, inquantum est beatitudinis obiectum, habet specialem rationem boni.[7] Et ideo amor caritatis, qui est amor huius boni, est specialis amor. Unde et caritas est specialis virtus.

AD PRIMUM ergo dicendum quod caritas ponitur in definitione omnis virtutis, non quia sit essentialiter omnis virtus, sed quia ab ea dependent aliqualiter omnes virtutes, ut infra[8] dicetur. Sicut etiam prudentia ponitur in definitione virtutum moralium, ut patet in II[9] et VI[10] *Ethic.*, eo quod virtutes morales dependent a prudentia.[11]

AD SECUNDUM dicendum quod virtus vel ars ad quam pertinet finis ultimus, imperat virtutibus vel artibus ad quas pertinent alii fines secundarii, sicut militaris imperat equestri, ut dicitur in I *Ethic.*[12] Et ideo, quia caritas habet pro obiecto ultimum finem humanae vitae, scilicet beatitudinem aeternam, ideo extendit se ad actus totius humanae vitae per modum imperii, non quasi immediate eliciens omnes actus virtutum.

AD TERTIUM dicendum quod praeceptum de diligendo

---

5. I-II, q.18, a.2; q.54, a.2.
6. I-II, q.27, a.1.

[답변] 위의 설명에서와 같이[5] 행위와 습성들은 그 대상에 따라 분류된다. 그런데 위에서 말한 바와 같이[6] 사랑의 고유한 대상은 선이다. 그러므로 선에 특수한 면들이 있는 곳에는 사랑에도 특수한 면들이 있다. 그런데 참행복의 대상인 신적 선은 선의 특수한 면을 지니고 있다.[7] 그러므로 이 선에 대한 사랑인 참사랑의 사랑은 특수한 사랑이다. 그러므로 참사랑은 특수한 덕이다.

[해답] 1. 참사랑이 모든 덕의 정의에 들어 있는 것은 참사랑이 곧 본질적으로 모든 덕이기 때문이 아니라, 아래에서 말할 것과 같이 모든 덕이 참사랑에 의존하기 때문이다. 이는 『니코마코스 윤리학』 제2권[9]과 제6권[10]에서 말하듯이 모든 도덕적 덕들이 현명에 의존하기 때문에 현명이 도덕적 덕들의 정의에 들어 있는 것과 같다.[11]

2. 『니코마코스 윤리학』 제1권[12]에서 말하는 것처럼 군사 기술이 기마술을 지배하는 것과 같이, 최종 목적이 관련되어 있는 덕이나 기술들은 부수적인 다른 목적들에 관련된 덕과 기술들을 지배한다. 그러므로 참사랑은 인간 삶의 최종 목적인 영원한 참행복을 대상으로 하고 있으므로 인간 삶의 모든 행위들에 미치는 것이지만, 직접적으로 모든 덕들의 행위를 야기함으로써가 아니라 이들을 지배함으로써 그러한 것이다.

3. 사랑의 계명은 일반적 명령이라고 일컬어진다. 다른 모든 계명

---

7. Cf. q.17, a.6.
8. a.7.
9. c.6, 1107a1-2; S. Thomas, lect.7, nn.322-323.
10. c.13, 1144b26-32; S. Thomas, lect.11, nn.1283-1285.
11. Cf. I-II, q.58, a.4.
12. c.1, 1094a12-14; S. Thomas, lect.1, n.16.

dicitur esse iussio generalis, quia ad hoc reducuntur omnia alia praecepta sicut ad finem, secundum illud I *ad Tim.* 1, [5]: *Finis praecepti caritas est.*[13]

Articulus 5
Utrum caritas sit una virtus

Ad quintum sic proceditur. Videtur quod caritas non sit una virtus.

1. Habitus enim distinguuntur secundum obiecta. Sed duo sunt obiecta caritatis, Deus et proximus, quae in infinitum ab invicem distant. Ergo caritas non est una virtus.

2. Praeterea, diversae rationes obiecti diversificant habitum, etiam si obiectum sit realiter idem, ut ex supradictis[1] patet. Sed multae sunt rationes diligendi Deum, quia ex singulis beneficiis eius perceptis debitores sumus dilectionis ipsius. Ergo caritas non est una virtus.

3. Praeterea, sub caritate includitur amicitia ad proximum. Sed Philosophus, in VIII *Ethic.*,[2] ponit diversas amicitiae species. Ergo caritas non est una virtus, sed multiplicatur in diversas species.

---

13. Cf. q.44, a.1.

들이 그들의 목적인 이 계명으로 환원되기 때문이다. 티모테오 1서 1장 [5절]에서는 "지시의 목적은 참사랑"이라고 말한다.[13]

제5절 참사랑은 하나의 덕인가?

Parall.: *In Sent.*, III, d.27, q.2, a.4, qc.1; *De caritate*, a.4.

[반론] 다섯째에 대해서는 다음과 같이 진행된다. 참사랑은 하나의 덕이 아닌 것으로 생각된다.

1. 습성들은 대상에 따라 구별된다. 그런데 참사랑의 대상은 두 가지 곧 하느님과 이웃이며, 하느님과 이웃은 서로 무한히 떨어져 있다. 그러므로 참사랑은 하나의 덕이 아니다.

2. 위에서[1] 말한 바와 같이, 대상이 실제적으로 동일하더라도 대상의 이유가 다르다면 습성이 차별화된다. 그런데 하느님을 사랑하는 이유는 여러 가지이다. 우리는 우리가 받은 그분의 은혜들 하나하나에 대하여 그분의 사랑에 빚을 지고 있기 때문이다. 그러므로 참사랑은 하나의 덕이 아니다.

3. 참사랑에는 이웃에 대한 우정이 포함된다. 그런데 철학자는 『니코마코스 윤리학』 제8권[2]에서 우정의 여러 종류들을 열거한다. 그러므로 참사랑은 하나의 덕이 아니라, 여러 종류로 나뉜다.

---

1. q.17, a.6, ad1; I-II, q.54, a.2, ad11.
2. cc.3 et 13-14, 1156a7-10; 1161a10-11; b11-16; S. Thomas, lect.12, nn.1702-1704.

q.23, a.5

SED CONTRA, sicut obiectum fidei est Deus, ita et caritatis. Sed fides est una virtus, propter unitatem divinae veritatis, secundum illud *ad* [*Ephes.* 4, 5]: *Una fides.*³ Ergo etiam caritas est una virtus, propter unitatem divinae bonitatis.

RESPONDEO dicendum quod caritas, sicut dictum est,⁴ est quaedam amicitia hominis ad Deum. Diversae autem amicitiarum species accipiuntur quidem uno modo secundum diversitatem finis, et secundum hoc dicuntur tres species amicitiae, scilicet amicitia utilis, delectabilis et honesti. Alio modo, secundum diversitatem communicationum in quibus amicitiae fundantur, sicut alia species amicitiae est consanguineorum, et alia concivium aut peregrinantium, quarum una fundatur super communicatione naturali, aliae super communicatione civili vel peregrinationis; ut patet per Philosophum, in VIII *Ethic.*⁵—Neutro autem istorum modorum caritas potest dividi in plura. Nam caritatis finis est unus, scilicet divina bonitas. Est etiam et una communicatio beatitudinis aeternae, super quam haec amicitia fundatur. Unde relinquitur quod caritas est simpliciter una virtus, non distincta in plures species.

AD PRIMUM ergo dicendum quod ratio illa directe procederet si Deus et proximus ex aequo essent caritatis obiecta. Hoc autem

[재반론] 그러나 반대로 하느님은 믿음의 대상이시듯이 또한 참사랑의 대상이시다. 그런데 믿음은 하느님의 진리의 단일성으로 인하여 하나의 덕이다. 에페소서 4장 [5절]에서는 "믿음도 하나"[3]라고 말한다. 그러므로 참사랑도 하느님의 선성의 단일성으로 인하여 하나의 덕이다.

[답변] 앞서 말한 바와 같이[4] 참사랑은 하느님에 대한 인간의 우정의 일종이다. 그런데 서로 다른 종류의 우정들은 한편으로는 그 목적의 다양성에 따라 달라진다. 이에 따라 세 종류의 우정이 있게 되는데 이들은 유익한 우정, 유쾌한 우정, 정직한 우정이다. 다른 방식으로는 우정이 기초하고 있는 공통점의 종류에 따라 달라진다. 그래서 혈족의 우정은 동료 시민들의 우정이나 동료 여행자의 우정과 다르다. 철학자가 『니코마코스 윤리학』 제8권[5]에서 말하듯이 전자는 본성적 공통점에 기초하는 반면 후자는 사회 또는 여행의 공통점에 기초한다.-그러나 참사랑은 이 방법들 가운데 어떤 것으로도 구분될 수 없다. 참사랑의 목적은 하나, 곧 하느님의 선성이다. 또한 우정의 기초가 되는 영원한 참행복이라는 공통점도 하나이다. 그러므로 참사랑은 단순히 하나의 덕이며, 여러 종류로 나누어지지 않는다.

[해답] 1. 하느님과 이웃이 같은 방식으로 참사랑의 대상이 된다면 그 반론은 올바를 것이다. 그러나 이는 사실이 아니다. 하느님은 참

---

3. Cf. q.4, a.6.
4. a.1.
5. c.14, 1161b11-16; S. Thomas, lect.12, nn.1702-1704.

non est verum, sed Deus est principale obiectum caritatis, proximus autem ex caritate diligitur propter Deum.⁶

AD SECUNDUM dicendum quod caritate diligitur Deus propter seipsum. Unde una sola ratio diligendi principaliter attenditur a caritate, scilicet divina bonitas, quae est eius substantia, secundum illud Psalm.:⁷ *Confitemini Domino, quoniam bonus.* Aliae autem rationes ad diligendum inducentes, vel debitum dilectionis facientes, sunt secundariae et consequentes ex prima.

AD TERTIUM dicendum quod amicitiae humanae, de qua Philosophus loquitur, est diversus finis et diversa communicatio. Quod in caritate locum non habet, ut dictum est.⁸ Et ideo non est similis ratio.

Articulus 6
Utrum caritas sit excellentissima virtutum

Ad sextum sic proceditur. Videtur quod caritas non sit excellentissima virtutum.

---

6. "이웃은 오직 하느님 때문에 사랑을 받아야 한다. 그러므로 이들은 질료적으로는 둘이지만 형상적으로 말해서는 하나이다."(*De caritate*, a.4, ad1.) 그리고 본론: "참사랑은 하느님 자신을 이유로 하느님을 사랑하고, 그분을 이유로 다른 모든 것을 하느님을 향한 것인 한에서 사랑한다. 그러므로 참사랑은 어떤 식으로 모든 이웃 안에서 하느님을 사랑한다. 이웃이 참사랑으로 사랑받는 것은 이웃 안에 하느님이 계시기 때문에 또는 그 안에 하느님이 계시도록 하기 위해서이기 때문이다. 그러므로 하느님을 사랑하는 참사랑의 습성과 이웃을 사랑하는 참사랑

사랑의 주요한 대상이시고, 이웃은 하느님을 위한 참사랑으로 사랑을 받는 것이다.[6]

2. 하느님은 그 자신 때문에 참사랑으로 사랑을 받는다. 그러므로 참사랑은 사랑함에 있어 오직 한 가지의 이유를 향하는데 그것은 하느님의 선성이다. 이 선성은 그분의 본질이다. 시편[7]에서는 "주님을 찬송하여라, 선하신 분이시다."라고 말한다. 사랑하게 하거나 사랑의 의무를 행하게 하는 다른 이유들은 이차적 이유들이거나 아니면 그 첫째 이유에서 나오는 것들이다.

3. 철학자가 그에 대해 말했던 인간적 우정들은 서로 목적이 다르고 공통점이 다르다. 그러나 위에서 말한 바와 같이[8] 이는 참사랑에는 해당하지 않는다. 그러므로 비교가 성립되지 않는다.

제6절 참사랑은 덕들 가운데 가장 큰 덕인가?

Parall.: I-II, q.66, a.1; Infra, q.30, a.4; *In Ep. ad Col.*, c.3, lect.3.

[반론] 여섯째에 대해서는 다음과 같이 진행된다. 참사랑은 덕들 가운데 가장 큰 덕이 아닌 것으로 생각된다.

의 습성은 같은 것임이 명백하다. 그러나 우리가 이웃을 하느님 때문이 아니라 그 자신 때문에 사랑한다면, 그것은 다른 사랑 곧 본성적 사랑이나 정치적 사랑, 또는 철학자가 『니코마코스 윤리학』 제8권에서[c.3, 1156a7-10; S. Thomas, lect.3, nn.1163-1164] 다루는 다른 종류의 사랑에 속하는 것이다."
7. 시편 105, 106, 117, 135의 1절.
8. 답변.

1. Altioris enim potentiae altior est virtus, sicut et altior operatio. Sed intellectus est altior voluntate, et dirigit ipsam. Ergo fides, quae est in intellectu, est excellentior caritate, quae est in voluntate.

2. Praeterea, illud per quod aliud operatur, videtur eo esse inferius, sicut minister, per quem dominus aliquid operatur, est inferior domino. Sed *fides per dilectionem operatur*[1], ut habetur *ad Gal.* 5, [6]. Ergo fides est excellentior caritate.

3. Praeterea, illud quod se habet ex additione ad aliud, videtur esse perfectius. Sed spes videtur se habere ex additione ad caritatem, nam caritatis obiectum est bonum, spei autem obiectum est bonum arduum. Ergo spes est excellentior caritate.

SED CONTRA est quod dicitur I *ad Cor.* 13, [13]: *Maior horum est caritas.*

RESPONDEO dicendum quod, cum bonum in humanis actibus attendatur secundum quod regulantur debita regula, necesse est quod virtus humana, quae est principium bonorum actuum, consistat in attingendo humanorum actuum regulam. Est autem duplex regula humanorum actuum, ut supra[2] dictum est, scilicet ratio humana et Deus, sed Deus est prima regula, a qua etiam humana ratio regulanda est. Et ideo virtutes theologicae, quae consistunt in attingendo illam regulam primam, eo quod earum

1. 더 높은 능력에 있어서는 그에 속하는 덕과 작용들도 더 높다. 그런데 지성은 의지보다 높으며 의지를 지도한다. 그러므로 지성 안에 있는 믿음은 의지 안에 있는 참사랑보다 더 뛰어나다.

2. 다른 것이 작용을 위하여 사용하는 것은 그 다른 것보다 하위에 있는 것으로 여겨진다. 이는 주인이 종을 통하여 어떤 작용을 한다면 그 종이 주인보다 하위에 있는 것과 같다. 그런데 갈라티아서 5장 [6절]에서 말하듯이 믿음은 "사랑으로 행동"[1]한다. 그러므로 믿음은 참사랑보다 뛰어나다.

3. 다른 것에 더해짐으로써 있게 되는 것은 그 다른 것보다 더 완전한 것으로 여겨진다. 그런데 희망은 참사랑에 더해짐으로써 있게 되는 것으로 생각된다. 참사랑의 대상은 선인 반면 희망의 대상은 어려운 선이기 때문이다. 그러므로 희망은 참사랑보다 더 뛰어나다.

[재반론] 그러나 반대로 코린토 1서 13장 [13절]에서는 "그 가운데에서 으뜸은 참사랑"이라고 말한다.

[답변] 인간의 행위들에서 선은 그것이 마땅한 규칙에 의하여 규정되는 데에 달려 있으므로, 선한 행위들의 원리인 인간적 덕들은 인간적 행위들의 규칙에 부합하는 데에 있어야 한다. 위에서[2] 말한 바와 같이 인간의 행위에는 두 가지 규칙이 있는데 그것은 인간 이성과 하느님이다. 하느님은 첫 번째 규칙이시고, 인간 이성은 그 첫 번째 규칙에 의하여 규정되어야 한다. 따라서 그 첫 번째 규칙에 부합

---

1. Vulgata: fides, quae per caritatem operatur.
2. a.3; q.17, q.1.

obiectum est Deus, excellentiores sunt virtutibus moralibus vel intellectualibus, quae consistunt in attingendo rationem humanam. Propter quod oportet quod etiam inter ipsas virtutes theologicas illa sit potior quae magis Deum attingit. Semper autem id quod est per se magis est eo quod est per aliud. Fides autem et spes attingunt quidem Deum secundum quod ex ipso provenit nobis vel cognitio veri vel adeptio boni, sed caritas attingit ipsum Deum ut in ipso sistat, non ut ex eo aliquid nobis proveniat.[3] Et ideo caritas est excellentior fide et spe; et per consequens omnibus aliis virtutibus. Sicut etiam prudentia, quae attingit rationem secundum se, est excellentior quam aliae virtutes morales, quae attingunt rationem secundum quod ex ea medium constituitur in operationibus vel passionibus humanis.

AD PRIMUM ergo dicendum quod operatio intellectus completur secundum quod intellectum est in intelligente, et ideo nobilitas operationis intellectualis attenditur secundum mensuram intellectus. Operatio autem voluntatis, et cuiuslibet virtutis appetitivae, perficitur in inclinatione appetentis ad rem sicut ad terminum. Ideo dignitas operationis appetitivae attenditur secundum rem quae est obiectum operationis. Ea autem quae sunt infra animam nobiliori modo sunt in anima quam in seipsis, quia unumquodque est in aliquo per modum eius in quo est, ut habetur in libro *de Causis*,[4] quae vero sunt

하는 대신덕들은, 하느님을 대상으로 하는 것이기에 인간 이성에 부합하는 도덕적 덕들이나 지성적 덕들보다 더 뛰어나다. 그러므로 대신덕들 가운데에서는 하느님과 더 많이 도달하는 덕이 더 우월한 것이어야 한다. 그런데, 그 자체에 의한 것은 다른 것에 의한 것보다 언제나 우월하다. 믿음과 희망은 그분으로부터 우리에게 진리의 인식이나 선의 성취가 이루어지게 된다는 점에서 하느님께 도달하지만, 참사랑은 그분으로부터 우리에게 다른 무엇이 이루어지게 된다는 점에서가 아니라 하느님 그 자체 안에서 하느님께 도달한다.[3] 그러므로 참사랑은 믿음과 희망보다 뛰어나며, 따라서 다른 모든 덕들보다 뛰어나다. 이는 현명이 스스로 이성에 도달하는 것이기에 그 현명에 의하여 그 행위와 인간적 정념들에 있어 그 기준이 정해지는 다른 도덕적 덕들보다 뛰어난 것과 같다.

[해답] 1. 지성적 작용은 이해된 것이 이해하는 사람 안에 있음으로써 성취된다. 그러므로 지성적 작용의 고귀함은 이해된 것의 정도에 따라 헤아려진다. 한편 의지의 작용은, 그리고 욕구의 모든 능력들은 그 능력의 대상인 사물을 향한 경향으로 성취된다. 그러므로 욕구 작용의 고귀함은 그 작용의 대상이 되는 사물에 따라 헤아려진다. 그러므로 영혼보다 하위의 것들은 그 자체 안에서보다 영혼 안에서 더 고귀하게 된다. 『원인론』[4]에서 말하듯이 다른 것 안에 있는 것은 그 다른 것의 방식에 따라 존재하기 때문이다. 그러나 영혼보다 상위의 것들은 영혼 안에서보다 그 자체 안에서 더 고귀하다. 그러므로

---

3. Cf. q.17, a.6.
4. Prop. 12, § *Primorum*. Cf. Proclus, *Elem. theol.* 103.

supra animam nobiliori modo sunt in seipsis quam sint in anima. Et ideo eorum quae sunt infra nos nobilior est cognitio quam dilectio, propter quod Philosophus, in X *Ethic.*,[5] praetulit virtutes intellectuales moralibus. Sed eorum quae sunt supra nos, et praecipue dilectio Dei, cognitioni praefertur. Et ideo caritas est excellentior fide.[6]

AD SECUNDUM dicendum quod fides non operatur per dilectionem sicut per instrumentum, ut dominus per servum; sed sicut per formam propriam.[7] Et ideo ratio non sequitur.

AD TERTIUM dicendum quod idem bonum est obiectum caritatis et spei, sed caritas importat unionem ad illud bonum, spes autem distantiam quandam ab eo. Et inde est quod caritas non respicit illud bonum ut arduum sicut spes, quod enim iam unitum est non habet rationem ardui. Et ex hoc apparet quod caritas est perfectior spe.[8]

Articulus 7
Utrum sine caritate possit esse aliqua vera virtus

Ad septimum sic proceditur. Videtur quod sine caritate possit esse aliqua vera virtus.

---

5. c.7, 1177a12-19; 1178a9; S. Thomas, lect.10, nn.2080-2086; lect.11, nn.2107-2110.
6. Cf. I-II, q.66, a.3; I, q.82, a.3.

우리보다 하위의 것들에 대해서는 사랑보다 인식이 더 고귀하다. 그래서 철학자는 『니코마코스 윤리학』 제10권[5]에서 지성적 덕들을 도덕적 덕들보다 더 낮게 여긴다. 반면에 우리보다 상위의 것들에 대해서는, 특히 하느님에 대한 사랑은 인식보다 낮게 여겨야 한다. 그러므로 참사랑은 믿음보다 더 뛰어나다.[6]

2. 믿음은 주인이 종을 통하여 작용하듯이 사랑을 도구로 하여 작용하는 것이 아니라, 그것을 자신의 고유한 형상으로 하여 작용하는 것이다.[7] 그러므로 이 주장은 옳지 않다.

3. 같은 선이 참사랑의 대상이며 또한 희망의 대상이다. 그러나 참사랑은 그 선과의 일치를 수반하고, 희망은 그것과의 거리를 수반한다. 그러므로 희망처럼 그 대상을 어려운 것으로 바라보지 않는다. 이미 결합되어 있는 것은 어려울 것이 없기 때문이다. 여기에서부터, 참사랑은 희망보다 더 완전하다는 것이 분명하다.[8]

제7절 참사랑 없이 다른 참된 덕이 있을 수 있는가?

Parall.: I-II, q.65, aa.2 et 4; *In Sent.*, III, d.27, q.2, a.4, qc.3, ad2.

[반론] 일곱째에 대해서는 다음과 같이 진행된다. 참사랑 없이도 다른 참된 덕이 있을 수 있는 것으로 생각된다.

---

7. Cf. a.8.
8. I-II, q.65, q.4.

1. Virtutis enim proprium est bonum actum producere. Sed illi qui non habent caritatem faciunt aliquos bonos actus, puta dum nudum vestiunt, famelicum pascunt et similia operantur. Ergo sine caritate potest esse aliqua vera virtus.

2. Praeterea, caritas non potest esse sine fide, procedit enim *ex fide non ficta*, ut Apostolus dicit, I *Tim.* 1, [5]. Sed in infidelibus potest esse vera castitas, dum concupiscentias cohibent; et vera iustitia, dum recte iudicant. Ergo vera virtus potest esse sine caritate.

3. Praeterea, scientia et ars quaedam virtutes sunt, ut patet in VI *Ethic.*[1] Sed huiusmodi inveniuntur in hominibus peccatoribus non habentibus caritatem. Ergo vera virtus potest esse sine caritate.

SED CONTRA est quod Apostolus dicit, I *ad Cor.* 13, [3]: *Si distribuero in cibos pauperum omnes facultates meas, et si tradidero corpus meum ita ut ardeam, caritatem autem non habeam,*[2] *nihil mihi prodest.* Sed virtus vera multum prodest, secundum illud *Sap.* 8, [7]: *Sobrietatem et iustitiam docet, prudentiam et virtutem, quibus in vita nihil est utilius hominibus.*[3] Ergo sine caritate vera virtus esse non potest.

---

1. cc.3-4, 1139b15-18; 1140a20-23; S. Thomas, lect.3, nn.1143 et 1160. Cf. c.5, 1140b4; 26-30; S. Thomas, lect.4, nn.1165, 1174.

1. 덕의 특성은 선한 행위를 만들어 내는 것이다. 그러나 참사랑이 없는 이들도 선행을 한다. 예를 들어 헐벗은 사람에게 입을 것을 주고, 굶주린 이들에게 먹을 것을 주며, 이와 유사한 행위들을 한다. 그러므로 참사랑 없이 다른 참된 덕이 있을 수 있다.

2. 참사랑은 믿음 없이는 있을 수 없다. 사도가 티모테오 1서 1장 [5절]에서 말하듯이, 참사랑은 "진실한 믿음에서" 나온다. 그러나 비신자들에게도 욕망을 자제한다면 참된 정결이 있을 수 있고, 올바로 판단한다면 참된 정의가 있을 수 있다. 그러므로 참사랑 없이 참된 덕이 있을 수 있다.

3. 『니코마코스 윤리학』 제6권[1]에서 말하듯이 지식과 기예는 덕들이다. 그런데 이들은 참사랑이 없는 죄인들에게서도 발견된다. 그러므로 참사랑 없이 덕이 있을 수 있다.

[재반론] 그러나 반대로 사도는 코린토 1서 13장 [3절]에서 이렇게 말한다. "내가 모든 재산을 가난한 이들의 음식으로 나누어 주고 내 몸까지 불태우도록 넘겨준다 하여도 나에게 참사랑이 없으면[2] 나에게는 아무 소용이 없습니다." 그런데 지혜서 8장 [7절]에서 말하듯이 참된 덕은 매우 유용하다. "그것은 절제와 정의를, 현명과 덕을 가르쳐 준다. 사람이 사는 데에 그보다 유익한 것은 없다."[3] 그러므로 참사랑 없이는 참된 덕이 있을 수 없다.

---

2. Vulgata: non habuero.
3. Vulgata: Sobrietatem enim et prudentiam [sapientia] docet et iustitiam et virtutem, quibus utilius nihil est in vita hominibus.

Respondeo dicendum quod virtus ordinatur ad bonum, ut supra[4] habitum est. Bonum autem principaliter est finis, nam ea quae sunt ad finem non dicuntur bona nisi in ordine ad finem. Sicut ergo duplex est finis, unus ultimus et alius proximus, ita etiam est duplex bonum, unum quidem ultimum, et aliud proximum et particulare. Ultimum quidem et principale bonum hominis est Dei fruitio, secundum illud Psalm. [Ps. 72, 28]: *Mihi adhaerere Deo bonum est*, et ad hoc ordinatur homo per caritatem. Bonum autem secundarium et quasi particulare hominis potest esse duplex, unum quidem quod est vere bonum, utpote ordinabile, quantum est in se, ad principale bonum, quod est ultimus finis; aliud autem est bonum apparens et non verum, quia abducit a finali bono.

Sic igitur patet quod virtus vera simpliciter est illa quae ordinat ad principale bonum hominis, sicut etiam Philosophus, in VII *Physic.*,[5] dicit quod virtus est *dispositio perfecti ad optimum*. Et sic nulla vera virtus potest esse sine caritate.—Sed si accipiatur virtus secundum quod est in ordine ad aliquem finem particularem, sic potest aliqua virtus dici sine caritate, inquantum ordinatur ad aliquod particulare bonum.

Sed si illud particulare bonum non sit verum bonum, sed apparens, virtus etiam quae est in ordine ad hoc bonum non erit vera virtus, sed falsa similitudo virtutis, sicut *non est vera virtus*

---

4. I-II, q.55, a.4.

[답변] 위에서⁴ 말한 바와 같이 덕은 선을 지향한다. 그런데 선은 주로 목적이 된다. 목적을 향하고 있는 것들은 그 목적에 연관해서가 아니고서는 선이라고 일컬어지지 않기 때문이다. 목적에는 두 가지, 곧 최종 목적과 근접한 목적이 있으므로, 선에도 두 가지 곧 최종적 선과 근접한 개별적 선이 있다. 인간의 최종적이고 주요한 선은 하느님을 향유하는 것이다. 시편 73(72)편 [28절]에서는 "하느님께 가까이 있음이 저에게는 좋습니다."라고 말한다. 인간은 참사랑으로써 이 선을 향하게 된다. 한편 인간의 이차적이고 거의 개별적인 선은 두 가지가 있을 수 있다. 그 한 가지는 참된 선이다. 그 자체로서 최종적 선인 최종적 선을 지향할 수 있기 때문이다. 반면에 다른 선은 최종적 선에서 멀어지게 하기 때문에 외관상의 선이고 참된 선이 아니다.

그러므로 순전히 참된 덕은 인간의 주된 선을 지향하는 덕이다. 그래서 철학자도 『자연학』 제7권⁵에서 덕은 "최선의 것에 대한 완전한 것의 태세"라고 말한다. 그러므로 참사랑 없이는 어떤 참된 덕도 있을 수 없다.-그러나 만일 어떤 개별적 목적과의 관계에 따라 덕을 고찰한다면, 참사랑 없이도 어떤 개별적 선을 향한 것으로서 다른 덕이 가능하다고 말할 수 있다.

그러나 만일 이 개별적 선이 참된 선이 아니라 외관상의 선이라면, 그 선을 지향하는 덕은 참된 덕이 아니라 덕의 거짓된 유사품이다. 아우구스티누스가 『율리아누스 반박』⁶에서 말하듯이, "인색한 이들이 작은 이익을 얻기 위한 여러 계획들을 만들어 내는 현명함은 참

---

5. c.3, 246b23-24; a13-16; S. Thomas, lect.5, n.6.
6. c.3, n.19: PL 44, 748.

avarorum prudentia, qua excogitant diversa genera lucellorum; et avarorum iustitia, qua gravium damnorum metu contemnunt aliena; et avarorum temperantia, qua luxuriae, quoniam sumptuosa est, cohibent appetitum; et avarorum fortitudo, qua, ut ait Horatius,[6] «*per mare pauperiem fugiunt, per saxa, per ignes*», ut Augustinus dicit, in IV lib. *contra Iulian.*[7]—Si vero illud bonum particulare sit verum bonum, puta conservatio civitatis vel aliquid huiusmodi, erit quidem vera virtus, sed imperfecta, nisi referatur ad finale et perfectum bonum. Et secundum hoc simpliciter vera virtus sine caritate esse non potest.[8]

AD PRIMUM ergo dicendum quod actus alicuius caritate carentis potest esse duplex. Unus quidem secundum hoc quod caritate caret, utpote cum facit aliquid in ordine ad id per quod caret caritate. Et talis actus semper est malus, sicut Augustinus dicit, in IV *contra Iulian.*,[9] quod actus infidelis, inquantum est infidelis, semper est peccatum; etiam si nudum operiat vel quidquid aliud huiusmodi faciat, ordinans ad finem suae infidelitatis.—Alius autem potest esse actus carentis caritate non secundum id quod caritate caret, sed secundum quod habet aliquod aliud donum Dei, vel fidem vel spem, vel etiam naturae bonum, quod non totum per peccatum tollitur, ut supra[10] dictum est. Et secundum hoc sine caritate potest quidem esse aliquis actus bonus ex suo genere, non tamen perfecte bonus,

된 덕이 아니다. 인색한 이들이 중대한 손해를 두려워하여 다른 사람의 것을 경멸하는 정의는 참된 덕이 아니다. 인색한 이들이 돈이 많이 들기 때문에 사치의 욕구를 억누르는 절제는 참된 덕이 아니다. 호라티우스가 말하듯이[7] '바다를 건너, 산을 넘어, 불을 거쳐 가난을 피하는' 인색한 이들의 굳셈은 참된 덕이 아니다."-그러나 만일 그 개별적 선이 예를 들어 국가의 보전과 같은 참된 선이라면 그것은 참된 덕이 될 것이다. 하지만 완전하고 최종적인 선을 지향하지 않는다면 그 덕은 불완전할 것이다. 그러므로 참사랑 없이는 단순히 참된 덕은 있을 수 없다.[8]

[해답] 1. 참사랑이 없는 사람의 행위는 두 가지일 수 있다. 그 한 가지는 그에게 참사랑이 없다는 데에 따른 것으로, 이는 그를 참사랑이 없게 만드는 그것에 관련된 것을 행할 때에 그러하다. 그리고 그러한 행위는 언제나 악하다. 아우구스티누스는 『율리아누스 반박』[9]에서, 비신자로서의 비신자의 행위는 그가 자신의 불신앙을 목적으로 헐벗은 이에게 입을 것을 주거나 그와 같은 다른 어떤 것을 행하더라도 언제나 죄라고 말한다.-하지만 참사랑이 없는 행위라 하더라도 그가 참사랑이 없다는 데에 따른 것이 아니라 신앙이나 희망 또는 본성의 선과 같은 하느님의 다른 선물을 지니고 있는 데에 따른 것이라면 이와 다르다. 위에서[10] 말했듯이 그 선물은 죄에 의하여 완전히 파괴되지 않는다. 그리고 이에 따르면 참사랑 없이도 어떤 행위가

---

7. Epist., I, ep.1, v.46; ed. L. Mueller, Lipsiae 1893, p.186.
8. Cf. I-II, q.63, a.2; q.65, a.2.
9. III, nn.24-25: PL 44, 750.
10. q.10, a.4; I-II, q.85, q.2.

quia deest debita ordinatio ad ultimum finem.

AD SECUNDUM dicendum quod, cum finis se habeat in agibilibus sicut principium in speculativis, sicut non potest esse simpliciter vera scientia si desit recta aestimatio de primo et indemonstrabili principio; ita non potest esse simpliciter vera iustitia aut vera castitas si desit ordinatio debita ad finem, quae est per caritatem, quantumcumque aliquis se recte circa alia habeat.

AD TERTIUM dicendum quod scientia et ars de sui ratione important ordinem ad aliquod particulare bonum, non autem ultimum finem humanae vitae, sicut virtutes morales, quae simpliciter faciunt hominem bonum, ut supra[11] dictum est. Et ideo non est similis ratio.

Articulus 8
Utrum caritas sit forma virtutum

Ad octavum sic proceditur. Videtur quod caritas non sit forma virtutum.

1. Forma enim alicuius rei vel est exemplaris, vel est essentialis. Sed caritas non est forma exemplaris virtutum aliarum, quia sic

---

11. I-II, q.56, a.3.

그 종에 있어서 선할 수 있다. 그러나 완전히 선한 것은 아니다. 마땅히 해야 하는 대로 최종적 선을 지향하고 있지 않기 때문이다.

2. 행위들에 있어서 목적은 사변적인 것들에 있어서의 원리와 같다. 따라서 증명할 수 없는 첫 번째 원리에 대한 올바른 존중이 없다면 참된 지식이 전혀 불가능한 것과 같이, 참사랑을 통하여 목적을 향한 올바른 지향이 이루어지지 않는다면 어떤 사람이 다른 것들에서 아무리 올바르다 하더라도 참된 정의도 참된 정결도 전혀 불가능하다.

3. 지식과 기예는 인간 삶의 최종 목적이 아니라 개별적 선을 향한 지향과 관련된다. 반면에 인간을 단순히 선하게 만드는 도덕적 덕들은 위에서 말한 바와 같이[11] 최종 목적을 지향한다. 그러므로 비교가 성립되지 않는다.

제8절 참사랑은 덕들의 형상인가?

Parall.: *In Sent.*, II, d.26, q.1, a.4, ad5; III, d.23, q.3, a.1, qc.1; d.27, q.2, a.4, qc.3; *De veritate*, q.14, a.5; *De malo*, q.8, a.2; *De caritate*, a.3.

[반론] 여덟째에 대해서는 다음과 같이 진행된다. 사랑은 덕들의 형상(形相, forma)이 아닌 것으로 생각된다.

1. 어떤 사물의 형상은 범형적이거나 본질적이다. 그런데 참사랑은 다른 덕들의 범형적 형상이 아니다. 그렇다면 다른 덕들이 참사랑과 같은 종(種)이 될 것이기 때문이다. 마찬가지로, 다른 덕들의 본질적

q.23, a.8

oporteret quod aliae virtutes essent eiusdem speciei cum ipsa. Similiter etiam non est forma essentialis aliarum virtutum, quia non distingueretur ab aliis. Ergo nullo modo est forma virtutum.

2. Praeterea, caritas comparatur ad alias virtutes ut radix et fundamentum, secundum illud *Ephes.* 3, [17]: *In caritate radicati et fundati*. Radix autem vel fundamentum non habet rationem formae, sed magis rationem materiae, quia est prima pars in generatione. Ergo caritas non est forma virtutum.

3. Praeterea, forma et finis et efficiens non incidunt in idem numero, ut patet in II *Physic.*[1] Sed caritas dicitur finis et mater virtutum.[2] Ergo non debet dici forma virtutum.

SED CONTRA est quod Ambrosius[3] dicit caritatem esse formam virtutum.

RESPONDEO dicendum quod in moralibus forma actus attenditur principaliter ex parte finis, cuius ratio est quia principium moralium actuum est voluntas, cuius obiectum et quasi forma est finis.[4] Semper autem forma actus consequitur formam agentis. Unde oportet quod in moralibus id quod dat actui ordinem ad finem, det ei et formam. Manifestum est autem secundum praedicta[5] quod per caritatem ordinantur actus

---

1. c.7, 198a24-27; S. Thomas, lect.11, n.2.
2. Cf. 1티모 1,5. Cf. Leo Mag., Serm.38, al.37, *in Epiphan. solemn.* 8, c.4: PL 54, 262 B.

형상도 아니다. 그렇다면 다른 덕들과 구별되지 않을 것이기 때문이다. 그러므로 참사랑은 어떤 식으로도 덕들의 형상이 아니다.

2. 참사랑은 다른 덕들에 대하여 뿌리와 기초에 비유된다. 에페소서 3장 [17절]에서는 "여러분이 참사랑에 뿌리를 내리고 그것을 기초로 삼게 하시기를"이라고 말한다. 그런데 뿌리 또는 기초는 생성에서의 첫째 부분이기 때문에 형상이 아니라 오히려 질료의 특성을 지닌다. 그러므로 참사랑은 덕들의 형상이 아니다.

3. 『자연학』 제2권[1]에서 말하듯이 형상, 목적, 작용인은 수적으로 서로 동일하지 않다. 그러나 참사랑은 덕들의 목적이며 어머니라고 일컬어진다.[2] 그러므로 덕들의 형상이라고 일컬어질 수 없다.

[재반론] 그러나 반대로 암브로시우스는[3] 참사랑이 덕들의 형상이라고 말한다.

[답변] 도덕적인 것들에 있어서 행위의 형상은 주로 목적으로부터 취해진다. 그 이유는, 도덕적 행위들의 원리는 의지이고, 그 의지의 대상이며 말하자면 그 형상과 같은 것은[4] 목적이기 때문이다. 그런데 행위의 형상은 언제나 행위자의 형상에 따른다. 그러므로 도덕적인 것들에서 행위에 목적을 향한 질서를 부여하는 것은 또한 그 행위에 형상도 부여해야 한다. 그러나 앞서 말한 바와 같이[5] 참사랑은 다른 모든 덕들의 행위를 최종 목적으로 향하게 한다는 것이 분명하

---

3. Cf. Ambrosiaster, *In I Cor.*, super 8, 2: PL 17, 226 D.
4. Cf. I-II, q.1, a.3.
5. 앞 문제.

omnium aliarum virtutum ad ultimum finem. Et secundum hoc ipsa dat formam actibus omnium aliarum virtutum. Et pro tanto dicitur esse forma virtutum, nam et ipsae virtutes dicuntur in ordine ad actus formatos.

AD PRIMUM ergo dicendum quod caritas dicitur esse forma aliarum virtutum non quidem exemplariter aut essentialiter, sed magis effective, inquantum scilicet omnibus formam imponit secundum modum praedictum.[6]

AD SECUNDUM dicendum quod caritas comparatur fundamento et radici inquantum ex ea sustentantur et nutriuntur omnes aliae virtutes, et non secundum rationem qua fundamentum et radix habent rationem causae materialis.

AD TERTIUM dicendum quod caritas dicitur finis aliarum virtutum quia omnes alias virtutes ordinat ad finem suum. Et quia mater est quae in se concipit ex alio, ex hac ratione dicitur mater aliarum virtutum, quia ex appetitu finis ultimi concipit actus aliarum virtutum, imperando ipsos.

다. 따라서 참사랑은 다른 모든 덕들의 행위에 형상을 부여한다. 그러므로 참사랑은 덕들의 형상이라고 일컬어진다. 덕들 자체는 형상이 부여된 행위들과 관련하여 덕이라고 일컬어지기 때문이다.

[해답] 1. 참사랑이 다른 덕들의 형상이라고 일컬어지는 것은 범형적으로나 본질적으로가 아니라 오히려 작용적인 의미에서 그렇다. 앞서 말한 방식에 따라[6] 모든 덕들에 형상을 부여한다는 점에서 그러한 것이다.

2. 참사랑이 기초와 뿌리에 비유되는 것은 그것으로부터 다른 모든 덕들이 지탱되고 양육된다는 점에서이며, 기초와 뿌리가 질료인의 특성을 갖는다는 이유에서 그러한 것은 아니다.

3. 참사랑이 다른 덕들의 목적이라고 일컬어지는 것은 그것이 다른 모든 덕들을 자신의 목적을 향하게 하기 때문이다. 어머니는 다른 사람으로부터 자신 안에 잉태하는 사람이므로, 참사랑이 다른 덕들의 어머니라고 일컬어지는 이유는 사랑이 최종 목적에 대한 욕구로부터 다른 덕들의 행위를 잉태하여 그 행위를 명하기 때문이다.

---

6. 답변.

QUAESTIO XXIV
DE CARITATIS SUBIECTO
in duodecim articulos divisa

Deinde considerandum est de caritate in comparatione ad subiectum.[1]

Et circa hoc quaeruntur duodecim.

Primo: utrum caritas sit in voluntate tanquam in subiecto.

Secundo: utrum caritas causetur in homine ex actibus praecedentibus, vel ex infusione divina.

Tertio: utrum infundatur secundum capacitatem naturalium.

Quarto: utrum augeatur in habente ipsam.

Quinto: utrum augeatur per additionem.

Sexto: utrum quolibet actu augeatur.

Septimo: utrum augeatur in infinitum.

Octavo: utrum caritas viae possit esse perfecta.

Nono: de diversis gradibus caritatis.

Decimo: utrum caritas possit diminui.

Undecimo: utrum caritas semel habita possit amitti.

Duodecimo: utrum amittatur per unum actum peccati mortalis.

제24문
참사랑의 주체
(전12절)

다음으로는 주체와 관련하여 참사랑을 고찰해야 한다.[1]
이에 대해서는 열두 가지 문제가 제기된다.

1. 참사랑은 의지 안에 자리하는가?
2. 참사랑은 인간 안에서 이전의 행위들에 의하여 만들어지는가 아니면 신적 주입에 의하여 만들어지는가?
3. 참사랑은 본성적 능력들에 따라 주입되는가?
4. 참사랑은 그것을 소유한 사람 안에서 증가되는가?
5. 참사랑은 첨가에 의하여 증가되는가?
6. 참사랑은 어떤 행위로도 증가되는가?
7. 참사랑은 무한히 증가되는가?
8. 현세의 삶에서 참사랑이 완전할 수 있는가?
9. 참사랑의 단계들.
10. 참사랑은 감소할 수 있는가?
11. 한번 소유한 참사랑을 잃어버릴 수 있는가?
12. 하나의 사죄 행위로 참사랑을 잃어버리는가?

---

1. Cf. q.23, Introd..

Articulus 1

Utrum voluntate sit subiectum caritatis

Ad primum sic proceditur. Videtur quod voluntas non sit subiectum caritatis.

1. Caritas enim amor quidam est. Sed amor, secundum Philosophum,[1] est in concupiscibili. Ergo et caritas est in concupiscibili, et non in voluntate.

2. Praeterea, caritas est principalissima virtutum, ut supra[2] dictum est. Sed subiectum virtutis est ratio. Ergo videtur quod caritas sit in ratione, et non in voluntate.

3. Praeterea, caritas se extendit ad omnes actus humanos, secundum illud I *ad Cor.* ult., [14]: *Omnia vestra in caritate fiant.* Sed principium humanorum actuum est liberum arbitrium. Ergo videtur quod caritas maxime sit in libero arbitrio sicut in subiecto, et non in voluntate.

SED CONTRA est quod obiectum caritatis est bonum, quod etiam est obiectum voluntatis. Ergo caritas est in voluntate sicut in subiecto.

RESPONDEO dicendum quod, cum duplex sit appetitus, scilicet sensitivus et intellectivus, qui dicitur voluntas, ut in Primo[3]

제1절 의지는 참사랑의 주체인가?

Parall.: I-II, q.56, a.6; *In Sent.*, III, d.27, q.2, a.3; *De virtutibus*, a.5.

[반론] 첫째에 대해서는 다음과 같이 진행된다. 의지(意志, voluntas)는 참사랑의 주체(主體, subiectum)가 아닌 것으로 생각된다.

1. 참사랑(caritas)은 일종의 사랑(amor)이다. 그런데 철학자에 따르면[1] 사랑은 욕정적인 부분에 자리한다. 그러므로 참사랑은 의지가 아닌 욕정적인 부분 안에 자리한다.

2. 위에서 말한 바와 같이[2] 참사랑은 가장 주요한 덕이다. 그런데 덕의 주체는 이성이다. 그러므로 참사랑은 의지가 아니라 이성에 있는 것으로 생각된다.

3. 참사랑은 모든 인간적 행위들에 이른다. 코린토 1서 16장 [14절]에서는 "여러분이 하는 모든 일이 참사랑으로 이루어지게 하십시오."라고 말한다. 그러나 인간적 행위들의 원리는 자유재량이다. 그러므로 참사랑은 의지에 자리하지 않고 무엇보다 그 주체인 자유재량 안에 있는 것으로 생각된다.

[재반론] 그러나 반대로 참사랑의 대상은 선인데, 그것은 의지의 대상이기도 하다. 그러므로 참사랑은 그 주체인 의지 안에 있다.

[답변] 제1부[3]에서 말한 바와 같이, 욕구는 두 가지로서 감각적 욕

---

1. *Topica*, II, c.7, 113b2.
2. q.23, a.6.
3. q.80, a.2.

habitum est; utriusque obiectum est bonum, sed diversimode. Nam obiectum appetitus sensitivi est bonum per sensum apprehensum, obiectum vero appetitus intellectivi, vel voluntatis, est bonum sub communi ratione boni, prout est apprehensibile ab intellectu. Caritatis autem obiectum non est aliquod bonum sensibile, sed bonum divinum,[4] quod solo intellectu cognoscitur. Et ideo caritatis subiectum non est appetitus sensitivus, sed appetitus intellectivus, idest voluntas.

AD PRIMUM ergo dicendum quod concupiscibilis est pars appetitus sensitivi, non autem appetitus intellectivi, ut in Primo[5] ostensum est. Unde amor qui est in concupiscibili est amor sensitivi boni. Ad bonum autem divinum, quod est intelligibile, concupiscibilis se extendere non potest, sed sola voluntas. Et ideo concupiscibilis subiectum caritatis esse non potest.[6]

AD SECUNDUM dicendum quod voluntas etiam, secundum Philosophum, in III *de Anima*,[7] in ratione est. Et ideo per hoc quod caritas est in voluntate non est aliena a ratione. Tamen ratio non est regula caritatis, sicut humanarum virtutum, sed regulatur a Dei sapientia, et excedit regulam rationis humanae, secundum illud *Ephes.* 3, [19]: *Supereminentem scientiae caritatem Christi*.[8] Unde non est in ratione neque sicut in subiecto, sicut

---

4. Cf. q.23, a.4.
5. q.81, a.2; q.82, a.5.

구와 지성적 욕구가 있으며 그 가운데 지성적 욕구가 의지라고 일컬어진다. 두 가지 모두 선을 대상으로 하는데, 그 방식은 서로 다르다. 감각적 욕구의 대상은 감각으로 파악된 선이지만, 지성적 욕구 또는 의지의 대상은 지성에 의하여 파악될 수 있는 한에서 선의 공통된 근거에 따른 선이다. 그런데 참사랑의 대상은 어떤 감각적 선이 아니라 오직 지성에 의해서만 인식되는 신적 선이다.[4] 그러므로 참사랑의 주체는 감각적 욕구가 아니라 지성적 욕구 곧 의지이다.

[해답] 1. 제1부[5]에서 입증된 바와 같이, 욕정적인 것은 지성적 욕구가 아니라 감각적 욕구에 속한다. 그러므로 욕정적인 것 안에 있는 사랑은 감각적 선에 대한 사랑이다. 그런데 욕정적인 것은 지성적인 것인 신적 선에까지 이를 수 없고 오직 의지만이 거기에 이를 수 있다. 그러므로 욕정적인 것은 참사랑의 주체가 될 수 없다.[6]

2. 철학자가 『영혼론』 제3권[7]에서 말하는 바에 따르면, 의지 역시 이성 안에 있다. 그러므로 참사랑은 의지 안에 있다고 해서 이성으로부터 분리되는 것은 아니다. 그러나 이성은 그것이 인간적 덕들의 규칙이듯이 참사랑의 규칙이 되지 않으며, 참사랑은 인간적 이성의 규칙을 초월하는 하느님의 지혜에 의하여 규정된다. 에페소서 3장 [19절]에서는 "인간의 지각을 뛰어넘는 그리스도의 참사랑"[8]이라고 말한다. 그러므로 사랑은 현명과 같이 이성을 주체로 하여 그 안에 있지

---

6. "상위의 부분에 속하는 사랑인 참사랑의 열성은, 그 격렬함이 하위의 부분에 변화를 일으키게 된다."(*De virtutibus*, q.26, a.7, ad7.)
7. c.9, 432b5-7; S. Thomas, lect.14, n.802.
8. I-II, q.65, aa.2 et 3, c et ad3; q.66, a.6, ad1.

prudentia; neque sicut in regulante, sicut iustitia vel temperantia; sed solum per quandam affinitatem voluntatis ad rationem.

AD TERTIUM dicendum quod liberum arbitrium non est alia potentia a voluntate, ut in Primo[9] dictum est. Et tamen caritas non est in voluntate secundum rationem liberi arbitrii, cuius actus est eligere, *electio* enim *est eorum quae sunt ad finem, voluntas autem est ipsius finis*, ut dicitur in III *Ethic.*[10] Unde caritas, cuius obiectum est finis ultimus, magis debet dici esse in voluntate quam in libero arbitrio.[11]

Articulus 2

Utrum caritas causetur in nobis ex infusione

Ad secundum sic proceditur. Videtur quod caritas non causetur in nobis ex infusione.

---

9. q.83, a.4.
10. c.4, 1111b26-27; S. Thomas, lect.5, n.446.

않고, 정의나 절제처럼 이성에 의하여 법칙이 주어지는 것도 아니며, 오직 의지와 이성 사이의 유사성 때문에 의지 안에 있는 것이다.

3. 제1부[9]에서 말한 바와 같이 자유재량은 의지와 구별되는 다른 능력이 아니다. 그러나 참사랑은 자유재량으로서의 의지 안에 있는 것은 아니다. 『니코마코스 윤리학』 제3권[10]에서 말하듯이 자유재량의 행위는 선택이다. "선택은 목적을 향하여 있는 것들[수단]에 관한 것이지만, 의지는 목적 자체에 관한 것이다." 그러므로 최종 목적을 대상으로 하는 참사랑은 자유재량 안에 있다고 말하기보다 의지 안에 있다고 말해야 한다.[11]

제2절 참사랑은 주입에 의하여 우리 안에 있게 되는가?

Parall.: *ScG*, III, 151; *De duo. praecep. char.*, Prolog.

Doctr. Eccl.: "하느님을 사랑하는 것은 전적으로 하느님의 선물이다. 사랑받지 않으면서 사랑하시는 그분께서는 당신을 사랑하도록 내어 주셨다. 우리가 그분 마음에 들지 않는데도 사랑을 받은 것은 그분 마음에 들게 할 이유가 우리 안에 생기도록 하기 위해서이다. 왜냐하면 우리가 성부와 성자와 함께 사랑하는, 성부와 성자의 [성]령께서 우리 마음에 사랑을 부어 주셨기[로마 5,5] 때문이다."(제2차 오랑주공의회, 529년, 법규 제25조): DS 198(=DH 395). Cf. DS 799(=DH 1528-1529).

[반론] 둘째에 대해서는 다음과 같이 진행된다. 참사랑은 주입(注入, infusio)에 의하여 우리 안에 있게 되지 않는 것으로 생각된다.

---

11. I-II, q.26, a.3.

1. Illud enim quod est commune omnibus creaturis, naturaliter hominibus inest. Sed sicut Dionysius dicit, in 4 cap. *de Div. Nom.*,[1] *omnibus diligibile et amabile est bonum divinum*, quod est obiectum caritatis. Ergo caritas inest nobis naturaliter, et non ex infusione.

2. Praeterea, quanto aliquid est magis diligibile, tanto facilius diligi potest. Sed Deus est maxime diligibilis, cum sit summe bonus. Ergo facilius est ipsum diligere quam alia. Sed ad alia diligenda non indigemus aliquo habitu infuso. Ergo nec etiam ad diligendum Deum.

3. Praeterea, Apostolus dicit, I *ad Tim.* 1, [5]: *Finis praecepti est caritas de corde bono et conscientia pura et fide non ficta.*[2] Sed haec tria pertinent ad actus humanos. Ergo caritas causatur in nobis ex actibus praecedentibus, et non ex infusione.

SED CONTRA est quod Apostolus dicit, *Rom.* 5, [5]: *Caritas Dei diffusa est in cordibus nostris per Spiritum Sanctum, qui datus est nobis.*

RESPONDEO dicendum quod, sicut dictum est,[3] caritas est amicitia quaedam hominis ad Deum fundata super communicationem beatitudinis aeternae. Haec autem communicatio non est secundum bona naturalia, sed secundum dona gratuita, quia, ut dicitur *Rom.* 6, [23], *gratia Dei vita*

1. 모든 피조물들에게 공통된 것은 본성적으로 인간 안에 있다. 그런데 디오니시우스가 『신명론』 제4권[1]에서 말하듯이, 참사랑의 대상인 "신적 선은 모든 이들에게 사랑받을 만하고 사랑스럽다." 그러므로 참사랑은 주입에 의해서 아니라 본성적으로 우리 안에 있다.

2. 어떤 것이 더 사랑스러울수록 더 쉽게 사랑을 받을 수 있다. 그런데 하느님은 최고선이시므로 최고로 사랑받을 만하시다. 그러므로 다른 것들을 사랑하기보다 그분을 사랑하기가 더 쉽다. 그런데 우리는 다른 것들을 사랑하기 위하여 주입된 습성을 필요로 하지 않는다. 그러므로 하느님을 사랑하기 위해서도 그것은 필요하지 않다.

3. 사도는 티모테오 1서 1장 [5절]에서 이렇게 말한다. "지시의 목적은 선한 마음과 깨끗한 양심과 진실한 믿음에서 나오는 참사랑입니다."[2] 그런데 이 세 가지는 인간적 행위들에 속한다. 그러므로 참사랑은 주입에 의해서가 아니라 이전의 행위들에 의하여 있게 된다.

[재반론] 그러나 반대로 사도는 로마서 5장 [5절]에서 "우리가 받은 성령을 통하여 하느님의 참사랑이 우리 마음에 부어졌다."고 말한다.

[답변] 앞에서[3] 말한 바와 같이 참사랑은 영원한 참행복의 공유에 기초한 하느님에 대한 인간의 우정이다. 그런데 이 소통은 본성적 선에 따른 것이 아니라 무상의 선물들에 따른 것이다. 로마서 6장 [23절]에서 말하듯이, "하느님의 은총은 영원한 생명"이기 때문이다. 그

---

1. PG 3, 708 A; S. Thomas, lect.9, nn.400-402.
2. Vulgata: Finis autem praecepti est caritas de corde puro et conscientia bona et fide non ficta.
3. q.23, a.1.

aeterna. Unde et ipsa caritas facultatem naturae excedit. Quod autem excedit naturae facultatem non potest esse neque naturale neque per potentias naturales acquisitum, quia effectus naturalis non transcendit suam causam. Unde caritas non potest neque naturaliter nobis inesse, neque per vires naturales est acquisita, sed per infusionem Spiritus Sancti, qui est amor Patris et Filii,[4] cuius participatio in nobis est ipsa caritas creata, sicut supra[5] dictum est.

AD PRIMUM ergo dicendum quod Dionysius loquitur de dilectione Dei quae fundatur super communicatione naturalium bonorum, et ideo naturaliter omnibus inest.[6] Sed caritas fundatur super quadam communicatione supernaturali. Unde non est similis ratio.

AD SECUNDUM dicendum quod sicut Deus secundum se est maxime cognoscibilis, non tamen nobis, propter defectum nostrae cognitionis, quae dependet a rebus sensibilibus; ita etiam Deus in se est maxime diligibilis inquantum est obiectum beatitudinis, sed hoc modo non est maxime diligibilis a nobis, propter inclinationem affectus nostri ad visibilia bona. Unde oportet quod ad Deum hoc modo maxime diligendum nostris cordibus caritas infundatur.[7]

AD TERTIUM dicendum quod cum caritas dicitur in nobis procedere *ex corde bono et conscientia pura et fide non ficta,*

러므로 참사랑은 본성의 능력을 넘어선다. 그런데 본성의 능력을 넘어서는 것은 본성적인 것일 수 없고 본성적 능력으로 얻어질 수도 없다. 본성적 결과는 그 원인을 능가할 수 없기 때문이다. 그러므로 참사랑은 본성적으로 우리 안에 있을 수 없고 본성적 힘으로 얻어질 수도 없으며, 성부와 성자의 사랑인 성령의 주입에 의한 것이다.[4] 위에서[5] 말한 바와 같이, 우리 안에서 여기에 참여하는 것이 바로 창조된 참사랑이다.

[해답] 1. 디오니시우스는 본성적 선의 소통에 근거한 하느님의 사랑에 대해 말하고 있으며, 그래서 그 사랑은 본성적으로 모든 이들 안에 있다.[6] 반면에 참사랑은 초자연적인 소통에 근거한다. 그러므로 비교가 성립되지 않는다.

2. 하느님이 그 자체로서는 가장 가지적(可知的)이지만 감각적 사물들에 의존하는 우리 인식의 결함으로 인하여 우리에게는 그렇지 않은 것과 마찬가지로, 하느님은 그 자체로서는 참행복의 대상으로서 가장 사랑받을 만하시지만, 가시적인 선들을 향하는 우리의 감정의 성향으로 인하여 우리에게는 하느님이 가장 사랑스럽지 않다. 그러므로 우리가 그렇게 하느님을 가장 사랑하기 위해서는 우리 마음에 참사랑이 주입되는 것이 필요하다.[7]

3. 우리 안에서 참사랑이 "선한 마음과 깨끗한 양심과 진실한 믿음에서" 나온다고 말할 때, 이는 언급한 것들로부터 나오는 참사랑

---

4. Cf. I, q.39, a.8; q.43, a.3.
5. q.23, a.2, ad1.
6. Cf. I, q.60, a.5; I-II, q.109, a.3.
7. Cf. I-II, q.50, a.5.

hoc referendum est ad actum caritatis, qui ex praemissis excitatur. Vel etiam hoc dicitur quia huiusmodi actus disponunt hominem ad recipiendum caritatis infusionem.[8] —Et similiter etiam dicendum est de eo quod Augustinus dicit,[9] quod timor introducit caritatem, et de hoc quod dicitur in Glossa[10] Matth. 1, [2], quod *fides generat spem, et spes caritatem.*

Articulus 3
Utrum caritas infundatur secundum quantitatem naturalium

Ad tertium sic proceditur. Videtur quod caritas infundatur secundum quantitatem naturalium.

1. Dicitur enim Matth. 25, [15] quod ded*it unicuique secundum propriam virtutem.*[1] Sed caritatem nulla virtus praecedit in homine nisi naturalis, quia sine caritate nulla est virtus, ut dictum est.[2] Ergo secundum capacitatem virtutis naturalis infunditur homini caritas a Deo.

---
8. 이러한 준비에 관하여: Cf. 다음 문제, ad1.
9. *In I Canon. Ioan.*, tract.9, n.4, super 6, 18: PL 35, 2048.
10. Interl.

의 행위에 관한 말이다. 또는, 이러한 행위들이 인간에게 주입되는 참사랑을 받아들이도록 준비시킨다는 것을 뜻할 수도 있다.[8] - "두려움이 참사랑을 가져온다."는 아우구스티누스의 말과[9] 마태오복음서 1장 [2절]의 주해[10]에서 말하는 "믿음은 희망을, 희망은 참사랑을 낳는다."는 말에 대해서도 이와 마찬가지로 말할 수 있다.

제3절 참사랑은 본성적 능력들에 따라 주입되는가?

Parall.: I, q.62, a.6; III, q.69, a.8, ad3; *In Sent.*, I, d.17, q.1, a.3; II, d.3, part.1, Exp. litt.; III, d.31, q.1, a.4, qc.1; *De caritate*, a.7, ad9; *In Matth.*, c.25.

Doctr. Eccl.: "사실 우리는 그분에 의해 의로움을 부여받아 우리 마음의 영 안에서 새로워지고[에페 4,23 참조], 성령께서 당신이 원하시는 대로 각자에게 나누어 주시는 정도에 따라[1코린 12,11 참조] 그리고 각자의 고유한 처지와 협력에 따라 우리 안에 의로움을 받음으로써 의인이라고 여겨지게 될 뿐 아니라 실제로 의롭다고 불리며 또한 그러하다": DS 799(=DH 1529).

[반론] 셋째에 대해서는 다음과 같이 진행된다. 참사랑은 본성적 능력(能力, quantitas)들에 따라 주입되는 것으로 생각된다.

1. 마태오복음서 25장 [15절]에서는 "그는 각자의 덕에 따라 주었다."[1]고 말한다. 그러나 인간 안에서 참사랑에 앞서는 것은 본성적 덕밖에 없다. 앞서[2] 말한 바와 같이 참사랑 없이는 어떤 덕도 있을 수 없기 때문이다. 그러므로 참사랑은 하느님에 의하여 본성적 능력에 따라 주입된다.

---

1. Vulgata: Et uni dedit quinque talenta, alii autem duo. alii vero unum, unicuique secundum propriam virtutem.
2. q.23, a.7.

2. Praeterea, omnium ordinatorum ad invicem secundum proportionatur primo, sicut videmus quod in rebus materialibus forma proportionatur materiae, et in donis gratuitis gloria proportionatur gratiae. Sed caritas, cum sit perfectio naturae, comparatur ad capacitatem naturalem sicut secundum ad primum. Ergo videtur quod caritas infundatur secundum naturalium capacitatem.

3. Praeterea, homines et angeli secundum eandem rationem caritatem participant, quia in utrisque est similis beatitudinis ratio, ut habetur Matth. 22, [30], et Luc. 20, [36]. Sed in angelis caritas et alia dona gratuita sunt data secundum capacitatem naturalium; ut Magister dicit, III dist. II lib. *Sent.*[3] Ergo idem etiam videtur esse in hominibus.

SED CONTRA est quod dicitur Ioan. 3, [8]: *Spiritus ubi vult spirat*; et I *ad Cor.* 12, [11]: *Haec omnia operatur unus et*[4] *idem Spiritus, dividens singulis prout vult.* Ergo caritas datur non secundum capacitatem naturalium, sed secundum voluntatem spiritus sua dona distribuentis.

RESPONDEO dicendum quod uniuscuiusque quantitas dependet a propria causa rei, quia universalior causa effectum maiorem producit. Caritas autem, cum superexcedat proportionem naturae humanae, ut dictum est,[5] non dependet

2. 서로를 지향하는 사물들 사이에서 두 번째 것은 첫 번째 것에 비례한다. 그래서 우리는 물질적 사물들 안에서 형상이 질료에 비례하고 무상의 선물들 안에서 영광이 은총에 비례하는 것을 볼 수 있다. 그런데 참사랑은 본성의 완성이므로, 본성적 능력에 대하여 첫 번째 것에 대한 두 번째 것의 위치에 있다. 그러므로 참사랑은 본성적 능력에 따라 주입되는 것으로 생각된다.

3. 인간과 천사들은 같은 방식으로 참사랑에 참여한다. 마태오복음서 22장 [30절]과 루카복음서 20장 [36절]에서 말하듯이 이들의 참행복이 유사하기 때문이다. 그런데 스승이 『명제집』 제2권 제3구분에서 말하듯이[3] 천사들에게서 사랑과 다른 무상의 선물들은 본성적 능력에 따라 주어진다.

[재반론] 그러나 반대로 요한복음서 3장 [8절]에서 말하듯이 "바람은 불고 싶은 데로 분다." 그리고 코린토 1서 12장 [11절]에서는 "이 모든 것을 한 분이신[4] 같은 성령께서 일으키십니다. 그분께서는 당신이 원하시는 대로 각자에게 그것들을 따로따로 나누어 주십니다."라고 말한다. 그러므로 참사랑은 본성적 능력에 따라 주어지지 않고, 당신의 선물들을 나누어 주시는 성령의 뜻에 따라 주어진다.

[답변] 한 사물의 양은 그 사물의 원인에 달려 있다. 더 보편적인 원인은 더 큰 결과를 산출하기 때문이다. 그런데 앞서[5] 말한 바와 같이 참사랑은 인간 본성의 비례를 훨씬 넘어서므로, 본성적 능력에 달려

---

3. Cf. I, q.62, a.6.
4. Vulgata: atque.
5. a.2.

ex aliqua naturali virtute, sed ex sola gratia Spiritus Sancti eam infundentis. Et ideo quantitas caritatis non dependet ex conditione naturae vel ex capacitate naturalis virtutis, sed solum ex voluntate Spiritus Sancti distribuentis sua dona prout vult. Unde et Apostolus dicit, *ad Ephes.* 4, [7]: *Unicuique nostrum data est gratia secundum mensuram donationis Christi.*

Ad primum ergo dicendum quod illa virtus secundum quam sua dona Deus dat unicuique, est dispositio vel praeparatio praecedens, sive conatus gratiam accipientis.[6] Sed hanc etiam dispositionem vel conatum praevenit Spiritus Sanctus, movens mentem hominis vel plus vel minus secundum suam voluntatem.[7] Unde et Apostolus dicit, *ad Coloss.* 1, [12]: *Qui dignos nos fecit in partem sortis sanctorum in lumine.*

AD SECUNDUM dicendum quod forma non excedit proportionem materiae, sed sunt eiusdem generis. Similiter etiam gratia et gloria ad idem genus referuntur, quia gratia nihil est aliud quam quaedam inchoatio gloriae in nobis. Sed caritas et natura non pertinent ad idem genus. Et ideo non est similis ratio.

AD TERTIUM dicendum quod angelus est naturae intellectualis, et secundum suam conditionem competit ei ut totaliter feratur in omne id in quod fertur, ut in Primo[8] habitum est. Et ideo

---

6. Cf. a.2, ad3.

있지 않고 오직 그 참사랑을 주입하는 성령의 은총에 달려 있다. 그러므로 참사랑의 양은 본성적 조건이나 본성적 능력의 크기에 달려 있지 않고, 오직 당신 선물을 원하시는 대로 나누어 주시는 성령의 뜻에 달려 있다. 그래서 사도는 에페소서 4장 [7절]에서 이렇게 말한다. "그리스도께서 나누어 주시는 은혜의 양에 따라, 우리는 저마다 은총을 받았습니다."

[해답] 1. 하느님께서 그에 따라 각자에게 당신 선물들을 주시는 그 덕은 선행하는 태세 또는 준비이거나 아니면 은총을 받는 사람의 노력이다.[6] 그러나 성령은 그 태세 또는 노력보다도 선행하시어 당신의 뜻에 따라 많이 또는 적게 인간의 정신을 움직이신다.[7] 그래서 사도는 콜로새서 1장 [12절]에서 "성도들이 빛의 나라에서 받는 상속의 몫을 차지할 자격을 여러분에게 주셨다."고 말한다.

2. 형상은 질료의 비례를 넘어서지 않으며, 같은 유(類)에 속한다. 이와 마찬가지로 은총과 영광은 동일한 유로 여겨진다. 은총은 다름이 아니라 우리 안에서 영광이 시작되는 것이기 때문이다. 반면에 참사랑과 본성은 같은 유에 속하지 않는다. 그러므로 비교가 성립되지 않는다.

3. 천사는 지성적 본성을 지니고 있고, 제1부에서[8] 말한 바와 같이 자신이 그 안으로 옮겨지는 그것 안으로 온전히 옮겨지는 것이 그 조건에 부합한다. 그러므로 더 높은 천사들 안에는 항구한 천사들에

---

7. "참사랑의 원인이 되시는 성령께서는 참사랑을 야기하려 의도하시는 대로 그것을 받을 사람의 품위를 더 많이 또는 더 적게 들어 높이신다."(Cajetanus in h. a., n.1. Cf. I-II, q.109, a.6; I, q.62, a.2.)
8. q.62, a.6.

in superioribus angelis fuit maior conatus et ad bonum in perseverantibus et ad malum in cadentibus. Et ideo superiorum angelorum persistentes facti sunt meliores et cadentes facti sunt peiores aliis. Sed homo est rationalis naturae, cui competit esse quandoque in potentia et quandoque in actu. Et ideo non oportet quod feratur totaliter in id in quod fertur; sed eius qui habet meliora naturalia potest esse minor conatus, et e converso. Et ideo non est simile.[9]

Articulus 4
Utrum caritas augeri possit

Ad quartum sic proceditur. Videtur quod caritas augeri non possit.

---

9. 천사들에게서도 참사랑은 본성의 능력을 능가한다. 그러나 성령께서는 기꺼이 천사에게, 그 안으로 옮겨지는 대상 안으로 전적으로 옮겨지는 본성을 주셨고, 인간에게는 그렇게 하지 않으셨다. 그러므로 그들에게 각각의 경향에 따라 은총이

게서는 선을 향하여, 타락한 천사들에게서는 악을 향하여 더 큰 노력이 있었다. 따라서 더 높은 천사들 가운데 항구한 천사들은 더 선해지고 타락한 천사들은 다른 이들보다 더 악해졌다. 그러나 인간은 지성적 본성을 지니고 있으면서도 그 본성은 때로는 현실태에 있고 때로는 가능태에 있어서, 자신이 그 안으로 옮겨지는 그것 안으로 반드시 온전히 옮겨지지는 않는다. 그래서 더 많은 본성적 선물들을 지니고 있으면서 더 노력이 적을 수도 있고, 반대 경우도 있다. 그러므로 비교가 성립되지 않는다.[9]

제4절 참사랑은 그것을 소유한 사람 안에서 증가되는가?

Parall.: I-II, q.52, a.1; q.66, a.1; *In Sent.*, I, d.17, q.2, a.1; *De malo*, q.9, a.2; *De virtutibus*, a.11; *Quodlibet.*, IX, q.6.

Doctr. Eccl.: 비엔공의회(1311-1312년)는 베가르드파의 다음과 같은 오류를 단죄했다. "인간은 내면 깊숙한 곳에서 무죄하게 되고 더 이상 은총 안에서 진보가 필요 없을 만큼 현재의 삶에서 최고 완덕의 단계에 도달할 수 있다. 그들이 말하듯, 인간이 계속 진보할 수 있다면, 그리스도보다 더 완전한 정도까지 나아갈 수 있을 것이기 때문이다.": DS 471(=DH 891). "거룩한 교회는 의로움의 증진을 다음과 같은 기도로 청한다. '주님, 저희 안에서 믿음과 소망과 사랑이 자라게 하소서.'": DS 803(=DH 1535). 참조. DS 834, 842, 1044(=DH 1574, 1582, 1944).

[반론] 넷째에 대해서는 다음과 같이 진행된다. 참사랑은 증가될 수 없는 것으로 생각된다.

주어진다. 그러나 천사들의 경향은 본성의 크기와 동등하지만, 인간의 경향은 본성의 크기와 동등하지 않으므로, 결론적으로 천사들에게는 은총이 본성의 크기에 따라 주어지지만, 인간에게는 그렇지 않다. Cf. S. Capponi a Porrecta OP, in h. a.

1. Nihil enim augetur nisi quantum. Duplex autem est quantitas, scilicet dimensiva, et virtualis.¹ Quarum prima caritati non convenit, cum sit quaedam spiritualis perfectio. Virtualis autem quantitas attenditur secundum obiecta, secundum quae caritas non crescit, quia minima caritas diligit omnia quae sunt ex caritate diligenda. Ergo caritas non augetur.

2. Praeterea, illud quod est in termino non recipit augmentum. Sed caritas est in termino, quasi maxima virtutum existens et summus amor optimi boni. Ergo caritas augeri non potest.

3. Praeterea, augmentum quidam motus est.² Ergo quod augetur movetur. Quod ergo augetur essentialiter movetur essentialiter. Sed non movetur essentialiter nisi quod corrumpitur vel generatur. Ergo caritas non potest augeri essentialiter, nisi forte de novo generetur vel corrumpatur, quod est inconveniens.

SED CONTRA est quod Augustinus dicit, *super Ioan.*, quod *caritas meretur augeri, ut aucta mereatur et perfici.*³

RESPONDEO dicendum quod caritas viae potest augeri. Ex hoc enim dicimur esse viatores quod in Deum tendimus, qui est ultimus finis nostrae beatitudinis.⁴ In hac autem via tanto

---

1. Cf. I, q.42, a.1, ad1.
2. Cf. Aristoteles, *Categ.*, c.14, 15a13.

1. 양 외에 다른 것은 어떤 것도 증가할 수 없다. 그런데 양은 두 가지로, 크기의 양과 힘의 양이 있다.[1] 그 첫 번째는 참사랑에 적절치 않다. 참사랑은 영적인 완전성이기 때문이다. 한편 힘의 크기는 대상에 따라 정해지는데, 이에 따르면 참사랑은 성장할 수 없다. 가장 작은 참사랑이라 하더라도, 참사랑으로 사랑해야 하는 모든 것들을 사랑하기 때문이다. 그러므로 참사랑은 증가하지 않는다.

2. 끝에 도달해 있는 것은 증가되지 않는다. 그런데 참사랑은 끝에 도달해 있으며, 덕들 가운데 가장 크고 최상의 선에 대한 최고의 사랑이다. 그러므로 참사랑은 증가될 수 없다.

3. 증가는 운동이다.[2] 그러므로 증가되는 것은 움직여진다. 따라서 본질적으로 증가되는 것은 본질적으로 움직여진다. 그러나 소멸되거나 생성되는 것이 아니라면 본질적으로 움직여지지 않는다. 그러므로 참사랑은 새롭게 생성되거나 소멸되지 않는다면 본질적으로 증가되지 않는데, 이는 부적절하다.

[재반론] 그러나 반대로 아우구스티누스는 『요한복음서 강해』에서 이렇게 말한다. "참사랑은 증가되기에 합당하고, 증가된 참사랑은 완성되기에 합당하게 될 수 있다."[3]

[답변] 여정 가운데 참사랑은 증가될 수 있다. 우리가 나그네들이라고 일컬어지는 것은 하느님을 향해 가고 있기 때문이며, 하느님은 우리 참행복의 최종 목적이다.[4] 이 우리의 여정에서 우리는 하느님께

---

3. Epist. 186, al. 106, c.3, n.10: PL 33, 819. Cf. Tract.74 *in Ioan.*, n.1, super 14, 16: PL 35, 1827.
4. Cf. I-II, q.2, a.8; q.3, a.3.

magis procedimus quanto Deo magis propinquamus, cui non appropinquatur passibus corporis, sed affectibus mentis.[5] Hanc autem propinquitatem facit caritas, quia per ipsam mens Deo unitur. Et ideo de ratione caritatis viae est ut possit augeri, si enim non posset augeri, iam cessaret viae processus. Et ideo Apostolus caritatem viam nominat, dicens I *ad Cor.* 12, [31]: *Adhuc excellentiorem viam vobis demonstro.*

AD PRIMUM ergo dicendum quod caritati non convenit quantitas dimensiva, sed solum quantitas virtualis. Quae non solum attenditur secundum numerum obiectorum, ut scilicet plura vel pauciora diligantur, sed etiam secundum intensionem actus, ut magis vel minus aliquid diligatur. Et hoc modo virtualis quantitas caritatis augetur.

AD SECUNDUM dicendum quod caritas est in summo ex parte obiecti, inquantum scilicet eius obiectum est summum bonum, et ex hoc sequitur quod ipsa sit excellentior aliis virtutibus. Sed non est omnis caritas in summo quantum ad intensionem actus.

AD TERTIUM dicendum quod quidam[6] dixerunt caritatem non augeri secundum suam essentiam, sed solum secundum radicationem in subiecto, vel secundum fervorem. Sed hi propriam vocem ignoraverunt. Cum enim sit accidens, eius esse

---

5. Cf. Augustinus, Tract. 32 *in Ioan.*, n. 1, super 7, 37: PL 35, 1642.

가까이 갈수록 앞으로 나아가게 되는데, 우리는 육체의 발걸음이 아니라 정신의 감정으로 그분께 다가간다.[5] 그런데 이 다가감은 참사랑으로 이루어진다. 정신은 참사랑으로 하느님께 결합되는 것이기 때문이다. 그러므로 여정 중에 참사랑은 증가될 수 있는 것이 마땅하다. 만일 참사랑이 증가될 수 없다면 여정의 전진도 중단될 것이다. 그래서 사도는 참사랑을 길이라 부르며, 코린토 1서 12장 [31절]에서 "내가 이제 여러분에게 더욱 뛰어난 길을 보여 주겠습니다."라고 말한다.

[해답] 1. 참사랑에는 크기의 양은 부적절하며 힘의 양만 있을 수 있다. 하지만 양은 대상의 수에 따라서 곧 대상이 다수인지 소수인지에 따라서만 정해지는 것이 아니며, 행위의 강도에 따라서 곧 어떤 것을 더 많이 사랑하는지 적게 사랑하는지에 따라서도 정해진다. 참사랑의 힘의 크기는 이러한 방식으로 증가된다.

2. 참사랑은 그 대상이 최고선이라는 점에서 대상 편에서는 끝에 도달해 있다. 그래서 참사랑은 다른 덕들보다 더 탁월하다. 그러나 모든 참사랑이 그 행위의 강도에 있어서 최고도에 도달해 있는 것은 아니다.

3. 어떤 이들은[6] 참사랑이 그 본질에 있어서 증가되는 것이 아니라 그 주체 안에 뿌리를 내리는 데에 있어서, 또는 그 열성에 있어서만 증가된다고 여겼다. 그러나 이들은 자신의 말이 무슨 말인지 알지 못한 것이다. 참사랑은 우유이므로, 그 존재는 어떤 것 안에 존재

---

6. Cf. Guilelmus Altissiod.(Guillaume d'Auxerre), *Summa aurea*, P.III, tract.5, q.4.

est inesse,⁷ unde nihil est aliud ipsam secundum essentiam augeri quam eam magis inesse subiecto, quod est eam magis radicari in subiecto. Similiter etiam ipsa essentialiter est virtus ordinata ad actum, unde idem est ipsam augeri secundum essentiam et ipsam habere efficaciam ad producendum ferventioris dilectionis actum. Augetur ergo essentialiter non quidem ita quod esse incipiat vel esse desinat in subiecto, sicut obiectio procedit, sed ita quod magis in subiecto esse incipiat.⁸

Articulus 5

Utrum caritas augeatur per additionem

Ad quintum sic proceditur. Videtur quod caritas augeatur per additionem.

1. Sicut enim est augmentum secundum quantitatem corporalem, ita secundum quantitatem virtualem. Sed augmentum quantitatis corporalis fit per additionem, dicit enim Philosophus, in I *de Gen.*,¹ quod *augmentum est praeexistenti*

---

7. Cf. I, q.28, a.2; I-II, q.7, a.1, obj.2; q.110, a.2, ad3.
8. "참사랑이 본질에 따라 증가한다고 말할 때에는 증가의 주체가 표시되며, 그 의미는 참사랑의 본질 자체가 증가된다는 것이다. 마치 우리가 흰색이 그 본질에 따라 증가된다고 말할 때와 같다. 이는 운동을 한정짓는 형상을 지칭하는 것이 아니다. 그 의미는 본질에 따라 증가된다는 것, 곧 그 증가는 존재에 또는 본질에 있다는 것이다. 또한 이와 같이 존재가 양에 따라 증가된다고 일컬어진다. 하나의 덕인 사랑의 크기가 사랑의 본질과 같다 하더라도, 참사랑의 본질을 제

한다.[7] 그러므로 참사랑이 본질적으로 증가된다는 것은 다름이 아니라 주체 안에 더 많이 존재한다는 것이며, 주체 안에 더 깊이 뿌리를 내린다는 것이다. 마찬가지로, 참사랑은 본질적으로 행위를 지향하는 덕이다. 그러므로 참사랑이 본질적으로 증가된다는 것은 더 열성적인 사랑의 행위들을 만들어 내는 효력을 갖게 되는 것이다. 그러므로 본질적으로 증가한다는 것은 반론에서 말하듯이 주체 안에서 존재하기를 시작하거나 중지한다는 것이 아니라, 주체 안에 더 많이 존재하기를 시작하는 것이다.[8]

제5절 참사랑은 첨가에 의하여 증가되는가?

Parall.: I-II, q.52, a.2; *In Sent.*, I, d.17, q.2, a.2; *De virtutibus*, a.11.

[반론] 다섯째에 대해서는 다음과 같이 진행된다. 참사랑은 첨가(添加, additio)에 의하여 증가되는 것으로 생각된다.

1. 힘의 크기는 물질적 크기와 마찬가지로 증가한다. 그런데 물질적인 양의 증가는 첨가로 이루어진다. 철학자는 『생성소멸론』 제1권[1]에

거하는 것은 필요하지 않다. 물질적 증가에 있어서도 양적 본질 자체는 제거되어 언제나 불특정한 크기로 남아 있는 것이 아니라, 받게 되는 다양한 한정들에 따라 작은 것에서 큰 것으로의 변화 곧 증가가 일어나는 것이기 때문이다. 마찬가지로 참사랑의 덕도 그 본질에 의하여 제거되지 않으며 그 한정이 달라지는 것이다. 어떤 주체 안에 받아들여진 모든 형상은 그 받는 주체의 수용력에 따라 한정을 받는다. 그러므로 참사랑의 주체가 참사랑을 곧 하느님에 대한 자신의 결합을 더 많이 받아들일 수 있게 준비될수록, 그는 더 큰 참사랑에 참여한다. 그래서 참사랑은 그 본질에 따라 증가된다고 일컬어진다."(*Quodlibet.*, IX, q.6, a. un.)

1. c.5, 320b30-31; S. Thomas, lect.13, n.6.

magnitudini additamentum. Ergo etiam augmentum caritatis, quod est secundum virtualem quantitatem, erit per additionem.

2. Praeterea, caritas in anima est quoddam spirituale lumen, secundum illud I Ioan. 2, [10]: *Qui diligit fratrem suum in lumine manet.* Sed lumen crescit in aere per additionem, sicut in domo lumen crescit alia candela superaccensa. Ergo etiam caritas crescit in anima per additionem.

3. Praeterea, augere caritatem ad Deum pertinet, sicut et ipsam creare, secundum illud II *ad Cor.* 9, [10]: *Augebit incrementa frugum iustitiae vestrae.* Sed Deus primo infundendo caritatem aliquid facit in anima quod ibi prius non erat. Ergo etiam augendo caritatem aliquid ibi facit quod prius non erat. Ergo caritas augetur per additionem.

SED CONTRA est quod caritas est forma simplex. Simplex autem simplici additum non facit aliquid maius, ut probatur in VI *Physic.*[2] Ergo caritas non augetur per additionem.

RESPONDEO dicendum quod omnis additio est alicuius ad aliquid. Unde in omni additione oportet saltem praeintelligere distinctionem eorum quorum unum additur alteri, ante ipsam additionem. Si igitur caritas addatur caritati, oportet praesupponi

---

2. c.2, 232a23-27; S. Thomas, lect.3, n.4. Cf. *De gen. et corr*, I. c.2, 316a33-34; S. Thomas, lect.4, n.4; *Metaph.*, III, c.4, 1001b8-13; S. Thomas, lect.12, n.496.

서, "증가는 기존의 크기에 첨가되는 것"이라고 말한다. 그러므로 힘의 크기가 증가되는 참사랑의 증가 역시 첨가에 의하여 이루어질 것이다.

2. 요한 1서 2장 [10절]에서 말하듯이 참사랑은 영혼 안에 있는 영적인 빛이다. "자기 형제를 사랑하는 사람은 빛 속에 머무릅니다." 그런데, 집 안에서 다른 촛불 한 개를 켬으로써 빛이 증가하듯이 공기 중에서 빛은 첨가를 통하여 증가한다. 그러므로 참사랑 역시 영혼 안에서 첨가를 통하여 증가한다.

3. 참사랑을 창조하는 것이 하느님께 속하듯이 그것을 증가시키는 것도 하느님께 속한다. 코린토 2서 9장 [10절]에서는 "[그분께서] 여러분이 실천하는 의로움의 열매도 늘려 주실 것입니다."라고 말한다. 그런데 하느님은 처음 참사랑을 주입하실 때 영혼 안에 이전에 없던 것을 만드신다. 그러므로 참사랑을 증가시키실 때에도 거기에 이전에 없던 것을 만드신다. 그러므로 참사랑은 첨가를 통하여 증가된다.

[재반론] 그러나 반대로 참사랑은 단순한 형상이다. 그런데 『자연학』 제6권[2]에서 입증된 바와 같이, 단순한 것은 다른 단순한 것에 첨가될 때 다른 더 큰 것을 만들어 내지 않는다. 그러므로 참사랑은 첨가를 통하여 증가되지 않는다.

[답변] 모든 첨가는 어떤 것이 다른 어떤 것에 첨가되는 것이다. 그러므로 모든 첨가에서는 그 첨가 이전에 하나가 다른 것에 첨가되는 그들 사이에 구별을 전제해야 한다. 그런데 참사랑이 참사랑에 첨가될 수 있다면 첨가되는 참사랑을 그 첨가를 받는 참사랑으로부터 구

caritatem additam ut distinctam a caritate cui additur, non quidem ex necessitate secundum esse, sed saltem secundum intellectum. Posset enim Deus etiam quantitatem corporalem augere addendo aliquam magnitudinem non prius existentem, sed tunc creatam, quae quamvis prius non fuerit in rerum natura, habet tamen in se unde eius distinctio intelligi possit a quantitate cui additur. Si igitur caritas addatur caritati, oportet praesupponere, ad minus secundum intellectum, distinctionem unius caritatis ab alia.

Distinctio autem in formis est duplex, una quidem secundum speciem; alia autem secundum numerum. Distinctio quidem secundum speciem in habitibus est secundum diversitatem obiectorum, distinctio vero secundum numerum est secundum diversitatem subiecti. Potest igitur contingere quod aliquis habitus per additionem augeatur dum extenditur ad quaedam obiecta ad quae prius se non extendebat, et sic augetur scientia geometriae in eo qui de novo incipit scire aliqua geometricalia quae prius nesciebat. Hoc autem non potest dici de caritate, quia etiam minima caritas se extendit ad omnia illa quae sunt ex caritate diligenda. Non ergo talis additio in augmento caritatis potest intelligi praesupposita distinctione secundum speciem caritatis additae ad eam cui superadditur.

Relinquitur ergo, si fiat additio caritatis ad caritatem, quod hoc fit praesupposita distinctione secundum numerum, quae

별되는 것으로 전제해야 한다. 반드시 존재에 따라서는 아니라 하더라도 적어도 개념적으로는 그러해야 한다. 실상 하느님은 이전에 존재하지 않고 비로소 창조된 크기를 더함으로써 물질적인 양을 증가시킬 수 있으시다. 그러나 그 첨가된 것은 비록 이전에 실제로 존재하지 않았다 하더라도 그것이 첨가되는 그 양으로부터 구별되는 것으로 이해될 수 있는 본성을 지니고 있다. 만일 참사랑이 참사랑에 첨가된다면, 적어도 개념적으로는 하나의 참사랑과 또 하나의 참사랑 사이의 구별을 전제해야 한다.

그런데 형상들 사이에는 두 가지 구별이 있다. 종에 따른 구별과 수에 따른 구별이다. 습성들 사이에서 종에 따른 구별은 대상의 상이성에 따른 구별이고, 수에 따른 구별은 주체의 상이성에 따른 구별이다. 따라서 어떤 습성이 첨가를 통하여 증가되는 것은 이전에 미치지 않던 대상에까지 확장됨으로써 이루어질 수 있다. 이렇게 하여 기하학의 지식은 전에는 알지 못하던 기하학의 결론들을 새로 배우기 시작하는 사람 안에서 증가한다. 그러나 참사랑에 대해서는 그렇게 말할 수 없다. 가장 작은 참사랑이라도 참사랑으로 사랑해야 하는 모든 것들에 미치기 때문이다. 그러므로 참사랑의 증가에서는 첨가된 참사랑이 첨가를 받는 사랑으로부터 종에 따라 구별되는 것을 전제하는 그러한 첨가는 생각할 수 없다.[3]

그러므로 참사랑에 참사랑이 첨가된다면 그 첨가는 수에 따른 구별 곧 주체의 상이성에 따른 구별을 전제하는 것이어야 한다. 이는 흰 것에 다른 흰 것이 첨가됨으로써 그 사물이 더 희게 되는 것은

---

[3]. Albertus Mag., *In Sent.*, I, d.17, a.10: ed. Borgnet, t.XXV, p.482; Bonaventura, *In Sent.*, I, d.17, a. un., q. 2: Ad Claras Aquas, t.I, p.311.

est secundum diversitatem subiectorum, sicut albedo augetur per hoc quod album additur albo, quamvis hoc augmento non fiat aliquid magis album. Sed hoc in proposito dici non potest. Quia subiectum caritatis non est nisi mens rationalis, unde tale caritatis augmentum fieri non posset nisi per hoc quod una mens rationalis alteri adderetur, quod est impossibile. Quamvis etiam si esset possibile tale augmentum, faceret maiorem diligentem, non autem magis diligentem. Relinquitur ergo quod nullo modo caritas augeri potest per additionem caritatis ad caritatem, sicut quidam ponunt.[3]

Sic ergo caritas augetur solum per hoc quod subiectum magis ac magis participat caritatem, idest secundum quod magis reducitur in actum illius et magis subditur illi. Hic enim est modus augmenti proprius cuiuslibet formae quae intenditur, eo quod esse huiusmodi formae totaliter consistit in eo quod inhaeret susceptibili. Et ideo, cum magnitudo rei consequitur esse ipsius, formam esse maiorem hoc est eam magis inesse susceptibili, non autem aliam formam advenire. Hoc enim esset si forma haberet aliquam quantitatem ex seipsa, non per comparationem ad subiectum. Sic igitur et caritas augetur per hoc quod intenditur in subiecto, et hoc est ipsam augeri secundum essentiam, non autem per hoc quod caritas addatur caritati.

아니지만 흰색이 증가되는 예와 같은 것이다. 그러나 참사랑에 대해서는 그렇게 말할 수 없다. 참사랑의 주체는 오직 이성적 정신뿐이므로, 그러한 주체는 하나의 이성적 정신이 다른 이성적 정신에 더해짐으로써만 일어날 수 있는데, 이는 불가능하다. 그러한 증가가 가능하다 하더라도, 그것은 사랑하는 이가 더 커지게 하는 것이지 더 사랑하는 이가 되게 하는 것이 아니다. 그러므로 어떤 이들이 주장하듯이 참사랑에 참사랑을 첨가함으로써 참사랑이 증가될 수 있는 방법은 없다.

그러므로 참사랑은 오직 주체가 참사랑에 점점 더 많이 참여함으로써만 증가된다. 곧 주체가 참사랑의 행위를 더 많이 행할수록, 그리고 참사랑에 더 많이 종속될수록 증가되는 것이다. 이것이 강도가 강해지는 형상이 증가되는 고유한 방식이다. 그러한 형상의 존재는 전적으로 주체에 내재하는 데에 있기 때문이다. 그런데 사물의 크기는 그것의 존재에 달려 있는 것이므로, 어떤 형상이 더 커진다는 것은 주체 안에 더 많이 내재한다는 것이며 다른 형상이 더해지는 것이 아니다. 그러한 일은 형상이 주체에 대해서가 아니라 그 자체 안에서 어떤 양을 가지고 있을 때만 가능할 것이다. 그러므로 참사랑은 주체 안에서 강화됨으로써 증가되며, 이는 참사랑에 참사랑이 첨가됨으로써가 아니라 본질에 따라서 증가되는 것이다.

AD PRIMUM ergo dicendum quod quantitas corporalis habet aliquid inquantum est quantitas; et aliquid inquantum est forma accidentalis. Inquantum est quantitas, habet quod sit distinguibilis secundum situm vel secundum numerum.[4] Et ideo hoc modo consideratur augmentum magnitudinis per additionem; ut patet in animalibus. Inquantum vero est forma accidentalis, est distinguibilis solum secundum subiectum. Et secundum hoc habet proprium augmentum, sicut et aliae formae accidentales, per modum intensionis eius in subiecto, sicut patet in his quae rarefiunt, ut probat Philosophus, in IV *Physic.*[5]— Et similiter etiam scientia habet quantitatem, inquantum est habitus, ex parte obiectorum. Et sic augetur per additionem, inquantum aliquis plura cognoscit. Habet etiam quantitatem, inquantum est quaedam forma accidentalis, ex eo quod inest subiecto. Et secundum hoc augetur in eo qui certius eadem scibilia cognoscit nunc quam prius.—Similiter etiam et caritas habet duplicem quantitatem. Sed secundum eam quae est ex parte obiecti, non augetur, ut dictum est.[6] Unde relinquitur quod per solam intensionem augeatur.

AD SECUNDUM dicendum quod additio luminis ad lumen potest intelligi in aere propter diversitatem luminarium causantium lumen. Sed talis distinctio non habet locum in proposito, quia non est nisi unum luminare influens lumen caritatis.

제24문 제5절

[해답] 1. 물질적인 양은 양으로서의 특성과 우유적 형상으로서의 특성을 지니고 있다. 양으로서는 위치에 따라서 또는 수에 따라서 다른 것으로부터 구별할 수 있다.[4] 동물들에게서 볼 수 있듯이, 그러한 방식으로는 첨가를 통하여 크기가 증가한다. 그러나 우유적 형상으로서는 오직 주체에 따라서 구별된다. 이에 따라서는 다른 우유적 형상들에서와 마찬가지로, 철학자가 『자연학』 제4권[5]에서 증명하듯이 희박해지는 사물들에서처럼 주체 안에서의 강도를 통하여 증가한다. ― 마찬가지로, 지식도 습성으로서 대상들 편에서 양을 가지고 있다. 이러한 지식은 첨가를 통하여 증가되는데, 다른 다수의 것들을 알 수 있기 때문이다. 그러나 지식은 우유적 형상으로서 주체 안에 존재한다는 측면에서도 양을 가지고 있다. 이에 따르면 지식은 같은 것들을 이전보다 더 확실하게 알게 되는 주체 안에서 증가한다. ― 마찬가지로 참사랑 역시 두 가지의 양을 갖고 있다. 그러나 앞서 말한 바와 같이[6] 대상 편에서의 크기는 증가되지 않는다. 그러므로 그것은 오직 그 강도를 통하여 증가되는 것이다.

2. 공기 중에서 빛에 빛이 첨가되는 것은 빛을 내는 원천들이 여럿이라는 데에서 알 수 있다. 그러나 참사랑에 있어서는 이러한 구별이 있을 수 없다. 참사랑의 빛을 부어 주는 원천은 오직 하나뿐이기 때문이다.

---

4. Cf. Sup., q.83, a.3, ad2.
5. c.9, 217a14-21; S. Thomas, lect.14, n.8.
6. 답변.

AD TERTIUM dicendum quod infusio caritatis importat quandam mutationem secundum habere caritatem et non habere, et ideo oportet quod aliquid adveniat quod prius non infuit. Sed augmentatio caritatis importat mutationem secundum minus aut magis habere. Et ideo non oportet quod aliquid insit quod prius non infuerit, sed quod magis insit quod prius minus inerat. Et hoc est quod facit Deus caritatem augendo, scilicet quod magis insit,[7] et quod perfectius similitudo Spiritus Sancti participetur in anima.

Articulus 6
Utrum quolibet actu caritatis caritas augeatur

Ad sextum sic proceditur. Videtur quod quolibet actu caritatis caritas augeatur.

1. Quod enim potest id quod maius est, potest id quod minus est. Sed quilibet actus caritatis meretur vitam aeternam, quae maius est quam simplex caritatis augmentum, quia vita aeterna includit caritatis perfectionem. Ergo multo magis quilibet actus caritatis caritatem auget.

2. Praeterea, sicuti habitus virtutum acquisitarum generatur ex actibus, ita etiam augmentum caritatis causatur per actus caritatis. Sed quilibet actus virtuosus operatur ad virtutis

3. 참사랑의 주입은 참사랑을 갖고 있지 않은 것에서 참사랑을 갖고 있는 것으로의 변화를 수반한다. 그러므로 전에는 없었던 어떤 것이 더해지는 것이 필요하다. 그러나 참사랑의 증가는 더 적게 갖고 있는 것에서 더 많이 갖고 있는 것으로의 변화를 수반한다. 그러므로 전에는 없었던 것이 있게 되는 것은 필요하지 않으며, 전에는 더 적게 있었던 것이 더 많이 있게 되는 것이다. 이것이 하느님이 참사랑을 증가시키실 때에 하시는 것이다. 그분은 참사랑이 더 많이 존재하게 하시며,[7] 영혼이 성령의 유사성에 더 완전하게 참여하게 하신다.

제6절 참사랑은 어떤 참사랑의 행위로도 증가되는가?

Parall.: I-II, q.52, a.3; q.114, a.8, ad3; *In Sent.*, I, d.17, q.2, a3; II, d.27, q.1, a,5, ad2.

[반론] 여섯째에 대해서는 다음과 같이 진행된다. 참사랑은 어떤 참사랑 행위(actus caritatis)로도 증가되는 것으로 생각된다.

1. 더 큰 것을 할 수 있는 것은 더 작은 것을 할 수 있다. 그런데 어떤 참사랑의 행위도 단순한 참사랑의 증가보다 더 큰 것인 영원한 생명을 얻기에 합당하다. 영원한 생명은 참사랑의 완성을 포함하기 때문이다. 그러므로 모든 참사랑의 행위가 참사랑을 증가시키는 것은 더욱 마땅하다.

2. 획득된 덕의 습성이 그 행위들로부터 생겨나듯이 참사랑의 증가는 참사랑의 행위들에 기인한다. 그러나 모든 덕스러운 행위는 덕

---

7. Cf. a.4, ad3.

generationem. Ergo etiam quilibet actus caritatis operatur ad caritatis augmentum.

3. Praeterea, Gregorius[1] dicit quod *in via Dei stare retrocedere est*. Sed nullus, dum movetur actu caritatis, retrocedit. Ergo quicumque movetur actu caritatis, procedit in via Dei. Ergo quolibet actu caritatis caritas augetur.

SED CONTRA est quod effectus non excedit virtutem causae. Sed quandoque aliquis actus caritatis cum aliquo tepore vel remissione emittitur. Non ergo perducit ad excellentiorem caritatem, sed magis disponit ad minorem.

RESPONDEO dicendum quod augmentum spirituale caritatis quodammodo simile est augmento corporali. Augmentum autem corporale in animalibus et plantis non est motus continuus, ita scilicet quod, si aliquid tantum augetur in tanto tempore,

---

1. 성 토마스의 『명제집 주해』 제3권(d.29, a.8, qc.2, obj.1)에는, "베르나르두스는 하느님을 향한 길에서 멈추어 있는 것은 퇴보하는 것이라고 말한다."고 되어 있다. 성 보나벤투라도(*In Sent.*, II, d.41, q.1 a.3: Ad Claras Aquas, t.II, p.942) 이 말을 베르나르두스의 것으로 돌린다. 실상 성 베르나르두스는 이렇게 말한다. "생명의 길에서 진보하지 않는 것은 퇴보하는 것이다."(*Serm.* II *in festo Purif.*, n.3: PL 183, 369 C) 그리고 또한, "멈추어 있으려 한다면, 넘어질 수밖에 없다."(*Epist.* 91, n.3: PL 182, 224 A) "진보하기를 싫어한다면, 오직 물러날 뿐이다."(*Epist.* 254, n.4: PL 182, 461 C). "진보하지 않는다면, 의심할 여지 없이 물러나는 것이다."(*Epist.* 385, n.1: PL 182, 588 A) 그러나 성 그레고리우스는 오래전에 이렇게 말했다. "이 세상에서 인간 영혼은 물살을 거슬러 올라가는 배와 같다. 한 자리에 머물러 있을 수는 없다. 힘껏 애쓰지 않으면 아래로 흘러 내려가기 때문이다."(*Reg. Past.*, p.III, c.34: PL 77, 118 C) 베르나르두스와 그레고리우스에게서 실질적으로 동일한 이 문장은 그

들의 생성을 가져온다. 그러므로 모든 참사랑의 행위 역시 참사랑의 증가를 가져온다.

3. 그레고리우스는[1] "하느님을 향한 길에서 멈추어 있는 것은 퇴보하는 것"이라고 말한다. 그런데 참사랑의 행위에 의하여 움직여지는 것은 퇴보하지 않는다. 그러므로 참사랑의 행위에 의하여 움직여지는 모든 사람은 하느님을 향한 길에서 앞으로 나아가는 것이다. 따라서 참사랑은 모든 참사랑의 행위로 증가된다.

[재반론] 그러나 반대로 결과는 원인의 능력을 능가할 수 없다. 그런데 때로 참사랑의 행위는 미지근하거나 무기력하게 행해진다. 그러므로 그것은 더 탁월한 참사랑으로 이끌지 못하고 오히려 더 작은 참사랑을 하게 한다.

[답변] 참사랑의 영적 증가는 어떤 식으로 물질적 증가와 유사하다. 그런데 동물과 식물에서 물질적 증가는 지속적인 운동이 아니다. 말

들 이전에 있던 것이다. 펠라기우스, *Epist*. I, ad Demetriadem, c.27에는(PL 30, 42 B 또는 PL 33, 1118) 이러한 말이 있다. "진보하지 않는 것은 뒤로 돌아가는 것이다." Cf. O. Bardenhewer, *Geschichte der altkirchlichen Literatur*, t.IV, Freiburg i. B. 1924, p.515.-성 그레고리우스는 성 아우구스티누스의 저서 안에 오래전부터 전해지던 그 편지에서 이를 끌어냈다. 분명 성 아우구스티누스는 그것을 가르쳤다. "언제나 더하고, 언제나 걷고, 언제나 앞으로 나아가라. 길에 머물러 있지 말고, 뒤로 물러나지 말고, 벗어나지 마라. 앞으로 나아가지 않는 사람은 머물러 있고, 거기에서 떠나온 곳으로 되돌아가는 사람은 뒤로 물러난다."(*Serm*. 169, c.15, n.18: PL 제38권 926) 성 토마스는 그레고리우스가 한 말의 가르침을 전하는데, 그 말들은 오히려 베르나르두스의 것으로 보인다. 하지만, 천사적 박사는 실제로 그 자신이 만든 새로운 형태를 부여하는 것이다(그 시대의 학파들에서 대중적으로 만들어 놓은 것이 아니라면). D. M. Vigna OP, *La posizione di San Bernardo nella costruzione della Summa Theologiae di San Tomaso d'Aquino*, Dissert. Studium generale di S. Pietro Mart., Chieri (Torino) 1946, pp.28-31(타자본).

q.24, a.6

necesse sit quod proportionaliter in qualibet parte illius temporis aliquid augeatur, sicut contingit in motu locali, sed per aliquod tempus natura operatur disponens ad augmentum et nihil augens actu, et postmodum producit in effectum id ad quod disposuerat, augendo animal vel plantam in actu.[2] Ita etiam non quolibet actu caritatis caritas actu augetur, sed quilibet actus caritatis disponit ad caritatis augmentum, inquantum ex uno actu caritatis homo redditur promptior iterum ad agendum secundum caritatem; et, habilitate crescente, homo prorumpit in actum ferventiorem dilectionis, quo conetur ad caritatis profectum; et tunc caritas augetur in actu.

AD PRIMUM ergo dicendum quod quilibet actus caritatis meretur vitam aeternam, non quidem statim exhibendam, sed suo tempore. Similiter etiam quilibet actus caritatis meretur caritatis augmentum, non tamen statim augetur, sed quando aliquis conatur ad huiusmodi augmentum.[3]

AD SECUNDUM dicendum quod etiam in generatione virtutis acquisitae non quilibet actus complet generationem virtutis, sed quilibet operatur ad eam ut disponens, et ultimus, qui est perfectior, agens in virtute omnium praecedentium, reducit eam in actum. Sicut etiam est in multis guttis cavantibus lapidem.

---

2. 『자연학』 제8권에서 드러나듯이[c.7, 261a; S. Thomas, lect.14, n.6], 모든 변화가 연속인 것이 아니고 모든 증가가 연속적인 것도 아니며, 오직 장소적 운동만이 참으로 연속적이다. ScG, II, 89, n.1744.

하자면, 어떤 것이 얼마 동안의 시간에 어느 만큼 증가한다면 그것은 마치 공간적 운동에서와 같이 그 시간의 모든 부분에 비례적으로 증가해야 하는 것이 아니다. 오히려 어떤 시간에 본성은 성장을 준비하게 하고 현실적으로는 아무것도 증가시키지 않으며, 그 후에 실제로 동물 또는 식물을 증가시킴으로써 준비된 것을 실행한다.[2] 이와 같이, 모든 참사랑의 행위가 실제로 참사랑을 증가시키지는 않는다. 그러나 모든 참사랑의 행위는 참사랑의 증가를 준비시킨다. 인간은 하나의 참사랑의 행위로 더 기꺼이 또 다른 참사랑의 행위를 하게 되기 때문이다. 또한 인간은 그 소질이 증가함으로써 더 열렬한 참사랑의 행위를 하게 되고, 이로써 참사랑의 진보에 노력하게 된다. 그래서 참사랑은 실제적으로 증가된다.

[해답] 1. 모든 참사랑의 행위는 영원한 생명을 얻기에 합당하다. 그러나 즉시 이를 얻을 수 있는 것이 아니라, 그때가 될 때에 주어진다. 이와 마찬가지로, 모든 참사랑의 행위는 참사랑의 증가를 얻기에 합당하다. 그러나 즉시 증가되는 것이 아니라, 그러한 증가를 위하여 노력할 때에 증가된다.[3]

2. 획득된 덕들이 생겨나는 데에서도, 어떤 행위라도 덕이 생겨나는 데에 충분한 것은 아니다. 그러나 그 모든 행위는 덕을 준비시키고, 그 가운데 마지막 행위는 이전의 모든 행위들에 힘입어 행하는 것으로서 더 완전하며 실제로 그 덕에 이르게 한다. 이는 많은 물방울들이 바위를 파는 것과 같다.

---

3. 여기에서, 빚을 면제해 주는 행위에서 언제 참사랑의 증가가 주어지는가 하는 질문이 제기된다. Th. Deman, OP, *L'accroissement des vertus dans saint Thomas et dans l'école thomiste*, in *Dict. de spirit. ascét. et mist.*, t.I, coll.138-150; H. D. Noble, OP, *La clarité*, t.I (II-II, qq. 23-26, tr. Franc.), Paris 1936, pp. 415-419.

AD TERTIUM dicendum quod in via Dei procedit aliquis non solum dum actu caritas eius augetur, sed etiam dum disponitur ad augmentum.[4]

Articulus 7
Utrum caritas augeatur in infinitum

Ad septimum sic proceditur. Videtur quod caritas non augeatur in infinitum.

1. Omnis enim motus est ad aliquem finem et terminum, ut dicitur in II *Metaphys.*[1] Sed augmentum caritatis est quidam motus. Ergo tendit ad aliquem finem et terminum. Non ergo caritas in infinitum augetur.

2. Praeterea, nulla forma excedit capacitatem sui subiecti. Sed capacitas creaturae rationalis, quae est subiectum caritatis, est finita. Ergo caritas in infinitum augeri non potest.

3. Praeterea, omne finitum per continuum augmentum potest pertingere ad quantitatem alterius finiti quantumcumque maioris, nisi forte id quod accrescit per augmentum semper sit minus et minus; sicut Philosophus dicit, in III *Physic.*,[2] quod si uni lineae addatur quod subtrahitur ab alia linea quae in

---

[4] 그래서 인간은 완전할 때만 완전함의 신분에 있다고 일컬어지지 않고, 완전함에서 진보하고자 계속해서 스스로 준비할 때에도 그렇게 일컬어진다. 그러나 완전

3. 참사랑이 실제적으로 증가될 때에만 하느님의 길에서 진보하는 것이 아니라, 그 증가를 위하여 준비될 때에도 진보하는 것이다.[4]

제7절 참사랑은 무한히 증가되는가?

Parall.: *In Sent.*, I, d.17, q.2, a.4; III, d.29, q.1, a.8, qc.1, ad2; *De caritate*, a.10, ad3.

[반론] 일곱째에 대해서는 다음과 같이 진행된다. 사랑은 무한히 증가되지 않는 것으로 생각된다.

1. 『형이상학』 제2권[1]에서 말하듯이 모든 운동은 그 목적 내지 결말을 향한다. 그런데 참사랑의 증가는 운동이다. 그러므로 그 증가는 어떤 목적 내지 결말을 향한다. 따라서 참사랑은 무한히 증가되지 않는다.

2. 어떤 형상도 그 주체의 수용 능력을 능가할 수 없다. 그런데 참사랑의 주체인 이성적 피조물의 수용 능력은 유한하다. 그러므로 참사랑은 무한히 증가될 수 없다.

3. 모든 유한한 것은 계속해서 증가함으로써, 비록 증가하는 양이 줄어든다 하더라도 얼마든지 더 큰 다른 유한한 양에 도달할 수 있다. 철학자가 『자연학』 제3권[2]에서 말하듯이, 하나의 선(線)에 다른

함 안에 있지도 않고 완전함을 향해 스스로 준비하지도 않을 때에는 완전함의 신분으로부터 멀어지게 된다. 완전함의 신분에 관하여, q.186, aa.1-2.

1. c.2, 944b13-14; S. Thomas, lect.4, nn.318-319.
2. c.6, 206b16-18; S. Thomas, lect.10, n.9.

infinitum dividitur, in infinitum additione facta, nunquam pertingetur ad quandam determinatam quantitatem quae est composita ex duabus lineis, scilicet divisa et ea cui additur quod ex alia subtrahitur. Quod in proposito non contingit, non enim necesse est ut secundum caritatis augmentum sit minus quam prius; sed magis probabile est quod sit aequale aut maius. Cum ergo caritas patriae sit quiddam finitum, si caritas viae in infinitum augeri potest, sequitur quod caritas viae possit adaequare caritatem patriae, quod est inconveniens. Non ergo caritas viae in infinitum potest augeri.

SED CONTRA est quod Apostolus dicit, ad *Philipp.* 3, [12]. *Non quod iam acceperim, aut iam perfectus sim, sequor autem si quo modo comprehendam.* Ubi dicit Glossa:[3] *Nemo fidelium, etsi multum profecerit, dicat, sufficit mihi. Qui enim hoc dicit, exit de via ante finem.* Ergo semper in via caritas potest magis ac magis augeri.

RESPONDEO dicendum quod terminus augmento alicuius formae potest praefigi tripliciter. Uno modo, ex ratione ipsius formae, quae habet terminatam mensuram, ad quam cum perventum fuerit, non potest ultra procedi in forma, sed si ultra processum fuerit, pervenietur ad aliam formam, sicut patet in pallore, cuius terminos per continuam alterationem aliquis

선에서 무한히 쪼개진 것을 첨가한다면, 무한히 첨가를 계속한다 하더라도 두 개의 선 곧 나누어진 선과 거기서 떼어 낸 것이 첨가된 선으로 합쳐진 그 특정한 양에는 결코 도달하지 못한다. 그러나 이는 참사랑의 증가에는 적용되지 않는다. 참사랑의 두 번째 증가는 꼭 첫 번째 증가보다 적은 것은 아니기 때문이다. 오히려 그것은 동등하거나 더 클 가능성이 더 많다. 본향의 참사랑이 유한하다면, 여정 중에 참사랑이 무한히 증가될 수 있다면 여정 중에 참사랑은 본향의 참사랑과 동등할 수 있을 것이다. 그러나 이는 부적절하다. 그러므로 지상의 참사랑은 무한히 증가될 수 없다.

[재반론] 그러나 반대로 사도는 필리피서 3장 [12절]에서 이렇게 말한다. "나는 이미 그것을 얻은 것도 아니고 목적지에 다다른 것도 아닙니다. 그것을 차지하려고 달려갈 따름입니다." 여기에서 주해는[3] 이렇게 말한다. "신자들 가운데 누구도, 비록 많은 진보를 했다 하더라도 '충분하다'고 말하지 말 것이다. 그렇게 말하는 사람은 끝에 이르기 전에 길에서 벗어나는 것이다." 그러므로 여정에서 참사랑은 언제나 점점 더 크게 증가될 수 있다.

[답변] 어떤 형상의 증가의 끝은 세 가지로 정해질 수 있다. 첫째는 일정한 크기를 가진 형상 자체로 인해서인데, 그 크기에 도달하면 그 형상 안에서는 더 나아갈 수 없다. 만일 더 계속한다면 다른 형상에 이르게 된다. 흐린 색깔이 지속적인 변화로 그 한계를 넘어서게 되면 흰색이 되거나 검은색이 되는 것과 같다. 둘째는 행위자로 인해

---

3. Petrus Lombardus: PL 192, 246 C. Prosperus Aquit., *In Sent.*, Sent. 235: PL 51, 460 B.

q.24, a.7

transit, vel ad albedinem vel ad nigredinem perveniens. Alio modo, ex parte agentis, cuius virtus non se extendit ad ulterius augendum formam in subiecto. Tertio, ex parte subiecti, quod non est capax amplioris perfectionis.

Nullo autem istorum modorum imponitur terminus augmento caritatis in statu viae. Ipsa enim caritas secundum rationem propriae speciei terminum augmenti non habet, est enim participatio quaedam infinitae caritatis, quae est Spiritus Sanctus.[4] Similiter etiam causa augens caritatem est infinitae virtutis, scilicet Deus. Similiter etiam ex parte subiecti terminus huic augmento praefigi non potest, quia semper, caritate excrescente, superexcrescit habilitas ad ulterius augmentum.[5] Unde relinquitur quod caritatis augmento nullus terminus praefigi possit in hac vita.

AD PRIMUM ergo dicendum quod augmentum caritatis est ad aliquem finem, sed ille finis non est in hac vita, sed in futura.

AD SECUNDUM dicendum quod capacitas creaturae spiritualis

---

[4] "영혼은 참사랑의 증가로 하느님의 참사랑을 닮는 것을 향하여 움직여지고 그 참사랑에 동화된다. 그 참사랑은 무한하므로, 무한히 점점 더 다가갈 수 있으며 결코 완전히 그에 적합해지지 않는다."(*In Sent.*, I, d.17, q.2, a.2.)

[5] "하느님의 선과 그분 은총의 빛을 더 많이 받을수록 영혼 자체가 더 많은 것을 받을 수 있는 수용력을 지니게 된다. 그러므로 더 많이 받을수록, 그만큼 더 많이 받을 수 있게 된다. 본성적 능력들은 질료의 요구에 따라 한정되고 유한하여, 질료의 고유성에 부합하지 않는다면 받아들일 수 없기 때문이다. 그러나 비물질

서인데, 그 행위자의 능력이 주체 안에서 더 이상 증가할 수 없기 때문이다. 셋째는 주체로 인해서인데, 주체가 더 큰 완전성을 받아들일 수 없기 때문이다.

이 세 가지 가운데 어떤 것도 여정 중의 상태에서 참사랑의 증가에 한계를 부여하지 않는다. 참사랑은 자신의 종의 고유성에 따라 그 증가에 끝이 없는데, 이는 참사랑이 무한한 참사랑인 성령에 참여하는 것이기 때문이다.[4] 마찬가지로, 참사랑을 증가시키는 원인인 하느님은 능력이 무한하시다. 또한 마찬가지로 주체 편에서도 그 증가에 한계를 부여할 수 없다. 참사랑이 증가할 때에는 언제나 또 다른 증가를 위한 소질도 더욱 증가하기 때문이다.[5] 그러므로 현세의 삶에서 참사랑의 증가에는 어떤 한계도 정할 수 없다.

[해답] 1. 참사랑의 증가는 어떤 목적을 향하지만, 그 목적은 현세의 삶이 아니라 내세의 삶에 있다.

2. 영적 피조물의 능력은 참사랑에 의하여 증가된다. 참사랑에 의

적 능력들은 질료에 의하여 제한되지 않고 오히려 그 안에 받아들인 하느님의 선의 양에 따라 제한된다. 그러므로 그 선이 더해질수록, 받아들일 수 있는 능력도 그만큼 커진다. 이는 철학자가 『영혼론』 제3권에서[c.4, 429a30 sqq.; S. Thomas, lect.7, nn.688-689] 들었던 감각과 지성의 예에서 확인된다. 그는 감각이 더 강한 감각적인 것들에 의하여 변화되어 그 수용력이 증가하지 않는 것은 그것이 물질적 능력이기 때문이라고 말한다. 하지만 지성은 더 어려운 것을 이해할수록 더 많은 것을 할 수 있게 된다. 마찬가지로 영적 본성은 사랑을 더 많이 받아들일수록 더욱 많이 받아들일 수 있게 된다."(*In Sent.*, I, q.1.)

per caritatem augetur, quia per ipsam cor dilatatur, secundum illud II *ad Cor.* 6, [11]: *Cor nostrum dilatatum est.* Et ideo adhuc ulterius manet habilitas ad maius augmentum.[6]

AD TERTIUM dicendum quod ratio illa procedit in his quae habent quantitatem eiusdem rationis, non autem in his quae habent diversam rationem quantitatis; sicut linea, quantumcumque crescat, non attingit quantitatem superficiei. Non est autem eadem ratio quantitatis caritatis viae, quae sequitur cognitionem fidei, et caritatis patriae, quae sequitur visionem apertam.[7] Unde ratio non sequitur.

Articulus 8
Utrum caritas in hac vita possit esse perfecta

Ad octavum sic proceditur. Videtur quod caritas in hac vita non possit esse perfecta.

1. Maxime enim haec perfectio in apostolis fuisset. Sed in eis non fuit, dicit enim Apostolus, ad *Philipp.* 3, [12]: *Non quod iam conprehenderim aut perfectus sim.*[1] Ergo caritas in hac vita perfecta esse non potest.

---

6. 그러므로 그리스도의 영혼의 사랑은 하느님의 절대적 능력으로 증가될 수 있다. III, q.7, a.12, ad2.
7. I-II, q.67, a.6, ad3.

하여 마음이 커지기 때문이다. 코린토 2서 6장 [11절]에서는 "우리의 마음은 활짝 열려 있습니다."라고 말한다. 그래서 더 많은 증가를 향한 소질이 남아 있다.[6]

3. 그 설명은 같은 종류의 양을 가지고 있는 것들에 대해서는 해당되지만 상이한 종류의 양을 가지고 있는 것들에는 해당되지 않는다. 예를 들어 선은 아무리 커진다 하더라도 면적의 양에 도달하지 않는다. 여정 중의 참사랑의 양은 신앙의 인식에 뒤따르는 것으로서, 명백한 관조에 따르는 본향의 참사랑과 같지 않다.[7] 그러므로 비교는 성립되지 않는다.

제8절 현세의 삶에서 참사랑이 완전할 수 있는가

Parall.: Infra, q.184, a.2; *In Sent.*, III, d.27, q.9, a.4; *De caritate*, a.10; *De perf. vit. spir.*, cc.3 sqq.; *In Ep. ad Philipp.*, c.3, lec.2.

[반론] 여덟째에 대해서는 다음과 같이 진행된다. 현세(現世)의 삶에서 참사랑은 완전할 수 없는 것으로 생각된다.

1. 그러한 완성이 있다면 누구보다도 사도들에게 있었어야 할 것이다. 그러나 그들에게도 그것은 없었다. 그래서 사도는 필리피서 3장 [12절]에서 "나는 이미 그것을 얻은 것도 아니고 목적지에 다다른 것도 아닙니다."[1]라고 말한다. 그러므로 현세의 삶에서 참사랑은 완전할 수 없다.

---

1. Vulgata: Non quod iam acceperim, aut iam perfectus sim.

2. Praeterea, Augustinus dicit, in libro *Octoginta trium Quaest.*,[2] quod *nutrimentum caritatis est diminutio cupiditatis; perfectio, nulla cupiditas.* Sed hoc non potest esse in hac vita, in qua sine peccato vivere non possumus, secundum illud I Ioan. 1, [18]: *Si dixerimus quia peccatum non habemus, nos ipsos seducimus*,[3] omne autem peccatum ex aliqua inordinata cupiditate procedit. Ergo in hac vita caritas perfecta esse non potest.

3. Praeterea, illud quod iam perfectum est non habet ulterius crescere. Sed caritas in hac vita semper potest augeri, ut dictum est.[4] Ergo caritas in hac vita non potest esse perfecta.

SED CONTRA est quod Augustinus dicit, *super Prim. Canonic. Ioan.*:[5] *Caritas cum fuerit roborata, perficitur, cum ad perfectionem pervenerit, dicit, cupio dissolvi et esse cum Christo.* Sed hoc possibile est in hac vita, sicut in Paulo fuit.[6] Ergo caritas in hac vita potest esse perfecta.

RESPONDEO dicendum quod perfectio caritatis potest intelligi dupliciter, uno modo, ex parte diligibilis; alio modo, ex parte diligentis. Ex parte quidem diligibilis perfecta est caritas ut diligatur aliquid quantum diligibile est. Deus autem tantum

---

2. q.36, a.1: PL 40, 25.
3. Vulgata: Si dixerimus quoniam peccatum non habemus, ipsi nos seducimus.
4. a.7.

2. 아우구스티누스는 『여든세 가지 다양한 질문』²에서, "참사랑을 기르는 것은 탐욕을 줄이는 것이다. 사랑의 완성은 탐욕이 전혀 없는 것이다."라고 말한다. 그런데 그것은 현세의 삶에서는 불가능하다. 요한 1서 1장 [8절]에서 "만일 우리가 죄 없다고 말한다면, 우리는 자신을 속이는 것"³이라고 말하듯이, 현세의 삶에서 우리는 죄 없이 살 수 없다. 그런데 모든 죄는 무질서한 탐욕에서 나온다. 그러므로 현세의 삶에서 참사랑은 완전할 수 없다.

3. 이미 완전한 것은 더 이상 증가할 수 없다. 그런데 앞서⁴ 말한 바와 같이 현세의 삶에서 참사랑은 언제나 증가될 수 있다. 그러므로 현세의 삶에서 참사랑은 완전할 수 없다.

[재반론] 그러나 반대로 아우구스티누스는 『요한 1서 주해』⁵에서 이렇게 말한다. "참사랑이 굳건해지면 완전해진다. 완전성에 도달하면, '나는 벗어나서 그리스도와 함께 있기를 원한다.'고 말한다." 그런데, 바오로에게서 그러했듯이⁶ 이것은 현세의 삶에서 가능하다. 그러므로 현세의 삶에서 참사랑은 완전할 수 있다.

[답변] 참사랑의 완전성은 두 가지로 이해될 수 있다. 그 하나는 사랑받는 편으로부터, 다른 하나는 사랑하는 편으로부터이다. 사랑받는 편으로부터 볼 때에 참사랑이 완전한 것은 그 대상이 사랑받을 만한 것이라는 점에서 사랑을 받을 때이다. 하느님은 선하신 그만큼 사랑받을 만하시다. 그런데 그분의 선하심은 무한하다. 그러므로 그

---

5. Tract.5, n.4, super 3,9: PL 35, 2014.
6. 필리 1,23.

diligibilis est quantum bonus est. Bonitas autem eius est infinita. Unde infinite diligibilis est. Nulla autem creatura potest eum diligere infinite, cum quaelibet virtus creata sit finita. Unde per hunc modum nullius creaturae caritas potest esse perfecta, sed solum caritas Dei, qua seipsum diligit.

Ex parte vero diligentis caritas dicitur perfecta quando aliquis secundum totum suum posse diligit. Quod quidem contingit tripliciter. Uno modo, sic quod totum cor hominis actualiter semper feratur in Deum. Et haec est perfectio caritatis patriae, quae non est possibilis in hac vita, in qua impossibile est, propter humanae vitae infirmitatem, semper actu cogitare de Deo et moveri dilectione ad ipsum.—Alio modo, ut homo studium suum deputet ad vacandum Deo et rebus divinis, praetermissis aliis nisi quantum necessitas praesentis vitae requirit. Et ista est perfectio caritatis quae est possibilis in via, non tamen est communis omnibus caritatem habentibus.—Tertio modo, ita quod habitualiter aliquis totum cor suum ponat in Deo, ita scilicet quod nihil cogitet vel velit quod sit divinae dilectioni contrarium. Et haec perfectio est communis omnibus caritatem habentibus.

AD PRIMUM ergo dicendum quod Apostolus negat de se perfectionem patriae. Unde Glossa[7] ibi dicit quod *perfectus erat viator, sed nondum ipsius itineris perfectione perventor.*

분은 무한히 사랑받을 만하시다. 그러나 어떤 피조물도 그분을 무한히 사랑할 수는 없다. 창조된 모든 능력은 유한하기 때문이다. 그러므로 이 방법에 있어 피조물의 참사랑은 어느 것도 완전할 수 없으며 오직 하느님이 당신 자신을 사랑하시는 그분의 참사랑만이 완전하다.

그러나 사랑하는 편으로부터 볼 때에 참사랑이 완전한 것은 누가 자신이 가능성을 다하여 사랑할 때이다. 이것은 세 가지로 이루어진다. 그 첫째는 인간의 온 마음이 실제적으로 언제나 하느님을 향할 때이다. 이것은 본향의 참사랑의 완전함이다. 이것은 현세의 삶에서는 가능하지 않다. 불가능한 이유는, 인간의 삶이 나약하여 언제나 실제적으로 하느님을 생각하고 참사랑에 의하여 그분을 향해 움직여지지 못하기 때문이다. ─ 둘째는 인간이 현세의 삶의 필요에 의하여 요구되는 것 외에는 모든 것을 제쳐 두고 하느님과 신적인 것들에 전념하기 위하여 열성을 다할 때이다. 이것은 여정 중에 가능한 참사랑의 완전함이다. ─ 셋째는 인간이 습성적으로 자신의 온 마음을 하느님 안에 둘 때이다. 곧 하느님의 사랑에 반대되는 것은 아무것도 생각하지 않고 원하지 않을 때이다. 이것은 참사랑을 지닌 모든 이들에게 공통된 완전함이다.

[해답] 1. 사도는 자신이 본향의 완전성을 지니고 있음을 부인한다. 주해[7]에서는 이에 대해 이렇게 말한다. "그는 완전한 나그네였으나, 아직 여정의 완성에 도달하지는 못했다."

---

7. *Glossa Ordinaria*, super Phil. 3, 12: PL 114, 606 A; Petrus Lombardus, *ibid*.,: PL 192, 247 A. Cf. Augustinus, *Enarr. in Ps*., Ps. 38, n.6, super v.5: PL 36, 417.

AD SECUNDUM dicendum quod hoc dicitur propter peccata venialia. Quae non contrariantur habitui caritatis, sed actui, et ita non repugnant perfectioni viae, sed perfectioni patriae.[8]

AD TERTIUM dicendum quod perfectio viae non est perfectio simpliciter. Et ideo semper habet quo crescat.

Articulus 9
Utrum convenienter distinguantur tres gradus caritatis, incipiens, proficiens et perfecta

Ad nonum sic proceditur. Videtur quod inconvenienter distinguantur tres gradus caritatis, scilicet caritas *incipiens, proficiens* et *perfecta*.

1. Inter principium enim caritatis et eius ultimam perfectionem sunt multi gradus medii. Non ergo unum solum medium debuit poni.

---

[8] "진정 하느님의 자녀들은 그리스도를 사랑한다. 그리스도를 사랑하는 자는 (그리스도 자신이 증언하시듯이) 그분의 말씀을 지킨다[요한 14,23 참조]. 물론 그것은 하느님의 도우심에 힘입어 이룰 수 있다. 실로 이 죽어야 할 인생에서 성인들이나 의인들도 가끔은 적어도 가벼운 죄나 일상의 죄, 곧 소죄라 불리는 죄에

2. 이 말은 소죄들에 대한 것이며, 소죄들은 참사랑의 습성에 반대되지 않고 참사랑의 행위에만 반대된다. 그러므로 여정의 완전함에는 상반되지 않으며 본향의 완전함에 상반된다.[8]

3. 여정 중의 완전함은 단적인 완전함이 아니다. 그러므로 언제나 증가될 수 있다.

제9절 참사랑의 세 단계, 곧 초보 단계, 진보 단계, 완성 단계를 구별하는 것이 적절한가?

Parall.: *In Sent.*, III, d.29, q.1, a.8, qc.1; *In Isaiam*, cap.44.

Doctr. Eccl.: 1687년에 인노첸시오 11세에 의하여 단죄된 미젤 데 몰리노스의 명제들 가운데, 다음과 같은 것이 있다. "(26) 정화, 조명, 일치의 저 세 가지 길은 신비주의에서 언급된 가장 어리석은 것들이다. 왜냐하면 유일한 길인 내면의 길만 있기 때문이다.": DS 1246(=DH 2226).

[반론] 아홉째에 대해서는 다음과 같이 진행된다. 사랑의 세 단계, 곧 초보 단계, 진보 단계, 완성 단계를 구별하는 것은 부적절하게 보인다.

1. 참사랑의 시작과 그 마지막 완성 사이에는 많은 중간 단계(段階, gradus)들이 있다. 그러므로 중간 단계 하나만을 설정하는 것은 적절하지 않다.

떨어질 때가 있을지라도, 그로 인해 그들이 의인임이 중단되는 것은 아니다. '저희 잘못을 용서하시고'[마태 6,12]라는 말은 바로 의인들의 겸손하고 진실한 말이기 때문이다."(트리엔트공의회, 제6차 회기, 제11장) DS 804(=DH 1536-1537). Cf. DS 833(=DH 1573).

2. Praeterea, statim cum caritas incipit esse, incipit etiam proficere non ergo debet distingui caritas proficiens a caritate incipiente.

3. Praeterea, quantumcumque aliquis habeat in hoc mundo caritatem perfectam, potest etiam eius caritas augeri, ut dictum est.[1] Sed caritatem augeri est ipsam proficere. Ergo caritas perfecta non debet distingui a caritate proficiente. Inconvenienter igitur praedicti tres gradus caritatis assignantur.

SED CONTRA est quod Augustinus dicit, *super Prim. Canonic. Ioan.*:[2] *Caritas cum fuerit nata, nutritur*, quod pertinet ad incipientes; *cum fuerit nutrita, roboratur*, quod pertinet ad proficientes; *cum fuerit roborata, perficitur*, quod pertinet ad perfectos. Ergo est triplex gradus caritatis.

RESPONDEO dicendum quod spirituale augmentum caritatis considerari potest quantum ad aliquid simile corporali hominis augmento.[3] Quod quidem quamvis in plurimas partes distingui possit, habet tamen aliquas determinatas distinctiones secundum determinatas actiones vel studia ad quae homo perducitur per augmentum, sicut infantilis aetas dicitur antequam habeat usum rationis; postea autem distinguitur alius status hominis quando iam incipit loqui et ratione uti; iterum tertius status eius est pubertatis, quando iam incipit posse generare; et sic inde quousque perveniatur ad perfectum.

2. 참사랑은 존재하기 시작하면 곧 진보하기 시작한다. 그러므로 진보하는 사랑과 시작하는 사랑을 구별하지 말아야 한다.

3. 누가 이 세상에서 완전한 참사랑을 갖게 되었다 해도 앞서[1] 말한 바와 같이 그 참사랑은 더 증가될 수 있다. 그런데 참사랑을 증가시키는 것은 곧 그것을 진보시키는 것이다. 그러므로 완전한 참사랑은 진보하는 참사랑과 구별하지 말아야 한다. 따라서 앞서 말한 참사랑의 세 단계를 할당하는 것은 부적절하다.

[재반론] 그러나 반대로 아우구스티누스는 『요한 1서 주해』[2]에서 이렇게 말한다. "참사랑은 태어나면 양육된다." 이는 초보자들에게 해당한다. "양육되면 굳건해진다." 이는 진보자들에게 해당한다. "굳건해지면 완전해진다." 이는 완전한 이들에게 해당한다. 그러므로 참사랑에는 세 단계가 있다.

[답변] 참사랑의 영적인 증가는 인간의 육체적 증가와 어떤 유사점이 있는 것으로 고찰할 수 있다.[3] 인간의 육체적 증가는 다수의 부분들로 구별할 수 있지만, 인간이 증가를 통하여 도달하게 되는 특정한 행위 또는 관심에 따라 특정한 구분들을 할 수 있다. 이성을 사용하기 전에는 어린 나이라고 일컬어지고, 그 후에는 말을 하고 이성을 사용하기 시작할 때에 다음 단계가 구분된다. 세 번째 단계는 생식을 할 수 있기 시작할 때에 사춘기가 된다. 이와 같이 하여 완전하게 될 때까지 계속된다.

---

1. a.7.
2. Tract.5, n.4, super 3,9: PL 35, 2014.
3. Cf. a.6.

q.24, a.9

Ita etiam et diversi gradus caritatis distinguuntur secundum diversa studia ad quae homo perducitur per caritatis augmentum. Nam primo quidem incumbit homini studium principale ad recedendum a peccato et resistendum concupiscentiis eius, quae in contrarium caritatis movent. Et hoc pertinet ad incipientes, in quibus caritas est nutrienda vel fovenda ne corrumpatur.— Secundum autem studium succedit, ut homo principaliter intendat ad hoc quod in bono proficiat. Et hoc studium pertinet ad proficientes, qui ad hoc principaliter intendunt ut in eis caritas per augmentum roboretur.—Tertium autem studium est ut homo ad hoc principaliter intendat ut Deo inhaereat et eo fruatur. Et hoc pertinet ad perfectos, qui *cupiunt dissolvi et esse cum Christo*.[4]—Sicut etiam videmus in motu corporali quod primum est recessus a termino; secundum autem est appropinquatio ad alium terminum; tertium autem quies in termino.[5]

AD PRIMUM ergo dicendum quod omnis illa determinata distinctio quae potest accipi in augmento caritatis, comprehenditur sub istis tribus quae dicta sunt.[6] Sicut etiam omnis divisio continuorum comprehenditur sub tribus his, principio, medio et fine; ut Philosophus dicit, in I *de caelo*.[7]

AD SECUNDUM dicendum quod illis in quibus caritas incipit, quamvis proficiant, principalior tamen cura imminet ut resistant peccatis, quorum impugnatione inquietantur. Sed postea,

제24문 제9절

　마찬가지로, 참사랑의 상이한 단계들은 인간이 참사랑의 증가를 통하여 도달하게 되는 상이한 관심사들에 따라 구별된다. 처음에 인간의 주된 관심사는 죄를 멀리하고 그를 참사랑의 반대 방향으로 가게 하는 욕망에 저항하는 것이다. 이것은 초보자들에게 해당하며, 그들에게서 참사랑은 사라지지 않도록 양육과 돌봄을 필요로 한다.-다음으로 뒤따르는 관심사는 주로 인간이 선에서 진보하도록 노력하는 것이다. 이 관심사는 진보자들에게 해당하며, 그들은 주로 자신 안에서 사랑이 증가를 통하여 강화되도록 노력한다.-세 번째 관심사는 인간이 주로 하느님 안에 머물고 그분을 향유하도록 노력하는 것이다. 이는 완전한 이들에게 해당하며, 그들은 벗어나 그리스도와 함께 있기를 갈망한다.[4]-육체적 움직임에서도 처음에는 한쪽 끝에서 멀어지고, 둘째로는 다른 끝에 다가가고, 셋째로는 그 끝에서 정지하는 것을 볼 수 있는 것과 같다.[5]

　[해답] 1. 참사랑의 증가에서 파악할 수 있는 모든 측정한 구별은 위에서[6] 언급한 세 가지 구별에 포함된다. 철학자가 『천지론』 제1권[7]에서 말하듯이, 연속되는 것의 모든 구분은 시작, 중간, 끝에 포함되는 것과 같다.

　2. 참사랑이 초보 단계에 있는 이들은, 비록 진보하기는 하지만 그들의 더 주된 관심은 죄에 저항하는 것이다. 그들은 죄의 공격에 시

---

4. Cf. a.8, sc.
5. 초보자, 진보자, 완성자에 관하여: Cf. q.183, a.4.
6. 답변.
7. c.1, 268a12-13; S. Thomas, lect.2, n.4.

115

hanc impugnationem minus sentientes, iam quasi securius ad profectum intendunt; ex una tamen parte facientes opus, et ex alia parte habentes manum ad gladium, ut dicitur in *Esdra*[8] de aedificatoribus Ierusalem.

AD TERTIUM dicendum quod perfecti etiam in caritate proficiunt, sed non est ad hoc principalis eorum cura, sed iam eorum studium circa hoc maxime versatur ut Deo inhaereant. Et quamvis hoc etiam quaerant et incipientes et proficientes, tamen magis sentiunt circa alia sollicitudinem, incipientes quidem de vitatione peccatorum, proficientes vero de profectu virtutum.

Articulus 10
Utrum caritas possit diminui

Ad decimum sic proceditur. Videtur quod caritas possit diminui.

1. Contraria enim nata sunt fieri circa idem. Sed diminutio et augmentum sunt contraria. Cum igitur caritas augeatur, ut dictum est supra,[1] videtur quod etiam possit diminui.

2. Praeterea, Augustinus, X *Confess.*,[2] ad Deum loquens, dicit: *Minus te amat qui tecum aliquid amat.* Et in libro *Octoginta*

---

8. 느헤 4,17(토마스가 '에즈라기'라고 하는 것은, 불가타에서 느헤미야기의 제목이 에즈라기 제2권으로 되어 있기 때문이다).

달린다. 그러나 그 후에는 이 공격을 덜 느끼게 되고, 더 확실하게 완성을 향해 노력하게 된다. 그러나 에즈라기에서[8] 예루살렘을 재건한 이들에 대해 말하듯이 그들은 한편으로는 일을 하면서 다른 한편으로는 손에 칼을 잡고 있다.

3. 완전한 이들도 참사랑에서 진보한다. 그러나 이는 그들의 주된 관심사가 아니다. 그들의 관심은 무엇보다 하느님 안에 머무는 것을 향한다. 초보자들과 진보자들도 이를 추구하지만, 이들은 다른 염려들을 더 크게 느낀다. 초보자들은 죄를 피하는 것이, 진보자들은 덕에 진보하는 것이 그 염려이다.

제10절 참사랑은 감소할 수 있는가?

Parall.: *In Sent.*, I, d.17, q.2, a.5; *De malo*, q.7, a.2.

[반론] 열째에 대해서는 다음과 같이 진행된다. 사랑은 감소할 수 있는 것으로 생각된다.

1. 서로 반대되는 것은 동일한 것에 대해서 일어난다. 그런데 감소(減少, diminutio)와 증가(增加, augmentum)는 서로 반대된다. 위에서[1] 말한 바와 같이 참사랑은 증가되므로, 또한 감소할 수도 있는 것으로 생각된다.

2. 아우구스티누스는 『고백록』 제10권[2]에서 하느님께 이렇게 말한다. "당신과 다른 어떤 것을 함께 사랑하는 사람은 당신을 더 적게

1. a.4.
2. c.29: PL 32, 796.

*trium Quaest.*³ dicit quod *nutrimentum caritatis est diminutio cupiditatis*, ex quo videtur quod etiam e converso augmentum cupiditatis sit diminutio caritatis. Sed cupiditas, qua amatur aliquid aliud quam Deus, potest in homine crescere. Ergo caritas potest diminui.

3. Praeterea, sicut Augustinus dicit, VIII *super Gen. ad Litt.*,⁴ *non ita Deus operatur hominem iustum iustificando eum, ut, si abscesserit, maneat in absente quod fecit*, ex quo potest accipi quod eodem modo Deus operatur in homine caritatem eius conservando, quo operatur primo ei caritatem infundendo. Sed in prima caritatis infusione minus se praeparanti Deus minorem caritatem infundit. Ergo etiam in conservatione caritatis minus se praeparanti minorem caritatem conservat. Potest ergo caritas diminui.

SED CONTRA est quod caritas in Scriptura igni comparatur, secundum illud *Cant.* 8, [6]: *Lampades eius*, scilicet caritatis, *lampades ignis atque flammarum*. Sed ignis, quandiu manet, semper ascendit. Ergo caritas, quandiu manet, ascendere potest; sed descendere, idest diminui, non potest.

RESPONDEO dicendum quod quantitas caritatis quam habet in comparatione ad obiectum proprium, minui non potest, sicut nec augeri, ut supra⁵ dictum est. Sed cum augeatur secundum

사랑합니다." 그리고 『여든세 가지 다양한 질문』[3]에서는 "참사랑을 기르는 것은 탐욕을 줄이는 것"이라고 말한다. 여기에서부터 그 반대로, 탐욕의 증가는 참사랑의 감소임을 볼 수 있다. 하지만, 그로써 하느님 아닌 다른 것을 사랑하는 탐욕은 인간 안에서 증가할 수 있다. 그러므로 참사랑은 감소할 수 있다.

3. 아우구스티누스가 『창세기 문자적 해설』 제8권[4]에서 말하듯이 "하느님이 인간을 의화하여 의롭게 만드실 때, 만일 그가 멀어진다면 그분께서 그 안에 이룩하신 것이 유지되지 않게 하신다." 여기에서부터, 하느님이 인간 안에 참사랑을 보존하실 때에는 처음 그 안에 참사랑을 주입하실 때와 같이 행하신다는 것을 알 수 있다. 그런데 참사랑을 처음으로 주입하실 때 하느님은 스스로 덜 준비한 이들에게는 더 적은 사랑을 주입하신다. 그러므로 참사랑의 보존에서도 그분은 스스로 덜 준비하는 이들에게는 더 적은 참사랑을 보존하신다. 그러므로 참사랑은 감소될 수 있다.

[재반론] 그러나 반대로 성경에서 참사랑은 불에 비유된다. 아가 8장 [6절]에 따르면, "그 열기" 곧 참사랑의 열기는 "불의 열기, 불길"이다. 그런데 불은 지속되는 동안은 늘 위로 올라간다. 그러므로 참사랑은 지속되는 동안은 올라갈 수 있지만 내려가는 것 곧 감소하는 것은 불가능하다.

[답변] 위에서[5] 말한 바와 같이 참사랑이 자신의 대상에 관련하여

---

3. q.36, n.1: PL 40, 25.
4. c.12, n.26: PL 34, 383.
5. a.4, obj.1; a.5.

quantitatem quam habet per comparationem ad subiectum, hic oportet considerare utrum ex hac parte diminui possit. Si autem diminuatur, oportet quod vel diminuatur per aliquem actum; vel per solam cessationem ab actu. Per cessationem quidem ab actu diminuuntur virtutes ex actibus acquisitae, et quandoque etiam corrumpuntur, ut supra[6] dictum est, unde de amicitia Philosophus dicit, in VIII *Ethic.*,[7] quod *multas amicitias inappellatio solvit*, idest non appellare amicum vel non colloqui ei. Sed hoc ideo est quia conservatio uniuscuiusque rei dependet ex sua causa; causa autem virtutis acquisitae est actus humanus; unde, cessantibus humanis actibus, virtus acquisita diminuitur et tandem totaliter corrumpitur. Sed hoc in caritate locum non habet, quia caritas non causatur ab humanis actibus, sed solum a Deo, ut supra[8] dictum est. Unde relinquitur quod etiam cessante actu, propter hoc nec diminuitur nec corrumpitur, si desit peccatum in ipsa cessatione.

Relinquitur ergo quod diminutio caritatis non possit causari nisi vel a Deo, vel ab aliquo peccato. A Deo quidem non causatur aliquis defectus in nobis nisi per modum poenae, secundum quod subtrahit gratiam in poenam peccati. Unde nec ei competit diminuere caritatem nisi per modum poenae. Poena autem debetur peccato.[9] Unde relinquitur quod, si caritas diminuatur, quod causa diminutionis eius sit peccatum, vel

---

6. I-II, q.53, a.3.

갖고 있는 크기는 감소될 수 없고 증가될 수도 없다. 그러나 주체에 관련하여 갖고 있는 크기는 증가되므로, 그 편에서 감소할 수 있는지 고찰해야 할 것이다. 만일 감소한다면, 이는 어떤 행위에 의하여 감소하거나 아니면 오직 행위를 중단함으로써 감소해야 한다. 위에서 [6] 말한 바와 같이 행위들로부터 획득된 덕들은 행위를 중단함으로써 감소되고 때로는 소멸된다. 그래서 철학자는 우정에 대하여 『니코마코스 윤리학』 제8권[7]에서 "말을 건네지 않는 것" 곧 친구에게 말을 걸지 않고 대화하지 않는 것이 "많은 우정을 사라지게 했다"고 말한다. 그 이유는, 어떤 한 사물의 보존이 그 원인에 달려 있기 때문이다. 그런데 획득된 덕의 원인은 인간의 행위이다. 그러므로 인간의 행위들이 중단됨으로써 획득된 덕은 감소되고 결국은 완전히 소멸된다. 하지만 참사랑에는 그러한 여지가 없다. 위에서[8] 말한 바와 같이 참사랑은 인간의 행위들에 기인하지 않고 오직 하느님으로부터 기인하기 때문이다. 그러므로 행위가 중단된다 해도 그 중단에 죄가 포함되어 있지 않다면 참사랑은 감소하거나 소멸되지 않는다.

그러므로 참사랑의 감소는 하느님 또는 다른 어떤 죄에 의해서가 아니라면 일어나지 않는다. 그런데 하느님은 벌로써가 아니라면, 곧 죄에 대한 벌로 은총을 거두심으로써가 아니라면 우리 안에 어떤 결함을 일으키지 않으신다. 그러므로 하느님은 벌로써가 아니라면 사랑을 감소시키지 않으신다. 그런데 벌이 있는 것은 죄 때문이다.[9] 따라서, 참사랑이 감소한다면 그 감소의 원인은 작용인 또는 공로인

---

7. c.6, 1157b13; S. Thomas, lect.5, n.1597.
8. a.2.
9. Cf. I-II, q.87, aa.1 et 3.

effective vel meritorie. Neutro autem modo peccatum mortale diminuit caritatem, sed totaliter corrumpit ipsam, et effective, quia omne peccatum mortale contrariatur caritati, ut infra[10] dicetur; et etiam meritorie, quia qui peccando mortaliter aliquid contra caritatem agit, dignum est ut Deus ei subtrahat caritatem.

Similiter etiam nec per peccatum veniale caritas diminui potest, neque effective, neque meritorie. Effective quidem non, quia ad ipsam caritatem non attingit. Caritas enim est circa finem ultimum, veniale autem peccatum est quaedam inordinatio circa ea quae sunt ad finem. Non autem diminuitur amor finis ex hoc quod aliquis inordinationem aliquam committit circa ea quae sunt ad finem, sicut aliquando contingit quod aliqui infirmi, multum amantes sanitatem, inordinate tamen se habent circa diaetae observationem; sicut etiam et in speculativis falsae opiniones circa ea quae deducuntur ex principiis, non diminuunt certitudinem principiorum.— Similiter etiam veniale peccatum non meretur diminutionem caritatis. Cum enim aliquis delinquit in minori, non meretur detrimentum pati in maiori. Deus enim non plus se avertit ab homine quam homo se avertit ab ipso. Unde qui inordinate se habet circa ea quae sunt ad finem, non meretur detrimentum pati in caritate, per quam ordinatur ad ultimum finem.

Unde consequens est quod caritas nullo modo diminui possit, directe loquendo. Potest tamen indirecte dici diminutio caritatis dispositio ad corruptionem ipsius, quae fit vel per

인 죄이다. 그런데 사죄는 그 두 가지 방식 중 어떤 것으로도 참사랑을 감소시키지 않으며, 그것을 완전히 파괴한다. 작용인으로서는, 아래에서[10] 말할 것과 같이 모든 사죄가 참사랑에 반대되기 때문이다. 그리고 공로인으로서는, 사죄를 짓는 사람은 참사랑에 반대하여 행하는 것이기에 하느님에 의하여 참사랑을 잃게 되기에 마땅하게 되는 것이다.

마찬가지로, 소죄 역시 작용인으로서도 공로인으로서도 참사랑을 감소시킬 수 없다. 작용인으로서는, 소죄가 참사랑에 닿지 못하기 때문이다. 참사랑은 최종 목적에 관련된 것인데, 소죄는 목적을 향해 있는 것[수단]들에 관련된 무질서이기 때문이다. 목적에 대한 사랑은 목적을 향해 있는 것들에 관하여 무질서를 범한다고 해서 감소되지 않는다. 어떤 환자들이 치유를 매우 바라면서도 식단을 준수하는 데에서는 무질서한 것과 같다. 또한 사변적인 것들에 있어서도, 원리들로부터 도출된 그릇된 견해들은 원리들의 확실성을 감소시키지 않는다.-마찬가지로, 소죄는 참사랑의 감소를 일으키기에 마땅한 원인이 되지 않는다. 어떤 사람이 작은 일들에 잘못한다면 큰 일들에서 손실을 겪어야 마땅한 것이 아니다. 그러므로 하느님은, 인간이 하느님에게서 멀어지는 것 이상으로 인간에게서 멀어지지 않으신다. 그러므로 목적을 향해 있는 것들에 대해 무질서를 범하는 사람은 그로써 최종 목적을 지향하게 되는 참사랑에서 손실을 겪어야 마땅한 것이 아니다.

따라서, 직접적으로 말한다면 참사랑은 어떤 식으로도 감소될 수 없다. 그러나 간접적으로는, 참사랑의 소멸을 준비시키는 것들은 참

---

10. a.12.

peccata venialia;[11] vel etiam per cessationem ab exercitio operum caritatis.

AD PRIMUM ergo dicendum quod contraria sunt circa idem quando subiectum aequaliter se habet ad utrumque contrariorum. Sed caritas non eodem modo se habet ad augmentum et diminutionem, potest enim habere causam augentem, sed non potest habere causam minuentem, sicut dictum est.[12] Unde ratio non sequitur.

AD SECUNDUM dicendum quod duplex est cupiditas. Una quidem qua finis in creaturis constituitur. Et haec totaliter mortificat caritatem, cum sit *venenum* ipsius, ut Augustinus dicit ibidem.[13] Et hoc facit quod Deus minus ametur, scilicet quam debet amari ex caritate, non quidem caritatem diminuendo, sed eam totaliter tollendo. Et sic intelligendum est quod dicitur,[14] *Minus te amat qui tecum aliquid amat,* subditur enim, quod *non propter te amat.* Quod non contingit in peccato veniali, sed solum in mortali, quod enim amatur in peccato veniali, propter Deum amatur habitu, etsi non actu.[15]—Est autem alia cupiditas venialis peccati, quae semper diminuitur per caritatem, sed tamen talis cupiditas caritatem diminuere non potest, ratione iam[16] dicta.

---

11. Cf. q.186, a.9, ad1; I-II, q.88, a.3.
12. 답변.
13. *Octogesima trium Quaest,* q.36, n.1: PL 40, 25.

사랑을 감소시킨다고 말할 수 있다. 이는 소죄로써[11] 또는 참사랑의 행위들의 실행을 중단함으로써 이루어진다.

[해답] 1. 주체가 반대되는 두 편에 대하여 동등한 관계에 있을 때 그 반대되는 것들은 동일한 것에 대해서 일어난다. 그러나 참사랑은 증가에 대해서와 감소에 대해서 같은 관계에 있지 않다. 참사랑에는 그 사랑을 증가시키는 원인은 있을 수 있지만 앞서[12] 말한 바와 같이 그 참사랑을 감소시키는 원인은 있을 수 없다. 그러므로 그 이유는 성립되지 않는다.

2. 탐욕에는 두 가지가 있다. 그 한 가지는 피조물들 안에 목적을 두는 것이다. 이것은 참사랑을 완전히 죽게 한다. 아우구스티누스가 같은 곳에서[13] 말하듯이 그것이 참사랑의 "독"이기 때문이다. 그것은 참사랑을 감소시킴으로써가 아니라 완전히 제거함으로써 하느님이 덜 사랑받으시도록, 곧 참사랑으로 사랑받으셔야 하는 것보다 덜 사랑받으시도록 만든다.[14] "당신과 다른 어떤 것을 함께 사랑하는 사람은 당신을 더 적게 사랑합니다."라는 말은 이렇게 이해되어야 한다. 여기에 이어서, "당신 때문에 사랑하지 않는 [다른 어떤 것]"이라고 말한다. 이는 소죄에는 해당되지 않고 사죄에만 해당된다. 소죄에서 사랑하는 것은 실제적으로는 아니라 하더라도 습성적으로는 하느님 때문에 사랑하는 것이다.[15] -그러나 소죄에 속하는 다른 탐욕이 있는데, 그것은 언제나 참사랑에 의하여 감소된다. 하지만 앞서[16] 말한 이유로, 이러한 탐욕은 참사랑을 감소시킬 수 없다.

---

14. *Confess.*, X, c.29: PL 32, 796.
15. Cf. I-II, q.88, a.1, ad3과 nota b).
16. 답변.

AD TERTIUM dicendum quod in infusione caritatis requiritur motus liberi arbitrii, sicut supra[17] dictum est. Et ideo illud quod diminuit intensionem liberi arbitrii, dispositive operatur ad hoc quod caritas infundenda sit minor. Sed ad conservationem caritatis non requiritur motus liberi arbitrii, alioquin non remaneret in dormientibus. Unde per impedimentum intensionis motus liberi arbitrii non diminuitur caritas.

Articulus 11
Utrum caritas semel habita possit amitti

Ad undecimum sic proceditur. Videtur quod caritas semel habita non possit amitti.

1. Si enim amittitur, non amittitur nisi propter peccatum. Sed ille qui habet caritatem non potest peccare. Dicitur enim I Ioan. 3, [9]: *Omnis enim qui natus est ex Deo, peccatum non facit, quia*[1]

---

17. I-II, q.113, a.3.

1. quia. Vulgata: quoniam.

3. 위에서[17] 말한 바와 같이 참사랑의 주입에는 자유재량의 움직임이 요구된다. 그러므로 자유재량의 강도를 감소시키는 것은 더 적은 참사랑이 주입되게 만드는 작용을 한다. 하지만 참사랑의 보존을 위해서는 자유재량의 움직임이 요구되지 않는다. 그렇지 않다면 잠든 이들에게 참사랑이 남아 있지 않을 것이다. 그러므로 참사랑은 자유재량의 움직임의 강도를 축소시키는 장애에 의하여 감소되지 않는다.

제11절 한번 소유한 참사랑을 잃어버릴 수 있는가?

Parall.: *In Sent.*, III, d.31, q.1, a.1; *ScG*, IV, c.70; *De caritate*, a.12; *In Ep. ad Rom.*, c.8, lec.7; *In Ep. I ad Cor.*, c.13, lect.3.

Doctr. Eccl.: 비엔공의회(1311-1312년)는 베가르드파의 다음 명제를 단죄했다. "인간은 내면 깊숙한 곳에서 무죄하게 되고 더 이상 은총 안에서 진보가 필요 없을 만큼 현재의 삶에서 최고 완덕의 단계에 도달할 수 있다": DS 471(=DH 891). "한번 의화된 이는 더 이상 죄를 지을 수도 은총을 잃을 수도 없으므로, 죄에 떨어지거나 죄를 짓는 자는 결코 참으로 의화된 것이 아니었다거나…,": DS 833(=DH 1573). 참조: 같은 책, 805-808, 837(=DH 1540-1544, 1577). 또한, 324, 1393(=DH 632, 2443).

[반론] 열한째에 대해서는 다음과 같이 진행된다. 한번 소유한 참사랑은 잃어버릴 수 없는 것으로 생각된다.

1. 참사랑을 잃어버린다면, 오직 죄 때문에 잃어버릴 수 있다. 그런데 참사랑을 소유한 사람은 죄를 지을 수 없다. 요한 1서 3장 [9절]에서는 이렇게 말한다. "하느님에게서 태어난 사람은 아무도 죄를 저지르지 않습니다. 하느님의 씨가 그 사람 안에 있기 때문입니다.[1] 그는 하느님에게서 태어났기 때문에 죄를 지을 수가 없습니다." 그런데,

semen ipsius in eo manet, et non potest peccare, quoniam ex Deo natus est. Caritatem autem non habent nisi filii Dei, *ipsa enim est quae distinguit inter filios regni et filios perditionis,* ut Augustinus dicit, in XV *de Trin.*² Ergo ille qui habet caritatem non potest eam amittere.

2. Praeterea, Augustinus dicit, in VIII *de Trin.*,³ quod *dilectio, si non est vera, dilectio dicenda non est.* Sed sicut ipse dicit in Epist. *ad Iulianum Comitem,*⁴ *caritas quae deseri potest, nunquam vera fuit.* Ergo neque caritas fuit. Si ergo caritas semel habeatur, nunquam amittitur.

3. Praeterea, Gregorius dicit, in homilia *Pentecostes,*⁵ quod *amor Dei magna operatur, si est, si desinit operari, caritas non est.* Sed nullus magna operando amittit caritatem. Ergo, si caritas insit, amitti non potest.

4. Praeterea, liberum arbitrium non inclinatur ad peccatum nisi per aliquod motivum ad peccandum. Sed caritas excludit omnia motiva ad peccandum, et amorem sui, et cupiditatem, et quidquid aliud huiusmodi est. Ergo caritas amitti non potest.

SED CONTRA est quod dicitur *Apoc.* 2, [4]: *Habeo adversum te pauca, quod caritatem primam reliquisti.*⁶

---

2. c.18, n.32: PL 42, 1082.
3. c.7, 10: PL 42, 956.
4. Cf. Paulinus Aquit., *De salut. de cum.*, c. 7: PL 99 202 A(=PL 40, 1049). Cf. Petrus Lomb., *In Sent.*, III, dist.31; Gratianus, *Decretum*, P.II, causa XXXIII, q. e; dist.2,

하느님의 자녀만이 참사랑을 소유한다. 아우구스티누스가 『삼위일체론』 제15권[2]에서 말하듯이, 바로 "이것이 하느님 나라의 자녀들과 멸망의 자녀들을 구별하는 것"이다. 그러므로 참사랑을 소유한 사람은 그것을 잃어버릴 수 없다.

2. 아우구스티누스는 『삼위일체론』 제8권[3]에서 "사랑은 그것이 참된 사랑이 아니라면 사랑이라고 일컬어지지 말아야 한다."고 말한다. 그런데 그는 또한 『동료 율리아누스에게 보낸 편지』[4]에서, "버려질 수 있는 참사랑은 결코 참된 참사랑이었던 적이 없다."고도 말한다. 그러므로 참사랑을 한번 소유했다면 그것을 잃어버릴 수 없다.

3. 그레고리우스는 『성령강림절』[5]에서 "하느님의 사랑은 그것이 존재한다면 큰 업적을 이룬다. 작용을 멈춘다면 참사랑이 없는 것이다."라고 말한다. 그러나 큰 업적을 이루고 있는 사람은 참사랑을 잃어버리지 않는다. 그러므로 참사랑이 있다면 그것을 잃어버릴 수 없다.

4. 자유재량은 죄를 짓게 하는 어떤 동기에 의해서가 아니라면 죄로 기울지 않는다. 그런데 참사랑은 죄를 짓게 하는 모든 동기들 곧 자신에 대한 사랑, 탐욕, 그리고 그와 같은 모든 것을 배제한다. 그러므로 참사랑은 잃어버릴 수 없다.

[재반론] 그러나 반대로 요한묵시록 2장 [4절]에서는 이렇게 말한다. "너에게 나무랄 것이 있다. 너는 처음에 지녔던 참사랑을 저버린 것이다."[6]

---

can.2; *Caritas quae*: ed. Richer-Friedberg, t.I, p.1191; Hieron., *Epist. 3 ad Rufin.*, n.6: PL 22 335; Alcuinus, *Epist.* 41 *ad Paulinum*: PL 100, 203 A.
5. Homil. 30 *in Evang.*, n.2: PL 76, 1121 B.
6. Vulgata: Habeo adversum te, quod caritatem tuam primam reliquisti.

RESPONDEO dicendum quod per caritatem Spiritus Sanctus in nobis habitat, ut ex supradictis[7] patet. Tripliciter ergo possumus considerare caritatem. Uno modo, ex parte Spiritus Sancti moventis animam ad diligendum Deum. Et ex hac parte caritas impeccabilitatem habet ex virtute Spiritus Sancti, qui infallibiliter operatur quodcumque voluerit. Unde impossibile est haec duo simul esse vera, quod Spiritus Sanctus aliquem velit movere ad actum caritatis, et quod ipse caritatem amittat peccando, nam donum perseverantiae computatur inter *beneficia Dei quibus certissime liberantur quicumque liberantur*, ut Augustinus dicit, in libro *de Praed. Sanct.*[8]

Alio modo potest considerari caritas secundum propriam rationem. Et sic caritas non potest nisi illud quod pertinet ad caritatis rationem. Unde caritas nullo modo potest peccare, sicut nec calor potest infrigidare; et sicut etiam iniustitia non potest bonum facere, ut Augustinus dicit, in libro *de Serm. Dom. in Monte.*[9]

Tertio modo potest considerari caritas ex parte subiecti, quod est vertibile secundum arbitrii libertatem.[10] Potest autem attendi comparatio caritatis ad hoc subiectum et secundum universalem rationem qua comparatur forma ad materiam; et secundum specialem rationem qua comparatur habitus ad potentiam. Est autem de ratione formae quod sit in subiecto amissibiliter quando non replet totam potentialitatem materiae, sicut patet

[답변] 위에서[7] 말한 바와 같이 성령은 참사랑을 통하여 우리 안에 거처하신다. 따라서 참사랑은 세 가지로 고찰할 수 있다. 그 첫째는 영혼이 하느님을 사랑하도록 움직이는 성령 편에서이다. 이 측면에서는, 뜻하는 것은 무엇이든 그르침 없이 행하시는 성령의 능력에 의하여 참사랑은 죄를 지을 수 없다. 그러므로 성령이 어떤 사람을 움직여 사랑의 행위를 하게 하시는 것과 그 사람이 죄를 지음으로써 사랑을 잃는 것, 이 두 가지는 동시에 가능할 수 없다. 아우구스티누스가 『성도들의 예정』[8]에서 말하듯이 항구함의 선물은 "구원되는 모든 이들이 이로써 지극히 확실하게 구원되는 하느님의 은혜들" 가운데 하나로 헤아려지기 때문이다.

둘째로 참사랑은 그 자체의 근거에 따라 고찰될 수 있다. 이렇게 볼 때 참사랑은 참사랑 자체에 속한 것만을 행할 수 있다. 그러므로 열기가 차갑게 할 수 없고 아우구스티누스가 『주님의 산상설교』[9]에서 말하듯이 불의가 선을 행할 수 없는 것과 마찬가지로 참사랑은 어떤 방식으로도 죄를 지을 수 없다.

셋째로 참사랑은 주체 편에서 고찰될 수 있는데, 주체는 자유재량에 따라 변화될 수 있다.[10] 그런데 주체에 대한 참사랑의 관계는 질료에 대한 형상의 관계의 보편적 특성에 따라, 또는 능력에 대한 습성의 관계의 특수한 특성에 따라 살펴볼 수 있다. 여기에서 형상의 특성은, 그 형상이 질료의 가능성들을 전부 실현하지 않을 때에는 질료 안에서 사라질 수 있는 방식으로 존재한다는 것이다. 이는 생성

---

7. a.2; q.23, a.2.
8. II, a. *De dono perserv.*, c.14, n.35: PL 45, 1014. Cf. I, q.23, a.6, sc.
9. II, c.24, 79: PL 34, 1305.
10. Cf. q.14, a.3, ad3; q.137, a.4.

in formis generabilium et corruptibilium. Quia materia horum sic recipit unam formam quod remanet in ea potentia ad aliam formam, quasi non repleta tota materiae potentialitate per unam formam; et ideo una forma potest amitti per acceptionem alterius. Sed forma corporis caelestis, quia replet totam materiae potentialitatem, ita quod non remanet in ea potentia ad aliam formam, inamissibiliter inest.[11]—Sic igitur caritas patriae, quia replet totam potentialitatem rationalis mentis, inquantum scilicet omnis actualis motus eius fertur in Deum, inamissibiliter habetur.[12] Caritas autem viae non sic replet potentialitatem sui subiecti, quia non semper actu fertur in Deum.[13] Unde quando actu in Deum non fertur, potest aliquid occurrere per quod caritas amittatur.

Habitui vero proprium est ut inclinet potentiam ad agendum quod convenit habitui inquantum facit id videri bonum quod ei convenit, malum autem quod ei repugnat. Sicut enim gustus diiudicat sapores secundum suam dispositionem, ita mens hominis diiudicat de aliquo faciendo secundum suam habitualem dispositionem, unde et Philosophus dicit, in III *Ethic.*,[14] quod *qualis unusquisque est, talis finis videtur ei*. Ibi ergo caritas inamissibiliter habetur, ubi id quod convenit caritati non potest videri nisi bonum, scilicet in patria, ubi Deus videtur per

---

11. Cf. I, q.9, a.2; q.66, a.2.
12. Cf. I-II, q.5, a.4.

될 수 있고 소멸할 수 있는 것들의 형상에서 분명히 드러난다. 그러한 것들의 질료는 어떤 형상을 받을 때에 다른 형상에 대한 가능태가 남아 있어, 마치 하나의 형상에 의하여 질료의 가능성이 전부 실현되지 않는 듯하다. 그래서 다른 형상을 받음으로써 하나의 형상을 잃을 수 있다. 반면에 천상의 물체의 형상은 질료의 가능성을 전부 실현하기에 그 안에 다른 형상에 대한 가능태가 남아 있지 않으므로, 잃어버릴 수 없는 방식으로 질료 안에 있다.[11] -그러므로 본향에서의 참사랑은 그것이 이성적 정신의 가능성 전부를 실현하므로, 곧 그 정신의 모든 실제적 움직임은 하느님을 향하므로, 잃어버릴 수 없는 방식으로 소유된다.[12] 그러나 여정 중의 참사랑은 이렇게 그 주체의 가능성을 전부 실현하지 않는다. 언제나 실제적으로 하느님을 향하지는 않기 때문이다.[13] 그러므로 실제적으로 하느님을 향하지 않을 때에는, 참사랑을 잃어버리게 할 수 있는 어떤 것이 일어날 수 있다.

한편 습성의 특성은 가능태가 습성 자신에 적합하게 행위하도록 하는 것이다. 습성은 자신에게 적합한 것을 선으로 보이게 하고, 자신에게 상반되는 것을 악으로 보이도록 하기 때문이다. 미각이 자신의 소질에 따라 맛을 판단하듯이, 인간 정신은 자신의 습성적 소질에 따라 행할 것을 판단한다. 그래서 철학자는 『니코마코스 윤리학』 제3권[14]에서, "그 사람이 어떠한지에 따라, 목적도 그에게 그렇게 보인다."라고 말한다. 그러므로 참사랑은 참사랑에 적합한 대상이 선하다고 보이지 않을 수 없는 곳에서, 하느님을 당신 본질로 곧 선의 본질 자체로 보게 되는 본향에서는 잃어버릴 수 없는 방식으로 소유된

---

13. Cf. a.8.
14. c.7, 1114a32-b1: S. Thomas, lect.13, nn.515-516.

essentiam, quae est ipsa essentia bonitatis. Et ideo caritas patriae amitti non potest. Caritas autem viae, in cuius statu non videtur ipsa Dei essentia, quae est essentia bonitatis, potest amitti.

AD PRIMUM ergo dicendum quod auctoritas illa loquitur secundum potestatem Spiritus Sancti, cuius conservatione a peccato immunes redduntur quos ipse movet quantum ipse voluerit.

AD SECUNDUM dicendum quod caritas quae deseri potest ex ipsa ratione caritatis, vera caritas non est. Hoc enim esset si hoc in suo amore haberet, quod ad tempus amaret et postea amare desineret quod non esset verae dilectionis. Sed si caritas amittatur ex mutabilitate subiecti, contra propositum caritatis, quod in suo actu includitur; hoc non repugnat veritati caritatis.

AD TERTIUM dicendum quod amor Dei semper magna operatur in proposito, quod pertinet ad rationem caritatis. Non tamen semper magna operatur in actu, propter conditionem subiecti.

AD QUARTUM dicendum quod caritas, secundum rationem sui actus, excludit omne motivum ad peccandum. Sed quandoque contingit quod caritas actu non agit. Et tunc potest intervenire aliquod motivum ad peccandum, cui si consentiatur, caritas amittitur.

다. 그러므로 본향에서의 참사랑은 잃어버릴 수 없다. 반면에 여정에서의 참사랑, 선의 본질 자체인 하느님의 본질을 보지 못하는 상태에서의 참사랑은 잃어버릴 수 있다.

[해답] 1. 그 본문은 당신께서 움직이시는 이들을 원하시는 만큼 죄에 물들지 않게 보존하시는 성령의 권능에 대해 말하는 것이다.

2. 참사랑 자신의 근거에 의하여 사라질 수 있다면 그것은 참된 참사랑이 아니다. 어떤 사람이 자신에 대한 사랑에 있어 어떤 때에는 사랑을 하려고 하고 그 후에는 사랑을 하지 않으려고 한다면 이는 참된 사랑이 아닐 것이기 때문이다. 그러나 참사랑의 행위에 내포된 참사랑의 의도에 거슬러 주체가 변할 수 있기 때문에 참사랑이 없어진다면, 그것은 참된 참사랑에 상반되지 않는다.

3. 하느님의 사랑은 그 의도에 있어서는 언제나 큰 업적을 이루고자 하는데, 이는 참사랑의 근거에 속한다. 그러나 실제에 있어 언제나 큰 업적을 이루는 것은 아닌데, 이는 주체의 조건 때문이다.

4. 참사랑은 그 행위의 특성에 있어서는 죄를 짓게 하는 모든 움직임들을 배제한다. 그러나 때때로 참사랑은 실제로 작용을 하지 않는다. 그때에는 죄를 짓게 하는 동기가 개입할 수 있고, 여기에 동의한다면 참사랑을 잃게 된다.

Articulus 12
Utrum caritas amittatur per unum actum peccati mortalis

Ad duodecimum sic proceditur. Videtur quod caritas non amittatur per unum actum peccati mortalis.

1. Dicit enim Origenes, in I *Periarch.*:[1] *Si aliquando satietas capit aliquem ex his qui in summo perfectoque constiterint gradu, non arbitror quod ad subitum quis evacuetur aut decidat, sed paulatim ac per partes eum decidere necesse est.* Sed homo decidit caritatem amittens. Ergo caritas non amittitur per unum solum actum peccati mortalis.

2. Praeterea, Leo Papa dicit, in Serm. *de Passione,*[2] alloquens Petrum: *Vidit in te Dominus non fidem victam, non dilectionem aversam, sed constantiam fuisse turbatam. Abundavit fletus, ubi non defecit affectus, et fons caritatis lavit verba formidinis.* Et ex hoc accepit Bernardus[3] quod dixit *in Petro caritatem non fuisse extinctam, sed sopitam.* Sed Petrus, negando Christum, peccavit mortaliter. Ergo caritas non amittitur per unum actum peccati mortalis.

3. Praeterea, caritas est fortior quam virtus acquisita. Sed habitus virtutis acquisitae non tollitur per unum actum peccati contrarium. Ergo multo minus caritas tollitur per unum actum peccati mortalis contrarium.

제12절 하나의 사죄 행위로 참사랑을 잃어버리는가?

Parall.: *In Sent.*, III, d.31, q.1, a.1; *De caritate*, aa.6 et 13.

[반론] 열두째에 대해서는 다음과 같이 진행된다. 하나의 사죄(死罪, peccatum mortale) 행위로 참사랑이 상실되지는 않는 것으로 생각된다.

1. 오리게네스는 『원리론』 제1권[1]에서 이렇게 말한다. "완성의 최고 단계에 이른 이들이 그것에 싫증을 느끼게 된다면, 그가 즉시 약해지고 넘어질 것이라고는 생각하지 않는다. 그는 조금씩 점차로 넘어져야 할 것이다." 그런데 인간은 참사랑을 잃어버림으로써 넘어진다. 그러므로 참사랑은 단 하나의 사죄 행위로 상실되지 않는다.

2. 레오 교황은 『수난에 관한 설교』[2]에서 베드로를 향하여 말한다. "주님께서는 당신 안에서 신앙이 꺾이거나 사랑이 등을 돌린 것이 아니라 항구함이 흔들린 것을 보셨습니다. 감정이 부족하지 않았던 곳에 눈물이 넘쳐흘렀습니다. 참사랑의 샘이 두려움의 말들을 씻었습니다." 여기에서부터 베르나르두스는[3] "베드로 안에서 참사랑은 꺼지지 않았으나 졸고 있었다."고 말한다. 하지만 베드로는 그리스도를 부인함으로써 사죄를 범했다. 그러므로 참사랑은 하나의 사죄 행위로 상실되지 않는다.

3. 참사랑은 획득된 덕보다 더 강하다. 그런데 획득된 덕의 습성은 하나의 반대되는 죄의 행위로 사라지지 않는다. 그러므로 참사랑은 그보다 훨씬 더 하나의 사죄 행위로 제거되지 않는다.

---

1. c.3, n.8: PL 11, 155 C.
2. Serm.60, al. 58, c.4: PL 54, 345 C.
3. Cf. Gulielmus Abb., *De natura et dignatate amoris*, c.6, n.14: PL 184 390 A.

4. Praeterea, caritas importat dilectionem Dei et proximi. Sed aliquis committens aliquod peccatum mortale retinet dilectionem Dei et proximi, ut videtur, inordinatio enim affectionis circa ea quae sunt ad finem non tollit amorem finis, ut supra[4] dictum est. Ergo potest remanere caritas ad Deum, existente peccato mortali per inordinatam affectionem circa aliquod temporale bonum.

5. Praeterea, virtutis theologicae obiectum est ultimus finis. Sed aliae virtutes theologicae, scilicet fides et spes, non excluduntur per unum actum peccati mortalis, immo remanent informes. Ergo etiam caritas potest remanere informis, etiam uno peccato mortali perpetrato.

SED CONTRA, per peccatum mortale fit homo dignus morte aeterna, secundum illud *Rom.* 6, [23]: *Stipendia peccati mors.* Sed quilibet habens caritatem habet meritum vitae aeternae, dicitur enim Ioan. 14, [21]: *Si quis diligit me, diligetur a patre meo, et ego diligam eum, et manifestabo ei meipsum;*[5] in qua quidem manifestatione vita aeterna consistit, secundum illud Ioan. 17, [3]: *Haec est vita aeterna, ut cognoscant te, verum Deum, et quem misisti, Iesum Christum.*[6] Nullus autem potest esse simul dignus

---

4. a.10.
5. Vulgata: Qui autem diligit me, diligetur a Patre meo...

4. 참사랑은 하느님과 이웃에 대한 사랑을 수반한다. 그런데 앞서 본 바와 같이 어떤 사죄를 범하면서도 하느님과 사랑에 대한 사랑을 보존할 수 있다. 위에서[4] 말한 바와 같이 목적을 향하여 있는 것들에 관련된 무질서한 정감은 목적에 대한 사랑을 제거하지 않는다. 그러므로 어떤 현세적 선에 대한 무질서한 정감으로 인하여 사죄가 있다 하더라도 하느님을 향한 참사랑은 남아 있을 수 있다.

5. 대신덕의 대상은 최종 목적이다. 그런데 다른 대신덕들 곧 믿음과 희망은 하나의 사죄 행위로 제거되지 않지만 형태가 없는 상태가 된다. 그러므로 참사랑도 하나의 사죄 행위를 범함으로써 형태가 없는 상태가 될 수 있다.

[재반론] 그러나 반대로 인간은 사죄로써 영원한 죽음을 받아 마땅하게 된다. 사도는 로마서 6장 [23절]에서 "죄가 주는 품삯은 죽음"이라고 말한다. 그런데 참사랑을 소유한 사람은 영원한 생명을 받을 공로가 있는 것이다. 요한복음서 14장 [21절]에서는 "나를 사랑하는 사람은 내 아버지께 사랑을 받을 것이다.[5] 그리고 나도 그를 사랑하고 그에게 나 자신을 드러내 보일 것이다."라고 말한다. 영원한 생명은 그 드러내 보이심이다. 요한복음서 17장 [3절]에서는 "영원한 생명이란 홀로 참하느님이신 아버지를 알고 아버지께서 보내신 예수 그리스도를 아는 것"[6]이라고 말한다. 그런데 아무도 동시에 영원

---

6. Vulgata: Haec est vita aeterna: Ut cognoscant te, solum Deum verum, et quem misisti Iesum Christum.

vita aeterna et morte aeterna. Ergo impossibile est quod aliquis habeat caritatem cum peccato mortali. Tollitur ergo caritas per unum actum peccati mortalis.

RESPONDEO dicendum quod unum contrarium per aliud contrarium superveniens tollitur. Quilibet autem actus peccati mortalis contrariatur caritati secundum propriam rationem,[7] quae consistit in hoc quod Deus diligatur super omnia, et quod homo totaliter se illi subiiciat, omnia sua referendo in ipsum. Est igitur de ratione caritatis ut sic diligat Deum quod in omnibus velit se ei subiicere, et praeceptorum eius regulam in omnibus sequi, quidquid enim contrariatur praeceptis eius, manifeste contrariatur caritati. Unde de se habet quod caritatem excludere possit.

Et si quidem caritas esset habitus acquisitus ex virtute subiecti dependens, non oporteret quod statim per unum actum contrarium tolleretur. Actus enim non directe contrariatur habitui, sed actui, conservatio autem habitus in subiecto non requirit continuitatem actus, unde ex superveniente contrario actu non statim habitus acquisitus excluditur. Sed caritas, cum sit habitus infusus, dependet ex actione Dei infundentis, qui sic se habet in infusione et conservatione caritatis sicut sol in illuminatione aeris, ut dictum est.[8] Et ideo, sicut lumen

---

7. Cf. I-II, q.87, a.3; q.88, a.1.

한 생명과 영원한 죽음을 받을 만할 수 없다. 그러므로 어떤 사람이 참사랑과 사죄를 함께 갖고 있는 것은 불가능하다. 그러므로 하나의 사죄 행위로 참사랑이 없어진다.

[답변] 반대되는 것은 그 반대되는 것이 일어남으로써 제거된다. 그런데 모든 사죄 행위는 그 자체로[7] 하느님을 모든 것 위에 사랑하고 인간이 하느님께 전적으로 복종하며 그의 모든 것을 그분을 향하게 하는 것인 참사랑에 반대된다. 모든 것에서 하느님께 복종하기를 원하고 모든 것에서 그분 계명의 규칙들을 따를 만큼 하느님을 사랑하는 것이 참사랑의 특성이다. 그분의 계명들에 반대되는 모든 것은 명백히 참사랑에 반대되므로, 그 자체로 참사랑을 배제할 수 있는 것이다.

만일 참사랑이 주체의 능력에 의존하는 획득된 습성이라면, 하나의 반대되는 행위로 반드시 즉시 제거되지는 않을 것이다. 행위는 습성에 직접 반대되는 것이 아니라 다른 행위에 반대되는 것이기 때문이다. 주체 안에서 습성이 보존되기 위해서는 지속적인 행위가 요구되는 것은 아니다. 그러므로 반대되는 행위가 일어난다고 해서 획득된 습성이 즉시 제거되지는 않는다. 그러나 참사랑은 주입된 습성이므로 주입하시는 하느님의 행위에 의존하는데, 앞서[8] 말한 바와 같이 하느님은 사랑의 주입과 보존에 있어서 마치 공기를 비추는 태양

---

8. Cf. a.10, obj.3; q.4, a.4, ad3.-"그러나 하느님이 영혼 안에서 참사랑의 원인이 되시는 것은 마치 건축자가 집의 생성에만 원인이 되고 그가 사라져도 집은 남아 있는 것과 같이 그 사랑의 생성에만 원인이 되시고 보존에는 원인이 되지 않으시는 것이 아니다. 마치 태양이 공기 중에서 빛의 원인이 되듯이, 하느님은 참사랑과 은총의 생성과 보존 모두에서 그 원인이 되신다."(De caritate, a.13)

statim cessaret esse in aere quod aliquod obstaculum poneretur illuminationi solis, ita etiam caritas statim deficit esse in anima quod aliquod obstaculum ponitur influentiae caritatis a Deo in animam. Manifestum est autem quod per quodlibet mortale peccatum, quod divinis praeceptis contrariatur, ponitur praedictae infusioni obstaculum, quia ex hoc ipso quod homo eligendo praefert peccatum divinae amicitiae, quae requirit ut Dei voluntatem sequamur, consequens est ut statim per unum actum peccati mortalis habitus caritatis perdatur. Unde et Augustinus dicit, VIII *super Gen. ad Litt.*,[9] quod *homo, Deo sibi praesente, illuminatur; absente autem, continuo tenebratur; a quo non locorum intervallis, sed voluntatis aversione disceditur.*

AD PRIMUM ergo dicendum quod verbum Origenis potest uno modo sic intelligi quod homo qui est in statu perfecto non subito procedit in actum peccati mortalis, sed ad hoc disponitur per aliquam negligentiam praecedentem. Unde et peccata venialia dicuntur esse dispositio ad mortale, sicut supra[10] dictum est. Sed tamen per unum actum peccati mortalis, si eum commiserit, decidit, caritate amissa.

Sed quia ipse subdit:[11] *Si aliquis brevis lapsus acciderit, et cito resipiscat, non penitus ruere videtur,* potest aliter dici quod ipse intelligit eum penitus evacuari et decidere qui sic decidit ut ex malitia peccet.[12] Quod non statim in viro perfecto a principio

과 같다. 태양이 비치는 데에 어떤 장애물이 있게 되면 즉시 빛이 중단되는 것과 같이, 하느님으로부터 영혼 안에 참사랑이 부어지는 데에 장애물이 있게 되면 즉시 참사랑이 사라진다. 그런데, 하느님의 계명에 반대되는 모든 사죄에 의하여 앞서 말한 주입에 장애물이 있게 된다는 것은 명백하다. 인간이 선택을 함에 있어서 하느님의 뜻을 따르기를 요구하는 하느님의 우정보다 죄를 우선하는 것 자체로, 즉시 그 결과로 하나의 사죄 행위로 참사랑의 습성이 사라지게 되는 것이기 때문이다. 그래서 아우구스티누스는 『창세기 문자적 해설』 제8권[9]에서 이렇게 말한다. "인간은 자신 안에 현존하시는 하느님으로부터 비추임을 받는다. 그러나 그분께서 부재하시면 곧 어두워진다. 장소적 거리가 아닌 의지의 돌아섬으로 인해 하느님으로부터 멀어진다."

[해답] 1. 오리게네스의 말은, 완성의 상태에 있는 사람은 즉시 사죄로 나아가는 것이 아니라 이전의 소홀함들을 통하여 그러한 소질을 지니게 된다는 뜻으로 이해될 수 있다. 그래서 위에서[10] 말한 바와 같이 소죄들은 사죄에 대한 준비라고 일컬어진다. 그러나 단 하나의 사죄 행위라도, 그것을 범한다면 참사랑을 잃고 넘어진다.

하지만 오리게네스가 이어서[11] "누가 잠시 넘어진 후에 곧 회심한다면 완전히 무너지지는 않으리라고 생각된다."고 말하므로, 그에게서는 약해지고 넘어지는 사람은 곧 넘어져서 악의로 죄를 짓는 사람을 뜻한다고 이해할 수도 있다.[12] 이것은 완전한 사람에게서는 즉시

---

9. c.12, n.26: PL 34, 383.
10. I-II, q.88, a.3.
11. Ibid., obj.1: PG 3, 155 C.
12. Cf. I-II, q.78.

contingit.[13]

AD SECUNDUM dicendum quod caritas amittitur dupliciter. Uno modo, directe, per actualem contemptum. Et hoc modo Petrus caritatem non amisit.—Alio modo, indirecte, quando committitur aliquod contrarium caritati propter aliquam passionem concupiscentiae vel timoris. Et hoc modo Petrus, contra caritatem faciens, caritatem amisit, sed eam cito recuperavit.[14]

AD QUARTUM[15] dicendum quod non quaelibet inordinatio affectionis quae est circa ea quae sunt ad finem, idest circa bona creata, constituit peccatum mortale, sed solum quando est talis inordinatio quae repugnat divinae voluntati. Et hoc directe contrariatur caritati, ut dictum est.[16]

AD QUINTUM dicendum quod caritas importat unionem quandam ad Deum, non autem fides neque spes.[17] Omne autem peccatum mortale consistit in aversione a Deo, ut supra[18] dictum est. Et ideo omne peccatum mortale contrariatur caritati. Non autem omne peccatum mortale contrariatur fidei vel spei, sed quaedam determinata peccata, per quae habitus fidei et spei tollitur,[19] sicut et per omne peccatum mortale habitus caritatis.

---

13. "의인에게는 불의한 사람이 하듯이, 곧 선택에 의해서 즉시 불의한 행동을 하는 것이 쉽지 않다. 그러므로 하나의 죄 행위로 참사랑을 잃어버리는 것이 아니며, 참사랑을 사라지게 하는 악의로 한 것이 아니라면 이전의 완전성의 자취가 남아 있게 된다."(*De caritate*, a.13, obj.1.)
14. Cf. *Quodlibet.*, IX, q.7, a.1.

일어나지 않는다.[13]

2. 참사랑은 두 가지로 상실될 수 있다. 첫째는 직접적으로 잃어버리는 것으로, 실제적으로 참사랑을 멸시함으로써 상실된다. 베드로는 이러한 방식으로 사랑을 잃어버리지는 않았다. 둘째는 간접적으로, 곧 욕망이나 두려움의 어떤 정념으로 인하여 참사랑에 반대되는 행위를 범함으로써 상실된다. 베드로는 이렇게 참사랑을 거슬러 행함으로써 참사랑을 잃어버렸지만, 곧 그것을 되찾았다.[14]

4.[15] 목적을 향해 있는 것들인 창조된 선들에 대한 무질서한 정감이 모두 사죄가 되는 것은 아니며, 오직 그 무질서가 하느님의 뜻에 상반될 때에만 그러하다. 그것은 위에서[16] 말한 바와 같이 참사랑에 직접 반대된다.

5. 참사랑은 믿음이나 희망과 달리 하느님과의 합일을 수반한다.[17] 그런데 위에서[18] 모든 사죄는 하느님으로부터 멀어지는 것이다. 그러므로 모든 사죄는 참사랑에 반대된다. 모든 사죄가 믿음이나 희망에 반대되는 것은 아니며, 모든 사죄가 참사랑의 습성에 대하여 그렇듯이 그로써 믿음과 희망의 습성을 잃게 되는 특정한 죄들만이 그 덕들에 반대된다.[19] 그러므로 참사랑은 형태가 없이 남아 있을 수 없다.

---

15. 세 번째 논거에 대한 답이 없는 것은, 결론에서 말한 것으로부터 그 답이 분명하게 드러나기 때문이다. 그리고 세 번째 논거는 『참사랑에 관한 토론문제』 제13절 반론4와 동일하며, 이에 대하여 같은 절의 제4답에서 대답이 주어진다. "획득된 덕은 그 원인을 주체 안에 지니고 있으며 전적으로 외적인 원인으로 이루어지지 않는다. 그러므로 비교는 성립되지 않는다."
16. 답변.
17. Cf. q.17, a.6.
18. q.20, a.3; I-II, q.72, a.5.
19. "은총이 죄로 인해 상실될 때 동시에 신앙도 상실된다거나, 남아 있는 신앙이 살아 있지 않기에[야고 2,26 참조] 참신앙이 아니라거나, 사랑이 없는 신앙을

q.24, a.12

Unde patet quod caritas non potest remanere informis, cum sit ultima forma virtutum, ex hoc quod respicit Deum in ratione finis ultimi, ut dictum est.[20]

가진 이는 그리스도인이 아니라고 말하는 자는 파문될 것이다."(트리엔트공의회, 제6차 회기, 법규 제28조) DS 838(=DH 1578). Cf. DS 808(=DH 1544). 그 후 클레멘스 11세는 1713년에 P. 퀘스넬의 다음 명제를 단죄했다. "(57) 죄인에게 희망이 없다면 그에게 모든 것이 없는 것이다. 그리고 하느님 사랑이 없는 곳에는 하느님에 대한 희망이란 없다": DS 1407(=DH 2457).

앞서[20] 말한 바와 같이 참사랑은 하느님을 최고 목적으로서 바라보는 덕들의 최고 형상이기 때문이다.

---

20. q.23, a.8.

QUAESTIO XXV
DE OBIECTO CARITATIS
in duodecim articulos divisa

Deinde considerandum est de obiecto caritatis.[1] Circa quod duo consideranda occurrunt, primo quidem de his quae sunt ex caritate diligenda; secundo, de ordine diligendorum.[2]

Circa primum quaeruntur duodecim.

Primo: utrum solus Deus sit ex caritate diligendus, vel etiam proximus.

Secundo: utrum caritas sit ex caritate diligenda.

Tertio: utrum creaturae irrationales sint ex caritate diligendae.

Quarto: utrum aliquis possit ex caritate seipsum diligere.

Quinto: utrum corpus proprium.

Sexto: utrum peccatores sint ex caritate diligendi.

Septimo: utrum peccatores seipsos diligant.

Octavo: utrum inimici sint ex caritate diligendi.

Nono: utrum sint eis signa amicitiae exhibenda.

Decimo: utrum angeli sint ex caritate diligendi.

Undecimo: utrum Daemones.

Duodecimo: de enumeratione diligendorum ex caritate.

---

1. Cf. q.23, Introd.

제25문
참사랑의 대상
(전12절)

다음으로는 참사랑의 대상(對象, obiectum)에 대해 고찰해야 한다.[1] 이에 대해서는 두 가지로 고찰해야 한다. 첫째로는 참사랑으로 사랑받아야 하는 것들에 대해서이고, 둘째로는 사랑받아야 하는 것들의 질서에 대해서이다.[2]

첫째에 대해서는 열두 가지 문제가 제기된다.

1. 하느님만을 참사랑으로 사랑해야 하는가, 또는 이웃도 그러한가?
2. 참사랑을 참사랑으로 사랑해야 하는가?
3. 비이성적 피조물들을 참사랑으로 사랑해야 하는가?
4. 자기 자신을 참사랑으로 사랑할 수 있는가?
5. 자신의 육체를 그렇게 사랑할 수 있는가?
6. 죄인들을 참사랑으로 사랑해야 하는가?
7. 죄인들은 그 자신을 사랑하는가?
8. 원수들을 참사랑으로 사랑해야 하는가?
9. 원수들에게 우정의 표지를 보여야 하는가?
10. 천사들을 참사랑으로 사랑해야 하는가?
11. 마귀들을 그렇게 사랑해야 하는가?
12. 참사랑으로 사랑해야 하는 대상들의 요약.

---

2. q.26.

Articulus 1
Utrum dilectio caritatis sistat in Deo, an se extendat etiam ad proximum

Ad primum sic proceditur. Videtur quod dilectio caritatis sistat in Deo, et non se extendat ad proximum.

1. Sicut enim Deo debemus amorem, ita et timorem, secundum illud *Deut.* 10, [12]: *Et nunc, Israel, quid Dominus Deus petit nisi ut timeas et diligas eum?*[1] Sed alius est timor quo timetur homo, qui dicitur timor humanus; et alius timor quo timetur Deus, qui est vel servilis vel filialis; ut ex supradictis[2] patet. Ergo etiam alius est amor caritatis, quo diligitur Deus; et alius est amor quo diligitur proximus.

2. Praeterea, Philosophus dicit, in VIII *Ethic.*,[3] quod *amari est honorari*. Sed alius est honor qui debetur Deo, qui est honor latriae; et alius est honor qui debetur creaturae, qui est honor duliae.[4] Ergo etiam alius est amor quo diligitur Deus, et quo diligitur proximus.

3. Praeterea, *spes generat caritatem*; ut habetur in Glossa,[5] Matth. 1, [2]. Sed spes ita habetur de Deo quod reprehenduntur sperantes in homine, secundum illud Ierem. 17, [5]: *Maledictus*

---

1. Vulgata: Et nunc, israel, quid Dominus Deus tuus petit a te, nisi tu timeas... et diligas eum?

제1절 하느님만을 참사랑으로 사랑해야 하는가, 또는 이웃도 그러한가?

Parall.: *De caritate*, aa.4 et 8; *In Ep. ad Rom.*, c.13, lect.2.

[반론] 첫째에 대해서는 다음과 같이 진행된다. 참사랑의 사랑은 하느님께 제한되고, 이웃에게까지 확장되지 않는 것으로 생각된다.

1. 우리는 하느님을 사랑해야 하듯이 또한 그분을 경외해야 한다. 신명기 10장 [12절]에서는 "이제 이스라엘아, 주 하느님께서 너희에게 요구하시는 것이 무엇이겠느냐? 그것은 주 너희 하느님을 경외하고, 그분을 사랑하는 것이다."[1]라고 말한다. 그런데, 우리가 인간을 두려워하는 인간적 두려움은 하느님을 두려워하는 두려움과 다르며, 위에서 말한 바와 같이[2] 노예적일 수도 있고 자녀다운 것일 수도 있다.

2. 철학자는 『니코마코스 윤리학』 제8권에서[3] "사랑받는 것은 존경받는 것"이라고 말한다. 그러나 하느님께 드려야 하는 존경 곧 흠숭의 존경은 피조물에게 해야 하는 존경 곧 공경과 다르다.[4] 그러므로 하느님을 사랑하는 사랑과 이웃을 사랑하는 사랑은 서로 다르다.

3. 마태오복음서 1장 [2절]의 주해에서[5] 말하듯이 "희망은 참사랑을 낳는다." 그런데 희망은 하느님께 가지는 것으로, 사람에게 희망을 두는 이들은 비난을 받는다. 예레미야서 17장 [5절]에서는 "사람

---

2. q.19, a.2.
3. c.9, 1159a15-17; S. Thomas, lect.8, n.1641.
4. Cf. q.103, a.3.
5. Interl.

homo qui confidit in homine. Ergo caritas ita debetur Deo quod ad proximum non se extendat.

Sed contra est quod dicitur I Ioan. 4, [21]: *Hoc mandatum habemus a Deo, ut qui diligit Deum, diligat et fratrem suum.*

Respondeo dicendum quod, sicut supra[6] dictum est, habitus non diversificantur nisi ex hoc quod variat speciem actus, omnes enim actus unius speciei ad eundem habitum pertinent. Cum autem species actus ex obiecto sumatur secundum formalem rationem ipsius, necesse est quod idem specie sit actus qui fertur in rationem obiecti, et qui fertur in obiectum sub tali ratione, sicut est eadem specie visio qua videtur lumen, et qua videtur color secundum luminis rationem.[7] Ratio autem diligendi proximum Deus est, hoc enim debemus in proximo diligere, ut in Deo sit. Unde manifestum est quod idem specie actus est quo diligitur Deus, et quo diligitur proximus.[8] Et propter hoc habitus caritatis non solum se extendit ad dilectionem Dei, sed etiam ad dilectionem proximi.

---

6. I-II, q.54, a.3.
7. Cf. q.1, a.3.
8. "참사랑은 하느님 자신을 이유로 하느님을 사랑하고, 그분을 이유로 다른 모든 것을 하느님을 향한 것인 한에서 사랑한다. 그러므로 참사랑은 어떤 식으로 모든 이웃 안에서 하느님을 사랑한다. 이웃이 참사랑으로 사랑받는 것은 이웃 안에 하느님이 계시기 때문에 또는 그 안에 하느님이 계시도록 하기 위해서이기 때문

에게 의지하는 자는 저주를 받으리라."고 말한다. 그러므로 참사랑은 하느님에 대해 지니는 것이며 이웃에게는 확장되지 않는다.

[재반론] 그러나 반대로 요한 1서 4장 [21절]에서는 이렇게 말한다. "우리가 그분에게서 받은 계명은 이것입니다. 하느님을 사랑하는 사람은 자기 형제도 사랑해야 한다는 것입니다."

[답변] 위에서[6] 말했듯이 습성은 오직 그 행위의 종이 다양해지게 하는 그것에 의해서만 다양해진다. 단일한 종의 모든 행위는 동일한 습성에 속하기 때문이다. 그런데 행위의 종류는 대상의 형상적 이유에 따라 고찰된 그 대상에 따른 것이므로, 대상의 한 이유를 향하는 행위와 그 대상을 그러한 이유에서 향하는 행위는 같은 종에 속해야 한다. 그것으로써 빛을 보게 되는 시각과 빛을 이유로 색채를 보게 되는 시각이 같은 종에 속하는 것과 같다.[7] 그런데, 이웃을 사랑해야 하는 이유는 하느님이다. 이웃 안에서 우리가 사랑해야 하는 것은 그가 하느님 안에 있도록 하기 위한 것이다. 그러므로 우리가 하느님을 사랑하는 행위와 이웃을 사랑하는 행위는 같은 종에 속한다는 것이 명백하다.[8] 그러므로 참사랑의 습성은 하느님에 대한 사랑에만 미치는 것이 아니라 이웃에 대한 사랑에도 미친다.

이다. 그러므로 하느님을 사랑하는 참사랑의 습성과 이웃을 사랑하는 참사랑의 습성은 같은 것임이 명백하다. 그러나 우리가 이웃을 하느님 때문이 아니라 그 자신 때문에 사랑한다면, 그것은 다른 종류의 사랑 곧 본성적 사랑이나 정치적 사랑, 또는 철학자가 『니코마코스 윤리학』 제8권에서[c.3, 1156a7-10; S. Thomas, lect.3, nn.1162-1164] 다루는 사랑에 속하는 것이다."(*De caritate*, a.4)

AD PRIMUM ergo dicendum quod proximus potest timeri dupliciter, sicut et amari. Uno modo, propter id quod est sibi proprium, puta cum aliquis timet tyrannum propter eius crudelitatem, vel cum amat ipsum propter cupiditatem acquirendi aliquid ab eo. Et talis timor humanus distinguitur a timore Dei, et similiter amor.—Alio modo timetur homo et amatur propter id quod est Dei in ipso, sicut cum saecularis potestas timetur propter ministerium divinum quod habet ad vindictam malefactorum, et amatur propter iustitiam. Et talis timor hominis non distinguitur a timore Dei, sicut nec amor.

AD SECUNDUM dicendum quod amor respicit bonum in communi, sed honor respicit proprium bonum honorati, defertur enim alicui in testimonium propriae virtutis.[9] Et ideo amor non diversificatur specie propter diversam quantitatem bonitatis diversorum, dummodo referuntur ad aliquod unum bonum commune, sed honor diversificatur secundum propria bona singulorum. Unde eodem amore caritatis diligimus omnes proximos, inquantum referuntur ad unum bonum commune, quod est Deus, sed diversos honores diversis deferimus, secundum propriam virtutem singulorum.[10] Et similiter Deo singularem honorem latriae exhibemus, propter eius singularem virtutem.[11]

---

9. Cf. q.103, a.1.
10. Cf. q.103, a.4.

[해답] 1. 이웃은 두 가지로 두려워할 수 있고 또한 사랑할 수 있다. 그 한 가지는 그 자신에게 고유한 것 때문에 하는 경우로, 예를 들어 폭군을 그의 잔인함 때문에 두려워하거나 그에게서 무엇을 얻기 위하여 탐욕 때문에 그를 사랑하는 경우가 그러하다. 그러한 인간적 두려움은 하느님에 대한 두려움과 구별되며, 사랑도 마찬가지이다.- 다른 방식은, 그 사람 안에 있는 하느님께 속한 것 때문에 인간을 두려워하거나 사랑하는 것이다. 예를 들어 세속 권력이 악인을 벌하기 위하기 위하여 받은 신적 직무로 인하여 그 권력을 두려워하거나 정의 때문에 그 권력을 사랑하는 경우가 그러하다. 그러한 인간적 두려움은 하느님에 대한 두려움과 구별되지 않으며, 사랑도 마찬가지이다.

2. 사랑은 선 일반에 관련되지만, 존경은 존경받는 사람의 고유한 선에 관련된다. 실상 존경은 다른 사람의 덕을 인정하여 그에게 관련되는 것이다.[9] 그러므로 사랑은 상이한 대상들이 지닌 서로 다른 선의 양에 따라 종적으로 차별화되지 않으며, 공통된 하나의 선에 대하여 주어진다. 그러나 존경은 개별적 대상들의 고유한 선들에 따라 달라진다. 그러므로 우리는 동일한 참사랑의 사랑으로 하나의 공통된 선 곧 하느님과 관련하여 모든 이웃들을 사랑하지만, 상이한 이들에게 그 각각의 덕에 따라 상이한 존경을 돌린다.[10] 마찬가지로, 하느님께는 그분의 유일무이한 덕으로 인하여 유일무이한 흠숭의 존경을 드린다.[11]

---

11. Cf. q.84, a.1.

AD TERTIUM dicendum quod vituperantur qui sperant in homine sicut in principali auctore salutis, non autem qui sperant in homine sicut in adiuvante ministerialiter sub Deo.[12] Et similiter reprehensibile esset si quis proximum diligeret tanquam principalem finem, non autem si quis proximum diligat propter Deum, quod pertinet ad caritatem.

Articulus 2
Utrum caritas sit ex caritate diligenda

Ad secundum sic proceditur. Videtur quod caritas non sit ex caritate diligenda.

1. Ea enim quae sunt ex caritate diligenda, duobus praeceptis caritatis concluduntur, ut patet Matth. 22, [37 sqq.]. Sed sub neutro eorum caritas continetur, quia nec caritas est Deus nec est proximus. Ergo caritas non est ex caritate diligenda.

2. Praeterea, caritas fundatur super communicatione beatitudinis, ut supra[1] dictum est. Sed caritas non potest esse particeps beatitudinis. Ergo caritas non est ex caritate diligenda.

3. Praeterea, caritas est amicitia quaedam, ut supra[2] dictum

---

12. Cf. q.17, a.4.

1. q.23, a.1, 5.

3. 인간을 구원의 주된 창시자로 여겨 그에게 희망을 두는 이들은 책망을 받지만, 그를 하느님 아래 있는 보조적 협력자로 여겨 그에게 희망을 두는 이는 책망을 받지 않는다.[12] 마찬가지로, 어떤 사람이 이웃을 주된 목적으로 여겨 그를 사랑한다면 비난을 받겠지만 하느님 때문에 그를 사랑한다면 그렇지 않을 것인데, 참사랑은 바로 하느님 때문에 사랑하는 것이다.

제2절 참사랑을 참사랑으로 사랑해야 하는가?

Parall.: *In Sent.*, I, d.17, q.1, a.5; *In Ep. ad Rom.*, c..12, lect.2.

[반론] 둘째에 대해서는 다음과 같이 진행된다. 참사랑은 참사랑으로 사랑하지 않아야 할 것으로 생각된다.

1. 참사랑으로 사랑해야 하는 것들은 마태오복음서 22장 [37절 이하]에서 말하듯이 참사랑의 두 계명에 포함된다. 그러나 참사랑은 그 둘 가운데 어느 쪽에도 포함되지 않는다. 참사랑은 하느님도 아니고 이웃도 아니기 때문이다. 그러므로 참사랑은 참사랑으로 사랑해야 할 것이 아니다.

2. 위에서[1] 말한 바와 같이 참사랑은 참행복의 공유에 기초한다. 그러므로 참사랑은 참사랑으로 사랑해야 할 것이 아니다.

3. 위에서[2] 말한 바와 같이 참사랑은 일종의 우정이다. 그러나 아

---

2. q.23, a.1.

q.25, a.2

est. Sed nullus potest habere amicitiam ad caritatem, vel ad aliquod accidens, quia huiusmodi reamare non possunt, quod est de ratione amicitiae, ut dicitur in VIII *Ethic.*³ Ergo caritas non est ex caritate diligenda.

SED CONTRA est quod Augustinus dicit, VIII *de Trin.*:⁴ *Qui diligit proximum, consequens est ut etiam ipsam dilectionem diligat.*⁵ Sed proximus diligitur ex caritate. Ergo consequens est ut etiam caritas ex caritate diligatur.

RESPONDEO dicendum quod caritas amor quidam est. Amor autem ex natura potentiae cuius est actus habet quod possit supra seipsum reflecti. Quia enim voluntatis obiectum est bonum universale, quidquid sub ratione boni continetur potest cadere sub actu voluntatis; et quia ipsum velle est quoddam bonum, potest velle se velle, sicut etiam intellectus, cuius obiectum est verum, intelligit se intelligere, quia hoc etiam est quoddam verum.⁶ Sed amor etiam ex ratione propriae speciei habet quod supra se reflectatur, quia est spontaneus motus amantis in amatum; unde ex hoc ipso quod amat aliquis, amat se amare.⁷

---

3. c.2, 1155b29-31; S. Thomas, lect.2, n.1557.
4. c.7, n.10: PL 42 957.
5. 이 아우구스티누스의 권위에 관하여: Cf. *In Sent.*, III, d.28, q.1, a.1, ad1.
6. Cf. I, q.87, a.3.

무도 참사랑이나 다른 어떤 우유에 대해 우정을 지닐 수 없다. 우유들은 참사랑에 대한 갚음으로 참사랑을 할 수가 없는데, 이것은 『니코마코스 윤리학』 제8권³에서 말하듯이 우정의 한 요소이다. 그러므로 참사랑은 참사랑으로 사랑해야 할 것이 아니다.

[재반론] 그러나 반대로 아우구스티누스는 『삼위일체론』 제8권⁴에서 이렇게 말한다. "이웃을 사랑하는 사람은 결과적으로 참사랑 자체를 사랑한다."⁵ 그런데 이웃은 참사랑으로 사랑한다. 그러므로 참사랑 역시 참사랑으로 사랑하는 것이다.

[답변] 참사랑(caritas)은 일종의 사랑(amor)이다. 그런데, 능력의 행위인 사랑은 그 능력의 본성상 자기 자신에게로 돌아올 수 있다. 의지의 대상은 보편적 선이므로, 어떤 이유에서라도 선에 포함되는 것은 의지의 행위의 대상이 될 수 있다. 그리고 원하는 것 자체가 선이므로, 원하는 것을 원할 수 있다. 이는 참된 것을 대상으로 하는 지성이, 이해하는 것 역시 진리이므로 이해하는 것 자체를 이해할 수 있는 것과 같다.⁶ 그런데 참사랑 역시 자신의 종의 고유성으로 때문이라도 자기 자신에게로 돌아올 수 있다. 사랑하는 이는 저절로 사랑받는 것을 향하여 움직이고, 따라서 어떤 사람이 사랑한다는 것 자체로 그는 자신이 사랑한다는 것을 사랑한다.⁷

---

7. "사랑의 대상을 것을 향한 그 자발적인 움직임으로부터, 그 움직임 자체가 사랑을 하는 이의 마음에 들고 그에게 사랑스럽다는 결과가 나온다. 어떤 사람의 마음에 드는 것에서는 그것으로부터 아무것도 요구되지 않는, 사랑받는 것을 향한 사랑하는 이의 자발적인 움직임이 일어날 수 있기 때문이다."(Caetanus in h. l.)

Sed caritas non est simplex amor, sed habet rationem amicitiae, ut supra[8] dictum est. Per amicitiam autem amatur aliquid dupliciter. Uno modo, sicut ipse amicus ad quem amicitiam habemus et cui bona volumus. Alio modo, sicut bonum quod amico volumus. Et hoc modo caritas per caritatem amatur, et non primo, quia caritas est illud bonum quod optamus omnibus quos ex caritate diligimus.—Et eadem ratio est de beatitudine et de aliis virtutibus.

AD PRIMUM ergo dicendum quod Deus et proximus sunt illi ad quos amicitiam habemus. Sed in illorum dilectione includitur dilectio caritatis, diligimus enim proximum et Deum inquantum hoc amamus, ut nos et proximus Deum diligamus, quod est caritatem habere.

AD SECUNDUM dicendum quod caritas est ipsa communicatio spiritualis vitae, per quam ad beatitudinem pervenitur. Et ideo amatur sicut bonum desideratum omnibus quos ex caritate diligimus.

AD TERTIUM dicendum quod ratio illa procedit secundum quod per amicitiam amantur illi ad quos amicitiam habemus.

---

8. q.23, a.1.

그러나 참사랑(caritas)은 단순한 사랑(amor)이 아니고, 위에서[8] 말한 바와 같이 우정의 특성을 지닌다. 그런데 어떤 것을 우정으로 사랑하는 것은 두 가지 방식으로 이루어진다. 그 한 가지는 우리가 우정을 가지고 있고 그에게 선을 바라는 친구를 사랑하는 것이다. 다른 방식은, 우리가 친구에게 원하는 선을 사랑하는 것이다. 참사랑은 첫 번째 방식이 아닌 이 두 번째 방식으로 사랑하는 것이다. 참사랑은 우리가 사랑으로 사랑하는 모든 이들에게 바라는 선이기 때문이다.-참행복과 다른 덕들에 대해서도 같은 말을 할 수 있다.

[해답] 1. 하느님과 이웃은 우리가 우정을 갖는 대상들이다. 그러나 이 사랑에는 참사랑에 대한 사랑이 포함된다. 우리가 이웃과 하느님을 사랑하는 것은 우리 자신과 이웃이 하느님을 사랑하는 것을 사랑한다는 점에서인데, 이것은 곧 참사랑을 사랑하는 것이다.

2. 참사랑은 영적 생명의 공유인데, 이로써 우리는 참행복에 도달하게 된다. 그러므로 우리가 참사랑을 사랑하는 것은, 우리가 참사랑으로 사랑하는 모든 이들에게 바라는 선으로서이다.

3. 이러한 이유는 우리가 우정을 지닌 이들을 사랑하는 우정에 대해서 적용된다.

Articulus 3
Utrum etiam creaturae irrationales sint ex caritate diligendae

Ad tertium sic proceditur. Videtur quod etiam creaturae irrationales sint ex caritate diligendae.

1. Per caritatem enim maxime conformamur Deo. Sed Deus diligit creaturas irrationales ex caritate, *diligit enim omnia quae sunt*[1], ut habetur *Sap.* 11, [25]; et omne quod diligit, seipso diligit, qui est caritas.[2] Ergo et nos debemus creaturas irrationales ex caritate diligere.

2. Praeterea, caritas principaliter fertur in Deum, ad alia autem se extendit secundum quod ad Deum pertinent. Sed sicut creatura rationalis pertinet ad Deum inquantum habet similitudinem imaginis, ita etiam creatura irrationalis inquantum habet similitudinem vestigii.[3] Ergo caritas etiam se extendit ad creaturas irrationales.

3. Praeterea, sicut caritatis obiectum est Deus, ita et fidei. Sed fides se extendit ad creaturas irrationales, inquantum credimus caelum et terram esse creata a Deo, et pisces et aves esse productos ex aquis, et gressibilia animalia et plantas ex terra.[4] Ergo caritas etiam se extendit ad creaturas irrationales.

---

1. Vulgata: Diligis enim omnia quae sunt.
2. Cf. 1요한 4,16.

제3절 비이성적 피조물들을 참사랑으로 사랑해야 하는가?

Parall.: *In Sent.*, III, d.28, q.1, a.2; *De caritate*, a.7.

[반론] 셋째에 대해서는 다음과 같이 진행된다. 비이성적 피조물들도 참사랑으로 사랑해야 하는 것으로 생각된다.

1. 우리는 무엇보다 참사랑으로 하느님을 닮는다. 그런데 하느님은 비이성적 피조물들을 참사랑으로 사랑하신다. 지혜서 11장 [24절]에서 말하듯이 하느님은 "존재하는 모든 것을 사랑하시며",[1] 사랑하시는 모든 것을 참사랑이신[2] 당신 자신으로 사랑하신다. 그러므로 우리도 비이성적 피조물들을 사랑으로 사랑해야 한다.

2. 참사랑은 주로 하느님을 대상으로 하며 하느님께 속한 것으로서 다른 것들에게도 확장된다. 그런데 이성적 피조물들이 모상의 유사성을 지닌 것으로서 하느님께 속하듯이 비이성적 피조물들은 흔적의 유사성을 지닌 것으로서 하느님께 속한다.[3] 그러므로 참사랑은 비이성적 피조물들에게도 확장된다.

3. 참사랑의 대상이 하느님이듯이 믿음의 대상도 하느님이다. 그런데 믿음은 비이성적 피조물들에게도 확장된다. 우리는 하늘과 땅이 하느님에 의하여 창조되었다고 믿고, 물고기와 새들이 물로부터 생겨났으며 길짐승과 식물들이 땅으로부터 생겨났다고 믿기 때문이다.[4] 그러므로 참사랑은 비이성적 피조물들에게도 확장된다.

---

3. Cf. I, q.45, a.7; q.93, aa.2 et 6.
4. 창세 1장.

SED CONTRA est quod dilectio caritatis solum se extendit ad Deum et proximum.[5] Sed nomine proximi non potest intelligi creatura irrationalis, quia non communicat cum homine in vita rationali. Ergo caritas non se extendit ad creaturas irrationales.

RESPONDEO dicendum quod caritas, secundum praedicta,[6] est amicitia quaedam. Per amicitiam autem amatur uno quidem modo, amicus ad quem amicitia habetur; et alio modo, bona quae amico optantur. Primo ergo modo nulla creatura irrationalis potest ex caritate amari. Et hoc triplici ratione. Quarum duae pertinent communiter ad amicitiam, quae ad creaturas irrationales haberi non potest. Primo quidem, quia amicitia ad eum habetur cui volumus bonum. Non autem proprie possum bonum velle creaturae irrationali, quia non est eius proprie habere bonum, sed solum creaturae rationalis, quae est domina utendi bono quod habet per liberum arbitrium.[7] Et ideo Philosophus dicit, in II *Physic.*,[8] quod huiusmodi rebus non dicimus aliquid bene vel male contingere nisi secundum similitudinem.—Secundo, quia omnis amicitia fundatur super aliqua communicatione vitae, *nihil enim est ita proprium amicitiae sicut convivere*, ut patet per Philosophum, VIII *Ethic.*[9] Creaturae autem irrationales non possunt communicationem habere in vita humana, quae est secundum rationem. Unde

---

5. Cf. a.2, obj.1.

[재반론] 그러나 반대로 참사랑의 사랑은 하느님과 이웃에게만 미친다.[5] 그런데 비이성적 피조물은 이웃이라는 이름에 포함될 수 없다. 이들은 이성적 삶을 인간과 공유하지 않기 때문이다. 따라서 참사랑은 비이성적 피조물에게까지 확장되지 않는다.

[답변] 앞서[6] 말한 바와 같이 참사랑은 일종의 우정이다. 우정으로 사랑하는 방법은 두 가지인데, 그 하나는 그에 대하여 우정을 갖고 있는 친구를 사랑하는 것이고, 다른 방법은 친구에게 기원하는 선을 사랑하는 것이다. 그러므로 첫 번째 방법으로는 어떤 비이성적 피조물도 사랑으로 사랑받을 수 없다. 여기에는 세 가지 이유가 있다. 그 가운데 두 가지는 비이성적 피조물을 대상으로 할 수 없는 우정의 공통적 특성 때문이다. 첫째로는 우정은 우리가 그에게 선을 바라는 대상에 대하여 갖는 것인데, 비이성적 피조물에게는 고유한 의미에서 선을 바랄 수 없다. 비이성적 피조물은 고유한 의미에서 선을 소유할 수 없고, 오직 자유재량을 갖고 있어 선의 사용을 지배할 수 있는 이성적 피조물만 이를 소유하기 때문이다.[7] 그래서 철학자는 『자연학』 제2권[8]에서 이들은 비유적으로만 선하다거나 악하다고 말한다고 말한다. ― 둘째로는 모든 우정은 삶의 공유에 기초하기 때문이다. 철학자가 『니코마코스 윤리학』 제8권[9]에서 말하듯이, "함께 사는 것보다 우정에 더 고유한 것은 없다." 그런데 비이성적 피조물은 이성에 따른 것인 인간의 삶을 공유할 수 없다. 그러므로 비유적 의미

---

6. q.23, a.1.
7. Cf. I-II, q.16, a.2.
8. c.6, 197b8-9; S. Thomas, lect.10, n.5.
9. c.6, 1157b19-24; S. Thomas, lect.5, n.1600.

nulla amicitia potest haberi ad creaturas irrationales, nisi forte secundum metaphoram.—Tertia ratio est propria caritati, quia caritas fundatur super communicatione beatitudinis aeternae, cuius creatura irrationalis capax non est.[10] Unde amicitia caritatis non potest haberi ad creaturam irrationalem.

Possunt tamen ex caritate diligi creaturae irrationales sicut bona quae aliis volumus, inquantum scilicet ex caritate volumus eas conservari ad honorem Dei et utilitatem hominum. Et sic etiam ex caritate Deus eas diligit.

Unde patet responsio AD PRIMUM.

AD SECUNDUM dicendum quod similitudo vestigii non causat capacitatem vitae aeternae, sicut similitudo imaginis.[11] Unde non est similis ratio.

AD TERTIUM dicendum quod fides se potest extendere ad omnia quae sunt quocumque modo vera. Sed amicitia caritatis se extendit ad illa sola quae nata sunt habere bonum vitae aeternae. Unde non est simile.[12]

Articulus 4
Utrum homo debeat seipsum ex caritate diligere

---

10. Cf. I, q.12, a.4, ad3.
11. Cf. I, q.93, aa.1-2, 6 et 8.

에서가 아니라면 비이성적 피조물들에 대해서는 우정을 가질 수 없다.-셋째로는 참사랑의 고유한 특징 때문이다. 참사랑은 영원한 참행복의 공유에 기초하는데, 비이성적 피조물은 참행복을 누릴 수 없기 때문이다.[10] 그러므로 비이성적 피조물에게는 참사랑의 우정을 가질 수 없다.

그러나 우리는 비이성적 피조물들을, 다른 이들에게 우리가 바라는 선으로서 사랑할 수 있다. 우리는 참사랑으로 인하여 하느님의 영예와 인간의 유익을 위하여 이들이 보존되기를 바라기 때문이다. 그러므로 하느님도 그들을 참사랑으로 사랑하신다.

[해답] 1. 그러므로 첫째 반론에 대한 대답은 분명하다.

2. 흔적의 유사성은 모상의 유사성처럼 영원한 생명을 누릴 수 있게 하지 못한다.[11] 그러므로 비교는 성립되지 않는다.

3. 믿음은 참된 방식으로 모든 사물에 확장될 수 있다. 그러나 참사랑의 우정은 오직 영원한 생명을 소유할 수 있게 되어 있는 것들에만 미친다. 그러므로 비교는 성립되지 않는다.[12]

제4절 인간은 자기 자신을 참사랑으로 사랑해야 하는가?

Parall.: *In Sent.*, III, d.28, q.1, a.6; *De virtutibus*, a.7.

---

12. 진리를 대상으로 하는 믿음에는 거짓된 것이 포함될 수 없다(q.1, a.3). 이와 같이 영원한 생명의 소통을 대상으로 하는 참사랑에는(q.23, a.1) 영원한 생명에 참여할 수 없는 것은 어떤 것도 포함될 수 없다.

q.25, a.4

Ad quartum sic proceditur. Videtur quod homo non diligat seipsum ex caritate.

1. Dicit enim Gregorius, in quadam homilia,[1] quod *caritas minus quam inter duos haberi non potest*. Ergo ad seipsum nullus habet caritatem.

2. Praeterea, amicitia de sui ratione importat reamationem et aequalitatem, ut patet in VIII *Ethic.*,[2] quae quidem non possunt esse homini ad seipsum. Sed caritas amicitia quaedam est, ut dictum est.3 Ergo ad seipsum aliquis caritatem habere non potest.

3. Praeterea, illud quod ad caritatem pertinet non potest esse vituperabile, quia *caritas non agit perperam*, ut dicitur I *ad Cor.* 13, [4]. Sed amare seipsum est vituperabile, dicitur enim II *ad Tim.* 3, [1-2]: *In novissimis diebus instabunt tempora periculosa, et erunt homines amantes seipsos.*[4] Ergo homo non potest seipsum ex caritate diligere.

SED CONTRA est quod dicitur *Levit.* 19, [18]: *Diliges amicum tuum sicut teipsum.* Sed amicum ex caritate diligimus. Ergo et nosipsos ex caritate debemus diligere.

---

1. Homil. 17 *in Evang.*, a.1: PL 76, 1139 A.
2. cc.2 et 9, 1155b28-31; 1158b28-33; S. Thomas, lect.2, nn.1557-1558; lect.7, nn.1630-1632.

[반론] 넷째에 대해서는 다음과 같이 진행된다. 인간은 자기 자신을 참사랑으로 사랑하지 않는 것으로 생각된다.

  1. 그레고리우스는 어느 강론에서[1] "적어도 두 사람이 있지 않으면 참사랑은 있을 수 없다."고 말한다. 그러므로 누구도 자기 자신에 대해 참사랑을 지닐 수 없다.

  2. 『니코마코스 윤리학』 제8권[2]에서 말하듯이 우정은 그 자체로 서로 간의 상응점과 동등성을 내포한다. 이는 자기 자신에 대해 지닐 수 없는 것이다. 그러나 앞서[3] 말한 바와 같이 참사랑은 일종의 우정이다. 그러므로 아무도 자기 자신에 대해 참사랑을 지닐 수 없다.

  3. 참사랑에 속하는 것은 비난받을 것일 수 없다. 코린토 1서 13장 [4절]에서 말하듯이 "참사랑은 그릇되게 행하지 않는다." 그러나 자신을 사랑하는 것은 비난받을 일이다. 실상 티모테오 2서 3장 [1-2절]에서는 "마지막 때에 힘든 시기가 닥쳐올 것입니다. 사람들은 자신만 사랑할 것입니다."라고[4] 말한다. 그러므로 자기 자신을 참사랑으로 사랑할 수는 없다.

[재반론] 그러나 반대로 레위기 19장 [18절]에서는 "네 이웃을 너 자신처럼 사랑해야 한다."고 말한다. 그런데 우리는 친구를 참사랑으로 사랑한다. 그러므로 우리 자신도 참사랑으로 사랑해야 한다.

---

3. q.23, a.1.
4. Vulgata: In novissimus diebus instabunt tempora periculosa: erunt homines seipsos amantes.

q.25, a.4

Respondeo dicendum quod, cum caritas sit amicitia quaedam, sicut dictum est,⁵ dupliciter possumus de caritate loqui. Uno modo, sub communi ratione amicitiae. Et secundum hoc dicendum est quod amicitia proprie non habetur ad seipsum, sed aliquid maius amicitia, quia amicitia unionem quandam importat, dicit enim Dionysius⁶ quod amor est virtus unitiva; unicuique autem ad seipsum est unitas, quae est potior unione. Unde sicut unitas est principium unionis,⁷ ita amor quo quis diligit seipsum, est forma et radix amicitiae, in hoc enim amicitiam habemus ad alios, quod ad eos nos habemus sicut ad nosipsos; dicitur enim in IX *Ethic.*⁸ quod *amicabilia quae sunt ad alterum veniunt ex his quae sunt ad seipsum.* Sicut etiam de principiis non habetur scientia, sed aliquid maius, scilicet intellectus.⁹

Alio modo possumus loqui de caritate secundum propriam rationem ipsius, prout scilicet est amicitia hominis ad Deum principaliter, et ex consequenti ad ea quae sunt Dei. Inter quae etiam est ipse homo qui caritatem habet. Et sic inter cetera quae ex caritate diligit quasi ad Deum pertinentia, etiam seipsum ex caritate diligit.¹⁰

---

5. q.23, a.1.
6. *De div. nom.*, c.4: PG 3, 709 C, 713 B; S. Thomas, lect.9, n.424; lect.12, nn.455-456.
7. "어떤 사물 바로 그것인 것은 가장 완전하게 그것에 속한다. 실체적 결합이 어떤 것이 다른 것의 우유로서 그 안에 있는 것보다 더 완전하듯이, 그 결합은 질

[답변] 앞서⁵ 말한 바와 같이 참사랑은 일종의 우정이므로, 이에 대해 두 가지로 말할 수 있다. 첫째로는 우정의 일반적 특성에 따라서 볼 수 있다. 이에 따라서 본다면, 고유한 의미에서는 자기 자신에 대해서는 우정을 가질 수 없고 우정보다 더 큰 것을 갖는다고 말해야 할 것이다. 디오니시우스가 말하듯이⁶ 사랑은 "결합의 능력"인데, 인간은 자기 자신과 결합보다 더 강한 일치를 이루고 있기 때문이다. 일치가 결합의 원리이듯이,⁷ 자신을 사랑하는 그 사랑은 우정의 형상이며 근원이다. 우리가 다른 이들에 대한 우정을 갖고 있는 것은 그들에 대해서 우리 자신에게 하듯이 대하기 때문이다. 실상 『니코마코스 윤리학』 제9권⁸에서는 "다른 이들에 대한 우정은 자신에 대한 우정에서 나온다."고 말한다. 원리들에 대해서도 지식만이 있는 것이 아니라 그보다 더 큰 것인 이해가 있는 것과 같다.⁹

둘째로는 그 자신의 고유한 특성에 따라서, 곧 주로 하느님을 향한 그리고 그에 따라 하느님께 속한 것들을 향한 인간의 우정이라는 점에서 참사랑에 대해 말할 수 있다. 참사랑을 하는 인간 자신도 그 다른 것들 중에 속한다. 그러므로 하느님께 속하기 때문에 참사랑으로 사랑하는 다른 것들과 더불어, 인간 자신도 참사랑으로 사랑한다.¹⁰

료가 형상에 결합하듯이 실체적으로 결합하는 것보다 더 완전하다."(*ScG*., I, c.23, n.218.)
8. cc.4 et 8, 1166a1-2; 1168b5; S. Thomas, lect.4, n.1797; lect.8, n.1859.
9. Cf. I-II, q.57, a.2.
10. "그러므로 자신에 대한 참사랑으로 자신을 하느님의 친구로서 사랑하는 것이다."(Caetanus in h. a.)

AD PRIMUM ergo dicendum quod Gregorius loquitur de caritate secundum communem amicitiae rationem.

Et SECUNDUM hoc etiam procedit secunda ratio.

AD TERTIUM dicendum quod amantes seipsos vituperantur inquantum amant se secundum naturam sensibilem, cui obtemperant. Quod non est vere amare seipsum secundum naturam rationalem, ut sibi velit ea bona quae pertinent ad perfectionem rationis.[11] Et hoc modo praecipue ad caritatem pertinet diligere seipsum.

Articulus 5
Utrum homo debeat corpus suum ex caritate diligere

Ad quintum sic proceditur. Videtur quod homo non debeat corpus suum ex caritate diligere.

1. Non enim diligimus illum cui convivere non volumus. Sed homines caritatem habentes refugiunt corporis convictum, secundum illud *Rom.* 7, [24]: *Quis me liberabit de corpore mortis huius?* Et *Philipp.* 1, [23]: *Desiderium habens dissolvi et cum Christo esse.*[1] Ergo corpus nostrum non est ex caritate diligendum.

---

11. Cf. a.7.

[해답] 1. 그레고리우스는 우정의 일반적 특성에 따라 참사랑에 대해 말하는 것이다.

2. 이에 따라 둘째도 진행된다.

3. 자신을 사랑하는 이들이 비난을 받는 것은 그들이 따라가는 감각적 본성에 따라 자신을 사랑한다는 점에서이다. 이것은 이성적 본성에 따라, 곧 이성의 완전성에 관련된 선을 자신에게 바람으로써 참으로 자신을 사랑하는 것이 아니다.[11] 자신을 사랑하는 것은 주로 이러한 방식으로 참사랑에 속한다.

제5절 자신의 육체를 참사랑으로 사랑해야 하는가?

Parall.: *In Sent.*, III, d.28, q.1, a.7; *De caritate*, a.7.

[반론] 다섯째에 대해서는 다음과 같이 진행된다. 인간은 자신의 육체(肉體, corpus)를 참사랑으로 사랑하지 않아야 하는 것으로 생각된다.

1. 우리는 우리가 함께 살려 하지 않는 사람을 사랑하지 않는다. 그런데 참사랑을 지닌 사람들은 육체와 함께 살기를 꺼려 한다. 로마서 7장 [24절]에서는 "누가 이 죽음의 몸에서 나를 구해 줄 수 있습니까?"라고 말하고, 필리피서 1장 [23절]에서는 "나의 바람은 풀려나 그리스도와 함께 있는 것입니다."[1]라고 말한다. 그러므로 우리의 육체는 참사랑으로 사랑할 것이 아니다.

---

1. Vulgata: et essse cum Christo.

2. Praeterea, amicitia caritatis fundatur super communicatione divinae fruitionis. Sed huius fruitionis corpus particeps esse non potest. Ergo corpus non est ex caritate diligendum.

3. Praeterea, caritas, cum sit amicitia quaedam, ad eos habetur qui reamare possunt. Sed corpus nostrum non potest nos ex caritate diligere. Ergo non est ex caritate diligendum.

SED CONTRA est quod Augustinus, in I *de Doct. Christ.*,[2] ponit quatuor ex caritate diligenda, inter quae unum est corpus proprium.

RESPONDEO dicendum quod corpus nostrum secundum duo potest considerari, uno modo, secundum eius naturam; alio modo, secundum corruptionem culpae et poenae. Natura autem corporis nostri non est a malo principio creata, ut Manichaei fabulantur,[3] sed est a Deo. Unde possumus eo uti ad servitium Dei, secundum illud *Rom.* 6, [13]: *Exhibete membra vestra arma iustitiae Deo.* Et ideo ex dilectione caritatis qua diligimus Deum, debemus etiam corpus nostrum diligere.—Sed infectionem culpae et corruptionem poenae in corpore nostro diligere non debemus, sed potius ad eius remotionem anhelare desiderio caritatis.[4]

---

2. c.23, n.22: PL 34, 27; c26: PL 34, 29.
3. Cf. I, q.8, a.3; q.65, a.1.

2. 참사랑은 하느님을 향유하는 것을 공유하는 데에 기초한다. 그러나 육체는 그 향유에 참여할 수 없다. 그러므로 육체는 참사랑으로 사랑할 것이 아니다.

3. 참사랑은 일종의 우정이므로, 사랑으로 갚을 수 있는 이들을 향한다. 그러나 우리의 육체는 참사랑으로 우리를 사랑할 수 없다. 그러므로 자신의 육체를 참사랑으로 사랑할 것이 아니다.

[재반론] 그러나 반대로 아우구스티누스는 『그리스도교 교양』 제1권[2]에서 참사랑으로 사랑해야 하는 네 가지를 제시하는데, 그 가운데 하나가 자신의 육체이다.

[답변] 우리의 육체는 두 가지로 고찰될 수 있다. 첫째로는 그 본성에 따라서이고, 둘째로는 죄와 벌의 부패에 따라서이다. 우리 육체의 본성은 마니교도들이 꾸며 낸 말처럼 악한 원리에 의하여 창조된 것이 아니라[3] 하느님에 의하여 창조되었다. 그러므로 우리는 하느님을 섬기기 위하여 육체를 사용할 수 있다. 로마서 6장 [13절]에서는 "자기 지체를 의로움의 도구로 하느님께 바치십시오."라고 말한다. 그러므로 우리는 하느님을 사랑하는 그 참사랑의 사랑으로 또한 우리의 육체를 사랑해야 한다.-그러나 우리 육체 안에서 죄의 오염과 벌의 부패는 사랑하지 말아야 하며, 오히려 그 제거를 참사랑의 갈망으로 열망해야 한다.[4]

---

4. 그러므로 친절하고 현명한 징벌로 육체를 징계하는 것은 허용될 뿐만 아니라 이성의 지배에 더 쉽게 따르게 하는 데에 크게 유익하다.

AD PRIMUM ergo dicendum quod Apostolus non refugiebat corporis communionem quantum ad corporis naturam, immo secundum hoc nolebat ab eo spoliari, secundum illud II *ad Cor*. 5, [4]: *Nolumus expoliari, sed supervestiri*. Sed volebat carere infectione concupiscentiae, quae remanet in corpore; et corruptione ipsius, quae *aggravat animam*,[5] ne possit Deum videre. Unde signanter dixit, *de corpore mortis huius*.

AD SECUNDUM dicendum quod corpus nostrum quamvis Deo frui non possit cognoscendo et amando ipsum, tamen per opera quae per corpus agimus ad perfectam Dei fruitionem possumus venire. Unde et ex fruitione animae redundat quaedam beatitudo ad corpus, scilicet *sanitatis et incorruptionis vigor*; ut Augustinus dicit, in *epistola ad Diosc.*[6] Et ideo, quia corpus aliquo modo est particeps beatitudinis, potest dilectione caritatis amari.

AD TERTIUM dicendum quod reamatio habet locum in amicitia quae est ad alterum, non autem in amicitia quae est ad seipsum, vel secundum animam vel secundum corpus.

Articulus 6
Utrum peccatores sint ex caritate diligendi

Ad sextum sic proceditur. Videtur quod peccatores non sint ex

---

5. 지혜 9,15.

[해답] 1. 사도는 육체의 본성이라는 점에서 육체와의 결합을 꺼린 것이 아니며, 오히려 그에 따라서는 육체로부터 벗어나려 하지 않았다. 코린토 2서 5장 [4절]에서는 "이 천막을 벗어 버리기를 바라는 것이 아니라 그 위에 덧입기를 바라기 때문입니다."라고 말한다. 그러나 그는 육체 안에 남아 있는 욕망의 더러움과 "영혼을 무겁게 하고"[5] 하느님을 볼 수 없게 하는 육체의 타락을 벗어나기를 원했다. 그래서 분명하게 "죽음의 몸"이라고 말한다.

2. 우리의 육체는 비록 하느님을 알고 사랑함으로써 그분을 향유할 수 없으나, 우리는 육체를 통하여 행하는 행위들로 하느님을 완전하게 향유할 수 있게 된다. 그리고 영혼의 향유로부터 육체에게도 어떤 참행복이, 곧 아우구스티누스가 『디오스코루스에게 보낸 편지』[6]에서 말하듯이 "건강과 불멸의 활력"이 넘쳐흐르게 된다. 육체는 어떤 식으로 참행복에 참여하므로, 참사랑의 사랑으로 사랑할 수 있다.

3. 사랑을 갖는 것은 다른 이들에 대한 우정에서만 있으며, 영혼에 관해서든 육체에 관해서든 자신에 대한 우정에는 없다.

제6절 죄인들을 참사랑으로 사랑해야 하는가?

Parall.: *In Sent.*, II, d.7, q.3, a.2, ad2; III, d.28, q.1, a.4; *De caritate*, a.8, ad8-9; *De duo. praecep. char.* etc., c. *De Dilect. Prox; In Ep. ad Galat.*, c.6, lect.2.

[반론] 여섯째에 대해서는 다음과 같이 진행된다. 죄인(罪人,

---

6. Epist. 118, al. 56, c.3, n.14: PL 33, 439. Cf. I-II, q.4, a.6.

caritate diligendi.

1. Dicitur enim in Psalm. [Ps. 118, 113]: *Iniquos odio habui.* Sed David caritatem habebat. Ergo ex caritate magis sunt odiendi peccatores quam diligendi.

2. Praeterea, *probatio dilectionis exhibitio est operis*; ut Gregorius dicit, in homilia *Pentecostes*.[1] Sed peccatoribus iusti non exhibent opera dilectionis, sed magis opera quae videntur esse odii, secundum illud Psalm. [Ps. 100, 8]: *In matutino interficiebam omnes peccatores terrae.* Et Dominus praecepit, *Exod.* 22, [18]: *Maleficos non patieris vivere.* Ergo peccatores non sunt ex caritate diligendi.

3. Praeterea, ad amicitiam pertinet ut amicis velimus et optemus bona. Sed sancti ex caritate optant peccatoribus mala, secundum illud Psalm. [Ps. 9, 18]: *Convertantur peccatores in Infernum.* Ergo peccatores non sunt ex caritate diligendi.

4. Praeterea, proprium amicorum est de eisdem gaudere et idem velle. Sed caritas non facit velle quod peccatores volunt, neque facit gaudere de hoc de quo peccatores gaudent; sed magis facit contrarium. Ergo peccatores non sunt ex caritate diligendi.

5. Praeterea, proprium est amicorum simul convivere, ut dicitur in VIII *Ethic.*[2] Sed cum peccatoribus non est convivendum, secundum illud II *ad Cor.* 6, [17]:[3] *Recedite de medio eorum.* Ergo peccatores non sunt ex caritate diligendi.

---

1. Homil. 30 *in Evang.*, n.1: PL 76, 1220 C.
2. c.6, 1157b19-24; S. Thomas, lect.5, n.1600.

peccator)들은 참사랑으로 사랑하지 않아야 하는 것으로 생각된다.

1. 시편 119(118)편 [113절]에서는 "저는 변덕쟁이들을 미워하고"라고 말한다. 하지만 다윗은 참사랑을 지니고 있었다. 그러므로 참사랑으로 죄인을 사랑한다기보다 오히려 미워해야 하는 것이다.

2. 그레고리우스가 『성령강림절』[1]에서 말하듯이 "사랑의 증거는 행위를 보여 주는 것"이다. 그러나 의인들은 죄인들에게 사랑의 행위를 하지 않으며 오히려 미움으로 보이는 행위들을 한다. 시편 101(100)편 [8절]에서는 "나라의 모든 악인들을 아침마다 없애리니"라고 말하고, 주님은 탈출기 22장 [18절]에서 "악을 행하는 자는 살려 두어서는 안 된다."고 명하신다. 그러므로 죄인들은 참사랑으로 사랑하지 말아야 한다.

3. 친구에게 선을 바라고 기원하는 것은 우정의 일부이다. 반면에 성인들은 참사랑으로 죄인들에게 악을 기원한다. 시편 9편 [18절]에서는 "악인들은 저승으로 물러가라."고 말한다. 그러므로 죄인들은 참사랑으로 사랑하지 말아야 한다.

4. 친구들의 특징은 같은 것을 기뻐하고 같은 것을 원하는 것이다. 그러나 참사랑은 죄인들이 원하는 것을 원하게 하지 않고, 죄인들이 기뻐하는 것을 기뻐하게 하지도 않는다. 오히려 그 반대이다. 그러므로 죄인들은 참사랑으로 사랑하지 말아야 한다.

5. 『니코마코스 윤리학』 제8권[2]에서 말하듯이 "친구들의 특징은 함께 사는 것이다." 그러나 죄인들과는 함께 살지 말아야 한다. 코린토 2서 6장 [17절][3]에서는 "그들을 멀리하십시오."라고 말한다. 그러므로 죄인들은 참사랑으로 사랑하지 말아야 한다.

---

3. Cf. 이사 52,11.

Sed contra est quod Augustinus dicit, in I *de Doct. Christ.*,[4] quod cum dicitur, «Diliges proximum tuum», *manifestum est omnem hominem proximum esse deputandum.* Sed peccatores non desinunt esse homines, quia peccatum non tollit naturam. Ergo peccatores sunt ex caritate diligendi.

Respondeo dicendum quod in peccatoribus duo possunt considerari, scilicet natura, et culpa. Secundum naturam quidem, quam a Deo habent, capaces sunt beatitudinis, super cuius communicatione caritas fundatur, ut supra[5] dictum est. Et ideo secundum naturam suam sunt ex caritate diligendi. Sed culpa eorum Deo contrariatur, et est beatitudinis impedimentum. Unde secundum culpam, qua Deo adversantur, sunt odiendi quicumque peccatores, etiam pater et mater et propinqui, ut habetur Luc. 14, [26]. Debemus enim in peccatoribus odire quod peccatores sunt, et diligere quod homines sunt beatitudinis capaces. Et hoc est eos vere ex caritate diligere propter Deum.

Ad primum ergo dicendum quod iniquos propheta odio habuit inquantum iniqui sunt, habens odio iniquitatem ipsorum, quod est ipsorum malum. Et hoc est perfectum odium, de quo ipse dicit:[6] *Perfecto odio oderam illos.* Eiusdem autem rationis est odire malum alicuius et diligere bonum eius. Unde etiam istud

---

4. c.30, n.32: PL 34, 31.

[재반론] 그러나 반대로 아우구스티누스는 『그리스도교 교양』 제1권[4]에서, "네 이웃을 사랑해야 한다."라고 할 때에는 "모든 사람을 이웃이라고 여기는 것이 명백하다."고 말한다. 그런데 죄는 본성을 제거하지 않으므로 죄인은 인간이기를 그치지 않는다. 그러므로 죄인들은 참사랑으로 사랑해야 한다.

[답변] 죄인들에게서는 두 가지를 고찰할 수 있는데, 그것은 본성과 탓이다. 하느님으로부터 받은 본성에 따라서는 이들은 참행복을 누릴 수 있고, 위에서[5] 말한 바와 같이 참사랑은 그 참행복의 공유에 기초한다. 따라서, 본성에 따라서는 그들을 참사랑으로 사랑해야 한다. 그러나 그들의 탓은 하느님을 거스르며, 참행복에 장애가 된다. 그러므로 그들이 그로써 하느님을 거스르는 탓에 따라서는 모든 죄인들은 루카복음서 14장 [26절]에서 말하듯이 아버지, 어머니, 친척이라 하더라도 미워해야 한다. 우리는 죄인들에게서 그들이 죄인이라는 것을 미워해야 하고, 그들이 참행복을 누릴 수 있는 인간이라는 것을 사랑해야 한다. 이것이 그들을 하느님 때문에 참사랑으로 진정하게 사랑하는 것이다.

[해답] 1. 예언자는 악인들을 그들이 악인이라는 점에서 미워했다. 그들의 악의를, 그들의 악을 미워한 것이다. 이것은 완전한 미움이고, 이에 대하여 그는 "더할 수 없는 미움으로 그들을 미워합니다."[6]라고 말한다. 그런데 어떤 사람의 악을 미워하는 근거와 그의 선을 사

---

5. a.3; q.23, a.1,5.
6. 시편 139[138],22.

odium perfectum ad caritatem pertinet.[7]

AD SECUNDUM dicendum quod amicis peccantibus, sicut Philosophus dicit, in IX *Ethic.*,[8] non sunt subtrahenda amicitiae beneficia, quousque habeatur spes sanationis eorum, sed magis est eis auxiliandum ad recuperationem virtutis quam ad recuperationem pecuniae, si eam amisissent, quanto virtus est magis amicitiae affinis quam pecunia. Sed quando in maximam malitiam incidunt et insanabiles fiunt, tunc non est eis amicitiae familiaritas exhibenda. Et ideo huiusmodi peccantes, de quibus magis praesumitur nocumentum aliorum quam eorum emendatio, secundum legem divinam et humanam praecipiuntur occidi.—Et tamen hoc facit iudex non ex odio eorum, sed ex caritatis amore quo bonum publicum praefertur vitae singularis personae.[9]—Et tamen mors per iudicem inflicta peccatori prodest, sive convertatur, ad culpae expiationem; sive non convertatur, ad culpae terminationem, quia per hoc tollitur ei potestas amplius peccandi.

AD TERTIUM dicendum quod huiusmodi imprecationes quae in sacra Scriptura inveniuntur, tripliciter possunt intelligi. Uno modo, per modum praenuntiationis, non per modum optationis, ut sit sensus: *Convertantur peccatores in Infernum*, idest *convertentur*.—Alio modo, per modum optationis, ut tamen

---

7. "하느님은 악인에게서 당신 자신에게 속한 것, 곧 본성적 선이나 다른 어떤 것을 미워하지 않으시며, 오직 당신께 속하지 않는 것, 곧 죄만을 미워하신다. 그렇게

랑하는 근거는 동일하다. 그러므로 이 완전한 미움은 참사랑에 속한다.[7]

2. 철학자가 『니코마코스 윤리학』 제9권[8]에서 말하듯이 죄인인 친구들에게 치유의 희망이 있는 한 그들에게서 호의의 우정을 거두지 말아야 한다. 오히려, 돈을 잃어버렸을 때에 그것을 회복하는 데에서보다 덕을 회복하는 데에서 그들을 더욱 도와주어야 한다. 덕은 돈보다 더 우정에 가깝기 때문이다. 그러나 그들이 지극한 악에 떨어져 치유의 가능성이 없게 된다면, 그들에게 친밀한 우정을 베풀지 말아야 한다. 그렇기 때문에 신정법이나 인정법에 따라서, 그들이 개선되는 것보다 그들이 끼치는 해악이 더 클 것으로 예상되는 이들을 죽일 것이 규정된다.―하지만 재판관이 이를 행하는 것은 그들에 대한 미움에서가 아니라 공적인 선을 한 개인의 생명보다 우선하는 참사랑의 사랑에서이다.[9]―또한 재판관에 의하여 죄인에게 내려지는 죽음은 죄인에게도 유익하다. 만일 그가 회개한다면 속죄가 될 것이고, 회개하지 않는다면 더 많은 죄를 지을 수 있는 능력을 제거함으로써 죄를 끝내게 될 것이기 때문이다.

3. 성경에서 나타나는 이와 같은 저주들은 세 가지로 이해할 수 있다. 첫째로는, 기원이 아니라 예고로 이해할 수 있다. 그러한 의미에서 "악인들은 저승으로 물러가라." 곧 "물러가게 될 것이다."라고 말한다.―둘째로는 기원으로 이해할 수 있다. 그리고 그 기원은 인간의 처벌에 관한 것이 아니라 처벌하는 정의에 관한 것이다. [시편

우리도 사람들 안에서 하느님께 속한 것을 사랑하고, 하느님께 속하지 않는 것을 미워해야 한다."(*De caritate*, a.8, ad8).
8. c.3, 1165b13-23; S. Thomas, lect.3, n.1792.
9. Cf. q.64, a.2.

q.25, a.6

desiderium optantis non referatur ad poenam hominum, sed ad iustitiam punientis, secundum illud [Ps. 57, 11]: *Laetabitur iustus cum viderit vindictam.* Quia nec ipse Deus puniens *laetatur in perditione impiorum*,[10] ut dicitur *Sap.* 1, [13], sed in sua iustitia, *quia iustus Dominus, et iustitias dilexit* [Ps. 10, 8].—Tertio, ut desiderium referatur ad remotionem culpae, non ad ipsam poenam, ut scilicet peccata destruantur et homines remaneant.[11]

AD QUARTUM dicendum quod ex caritate diligimus peccatores non quidem ut velimus quae ipsi volunt, vel gaudeamus de his de quibus ipsi gaudent, sed ut faciamus eos velle quod volumus, et gaudere de his de quibus gaudemus. Unde dicitur Ierem. 15, [19]: *Ipsi convertentur ad te, et tu non converteris ad eos.*[12]

AD QUINTUM dicendum quod convivere peccatoribus infirmis quidem est vitandum, propter periculum quod eis imminet ne ab eis subvertantur. Perfectis autem, de quorum corruptione non timetur, laudabile est quod cum peccatoribus conversentur, ut eos convertant. Sic enim Dominus cum peccatoribus manducabat et bibebat, ut habetur Matth. 9, [10-11].[13]—Convictus tamen peccatorum quantum ad consortium peccati vitandus est omnibus. Et sic dicitur II *ad Cor.* 6, [17]: *Recedite de medio eorum, et immundum ne tetigeritis,*[14] scilicet secundum peccati consensum.

---

10. Vulgata: vivorum.
11. q.76, a.1.

58(57)편 11절에서는] "의인은 복수를 보며 기뻐하리라."고 말한다. 지혜서 1장 [13절]에서 말하듯이 하느님도 처벌하실 때에 "불경한 이들의[10] 멸망을 기뻐하지 않으신다." 그러나 당신의 정의를 기뻐하신다. "주님께서는 의로우시어 의로운 일들을 사랑하신다"[시편 11(10)편 8절].-셋째로는 죄에 대한 처벌이 아니라 죄가 사라지기를 바라는 것으로 이해할 수 있다. 죄가 파괴되고 사람들은 남아 있기를 바라는 것이다.[11]

4. 우리가 참사랑으로 죄인들을 사랑하는 것은 그들이 원하는 것을 원하고 그들이 기뻐하는 것을 기뻐하는 것이 아니라, 우리가 원하는 것을 그들이 원하게 하고 우리가 기뻐하는 것을 그들이 기뻐하게 하려는 것이다. 그래서 예레미야서 15장 [19절]에서는 "그들이 너에게 돌아올망정 네가 그들에게 돌아가서는 안 된다."[12]고 말한다.

5. 약한 이들은 악인들과 함께 사는 것을 피해야 한다. 그들에 의하여 멸망하게 될 위험 때문이다. 그러나 그러한 멸망을 두려워하지 않는 완전한 이들에게는, 죄인들을 회개하게 하기 위하여 그들과 교제하는 것은 칭송할 만한 일이다. 그래서 마태오복음서 9장 [10-11절][13]에서 말하듯이 주님은 죄인들과 함께 먹고 마시셨다.-그러나 모든 이들은 죄와 함께 사는 것을 피해야 한다. 그래서 코린토 2서 6장 [17절]에서는 "너희는 저들 가운데에서 나와 저들과 갈라져라. 더러운 것에 손대지 마라.",[14] 곧 죄에 동의하지 말라고 말한다.

---

12. Vulgata: Convertentur ipsi ad te, et tu non converteris ad eos.
13. 마르 2,16 참조.
14. Vulgata: Exite de medio eorum... et immundaum ne tetigeritis.

Articulus 7
Utrum peccatores diligant seipsos

Ad septimum sic proceditur. Videtur quod peccatores seipsos diligant.

1. Illud enim quod est principium peccati maxime in peccatoribus invenitur. Sed amor sui est principium peccati, dicit enim Augustinus, XIV *de Civ. Dei*,[1] quod *facit civitatem Babylonis.* Ergo peccatores maxime amant seipsos.

2. Praeterea, peccatum non tollit naturam. Sed hoc unicuique convenit ex sua natura quod diligat seipsum, unde etiam creaturae irrationales naturaliter appetunt proprium bonum, puta conservationem sui esse et alia huiusmodi. Ergo peccatores diligunt seipsos.

3. Praeterea, *omnibus est diligibile bonum*; ut Dionysius dicit, in 4 cap. *de Div. Nom.*[2] Sed multi peccatores reputant se bonos. Ergo multi peccatores seipsos diligunt.

SED CONTRA est quod dicitur in Psalm. [Ps. 10, 6]: *Qui diligit iniquitatem, odit animam suam.*

RESPONDEO dicendum quod amare seipsum uno modo commune est omnibus; alio modo proprium est bonorum;

---
1. c.28: PL 41, 436.

제7절 죄인들은 그 자신을 사랑하는가?

Parall.. I-II, q.29, a.4; *In Sent.*, II, d.42, q.2, a.2, qc.2, ad2; III, d.27, Expos. litt.; *De caritate*, a.12, ad6; *In Psalm*. 10.

[반론] 일곱째에 대해서는 다음과 같이 진행된다. 죄인들은 그 자신을 사랑하는 것으로 생각된다.

1. 죄의 원리가 되는 것은 악인들 안에 가장 많이 있다. 그런데 자신에 대한 사랑은 죄의 원리이다. 아우구스티누스는 『신국론』 제14권[1]에서 그것이 "바빌론 도시를 건설한다."고 말한다. 그러므로 죄인들은 자신을 가장 많이 사랑한다.

2. 죄는 본성을 제거하지 않는다. 그런데 누구나 본성상 자신을 사랑한다. 비이성적 피조물까지도 본성적으로 자신의 선을, 곧 자신의 보존과 그와 유사한 다른 선들을 찾는다. 그러므로 죄인들은 자신을 사랑한다.

3. 디오니시우스가 『신명론』 제4장[2]에서 말하듯이 "선은 누구에게나 사랑스럽다." 그런데 많은 죄인들은 스스로 선하다고 여긴다. 그러므로 많은 죄인들은 자신을 사랑한다.

[재반론] 그러나 반대로 시편 11(10)편 [6절]에서는 "악행을 사랑하는 자는 자신의 영혼을 미워한다."고 말한다.

[답변] 자신을 사랑하는 것은 첫 번째 방식으로는 모든 이들에게 공통된 것이고, 두 번째 방식으로는 선인들에게 고유한 것이며, 세

---

2. PG 3, 708 A; S. Thomas, lect.9, nn.400-402.

tertio modo proprium est malorum. Quod enim aliquis amet id quod seipsum esse aestimat, hoc commune est omnibus. Homo autem dicitur esse aliquid dupliciter. Uno modo, secundum suam substantiam et naturam. Et secundum hoc omnes aestimant bonum commune se esse id quod sunt, scilicet ex anima et corpore compositos. Et sic etiam omnes homines, boni et mali, diligunt seipsos, inquantum diligunt sui ipsorum conservationem.

Alio modo dicitur esse homo aliquid secundum principalitatem, sicut princeps civitatis dicitur esse civitas; unde quod principes faciunt, dicitur civitas facere. Sic autem non omnes aestimant se esse id quod sunt. Principale enim in homine est mens rationalis, secundarium autem est natura sensitiva et corporalis, quorum primum Apostolus nominat *interiorem hominem*, secundum *exteriorem*, ut patet II *ad Cor.* 4, [16].[3] Boni autem aestimant principale in seipsis rationalem naturam, sive interiorem hominem, unde secundum hoc aestimant se esse quod sunt. Mali autem aestimant principale in seipsis naturam sensitivam et corporalem, scilicet exteriorem hominem. Unde non recte cognoscentes seipsos, non vere diligunt seipsos, sed diligunt id quod seipsos esse reputant. Boni autem, vere cognoscentes seipsos, vere seipsos diligunt.[4]

---

3. 참조: 로마 7,22; 에페 3,16.

번째 방식으로는 악인들에게 고유한 것이다. 자신이 무엇이라고 생각하는 그것을 사랑하는 것은 모든 이들에게 공통된다. 그러나 인간은 두 가지로 그가 무엇이라고 말할 수 있다. 그 첫째는 그의 실체와 본성에 따라서이다. 이에 따르면 모든 이들은 자신이 무엇인 것을, 곧 영혼과 육체로 합성되어 있는 것을 선하다고 여긴다. 이러한 의미에서는 선인들이나 악인들이나 모두가 자신의 보존을 사랑한다는 점에서 자신을 사랑한다.

둘째로는 마치 한 나라의 군주가 그 나라라고 일컬어지고 군주가 하는 것을 나라가 한다고 말하는 것과 같이, 가장 중요한 것에 따라 인간이 무엇이라고 말할 수 있다. 이러한 의미에서는 모든 이들이 스스로 자신이 무엇인 그것이라고 생각하지는 않는다. 인간에게서 가장 중요한 것은 이성적 정신이며, 감각적이고 육체적인 본성은 이차적이다. 사도는 코린토 2서 4장 [16절][3]에서 전자를 "내적 인간"이라 부르고, 후자를 "외적 인간"이라고 부른다. 그런데, 선인들은 자신들 안에서 이성적 본성을, 곧 내적 인간을 주요하게 여기고, 이에 따라 그들이 자신들이 무엇인 그것이라고 여긴다. 반면에 악인들은 자신들 안에서 감각적이고 육체적인 본성을, 곧 외적 인간을 주요하게 여긴다. 그래서 그들 자신을 올바로 알지 못하고, 참으로 자신을 사랑하는 것이 아니라 자신이 무엇이라고 여기는 그것을 사랑한다. 반면에 선인들은 자신을 참으로 알고 참으로 자신을 사랑한다.[4]

---

4. Cf. a.4, ad3. - "인간 안에는 두 가지 본성이 있다. 지성적 본성은 주된 것이며 감각적 본성은 부차적인 것이다. 이성의 선 때문에 자신을 사랑하는 사람은 참으로 자신을 사랑하는 것이다. 그러나 이성의 선을 거슬러 감각적 선 때문에 자신을 사랑하는 사람은 정확히 말한다면 자신을 오히려 미워하는 것이다."(*De caritate*, a.12, ad6.)

Et hoc probat Philosophus, in IX *Ethic.*,[5] per quinque quae sunt amicitiae propria. Unusquisque enim amicus primo quidem vult suum amicum esse et vivere; secundo, vult ei bona; tertio, operatur bona ad ipsum; quarto, convivit ei delectabiliter; quinto, concordat cum ipso, quasi in iisdem delectatus et contristatus.[6] Et secundum hoc boni diligunt seipsos quantum ad interiorem hominem, quia etiam volunt ipsum servari in sua integritate; et optant ei bona eius, quae sunt bona spiritualia; et etiam ad assequenda operam impendunt; et delectabiliter ad cor proprium redeunt, quia ibi inveniunt et bonas cogitationes in praesenti, et memoriam bonorum praeteritorum, et spem futurorum bonorum, ex quibus delectatio causatur; similiter etiam non patiuntur in seipsis voluntatis dissensionem, quia tota anima eorum tendit in unum. E contrario autem mali non volunt conservari integritatem interioris hominis; neque appetunt spiritualia eius bona; neque ad hoc operantur; neque delectabile est eis secum convivere redeundo ad cor, quia inveniunt ibi mala et praesentia et praeterita et futura, quae abhorrent; neque etiam sibi ipsis concordant, propter conscientiam remordentem, secundum illud Psalm. [Ps. 49, 21]: *Arguam te, et statuam contra faciem tuam.*—Et per eadem probari potest quod mali amant seipsos secundum corruptionem exterioris hominis. Sic autem boni non amant seipsos.[7]

---

5. c.4, 1166a3-10; S. Thomas, lect.4, nn.1798-1801.

철학자는 『니코마코스 윤리학』 제9권[5]에서, 우정의 다섯 가지 고유한 특징들을 기초로 이를 증명한다. 모든 친구는 첫째로는 그의 친구가 존재하고 살기를 바란다. 둘째로는 그에게 선을 바란다. 셋째로는 그를 위하여 선을 행한다. 넷째로는 그와 함께 사는 것을 좋아한다. 다섯째로는 그와 일치하여 함께 기뻐하고 함께 슬퍼한다.[6] 이렇게 선인들은 내적 인간으로서 자신을 사랑한다. 그들은 자신들이 온전하게 보존되기를 바라고, 자신에게 선 곧 영적 선을 기원하며, 또한 이를 얻기 위하여 노력한다. 그들은 즐거이 자신의 마음속으로 들어가는데, 이는 그 안에서 현재의 선한 생각들과 과거의 선들에 대한 기억들과 미래의 선에 대한 희망을 발견하기 때문이고, 이들은 즐거움의 원인이 된다. 마찬가지로 그들은 자신들 안에서 의지들의 충돌을 겪지 않는데, 이는 그들의 영혼 전체가 오직 하나를 향하기 때문이다. 이와 반대로 악인들은 내적 인간의 온전성을 보존하려 하지 않으며, 자신의 영적 선을 갈망하지도 않고 이를 위해 노력하지도 않는다. 마음 안으로 들어가 자신과 함께 살기를 즐거워하지도 않는데, 이는 마음 안에서 그들이 혐오하는 현재와 과거와 미래의 악을 마주치게 되기 때문이다. 그들은 시편에서 말하듯이 양심의 괴로움으로 인하여 자신과 조화를 이루지도 않는다. [시편 50(49)편 21절에서 말하듯이] "너를 벌하리라. 네 눈앞에 네 행실을 펼쳐 놓으리라."-이로써, 악인들은 외적 인간의 부패에 따라 자신을 사랑한다는 것이 입증된다. 선인들은 이러한 방식으로는 자신을 사랑하지 않는다.[7]

---

6. Cf. q.27, a.2, obj.3 et ad3; III, q.75, a.1; *ScG*, IV, cc.21-22.
7. Cf. I-II, q.77, a.4; q.84, a.2, ad3.

AD PRIMUM ergo dicendum quod amor sui qui est principium peccati, est ille qui est proprius malorum, perveniens *usque ad contemptum Dei*, ut ibi dicitur, quia mali sic etiam cupiunt exteriora bona quod spiritualia contemnunt.

AD SECUNDUM dicendum quod naturalis amor, etsi non totaliter tollatur a malis, tamen in eis pervertitur per modum iam[8] dictum.

AD TERTIUM dicendum quod mali, inquantum aestimant se bonos, sic aliquid participant de amore sui. Nec tamen ista est vera sui dilectio, sed apparens. Quae etiam non est possibilis in his qui valde sunt mali.

Articulus 8
Utrum sit de necessitate caritatis ut inimici diligantur

Ad octavum sic proceditur. Videtur quod non sit de necessitate caritatis ut inimici diligantur.

1. Dicit enim Augustinus, *in Enchirid.*,[1] quod *hoc tam magnum bonum*, scilicet diligere inimicos, *non est tantae multitudinis quantam credimus exaudiri cum in oratione dicitur, «Dimitte nobis debita nostra»*. Sed nulli dimittitur peccatum sine caritate, quia,

---

8. 답변.

[해답] 1. 죄의 원리인 자신에 대한 사랑은 악인들의 고유한 사랑으로서, 위의 단락에서 말하듯이 "하느님을 경멸하는 데에까지" 이른다. 악인들은 외적 선을 갈망하여 영적 선을 무시하기까지 하기 때문이다.

2. 악인들에게서 본성적 사랑은 완전히 제거되지 않지만, 이미[8] 말한 바와 같이 타락한다.

3. 악인들은 스스로 선하다고 여긴다는 점에서 어떤 식으로 자신에 대한 사랑에 참여한다. 그러나 이는 자신에 대한 참된 사랑이 아니라 외견상의 사랑이다. 매우 악한 이들에게서는 그러한 사랑도 불가능하다.

제8절 원수들을 참사랑으로 사랑해야 하는가?

Parall.: Infra, q.83, a.3; *In Sent.*, III, d.30, q.1, a.2; *De caritate*, a.8; *De duo. praecep. char.*, c. De Dilect. Prox.; *De perf. vitae spir.*, c.14.

[반론] 여덟째에 대해서는 다음과 같이 진행된다. 참사랑은 원수(怨讐, inimicus)들을 사랑하기를 요구하지 않는 것으로 생각된다.

1. 아우구스티누스는 『라우렌티우스에게 보낸 길잡이』[1]에서 원수를 사랑하는 것은 "너무 큰 선이어서, 기도에서 '저희 죄를 용서하시고'라고 말할 때에 이를 들어주신다고 믿는 모든 이들에게 해당되는 것이 아니다."라고 말한다. 그러나 참사랑이 없다면 누구에게도 죄가

---

1. c.73: PL 40, 266.

ut dicitur *Proverb.* 10, [12], *universa delicta operit caritas.* Ergo non est de necessitate caritatis diligere inimicos.

2. Praeterea, caritas non tollit naturam. Sed unaquaeque res, etiam irrationalis, naturaliter odit suum contrarium, sicut ovis lupum, et aqua ignem. Ergo caritas non facit quod inimici diligantur.

3. Praeterea, *caritas non agit perperam.*[2] Sed hoc videtur esse perversum quod aliquis diligat inimicos, sicut et quod aliquis odio habeat amicos, unde II *Reg.* 19, [6] exprobrando dicit Ioab ad David: *Diligis odientes te, et odio habes diligentes te.* Ergo caritas non facit ut inimici diligantur.

Sed contra est quod Dominus dicit, Matth. 5, [44]: *Diligite inimicos vestros.*

Respondeo dicendum quod dilectio inimicorum tripliciter potest considerari. Uno quidem modo, ut inimici diligantur inquantum sunt inimici. Et hoc est perversum et caritati repugnans, quia hoc est diligere malum alterius.

Alio modo potest accipi dilectio inimicorum quantum ad naturam, sed in universali. Et sic dilectio inimicorum est de necessitate caritatis, ut scilicet aliquis diligens Deum et

용서되지 않는다. 잠언 10장 [12절]에서는 "참사랑은 모든 허물을 덮어 준다."고 말하기 때문이다. 그러므로 참사랑은 반드시 원수를 사랑하기를 요구하지 않는다.

2. 참사랑은 본성을 제거하지 않는다. 그런데 모든 사물은 비이성적 사물이라 하더라도 양이 늑대를 미워하고 물이 불을 미워하듯이 본성적으로 자신에게 반대되는 것을 미워한다. 그러므로 참사랑은 원수를 사랑하게 하지 않는다.

3. "사랑은 그릇되게 행하지 않는다."[2] 그런데 원수를 사랑하는 것은 친구를 미워하는 것과 마찬가지로 그릇되게 보인다. 그래서 사무엘기 하권 19장 [7절]에서 요압은 다윗을 나무라며 "임금님께서는 임금님을 미워하는 자들을 사랑하시고, 임금님을 사랑하는 이들을 미워하십니다."라고 말한다. 그러므로 참사랑은 원수를 사랑하게 하지 않는다.

[재반론] 그러나 반대로 주님은 마태오복음서 5장 [44절]에서 "너희는 원수를 사랑하여라."라고 말씀하신다.

[답변] 원수에 대한 사랑은 세 가지로 고찰될 수 있다. 그 첫째는 원수를 원수로서 사랑하는 것이다. 그리고 이것은 사악한 것이며 참사랑을 거스르는 것이다. 이것이 다른 사람의 악을 사랑하는 것이기 때문이다.

둘째로는 원수에 대한 사랑을 일반적으로, 본성에 대한 사랑으로 이해하는 것이다. 이러한 원수에 대한 사랑은 참사랑에 의하여 요구

---

2. 1코린 13,4.

proximum ab illa generalitate dilectionis proximi inimicos suos non excludat.³

Tertio modo potest considerari dilectio inimicorum in speciali, ut scilicet aliquis in speciali moveatur motu dilectionis ad inimicum. Et istud non est de necessitate caritatis absolute, quia nec etiam moveri motu dilectionis in speciali ad quoslibet homines singulariter est de necessitate caritatis, quia hoc esset impossibile. Est tamen de necessitate caritatis secundum praeparationem animi, ut scilicet homo habeat animum paratum ad hoc quod in singulari inimicum diligeret si necessitas occurreret.

Sed quod absque articulo necessitatis homo etiam hoc actu impleat ut diligat inimicum propter Deum, hoc pertinet ad perfectionem caritatis. Cum enim ex caritate diligatur proximus propter Deum, quanto aliquis magis diligit Deum, tanto etiam magis ad proximum dilectionem ostendit, nulla inimicitia impediente. Sicut si aliquis multum diligeret aliquem hominem, amore ipsius filios eius amaret etiam sibi inimicos.—Et secundum hunc modum loquitur Augustinus.

Unde patet responsio AD PRIMUM.

AD SECUNDUM dicendum quod unaquaeque res naturaliter odio habet id quod est sibi contrarium inquantum est sibi contrarium. Inimici autem sunt nobis contrarii inquantum

된다. 곧 하느님과 이웃을 사랑하는 사람은 이웃에 대한 그 일반적 사랑에서 자신의 원수를 배제하지 않아야 한다.[3]

셋째로는 원수에 대한 사랑을 개별적으로 고찰할 수 있다. 어떤 사람이 원수에 대해서 특수한 사랑의 움직임으로 움직여지는 것이다. 이것은 참사랑으로부터 절대적으로 요구되는 것이 아니다. 참사랑은 어떤 사람이 개별적으로 모든 사람을 특수하게 사랑하도록 하는 것도 아니기 때문이다. 그것은 불가능한 일일 것이다. 그러나 참사랑은 영혼의 준비로서는 이를 요구한다. 곧 인간은 필요한 경우 자신의 원수를 개별적으로 사랑하고자 하는 영혼의 준비를 갖추어야 하는 것이다.

그러나 필요한 경우가 아닌데도 인간이 하느님으로 인하여 실제적으로 원수를 사랑한다면, 이는 참사랑의 완전성에 속한다. 참사랑으로 하느님으로 인하여 이웃을 사랑하게 된다면, 하느님을 더 많이 사랑할수록 원수 관계가 있다 하더라도 이웃에 대한 사랑을 보이게 될 것이다. 이는 어떤 사람을 많이 사랑한다면 그에 대한 사랑으로 그 자녀들이 비록 원수라 하더라도 사랑하게 되는 것과 같다.-아우구스티누스는 이러한 의미에서 말한 것이다.

[해답] 1. 첫째에 대해서는 대답이 명백하다.

2. 모든 사물은 본성적으로 자신에 반대되는 것을 그것이 자신에 반대되는 것인 한에서 미워한다. 그런데 원수는 원수인 한에서 우리에게 반대된다. 그러므로 우리는 그들에게서 이를 미워해야 한다. 그

---

3. Cf. a.9, Resp.

sunt inimici. Unde hoc debemus in eis odio habere, debet enim nobis displicere quod nobis inimici sunt. Non autem sunt nobis contrarii inquantum homines sunt et beatitudinis capaces. Et secundum hoc debemus eos diligere.

AD TERTIUM dicendum quod diligere inimicos inquantum sunt inimici, hoc est vituperabile. Et hoc non facit caritas, ut dictum est.[4]

Articulus 9
Utrum sit de necessitate caritatis quod aliquis signa et effectus dilectionis inimico exhibeat

Ad nonum sic proceditur. Videtur quod de necessitate caritatis sit quod aliquis homo signa vel effectus dilectionis inimico exhibeat.

1. Dicitur enim I Ioan. 3, [18]: *Non diligamus verbo neque lingua,* sed opere et veritate. Sed opere diligit aliquis exhibendo ad eum quem diligit signa et effectus dilectionis. Ergo de necessitate caritatis est ut aliquis huiusmodi signa et effectus inimicis exhibeat.

2. Praeterea, Matth. 5, [44] Dominus simul dicit: *Diligite inimicos vestros, et, benefacite his qui oderunt vos.* Sed diligere inimicos est de necessitate caritatis. Ergo et benefacere inimicis.

---
4. 답변.

들이 우리의 원수라는 것은 우리의 뜻에 맞지 않기 때문이다. 그러나 그들이 인간이고 참행복에 참여할 수 있다는 점에서는 우리에게 반대되지 않는다. 이에 따라서는 우리는 그들을 사랑해야 한다.

3. 원수를 원수인 한에서 사랑하는 것은 비난받을 일이다. 앞서[4] 말한 바와 같이 참사랑은 그렇게 만들지 않는다.

제9절 원수들에게 우정의 표지를 보여야 하는가?

Parall.: Infra, q.83, a.8; *In Sent.*, III, d.30, q.1, a.2; *De virtutibus*, a.8; *De duo. praecep. char.*, c. De Dilect. Prox.; *De perf. vitae spir.*, c. 14.

[반론] 아홉째에 대해서는 다음과 같이 진행된다. 참사랑은 원수에게 반드시 사랑의 표지나 결과를 보여 주는 것을 요구하는 것으로 생각된다.

1. 요한 1서 3장 [18절]에서는 "말과 혀로 사랑하지 말고 행동으로 진리 안에서 사랑합시다."라고 말한다. 그런데 행동으로 사랑하는 것은 사랑하는 사람에게 사랑의 표지 또는 결과를 보여 줌으로써 이루어진다. 그러므로 참사랑은 반드시 원수에게 표지와 결과를 보여 주는 것을 요구한다.

2. 마태오복음서 5장 [44절]에서 주님은 동시에 "너희는 원수를 사랑하여라." 그리고 "너희를 미워하는 자들에게 은혜를 베풀어라."라고 말씀하신다. 그러나 이웃을 사랑하는 것은 참사랑으로부터 요구된다. 그러므로 그들에게 은혜를 베푸는 것도 그러하다.

3. Praeterea, caritate amatur non solum Deus, sed etiam proximus. Sed Gregorius dicit, in homilia *Pentecostes*,[1] quod *amor Dei non potest esse otiosus, magna enim operatur, si est; si desinit operari, amor non est*. Ergo caritas quae habetur ad proximum non potest esse sine operationis effectu. Sed de necessitate caritatis est ut omnis proximus diligatur, etiam inimicus. Ergo de necessitate caritatis est ut etiam ad inimicos signa et effectus dilectionis extendamus.

SED CONTRA est quod Matth. 5, [44], super illud, *Benefacite his qui oderunt vos*, dicit Glossa[2] quod *benefacere inimicis est cumulus perfectionis*. Sed id quod pertinet ad perfectionem caritatis non est de necessitate ipsius. Ergo non est de necessitate caritatis quod aliquis signa et effectus dilectionis inimicis exhibeat.

RESPONDEO dicendum quod effectus et signa caritatis ex interiori dilectione procedunt et ei proportionantur. Dilectio autem interior ad inimicum in communi quidem est de necessitate praecepti absolute; in speciali autem non absolute, sed secundum praeparationem animi, ut supra[3] dictum est. Sic igitur dicendum est de effectu vel signo dilectionis exterius exhibendo. Sunt enim quaedam beneficia vel signa dilectionis quae exhibentur proximis in communi, puta cum aliquis orat

---

1. Homil. 30 *in Evang.*, n.2: PL 76, 1221 B.

3. 하느님만을 참사랑으로 사랑하는 것이 아니라 이웃도 그러하다. 그런데 그레고리우스는 『성령강림절』[1]에서 "하느님에 대한 사랑은 한가할 수 없으며, 그 사랑이 있다면 위대한 행위를 한다. 행위를 멈춘다면 그것은 사랑이 아니다."라고 말한다. 그러므로 이웃에 대한 참사랑도 결과의 작용이 없을 수 없다. 오히려 참사랑은 원수라 하더라도 모든 이웃을 사랑할 것을 요구한다. 그러므로 사랑은 우리가 원수에게도 사랑의 표지와 결과들을 보일 것을 요구한다.

[재반론] 그러나 반대로 마태오복음서 5장 [44절]의 "너희를 미워하는 자들에게 은혜를 베풀어라."라는 말씀에 대하여 주해[2]에서는 "원수에게 은혜를 베푸는 것은 완전성의 절정"이라고 말한다. 그런데 참사랑의 완전성에 속하는 것은 참사랑의 필수적인 부분은 아니다. 그러므로 참사랑은 원수에게 사랑의 표지와 결과를 보여 주기를 반드시 요구하는 것은 아니다.

[답변] 참사랑의 결과와 표지들은 내적인 사랑에서 나오며 그 사랑에 비례한다. 그런데 원수에 대한 내적인 사랑은 일반적으로는 절대적으로 계명으로 요구되지만, 개별적으로는 절대적으로 요구되지 않으며 위에서[3] 말한 바와 같이 영혼의 준비로서만 요구된다. 외적으로 보여 주는 사랑의 결과 또는 표지에 대해서도 마찬가지로 말해야 한다. 이들은 예를 들어 어떤 사람이 모든 신자들을 위하여 또는 백성 전체를 위하여 기도할 때, 또는 공동체 전체에게 은혜를 베풀 때

---

2. Ordin.: PL 114, 97 D-98 A.
3. a.8.

pro omnibus fidelibus vel pro toto populo, aut cum aliquod beneficium impendit aliquis toti communitati. Et talia beneficia vel dilectionis signa inimicis exhibere est de necessitate praecepti, si enim non exhiberentur inimicis, hoc pertineret ad livorem vindictae, contra id quod dicitur *Levit.* 19, [18]: *Non quaeres ultionem; et non eris memor iniuriae civium tuorum.*[4]

Alia vero sunt beneficia vel dilectionis signa quae quis exhibet particulariter aliquibus personis. Et talia beneficia vel dilectionis signa inimicis exhibere non est de necessitate salutis nisi secundum praeparationem animi, ut scilicet subveniatur eis in articulo necessitatis, secundum illud *Proverb.* 25, [21]: *Si esurierit inimicus tuus, ciba illum, si sitit, da illi potum.*[5]—Sed quod praeter articulum necessitatis huiusmodi beneficia aliquis inimicis exhibeat, pertinet ad perfectionem caritatis, per quam aliquis non solum cavet *vinci a malo*, quod necessitatis est, sed etiam vult *in bono vincere malum*,[6] quod est etiam perfectionis, dum scilicet non solum cavet propter iniuriam sibi illatam detrahi ad odium; sed etiam propter sua beneficia inimicum intendit pertrahere ad suum amorem.

Et per hoc patet responsio AD OBIECTA.

---

4. Vulgata: Non quaeras ultionem nec momor eris, etc.
5. Vulgata: si sitierit, da ei aquam bibere. Cf. 로마 12,20.

와 같이 일반적으로 이웃에게 보이는 사랑의 은혜 또는 표지들이다. 그러한 은혜 또는 사랑의 표지를 원수들에게 보이는 것은 계명에 의하여 필수적으로 요구된다. 만일 원수에게 이를 보이지 않는다면 그것은 복수의 악의에 속하고, 이에 대하여 레위기 19장 [18절]에서는 "너희는 동포에게 앙갚음하거나 앙심을 품어서는 안 된다."[4]라고 말한다.

그러나 어떤 사람들에게 개별적으로 보여야 하는 은혜 또는 사랑의 표지는 이와 다르다. 이러한 은혜 또는 사랑의 표지를 원수들에게 보이는 것은 구원에 필요한 것이 아니라 오직 영혼의 준비로서, 곧 필요한 경우에 그들을 돕는 것으로서만 필요하다. 잠언 25장 [21절]에서는 "네 원수가 주리거든 먹을 것을 주고 목말라하거든 물을 주어라."[5]라고 말한다.-그러나 필요한 경우가 아닐 때에 원수에게 이러한 호의를 베푸는 것은 참사랑의 완전성에 속한다. 이로써 악에 굴복 당하지 않는데 그것은 필수적인 것이고, 더 나아가서 "선으로 악을 굴복"[6]시키기를 원한다. 이것은 완전성에 속한다. 이로써 자신이 겪은 불의로 인하여 미움에 떨어지는 것을 피할 뿐만 아니라, 자신의 은혜로 인하여 원수가 그를 사랑하게 하고자 하는 것이다.

이로써 반론에 대한 대답은 분명하다.

---

6. 로마 12,21.

Articulus 10
Utrum debeamus angelos ex caritate diligere

Ad decimum sic proceditur. Videtur quod angelos non debeamus ex caritate diligere.

1. Ut enim Augustinus dicit, in libro *de Doct. Christ.*,[1] *gemina est dilectio caritatis, scilicet Dei et proximi.* Sed dilectio angelorum non continetur sub dilectione Dei, cum sint substantiae creatae, nec etiam videtur contineri sub dilectione proximi, cum non communicent nobiscum in specie. Ergo angeli non sunt ex caritate diligendi.

2. Praeterea, magis conveniunt nobiscum bruta animalia quam angeli, nam nos et bruta animalia sumus in eodem genere propinquo. Sed ad bruta animalia non habemus caritatem, ut supra[2] dictum est. Ergo etiam neque ad angelos.

3. Praeterea, *nihil est ita proprium amicorum sicut convivere*, ut dicitur in VIII *Ethic.*[3] Sed angeli non convivunt nobiscum, nec etiam eos videre possumus. Ergo ad eos caritatis amicitiam habere non valemus.

Sed contra est quod Augustinus dicit, in I *de Doct. Christ.*:[4]

---

1. I, c.26: PL 34, 29.
2. a.3.

제10절 천사들을 참사랑으로 사랑해야 하는가?

Parall.: *In Sent.*, III, d.28, q.1, a.3; *De caritate*, a.7, ad9; *In Ep. ad Rom.*, c.13, lect.2.

[반론] 열째에 대해서는 다음과 같이 진행된다. 천사(天使, angelus)들은 참사랑으로 사랑해야 하는 것이 아니라고 생각된다.

1. 아우구스티누스가 『그리스도교 교양』[1]에서 말하듯이 "참사랑의 사랑은 이중적이어서, 하느님에 대한 사랑과 이웃에 대한 사랑이 있다." 그런데 천사들은 창조된 실체이므로 천사들에 대한 사랑은 하느님에 대한 사랑에 포함되지 않으며, 우리와 함께 같은 종에 속하지 않으므로 이웃에 대한 사랑에도 포함되지 않는 것으로 생각된다. 그러므로 천사들은 참사랑으로 사랑해야 하는 것이 아니다.

2. 짐승들은 천사들보다 우리에게 더 가깝다. 우리와 짐승들은 같은 유에 속하기 때문이다. 그러나 위에서[2] 말한 바와 같이 우리는 짐승들에 대해 참사랑을 지니지 않는다. 그러므로 천사들에 대해서도 우리는 참사랑을 지니지 않는다.

3. 『니코마코스 윤리학』 제8권[3]에서 말하듯이 "함께 사는 것보다 우정에 더 고유한 것은 없다." 그러나 천사들은 우리와 함께 살지 않고, 우리는 그들을 볼 수도 없다. 그러므로 우리는 그들에게 참사랑을 지닐 수 없다.

[재반론] 그러나 반대로 아우구스티누스가 『그리스도교 교양』 제1권[4]

---

3. c.6, 1157b19-24; S. Thomas, lect.5, n.1600.
4. c.30, n.33: PL 34, 31.

Iam vero si vel cui praebendum, vel a quo nobis praebendum est officium misericordiae, recte proximus dicitur; manifestum est praecepto quo iubemur diligere proximum, etiam sanctos angelos contineri, a quibus multa nobis misericordiae impenduntur officia.

RESPONDEO dicendum quod amicitia caritatis, sicut supra[5] dictum est, fundatur super communicatione beatitudinis aeternae, in cuius participatione communicant cum Angelis homines, dicitur enim Matth. 22, [30] quod *in resurrectione erunt homines sicut angeli in caelo*. Et ideo manifestum est quod amicitia caritatis etiam ad angelos se extendit.

AD PRIMUM ergo dicendum quod proximus non solum dicitur communicatione speciei, sed etiam communicatione beneficiorum pertinentium ad vitam aeternam; super qua communicatione amicitia caritatis fundatur.[6]

AD SECUNDUM dicendum quod bruta animalia conveniunt nobiscum in genere propinquo ratione naturae sensitivae, secundum quam non sumus participes aeternae beatitudinis, sed secundum mentem rationalem; in qua communicamus cum angelis.

AD TERTIUM dicendum quod angeli non convivunt nobis exteriori conversatione, quae nobis est secundum sensitivam naturam. Convivimus tamen angelis secundum mentem, imperfecte quidem in hac vita, perfecte autem in patria, sicut et supra[7] dictum est.

에서 말하듯이, "우리가 자비를 베풀 임무가 있거나 우리에게 자비를 베풀어야 하는 임무가 있는 사람이 이웃이라고 일컬어진다면, 이웃 사랑의 계명은 거룩한 천사들을 포함하는 것이 분명하다. 그들이 우리에게 많은 사랑의 임무들을 행하기 때문이다."

[답변] 위에서⁵ 말한 바와 같이 사랑의 우정은 영원한 참행복의 공유에 기초하는데, 인간은 천사들과 함께 거기에 참여한다. 마태오복음서 22장 [30절]에서는 "부활 때에는 하늘에 있는 천사들과 같아진다."고 말한다. 그러므로 참사랑의 우정은 천사들에게도 확장되는 것이 분명하다.

[해답] 1. 이웃은 같은 종에 속하는 것만을 지칭하지 않고, 영원한 생명에 속하는 은혜의 공유로도 이웃이라고 일컬어질 수 있다. 참사랑의 우정은 이러한 공유에 기초한다.⁶

2. 짐승들은 감각적 본성으로 인하여 우리와 가까운 유에 속하는데, 우리가 영원한 참행복에 참여하는 것은 감각적 본성에 따라서가 아니라 이성적 정신에 따라서이고, 우리는 이를 천사들과 공유한다.

3. 천사들은 우리가 감각적 본성에 따라 지니고 있는 외적인 교제로 우리와 함께 살지 않는다. 그러나 우리는 정신에 따라서는 천사들과 함께 산다. 위에서⁷ 말한 바와 같이 현세의 삶에서는 불완전하게, 본향에서는 완전하게 그들과 함께 살게 될 것이다.

---

5. aa.3 et 6; q.23, aa.1 et 5.
6. "천사들은 본성적 삶에서 종에 관한 것을 우리와 공유하지 않으며, 이성적 본성의 유에 속한 것만을 공유한다. 그러나 영광의 삶에서 우리는 그들과 공유할 수 있다."(*De caritate*, a.7, ad9.)
7. q.23, a.1, ad1.

Articulus 11
Utrum debeamus Daemones ex caritate diligere

Ad undecimum sic proceditur. Videtur quod Daemones ex caritate debeamus diligere.

1. Angeli enim sunt nobis proximi inquantum communicamus cum eis in rationali mente. Sed etiam Daemones sic nobiscum communicant, quia data naturalia in eis manent integra, scilicet esse, vivere et intelligere, ut dicitur in 4 cap. *de Div. Nom.*[1] Ergo debemus Daemones ex caritate diligere.

2. Praeterea, Daemones differunt a beatis angelis differentia peccati, sicut et peccatores homines a iustis. Sed iusti homines ex caritate diligunt peccatores. Ergo etiam ex caritate debent diligere Daemones.

3. Praeterea, illi a quibus beneficia nobis impenduntur debent a nobis ex caritate diligi tanquam proximi, sicut patet ex auctoritate Augustini *supra*[2] inducta. Sed Daemones nobis in multis sunt utiles, dum *nos tentando nobis coronas fabricant*, sicut Augustinus dicit, XI *de Civ. Dei*.[3] Ergo Daemones sunt ex caritate diligendi.

---

1. PG 3, 725 C; S. Thomas, lect.19, n.541.
2. a.10, sc.

제11절 마귀들을 참사랑으로 사랑해야 하는가?

Parall.: *In Sent.*, III, d.28, q.1, a.5; d.31, q.2, a.3, qc.1; *De caritate*, a.8, ad9; *In Ep. ad Rom.*, c.13, lect.2.

[반론] 열한째에 대해서는 다음과 같이 진행된다. 마귀(魔鬼, daemon)들을 참사랑으로 사랑해야 하는 것으로 생각된다.

1. 천사들은 우리가 이성적 정신을 그들과 공유한다는 점에서 우리에게 이웃이 된다. 그런데 악마들 역시 그렇게 우리와 공유한다. 『신명론』 제4장¹에서 말하듯이 그들 안에 본성적 선물들 곧 존재, 삶, 이해가 온전히 남아 있기 때문이다. 그러므로 우리는 마귀들을 참사랑으로 사랑해야 한다.

2. 죄인인 사람들이 의인들과 차이가 나는 것과 마찬가지로 마귀들은 죄의 차이로 인하여 복된 천사들과 차이가 난다. 그런데 의로운 사람들은 참사랑으로 죄인들을 사랑한다. 그러므로 그들은 마귀들도 참사랑으로 사랑해야 한다.

3. 위에서² 인용한 아우구스티누스의 권위로부터 분명히 드러나듯이 우리에게 은혜를 베푸는 이들을 우리는 이웃으로서 참사랑으로 사랑해야 한다. 그런데 마귀들은 많은 점들에서 우리에게 유익하다. 아우구스티누스가 『신국론』 제11권³에서 말하듯이 그들은 "우리를 유혹함으로써 우리의 화관을 만든다." 그러므로 마귀들을 참사랑으로 사랑해야 한다.

---

3. Cf. Bernardus, In Canti., serm.17, n.6: PL 183, 858 A.

q.25, a.11

SED CONTRA est quod dicitur Isaiae 28, [18]: *Delebitur foedus vestrum cum morte, et pactum vestrum cum Inferno non stabit.* Sed perfectio pacis et foederis est per caritatem.[4] Ergo ad Daemones, qui sunt Inferni incolae et mortis procuratores, caritatem habere non debemus.

RESPONDEO dicendum quod, sicut supra[5] dictum est, in peccatoribus ex caritate debemus diligere naturam, peccatum odire. In nomine autem Daemonis significatur natura peccato deformata. Et ideo Daemones ex caritate non sunt diligendi.

Et si non fiat vis in nomine, et quaestio referatur ad illos spiritus qui Daemones dicuntur, utrum sint ex caritate diligendi, respondendum est, secundum praemissa,[6] quod aliquid ex caritate diligitur dupliciter. Uno modo, sicut ad quem amicitia habetur. Et sic ad illos spiritus caritatis amicitiam habere non possumus. Pertinet enim ad rationem amicitiae ut amicis nostris bonum velimus. Illud autem bonum vitae aeternae quod respicit caritas, spiritibus illis a Deo aeternaliter damnatis ex caritate velle non possumus, hoc enim repugnaret caritati Dei, per quam eius iustitiam approbamus.

Alio modo diligitur aliquid sicut quod volumus permanere ut bonum alterius, per quem modum ex caritate diligimus irrationales creaturas, inquantum volumus eas permanere ad gloriam Dei et utilitatem hominum, ut supra[7] dictum est. Et per

[재반론] 그러나 반대로 이사야서 28장 [18절]에서는 "죽음과 맺은 너희의 계약은 파기되고 저승과 맺은 협약은 유지되지 못하리라."고 말한다. 그런데 평화와 계약의 완성은 참사랑으로 이루어진다.[4] 그러므로 지옥의 주민이며 죽음의 관리자인 마귀들에 대해서는 참사랑을 지니지 말아야 한다.

[답변] 위에서[5] 말한 바와 같이, 우리는 죄인들에게서 참사랑으로 그 본성은 사랑하고 죄는 미워해야 한다. 그런데 마귀라는 단어는 죄에 의하여 손상된 본성을 지칭한다. 그러므로 마귀들은 참사랑으로 사랑하지 말아야 한다.

그러나 이름을 강조하지 않고 마귀들이라고 일컬어지는 그 영들에 대해서 그들을 참사랑으로 사랑해야 하는가 묻는다면, 앞에서[6] 말한 바에 따라 참사랑으로 사랑하는 데에는 두 가지 방법이 있다고 대답해야 한다. 그 첫째는 우정의 대상으로서 사랑하는 것이다. 이러한 방식으로는 우리는 그 영들에게 우정을 지닐 수 없다. 우정은 우리가 우리 친구들에게 선을 바라게 하는데, 하느님으로부터 영원히 단죄 받은 영들에게 우리는 참사랑이 바라는 영원한 생명의 선을 원할 수 없다. 그것은 우리에게 하느님의 정의를 인정하게 하는 하느님에 대한 참사랑에 상반되는 것이 될 것이다.

둘째로 우리는 어떤 것이 다른 사람의 선이 되도록 그것이 보존되기를 원함으로써 그것을 사랑할 수 있다. 위에서[7] 말한 바와 같이 이

---

4. Cf. q.29, a.3.
5. a.6.
6. aa.2-3.
7. a.3.

hunc modum et naturam Daemonum etiam ex caritate diligere possumus, inquantum scilicet volumus illos spiritus in suis naturalibus conservari ad gloriam Dei.

AD PRIMUM ergo dicendum quod mens angelorum non habet impossibilitatem ad aeternam beatitudinem habendam, sicut habet mens Daemonum. Et ideo amicitia caritatis, quae fundatur super communicatione vitae aeternae magis quam super communicatione naturae, habetur ad angelos, non autem ad Daemones.

AD SECUNDUM dicendum quod homines peccatores in hac vita habent possibilitatem perveniendi ad beatitudinem aeternam. Quod non habent illi qui sunt in Inferno damnati; de quibus, quantum ad hoc, est eadem ratio sicut et de Daemonibus.

AD TERTIUM dicendum quod utilitas quae nobis ex Daemonibus provenit non est ex eorum intentione, sed ex ordinatione divinae providentiae.[8] Et ideo ex hoc non inducimur ad habendum amicitiam eorum, sed ad hoc quod simus Deo amici, qui eorum perversam intentionem convertit in nostram utilitatem.

러한 방식으로 우리는 참사랑으로 비이성적 피조물들을 그것이 하느님의 영광과 인간의 유익을 위하여 보존되기를 바람으로써 그것을 사랑한다. 그러한 방식으로는 그 영들이 하느님의 영광을 위하여 그들의 본성을 보존하기를 바란다는 점에서 마귀들의 본성도 참사랑으로 사랑할 수 있다.

[해답] 1. 천사들의 정신은 마귀들의 정신처럼 영원한 참행복을 소유하는 것이 불가능하지 않다. 그러므로 본성의 공유보다 영원한 생명의 공유에 기초하는 참사랑의 우정은 천사들에 대해서는 지닐 수 있지만 마귀들에 대해서는 지닐 수 없다.

2. 죄인인 사람들은 현세의 삶에서 영원한 참행복에 도달할 수 있는 가능성을 지니고 있으나, 지옥의 단죄 받은 이들은 그 가능성을 갖고 있지 않다. 이들은 이 점에 있어서 마귀들과 같은 처지에 있다.

3. 마귀들로부터 우리에게 오게 되는 유익은 그들의 지향에서 나오는 것이 아니라 하느님 섭리의 안배에서 오는 것이다.[8] 그러므로 우리는 그 유익 때문에 그들에게 우정을 갖게 되지 않으며 오히려 그들의 그릇된 지향을 우리의 유익으로 바꾸어 놓으시는 하느님의 친구들이 되게 된다.

---

8. Cf. I, q.114, a.1.

Articulus 12
Utrum convenienter enumerentur quatuor ex caritate diligenda: scilicet Deus, proximus, corpus nostrum et nos ipsi

Ad duodecimum sic proceditur. Videtur quod inconvenienter enumerentur quatuor ex caritate diligenda, scilicet Deus, proximus, corpus nostrum et nos ipsi.

1. Ut enim Augustinus dicit, *super Ioan.*,[1] *qui non diligit Deum, nec seipsum diligit.* In Dei ergo dilectione includitur dilectio sui ipsius. Non ergo est alia dilectio sui ipsius, et alia dilectio Dei.

2. Praeterea, pars non debet dividi contra totum. Sed corpus nostrum est quaedam pars nostri. Non ergo debet dividi, quasi aliud diligibile, corpus nostrum a nobis ipsis.

3. Praeterea, sicut nos habemus corpus, ita etiam et proximus. Sicut ergo dilectio qua quis diligit proximum, distinguitur a dilectione qua quis diligit seipsum; ita dilectio qua quis diligit corpus proximi, debet distingui a dilectione qua quis diligit corpus suum. Non ergo convenienter distinguuntur quatuor ex caritate diligenda.

SED CONTRA est quod Augustinus dicit, in I *de Doct. Christ.*:[2] *Quatuor sunt diligenda, unum quod supra nos est, scilicet Deus;*

---

1. Tract.39, n.3; super 15, 12: PL 35, 1846.

제12절 참사랑으로 사랑해야 하는 대상을 하느님, 이웃, 우리의 육체와 우리 자신의 네 가지로 열거하는 것이 적절한가?

Parall.: *In Sent.*, III, d.28, q.1, a.7; *De caritate*, a.7.

[반론] 열두째에 대해서는 다음과 같이 진행된다. 참사랑으로 사랑해야 하는 대상을 하느님, 이웃, 우리의 육체와 우리 자신의 네 가지로 열거하는 것은 부적절한 것으로 생각된다.

  1. 아우구스티누스가 『요한복음서 강해』[1]에서 말하듯이, "하느님을 사랑하지 않는 사람은 자신도 사랑하지 않는다." 그러므로 자신에 대한 사랑은 하느님에 대한 사랑에 포함된다. 그러므로 자신에 대한 사랑과 하느님에 대한 사랑은 서로 다른 것이 아니다.

  2. 부분은 전체와 구분하지 않아야 한다. 그런데 우리의 육체는 우리의 일부이다. 그러므로 우리의 육체는 사랑할 수 있는 것으로서 우리 자신과 구분되지 말아야 한다.

  3. 우리가 육체를 갖고 있듯이 우리의 이웃도 그러하다. 그러므로 이웃을 사랑하는 사랑이 자신을 사랑하는 사랑으로부터 구별되듯이, 이웃의 육체를 사랑하는 사랑은 자신의 육체를 사랑하는 사랑과 구별되어야 한다. 그러므로 참사랑으로 사랑해야 하는 네 가지를 구별하는 것은 적절하지 않다.

[재반론] 그러나 반대로 아우구스티누스는 『그리스도교 교양』 제1권[2]에서 이렇게 말한다. "사랑해야 하는 것은 네 가지이다. 그 첫째는 우

---

2. c.23, n.22: PL 34, 27.

alterum quod nos sumus; tertium quod iuxta nos est, scilicet proximus; *quartum quod infra nos est,* scilicet proprium corpus.

Respondeo dicendum quod, sicut dictum est,[3] amicitia caritatis super communicatione beatitudinis fundatur. In qua quidem communicatione unum quidem est quod consideratur ut principium influens beatitudinem, scilicet Deus; aliud est beatitudinem directe participans, scilicet homo et angelus; tertium autem est id ad quod per quandam redundantiam beatitudo derivatur, scilicet corpus humanum. Id quidem quod est beatitudinem influens est ea ratione diligibile quia est beatitudinis causa. Id autem quod est beatitudinem participans potest esse duplici ratione diligibile, vel quia est unum nobiscum; vel quia est nobis consociatum in beatitudinis participatione. Et secundum hoc sumuntur duo ex caritate diligibilia, prout scilicet homo diligit et seipsum et proximum.

Ad primum ergo dicendum quod diversa habitudo diligentis ad diversa diligibilia facit diversam rationem diligibilitatis. Et secundum hoc, quia alia est habitudo hominis diligentis ad Deum et ad seipsum, propter hoc ponuntur duo diligibilia, cum dilectio unius sit causa dilectionis alterius. Unde, ea remota, alia removetur.

리 위에 있는 것" 곧 하느님이고 "둘째는 우리가 그것인 것, 셋째는 우리 옆에 있는 것" 곧 이웃이고 "넷째는 우리 아래 있는 것" 곧 우리의 육체이다.

[답변] 앞서[3] 말한 바와 같이 참사랑의 우정은 참행복의 공유에 기초한다. 그런데 그 공유에는 참행복의 원천인 근원으로 간주되는 것이 있는데 그것이 하느님이다. 또한 참행복에 직접적으로 참여하는 것이 있는데 그것이 인간과 천사이다. 셋째로는 참행복이 잉여적으로 그것을 향해 흘러드는 것이 있는데 그것이 인간의 육체이다. 참행복이 흘러나오는 그것은 참행복의 원인이기 때문에 사랑의 대상이 된다. 참행복에 참여하는 것은 두 가지 이유에서 사랑의 대상이 될 수 있다. 우리와 하나이기 때문에, 또는 참행복에 참여하는 데에서 우리와 결합되기 때문에 그러한 것이다. 이에 따라 두 가지가 참사랑에 의하여 사랑의 대상이 될 수 있는데, 인간은 자신과 이웃을 사랑하는 것이다.

[해답] 1. 다양한 사랑의 대상들에 대한 사랑하는 사람의 다양한 관계는 사랑의 대상이 되는 다양한 이유들이 있게 한다. 이에 따라, 사랑을 하는 인간의 하느님에 대한 관계와 자신에 대한 관계가 서로 다르므로, 사랑의 대상이 두 가지가 된다. 하느님에 대한 사랑은 자신에 대한 사랑의 원인이 된다. 그러므로 하느님에 대한 사랑이 없어지면 자신에 대한 사랑도 없어진다.

---

3. aa.3 et 6 et 10; q.23, aa.1 et 5.

AD SECUNDUM dicendum quod subiectum caritatis est mens rationalis quae potest beatitudinis esse capax,[4] ad quam corpus directe non attingit, sed solum per quandam redundantiam.[5] Et ideo homo secundum rationalem mentem, quae est principalis in homine, alio modo se diligit secundum caritatem, et alio modo corpus proprium.

AD TERTIUM dicendum quod homo diligit proximum et secundum animam et secundum corpus ratione cuiusdam consociationis in beatitudine. Et ideo ex parte proximi est una tantum ratio dilectionis. Unde corpus proximi non ponitur speciale diligibile.

---

4. Cf. I, q.12, a.4, ad3; I-II, q.3, a.8; q.5, a.1.
5. Cf. I-II, q.4, a.6.

2. 참사랑의 주체는 참행복을 누릴 수 있는 이성적 정신이며,[4] 육체는 직접적으로 이를 누릴 수 없고 오직 잉여적으로만 참행복에 참여할 수 있다.[5] 그러므로 인간은 인간 안에서 주된 요소인 이성적 정신에 따라서, 서로 다른 방식으로 참사랑으로 자신을 사랑하고 자신의 육체를 사랑한다.

3. 인간은 참행복에 함께 참여하는 이웃을 영혼에 따라서도 사랑하고 육체에 따라서도 사랑한다. 그러므로 이웃에게 있어 사랑의 이유는 하나뿐이다. 그러므로 이웃의 육체는 특수한 사랑의 대상으로 제시되지 않는다.

QUAESTIO XXVI
DE ORDINE CARITATIS
in tredecim articulos divisa

Deinde considerandum est de ordine caritatis.[1]

Et circa hoc quaeruntur tredecim.

Primo: utrum sit aliquis ordo in caritate.

Secundo: utrum homo debeat Deum diligere plus quam proximum.

Tertio: utrum plus quam seipsum.

Quarto: utrum se plus quam proximum.

Quinto: utrum homo debeat plus diligere proximum quam corpus proprium.

Sexto: utrum unum proximum plus quam alterum.

Septimo: utrum plus proximum meliorem, vel sibi magis coniunctum.

Octavo: utrum coniunctum sibi secundum carnis affinitatem, vel secundum alias necessitudines.

Nono: utrum ex caritate plus debeat diligere filium quam patrem.

Decimo: utrum magis debeat diligere matrem quam patrem.

제26문
참사랑의 질서
(전13절)

다음으로는 참사랑의 질서(秩序, ordo)에 대해 고찰해야 한다.[1]
이에 대해서는 열세 가지 문제가 제기된다.

1. 참사랑에 질서가 있는가?
2. 인간은 이웃보다 하느님을 더 사랑해야 하는가?
3. 자신보다 더 사랑해야 하는가?
4. 이웃보다 자신을 더 사랑해야 하는가?
5. 인간은 자신의 육체보다 이웃을 더 사랑해야 하는가?
6. 어떤 이웃을 다른 이웃보다 더 사랑해야 하는가?
7. 더 선한 이웃을 더 사랑해야 하는가, 또는 자신과 더 밀접한 사람을 더 사랑해야 하는가?
8. 혈연으로 더 밀접한 사람을 더 사랑해야 하는가, 또는 다른 관계에 따라 밀접한 사람을 더 사랑해야 하는가?
9. 참사랑으로 부모보다 자녀를 더 사랑해야 하는가?
10. 어머니를 아버지보다 더 사랑해야 하는가?

---

1. Cf. q.26, Introd.

Undecimo: utrum uxorem plus quam patrem vel matrem.
Duodecimo: utrum magis benefactorem quam beneficiatum.
Decimotertio: utrum ordo caritatis maneat in patria.

Articulus 1
Utrum in caritate sit ordo

Ad primum sic proceditur. Videtur quod in caritate non sit aliquis ordo.

1. Caritas enim quaedam virtus est. Sed in aliis virtutibus non assignatur aliquis ordo. Ergo neque in caritate aliquis ordo assignari debet.

2. Praeterea, sicuti fidei obiectum est prima veritas, ita caritatis obiectum est summa bonitas. Sed in fide non ponitur aliquis ordo, sed omnia aequaliter creduntur. Ergo nec in caritate debet poni aliquis ordo.

3. Praeterea, caritas in voluntate est. Ordinare autem non est voluntatis, sed rationis. Ergo ordo non debet attribui caritati.

SED CONTRA est quod dicitur *Cant.* 2, [4]: *Introduxit me rex in cellam vinariam; ordinavit in me caritatem.*[1]

11. 아내를 아버지나 어머니보다 더 사랑해야 하는가?
12. 자신에게 은혜를 베푸는 사람을 자신이 은혜를 베푸는 사람보다 더 사랑해야 하는가?
13. 참사랑의 질서는 본향에서도 유지되는가?

제1절 참사랑에 질서가 있는가?

Parall.: *In Sent.*, III, d.29, q.1, a.1; *De caritate*, a.9.

[반론] 첫째에 대해서는 다음과 같이 진행된다. 사랑에는 아무런 질서가 없는 것으로 생각된다.

1. 참사랑은 덕이다. 그런데 다른 덕들에는 어떤 질서가 할당되지 않는다. 그러므로 참사랑에도 질서가 할당되지 않아야 한다.

2. 믿음의 대상이 제일 진리이듯이 참사랑의 대상은 최고선이다. 그런데 믿음에는 질서가 설정되지 않으며 모든 것이 동등하게 믿어진다. 그러므로 참사랑에도 질서가 설정되지 않아야 한다.

3. 참사랑은 의지에 있다. 그런데 질서를 부여하는 것은 의지가 아니라 이성에 속한다. 그러므로 참사랑에는 질서가 부여되지 않아야 한다.

[재반론] 그러나 반대로 아가 2장 [4절]에서는 "임금님께서 나를 술 창고로 이끄시고 내 안에 참사랑의 질서를 세우셨네."[1]라고 말한다.

---

1. 대중 라틴말 성경(Vulgata)에는 rex가 없다.

Respondeo dicendum quod, sicut Philosophus dicit, in V *Metaphys.*,[2] prius et posterius dicitur secundum relationem ad aliquod principium.[3] Ordo autem includit in se aliquem modum prioris et posterioris. Unde oportet quod ubicumque est aliquod principium, sit etiam aliquis ordo.[4] Dictum autem est supra[5] quod dilectio caritatis tendit in Deum sicut in principium beatitudinis, in cuius communicatione amicitia caritatis fundatur. Et ideo oportet quod in his quae ex caritate diliguntur attendatur aliquis ordo, secundum relationem ad primum principium huius dilectionis, quod est Deus.

Ad primum ergo dicendum quod caritas tendit in ultimum finem sub ratione finis ultimi, quod non convenit alicui alii virtuti, ut supra[6] dictum est. Finis autem habet rationem principii in appetibilibus et in agendis, ut ex supradictis[7] patet. Et ideo caritas maxime importat comparationem ad primum principium. Et ideo in ea maxime consideratur ordo secundum relationem ad primum principium.

Ad secundum dicendum quod fides pertinet ad vim cognitivam, cuius operatio est secundum quod res cognitae sunt in cognoscente. Caritas autem est in vi affectiva, cuius operatio consistit in hoc quod anima tendit in ipsas res.[8] Ordo autem principalius invenitur in ipsis rebus; et ex eis derivatur ad

---

2. c.11, 1018b9-12; S. Thomas, lect.13, n.936.

[답변] 철학자가 『형이상학』 제5권²에서 말하듯이, 먼저와 나중은 어떤 원리를 기준으로 일컬어진다.³ 그런데 질서는 그 안에 일종의 먼저와 나중을 포함한다. 그러므로 원리가 있는 곳에는 또한 어떤 질서가 있어야 한다.⁴ 그런데 위에서⁵ 말한 바와 같이 참사랑의 사랑은 하느님을 참행복의 원리로서 사랑하고, 우정의 사랑은 참행복의 공유에 기초한다. 그러므로 참사랑으로 사랑받는 대상들 사이에서는 이 사랑의 첫 번째 원리 곧 하느님과의 관계에 따라 어떤 질서가 있어야 한다.

[해답] 1. 참사랑은 최종 목적으로서의 최종 목적을 지향하는데, 위에서⁶ 말한 바와 같이 이는 다른 덕들에서는 없는 일이다. 위에서⁷ 말한 바에서 분명히 드러나듯이, 욕구와 행위에 있어서 그 목적은 시작의 성격을 지닌다. 그러므로 참사랑은 제일원리와의 관계를 최고도로 내포한다. 그러므로 사랑에서는 제일원리에 대한 관계에 따른 질서가 최고로 존중된다.

2. 믿음은 인식적 능력에 속하고, 그 작용은 인식된 사물이 인식하는 사람 안에 있는 것이다. 반면에 참사랑은 감정적 능력에 있으며, 그 작용은 영혼이 사물 자체를 향하는 것이다.⁸ 그런데 질서는

---

3. Cf. I, q.42, a.3; *Quodlibet.*, V, q.10, a.1.
4. Cf. a.6.
5. q.23, a.1; q.25, a.12.
6. q.23, a.5.
7. q.23, a.7; I-II, q.13, a.3; q.34, a.4, ad1; q.57, a.4.
8. Cf. I, q.16, a.1; q.82, a.3.

cognitionem nostram. Et ideo ordo magis appropriatur caritati quam fidei.—Licet etiam in fide sit aliquis ordo, secundum quod principaliter est de Deo, secundario autem de aliis quae referuntur ad Deum.[9]

AD TERTIUM dicendum quod ordo pertinet ad rationem sicut ad ordinantem, sed ad vim appetitivam pertinet sicut ad ordinatam.[10] Et hoc modo ordo in caritate ponitur.

Articulus 2
Utrum Deus sit magis diligendus quam proximus

Ad secundum sic proceditur. Videtur quod Deus non sit magis diligendus quam proximus.

1. Dicitur enim I Ioan. 4, [20]: *Qui non diligit fratrem suum, quem videt, Deum, quem non videt, quomodo potest diligere?* Ex quo videtur quod illud sit magis diligibile quod est magis visibile, nam et visio est principium amoris, ut dicitur IX *Ethic.*[1] Sed Deus est minus visibilis quam proximus. Ergo etiam est minus ex caritate diligibilis.

2. Praeterea, similitudo est causa dilectionis, secundum illud

---
9. Cf. q.1, a.1.
10. Cf. I-II, q.17, a.1.

주로 사물들 자체 안에 있고, 거기에서부터 나와 우리의 인식에 이른다. 그러므로 질서는 믿음보다 참사랑에 더 적합하다. 하지만 믿음이 주로 하느님에 대한 것이고 부수적으로 하느님과 연관된 다른 것들에 대한 것이라는 점에서는 믿음에도 질서가 있다.[9]

3. 질서는 질서를 부여하는 이성에 속하지만, 질서 지어지는 대상인 욕구적 능력에도 속한다.[10] 그러한 방식으로 참사랑에 질서가 설정된다.

제2절 이웃보다 하느님을 더 사랑해야 하는가?

Parall.: *De caritate*, a.9.

[반론] 둘째에 대해서는 다음과 같이 진행된다. 하느님을 이웃보다 더 사랑하지 않아야 하는 것으로 생각된다.

1. 요한 1서 4장 [20절]에서는 "눈에 보이는 자기 형제를 사랑하지 않는 사람이 보이지 않는 하느님을 사랑할 수는 없습니다."라고 말한다. 여기에서부터, 눈에 더 잘 보이는 것이 더 잘 사랑할 수 있는 것으로 생각된다. 『니코마코스 윤리학』 제9권[1]에서 말하듯이 보는 것이 사랑의 시작이기 때문이다. 그러나 하느님은 이웃보다 더 눈에 보이지 않는다. 그러므로 하느님은 참사랑으로 덜 사랑하게 된다.

2. 유사성은 사랑의 원인이다. 집회서 13장 [19절, 대중 라틴말 성

---

1. cc.5 et 12: 1167a4-12; 1171b29-32; S. Thomas, lect.5, nn.1824-1825; lect.14, nn.1944-1945.

Eccli. 13, [19]: *Omne animal diligit simile sibi.* Sed maior est similitudo hominis ad proximum suum quam ad Deum. Ergo homo ex caritate magis diligit proximum quam Deum.

3. Praeterea, illud quod in proximo caritas diligit, Deus est; ut patet per Augustinum, in I *de Doct. Christ.*[2] Sed Deus non est maior in seipso quam in proximo. Ergo non est magis diligendus in seipso quam in proximo. Ergo non debet magis diligi Deus quam proximus.

SED CONTRA, illud magis est diligendum propter quod aliqua odio sunt habenda. Sed proximi sunt odio habendi propter Deum, si scilicet a Deo abducunt, secundum illud Luc. 14, [26]: *Si quis venit ad me et non odit patrem*[3] *et matrem et uxorem et filios et fratres et sorores, non potest meus esse discipulus.* Ergo Deus est magis ex caritate diligendus quam proximus.

RESPONDEO dicendum quod unaquaeque amicitia respicit principaliter illud in quo principaliter invenitur illud bonum super cuius communicatione fundatur, sicut amicitia politica principalius respicit principem civitatis, a quo totum bonum commune civitatis dependet; unde et ei maxime debetur fides et obedientia a civibus. Amicitia autem caritatis fundatur super communicatione beatitudinis,[4] quae consistit essentialiter in

---

2. c.22, n.20: PL 34, 26; c.27, n.28: PL 34, 29.

경]에서는 "모든 동물은 저와 비슷한 존재를 사랑한다."고 말한다. 그런데 인간은 하느님과 유사하기보다 자신의 이웃과 더 유사하다. 그러므로 인간은 참사랑으로 하느님보다 이웃을 더 사랑한다.

3. 아우구스티누스가 『그리스도교 교양』 제1권[2]에서 보여 주듯이 참사랑이 이웃 안에서 사랑하는 것은 하느님이다. 그런데 하느님은 당신 자신 안에서 이웃 안에서보다 더 크시지 않다. 그러므로 하느님을 이웃보다 더 사랑하지 않아야 한다.

[재반론] 그러나 반대로 그것을 위해서 다른 것을 미워해야 한다면, 그것은 더 사랑받아야 하는 것이다. 그런데 이웃이 사람을 하느님으로부터 멀어지게 한다면 그는 하느님 때문에 이웃을 미워해야 한다. 루카복음서 14장 [26절]에서는 "누구든지 나에게 오면서 아버지와[3] 어머니, 아내와 자녀, 형제와 자매를 미워하지 않으면, 내 제자가 될 수 없다."고 말한다. 그러므로 참사랑으로 이웃보다 하느님을 더 사랑해야 한다.

[답변] 모든 우정은 주로, 그 공유가 우정의 토대가 되는 선이 주로 그 안에 있는 것에 관련된다. 그래서 정치적 우정은 주로 국가의 공동선 전체가 그에게 달려 있는 국가의 군주에 관련된다. 그래서 시민들은 그에게 가장 충성과 순종을 해야 하는 것이다. 그런데 참사랑의 우정은 참행복의 공유에 기초하고,[4] 참행복은 본질적으로 그 첫째 근원인 하느님께 있으며 거기에서부터 참행복을 누릴 수 있는 모

---

3. Vulgata: patrem suum.
4. Cf. q.23, a.1.

Deo sicut in primo principio, a quo derivatur in omnes qui sunt beatitudinis capaces. Et ideo principaliter et maxime Deus est ex caritate diligendus, ipse enim diligitur sicut beatitudinis causa; proximus autem sicut beatitudinem simul nobiscum ab eo participans.

AD PRIMUM ergo dicendum quod dupliciter est aliquid causa dilectionis. Uno modo, sicut id quod est ratio diligendi. Et hoc modo bonum est causa diligendi, quia unumquodque diligitur inquantum habet rationem boni. Alio modo, quia est via quaedam ad acquirendum dilectionem. Et hoc modo visio est causa dilectionis, non quidem ita quod ea ratione sit aliquid diligibile quia est visibile; sed quia per visionem perducimur ad dilectionem.[5] Non ergo oportet quod illud quod est magis visibile sit magis diligibile, sed quod prius occurrat nobis ad diligendum. Et hoc modo argumentatur Apostolus. Proximus enim, quia est nobis magis visibilis, primo occurrit nobis diligendus, *ex his enim quae novit animus discit incognita amare,* ut Gregorius dicit, in quadam homilia.[6] Unde si aliquis proximum non diligit, argui potest quod nec Deum diligit, non propter hoc quod proximus sit magis diligibilis; sed quia prius diligendus occurrit. Deus autem est magis diligibilis propter maiorem bonitatem.[7]

AD SECUNDUM dicendum quod similitudo quam habemus ad Deum est prior et causa similitudinis quam habemus ad

든 이들 안으로 전해진다. 그러므로 참사랑으로 주로 그리고 가장 사랑해야 하는 것은 하느님이다. 하느님은 참행복의 원인으로서 사랑해야 하고, 이웃은 하느님으로부터 오는 참행복에 우리와 함께 참여하는 이들로서 사랑해야 하는 것이다.

[해답] 1. 어떤 것이 사랑의 원인이 되는 방법은 두 가지가 있다. 그 한 가지는, 그것이 사랑해야 하는 이유가 되기 때문이다. 이러한 방식으로는 선이 사랑의 원인이다. 어떤 것이 사랑을 받는 것은 그것이 선이라는 특성을 지니고 있기 때문이다. 다른 한 가지는, 그것이 사랑을 얻기 위한 길이기 때문이다. 이러한 의미에서는 보는 것이 사랑의 원인이다. 어떤 것이 볼 수 있는 대상이기 때문에 사랑의 대상이 된다는 점에서가 아니라, 보는 것을 통해서 우리가 사랑으로 인도되기 때문이다. 그러므로 눈에 더 잘 보이는 것이 더 잘 사랑할 수 있는 것도 아니다. 다만 눈에 더 잘 보이는 것은 먼저 우리에게 사랑할 것으로 나타난다. 사도는 그러한 의미에서 논증한다. 이웃은 우리에게 더 잘 보이기 때문에, 먼저 우리에게 사랑해야 할 대상으로 나타난다는 것이다. 그레고리우스는 어느 강론에서[5] 이렇게 말한다. "영혼은 자신이 아는 것으로부터 자신이 알지 못하는 것을 사랑하기를 배운다." 그러므로 어떤 사람이 이웃을 사랑하지 않는다면 그는 하느님도 사랑하지 않는다. 이는 이웃이 더 사랑받아야 하기 때문이 아니라, 먼저 사랑의 대상으로 나타나기 때문이다. 하느님은 더 큰 선이기 때문에 더 사랑스럽다.

2. 우리가 하느님에 대해 지니고 있는 유사성은 우리가 이웃에 대

---

5. *In Evang.* 1, 11: PL 76, 1114.

proximum, ex hoc enim quod participamus a Deo id quod ab ipso etiam proximus habet similes proximo efficimur. Et ideo ratione similitudinis magis debemus Deum quam proximum diligere.[8]

AD TERTIUM dicendum quod Deus, secundum substantiam suam consideratus, in quocumque sit, aequalis est, quia non minuitur per hoc quod est in aliquo. Sed tamen non aequaliter habet proximus bonitatem Dei sicut habet ipsam Deus, nam Deus habet ipsam essentialiter, proximus autem participative.[9]

Articulus 3
Utrum homo debeat ex caritate plus Deum diligere quam seipsum

Ad tertium sic proceditur. Videtur quod homo non debeat ex caritate plus Deum diligere quam seipsum.

1, Dicit enim Philosophus, in IX *Ethic.*,[1] quod *amicabilia quae sunt ad alterum veniunt ex amicabilibus quae sunt ad seipsum.* Sed causa est potior effectu. Ergo maior est amicitia hominis ad seipsum quam ad quemcumque alium. Ergo magis se debet diligere quam Deum.

2. Praeterea, unumquodque diligitur inquantum est proprium

---

1. cc.4 et 8, 1166a1-2; 1168b5; S. Thomas, lect.4, n.1797; lect.8, n.1859.

해 지니고 있는 유사성보다 우선이며 그 원인이 된다. 이웃이 하느님으로부터 받은 그것을 우리도 하느님으로부터 받기 때문에 우리는 이웃과 유사하게 되는 것이다. 그러므로 유사성의 이유에 의해서 우리는 하느님을 이웃보다 더 사랑해야 한다.

3. 하느님을 그분의 실체에 따라 고찰했을 때, 그분은 어디에나 동등하게 계시다. 다른 것 안에 계시다고 해서 줄어들지 않으시기 때문이다. 그러나 이웃은 하느님이 선성을 지니신 것과 동등하게 선을 소유하지 않는다. 하느님은 본질에 의하여 선을 소유하시고, 이웃은 선에 참여함으로써 선을 소유하는 것이기 때문이다.

제3절 참사랑으로 하느님을 자신보다 더 사랑해야 하는가?

Parall.: *In Sent.*, III, d.29, q.1, a.3; *De caritate*, a.4, ad2; a.9.

[반론] 셋째에 대해서는 다음과 같이 진행된다. 인간은 참사랑으로 하느님을 자신보다 더 사랑하지 않아야 하는 것으로 생각된다.

1. 철학자는 『니코마코스 윤리학』 제9권[1]에서 "다른 이들에 대한 우정은 자신에 대한 우정에서 나온다."고 말한다. 그런데 원인은 결과보다 강하다. 그러므로 자신에 대한 인간의 우정은 다른 누구에 대한 우정보다 더 크다. 그러므로 인간은 자신을 하느님보다 더 사랑해야 한다.

2. 어떤 것이 사랑을 받는 것은 사랑하는 사람 자신의 선이기에 사랑을 받는 것이다. 그런데 마치 인식의 이유인 원리들이 더 잘 인

bonum. Sed id quod est ratio diligendi magis diligitur quam id quod propter hanc rationem diligitur, sicut principia, quae sunt ratio cognoscendi, magis cognoscuntur. Ergo homo magis diligit seipsum quam quodcumque aliud bonum dilectum. Non ergo magis diligit Deum quam seipsum.

3. Praeterea, quantum aliquis diligit Deum, tantum diligit frui eo. Sed quantum aliquis diligit frui Deo, tantum diligit seipsum, quia hoc est summum bonum quod aliquis sibi velle potest. Ergo homo non plus debet ex caritate Deum diligere quam seipsum.

SED CONTRA est quod Augustinus dicit, in I *de Doct. Christ.*:[2] *Si teipsum non propter te debes diligere, sed propter ipsum ubi dilectionis tuae rectissimus finis est, non succenseat aliquis alius homo si et ipsum propter Deum diligas.* Sed propter quod unumquodque, illud magis.[3] Ergo magis debet homo diligere Deum quam seipsum.

RESPONDEO dicendum quod a Deo duplex bonum accipere possumus, scilicet bonum naturae, et bonum gratiae. Super communicatione autem bonorum naturalium nobis a Deo facta fundatur amor naturalis, quo non solum homo in suae integritate naturae super omnia diligit Deum et plus quam seipsum, sed etiam quaelibet creatura suo modo, idest vel intellectuali vel rationali vel animali, vel saltem naturali amore,

식되는 것과 같이, 사랑의 이유가 되는 것은 그 이유 때문에 사랑받는 대상보다 더 사랑을 받는다. 그러므로 인간은 다른 어떤 선보다 자신을 더 사랑한다. 그러므로 하느님을 자신보다 더 사랑하지 않는다.

3. 어떤 사람이 하느님을 사랑할수록 그만큼 더 그 하느님을 향유하기를 사랑한다. 그런데 어떤 사람이 하느님을 향유하기를 사랑할수록 그만큼 더 그는 자신을 사랑한다. 그것이 어떤 사람이 자신에게 바랄 수 있는 최고의 선이기 때문이다. 그러므로 인간은 참사랑으로 하느님을 자신보다 더 사랑해야 하는 것이 아니다.

[재반론] 그러나 반대로 아우구스티누스는 『그리스도교 교양』 제1권[2]에서 "네가 너 자신을 사랑해야 하는 것이 너 자신 때문이 아니라 너의 사랑의 가장 올바른 목적이신 분 때문이라면, 네가 하느님 때문에 다른 사람을 사랑하더라도 그것이 그를 언짢게 하지 않을 것"이라고 말한다. 그런데 원인은 그 결과들보다 더 중요하다.[3] 그러므로 인간은 하느님을 자신보다 더 사랑해야 한다.

[답변] 우리는 하느님으로부터 두 가지의 선을 받을 수 있는데, 그것은 본성의 선과 은총의 선이다. 본성적 사랑은 하느님이 우리를 본성적 선을 공유하게 하신 데에 기초하고, 그 본성적 사랑으로 인간은 그의 본성이 온전할 때 하느님을 무엇보다 사랑하고 자기 자신보다도 더 사랑하며, 또한 모든 피조물도 나름대로, 곧 지성적이거나

---

2. c.22, n.21: PL 34, 27.
3. Cf. a.2, n.8.

sicut lapides et alia quae cognitione carent, quia unaquaeque pars naturaliter plus amat commune bonum totius quam particulare bonum proprium. Quod manifestatur ex opere, quaelibet enim pars habet inclinationem principalem ad actionem communem utilitati totius. Apparet etiam hoc in politicis virtutibus, secundum quas cives pro bono communi et dispendia propriarum rerum et personarum interdum sustinent.[4]—Unde multo magis hoc verificatur in amicitia caritatis, quae fundatur super communicatione donorum gratiae. Et ideo ex caritate magis debet homo diligere Deum, qui est bonum commune omnium, quam seipsum, quia beatitudo est in Deo sicut in communi et fontali omnium principio qui beatitudinem participare possunt.[5]

AD PRIMUM ergo dicendum quod Philosophus loquitur de amicabilibus quae sunt ad alterum in quo bonum quod est obiectum amicitiae invenitur secundum aliquem particularem modum, non autem de amicabilibus quae sunt ad alterum in quo bonum praedictum invenitur secundum rationem totius.[6]

AD SECUNDUM dicendum quod bonum totius diligit quidem pars secundum quod est sibi conveniens, non autem ita quod bonum totius ad se referat, sed potius ita quod seipsam refert in

---

4. Cf. I, q.60, a.5; I-II, q.109, a.3.
5. "우리의 완전한 선은 선의 보편적 제1원인이고 완전한 원인인 하느님 안에 있으므로, 선은 본성적으로 우리 자신 안에서보다 그분 안에서 더 기꺼워한다. 따라

이성적이거나 동물적이거나 또는 돌이나 인식이 없는 사물들의 경우 본성적 사랑으로 하느님을 사랑한다. 부분은 본성적으로 자신의 개별적 선보다 전체의 공동선을 사랑하기 때문이다. 이는 행위에서 드러난다. 모든 부분은 전체의 유익을 위한 공통된 행위에 대한 주된 경향을 갖고 있다. 이것은 정치적 덕에서도 드러나는데, 그 덕에 따라 시민들은 공동선을 위하여 자신의 사물과 자기 자신의 손해를 감수한다.[4] - 은총의 선물의 공유에 기초한 참사랑의 우정에서는 이것이 더욱 분명하게 확인된다. 그러므로 인간은 모든 이들의 공동선이신 하느님을 자신보다 더 사랑해야 한다. 참행복에 참여할 수 있는 모든 이들의 공통되고 근원적인 원리인 하느님 안에 참행복이 있기 때문이다.[5]

[해답] 1. 철학자는 그 사람 안에 우정의 대상인 선이 부분적으로 자리하고 있는 다른 이에 대한 우정에 대해 말하고, 앞서 말한 선이 전체로서 자리하고 있는 다른 이에 대한 우정에 대해 말하는 것이 아니다.[6]
2. 부분은 전체의 선을 자신에게 부합하는 것으로서 사랑하지만, 전체의 선을 자신에게 연관시키는 것이 아니라 오히려 자신을 전체

서 인간은 우정의 사랑으로(amore amicitiae) 본성적으로 자신보다 하느님을 더 사랑한다. 또한 참사랑은 본성을 완전하게 하므로, 인간은 참사랑에(caritatem) 따라서도 하느님을 다른 모든 개별적 선들보다 사랑한다. 참사랑은 자신에 대한 본성적 사랑(dilectionem)에 은총의 생명이 결합되는 것을 더하기 때문이다."(*In Sent.*, III, d.29, q.1, a.3).

6. 그러므로 인간은 사랑하는 인간에게 하느님이 적절한 한에서 참사랑으로 하느님을 사랑할 수 있다. 그러나 인간 자신이 그에게 사랑하는 이유가 되듯이 하느님을 사랑하는 것은 아니며, 오히려 사랑하는 사람에게는 하느님이 그가 자신과 다른 이들을 사랑하는 이유가 된다.

bonum totius.

AD TERTIUM dicendum quod hoc quod aliquis velit frui Deo, pertinet ad amorem quo Deus amatur amore concupiscentiae. Magis autem amamus Deum amore amicitiae quam amore concupiscentiae, quia maius est in se bonum Dei quam participare possumus fruendo ipso. Et ideo simpliciter homo magis diligit Deum ex caritate quam seipsum.

Articulus 4
Utrum homo ex caritate magis debeat diligere seipsum quam proximum

Ad quartum sic proceditur. Videtur quod homo ex caritate non magis debeat diligere seipsum quam proximum.

1. Principale enim obiectum caritatis est Deus, ut supra[1] dictum est. Sed quandoque homo habet proximum magis Deo coniunctum quam sit ipse. Ergo debet aliquis magis talem

---

[1]. a.2.

의 선에 연관시키는 것이다.

3. 하느님에 대한 향유를 원하는 것은 욕망의 사랑으로 하느님을 사랑하는 사랑에 속한다. 그러나 우리는 욕망의 사랑보다 우정의 사랑으로 하느님을 사랑한다. 하느님의 선은 그 자체로서가 우리가 하느님을 향유하면서 참여할 수 있는 것보다 더 크기 때문이다. 그러므로 단순히 말해서 인간은 참사랑으로 자기 자신보다 하느님을 더 사랑한다.

제4절 인간은 참사랑으로 이웃보다 자신을 더 사랑해야 하는가?

Parall.: Infra, q.44, a.8, ad2; *In Sent.*, III, d.29, q.1, a.5; *De caritate*, a.9; *In Ep. II ad Tim.*, c.3, lect.1.

Doctr. Eccl.: 인노첸시오 9세는 1679년에 이러한 이완주의적 주장들을 단죄했다. "(62) 죄지을 다음 기회를 피하지 말아야 할 유용하고 영예로운 이유가 있을 때에는 피하지 말 것이다. (63) 우리 또는 이웃의 영적 재산이나 세속적 재산을 위하여 죄지을 다음 기회를 직접적으로 찾는 것은 허용된다." DS 1212-1213(=DH 2162-2163).

[반론] 넷째에 대해서는 다음과 같이 진행된다. 인간은 참사랑으로 이웃(proximus)보다 자신을 더 사랑하지 말아야 하는 것으로 생각된다.

1. 위에서[1] 말한 바와 같이 참사랑의 주된 대상은 하느님이다. 그런데 때로 어떤 사람의 이웃은 그 사람과 결합되기보다 하느님과 더 많이 결합되어 있다. 그렇다면 그는 그러한 이웃을 그 자신보다 더

diligere quam seipsum.

2. Praeterea, detrimentum illius quem magis diligimus, magis vitamus. Sed homo ex caritate sustinet detrimentum pro proximo, secundum illud *Proverb.* 12, [26]: *Qui negligit damnum propter amicum, iustus est.* Ergo homo debet ex caritate magis alium diligere quam seipsum.

3. Praeterea, I *ad Cor.* 13, [5] dicitur quod caritas *non quaerit quae sua sunt.* Sed illud maxime amamus cuius bonum maxime quaerimus. Ergo per caritatem aliquis non amat seipsum magis quam proximum.

S ED CONTRA est quod dicitur Levit. 19, [18], et Matth. 22, [39]: *Diliges proximum tuum sicut teipsum,* ex quo videtur quod dilectio hominis ad seipsum est sicut exemplar dilectionis quae habetur ad alterum. Sed exemplar potius est quam exemplatum. Ergo homo ex caritate magis debet diligere seipsum quam proximum.

RESPONDEO dicendum quod in homine duo sunt, scilicet natura spiritualis, et natura corporalis. Per hoc autem homo dicitur diligere seipsum quod diligit se secundum naturam spiritualem, ut supra[2] dictum est. Et secundum hoc debet homo magis se diligere, post Deum, quam quemcumque alium. Et hoc patet ex ipsa ratione diligendi. Nam sicut supra[3] dictum est,

사랑해야 한다.

2. 우리는 어떤 사람을 사랑할수록 그에게 해가 되는 것을 피한다. 그런데 인간은 참사랑으로 이웃을 위하여 피해를 감수한다. 잠언 12장 [26절]에서는 "친구 때문에 자신의 피해를 등한히 하는 사람은 의인"이라고 말한다. 그러므로 인간은 참사랑으로 다른 사람을 자신보다 더 사랑해야 한다.

3. 코린토 1서 13장 [5절]에서는 참사랑이 "자기 이익을 추구하지 않는다."고 말한다. 그런데 우리는 가장 많이 사랑하는 사람의 선을 가장 많이 추구한다. 그러므로 참사랑으로 다른 사람보다 자신을 더 사랑하는 것은 아니다.

[재반론] 그러나 반대로 레위기 19장 [18절]과 마태오복음서 22장 [39절]에서는 "네 이웃을 너 자신처럼 사랑해야 한다."라고 말한다. 여기에서, 자신에 대한 인간의 사랑은 다른 사람에 대해 지녀야 하는 사랑의 모범임이 드러난다. 그런데 모범은 그 모범을 따르는 것보다 더 우위에 있다. 그러므로 인간은 참사랑으로 이웃보다 자신을 더 사랑해야 한다.

[답변] 인간에게는 두 본성, 곧 영적인 본성과 육적인 본성이 있다. 그래서 위에서[2] 말한 바와 같이 인간이 영적 본성에 따라 자신을 사랑할 때에도 자신을 사랑한다고 일컬어진다. 이에 따라서는 인간은 하느님 다음으로는 다른 누구보다도 자신을 사랑해야 한다. 이는 사랑을 해야 하는 동기 자체에서 명백하다. 위에서[3] 말한 바와 같이 하

---

2. q.25, a.7.
3. a.2; q.25, a.12.

Deus diligitur ut principium boni super quo fundatur dilectio caritatis; homo autem seipsum diligit ex caritate secundum rationem qua est particeps praedicti boni; proximus autem diligitur secundum rationem societatis in isto bono. Consociatio autem est ratio dilectionis secundum quandam unionem in ordine ad Deum. Unde sicut unitas potior est quam unio,[4] ita quod homo ipse participet bonum divinum est potior ratio diligendi quam quod alius associetur sibi in hac participatione. Et ideo homo ex caritate debet magis seipsum diligere quam proximum.—Et huius signum est quod homo non debet subire aliquod malum peccati, quod contrariatur participationi beatitudinis, ut proximum liberet a peccato.[5]

AD PRIMUM ergo dicendum quod dilectio caritatis non solum habet quantitatem a parte obiecti, quod est Deus; sed ex parte diligentis qui est ipse homo caritatem habens, sicut et quantitas cuiuslibet actionis dependet quodammodo ex ipso subiecto. Et ideo, licet proximus melior sit Deo propinquior, quia tamen non est ita propinquus caritatem habenti sicut ipse sibi, non sequitur quod magis debeat aliquis proximum quam seipsum diligere.

AD SECUNDUM dicendum quod detrimenta corporalia debet homo sustinere propter amicum,[6] et in hoc ipso seipsum magis diligit secundum spiritualem mentem, quia hoc pertinet ad perfectionem virtutis, quae est bonum mentis. Sed in

느님이 사랑을 받으시는 것은 참사랑의 사랑의 기초 원리로서 사랑을 받으시는 것이고, 인간이 참사랑으로 자신을 사랑하는 것은 그가 앞서 말한 선에 참여하기 때문이며, 이웃이 사랑을 받는 것은 그가 같은 선에 함께 참여하기 때문이다. 이렇게 함께 참여한다는 것은 하느님과 결합되어 있다는 점에서 사랑의 이유가 된다. 그런데, 일치가 결합보다 더 강하듯이[4] 인간 자신이 신적 선에 참여한다는 것은 다른 사람이 그 참여에 있어 자신과 결합된다는 것보다 더 강한 사랑의 이유가 된다. 그러므로 인간은 참사랑으로 이웃보다 자신을 더 사랑해야 한다. 그 증거로는, 인간이 이웃을 죄에서 벗어나게 하기 위하여 자신이 참행복에 참여하는 데에 반대되는 것인 죄의 악을 스스로 짊어지지 말아야 한다는 것을 들 수 있다.[5]

[해답] 1. 참사랑의 사랑은 대상인 하느님 편에서만 그 양을 헤아릴 수 있는 것이 아니라 사랑하는 자인 인간 편에서도 양을 헤아릴 수 있다. 어떤 행위든지 그 행위의 양은 어떤 식으로 그 주체에 달려 있기 때문이다. 그러므로 이웃은 하느님께 더 가까이 있을 수 있지만 그렇다고 해서 그가 사랑을 하는 사람이 자기 자신에게 가까운 것보다 더 그에게 가까운 것은 아니므로, 이웃을 자신보다 더 사랑해야 하는 것은 아니다.

2. 친구를 위해서는 육적인 피해를 감수해야 하고,[6] 그것은 정신의 선인 덕의 완전성에 속하는 것이므로 이로써 영적인 정신에 따라서

---

4. Cf. q.25, a.4.
5. Cf. q.19, a.3, ad3.
6. Cf. a.5.

spiritualibus non debet homo pati detrimentum peccando ut proximum liberet a peccato, sicut dictum est.⁷

AD TERTIUM dicendum quod, sicut Augustinus dicit, in *Regula*,⁸ *quod dicitur, caritas non quaerit quae sua sunt, sic intelligitur quia communia propriis anteponit.* Semper autem commune bonum est magis amabile unicuique quam proprium bonum, sicut etiam ipsi parti est magis amabile bonum totius quam bonum partiale sui ipsius, ut dictum est.⁹

Articulus 5
Utrum homo magis debeat diligere proximum quam corpus proprium

Ad quintum sic proceditur. Videtur quod homo non magis debeat diligere proximum quam corpus proprium.

1. In proximo enim intelligitur corpus nostri proximi. Si ergo debet homo diligere proximum plus quam corpus proprium, sequitur quod plus debeat diligere corpus proximi quam corpus proprium.

---

7. 답변.
8. *Epist.* 211, al.109, n.12; PL 33, 963.
9. a.3. 그러므로 누구나 영적으로는 이웃보다 자신을 더 사랑할 수 있다. 그러나 그렇다고 해서 자신의 것을 추구하는 것은 아니다. 그는 자신의 것을 공동의 것보다 우선하는 것이 아니라 공동의 것을 자신의 것보다 우선한다. 그는 자신을 위하여 육적인 선보다 영적인 선을(Cf. ad2), 자신의 선 곧 하느님을 향유하는 것보

는 자신을 더 많이 사랑하는 것이 된다. 그러나 앞서[7] 말한 바와 같이 영적인 것에 있어서 인간은 이웃을 죄에서 벗어나게 하기 위하여 죄를 지음으로써 피해를 입어서는 안 된다.

3. 아우구스티누스가 『규칙서』[8]에서 말하듯이 "참사랑은 자신의 것을 찾지 않는다는 것은 공동의 것을 자신의 것보다 우선함을 뜻한다." 공동선이 언제나 자신의 선보다 더 사랑해야 할 대상이 되는 것은, 앞서[9] 말한 바와 같이 부분에게 있어 전체의 선이 자신의 부분적 선보다 더 사랑해야 할 것이기 때문이다.

제5절 인간은 자신의 육체보다 이웃을 더 사랑해야 하는가?

Parall.: Infra. q.44, a.8, ad2; *De caritate*, a.9; a.11, ad9; *De perf. vitae spir.*, c.14.

[반론] 다섯째에 대해서는 다음과 같이 진행된다. 인간은 자신의 육체보다 이웃을 더 사랑하지 않아야 하는 것으로 보인다.

1. 이웃이라는 말은 이웃의 육체를 뜻하기도 한다. 인간이 이웃을 자신의 육체보다 사랑해야 한다면, 그 결과로 이웃의 육체를 자신의 몸보다 사랑해야 한다.

다 하느님의 선을(Cf. a.3, ad2-3), 참행복에서 이웃과 결합되는 것보다 하느님을 향유하는 것을(Cf. a.2; q.25, a.12, ad3) 사랑한다.-성 바오로는 1코린 13,5에서 사랑은 다른 사람의 선을 소홀히 하면서 자신의 것을 찾지 않는다고 말하려는 것이다. 다른 사람을 자신처럼 사랑하는 사람은 성 토마스가 말하듯이(1코린 13장, lect.2), 자신의 선을 찾듯이 다른 사람의 선을 찾는다. 사도는 이렇게 말한다. "나는 많은 사람이 구원을 받을 수 있도록, 내가 아니라 그들에게 유익한 것을 찾습니다."(1코린 10,33) 어떤 다른 사람들에 대해서는 이렇게 말한다. "모두 자기의 것만 추구할 뿐 예수 그리스도의 것은 추구하지 않습니다."(필리 2,21)

2. Praeterea, homo plus debet diligere animam propriam quam proximum, ut dictum est.[1] Sed corpus proprium propinquius est animae nostrae quam proximus. Ergo plus debemus diligere corpus proprium quam proximum.

3. Praeterea, unusquisque exponit id quod minus amat pro eo quod magis amat. Sed non omnis homo tenetur exponere corpus proprium pro salute proximi, sed hoc est perfectorum, secundum illud Ioan. 15, [13]: *Maiorem caritatem nemo habet quam ut animam suam ponat quis pro amicis suis.*[2] Ergo homo non tenetur ex caritate plus diligere proximum quam corpus proprium.

SED CONTRA est quod Augustinus dicit, in I *de Doct. Christ.*,[3] quod *plus debemus diligere proximum quam corpus proprium.*

RESPONDEO dicendum quod illud magis est ex caritate diligendum quod habet pleniorem rationem diligibilis ex caritate, ut dictum est.[4] Consociatio autem in plena participatione beatitudinis, quae est ratio diligendi proximum, est maior ratio diligendi quam participatio beatitudinis per redundantiam, quae est ratio diligendi proprium corpus.[5] Et ideo proximum, quantum ad salutem animae, magis debemus diligere quam proprium corpus.

---

1. a.4.

제26문 제5절

2. 앞서[1] 말한 바와 같이 인간은 자신의 영혼을 이웃보다 더 사랑해야 한다. 그런데 자신의 육체는 이웃보다 더 우리의 영혼에 가깝다. 그러므로 우리는 이웃보다 자신의 육체를 더 사랑해야 한다.

3. 누구나 자신이 더 사랑하는 것을 위하여 자신이 덜 사랑하는 것을 포기한다. 모든 인간이 이웃의 구원을 위하여 자신의 육체를 포기해야 하는 것이 아니라 요한복음서 15장 [13절]에서 "친구들을 위하여 목숨을 내놓는 것보다 더 큰 참사랑은 없다."[2]라고 말하듯이 완전한 이들의 특성이다. 그러므로 인간은 참사랑으로 자신의 육체보다 이웃을 더 사랑해야 하는 것이 아니다.

[재반론] 그러나 반대로 아우구스티누스는 『그리스도교 교양』 제1권[3]에서 "우리는 자신의 육체보다 이웃을 더 사랑해야 한다."고 말한다.

[답변] 앞서[4] 말한 바와 같이 참사랑으로 사랑해야 할 더 많은 이유를 지닌 것을 참사랑으로 더 사랑해야 한다. 이웃을 사랑해야 하는 이유는 참행복에 충만하게 참여하는 데에 함께하기 때문인데, 이것은 자신의 육체를 사랑해야 하는 이유인 잉여적으로 참행복에 참여하는 것보다 더 큰 사랑의 이유가 된다.[5] 그러므로 영혼의 구원과 관련해서는 우리 자신의 몸보다 이웃을 더 사랑해야 한다.

---

2. Vulgata: Maiorem hoc dilectionem nemo habet, ut animam suam ponat quis pro amicis suis.
3. c.27, n.28: PL 34, 29.
4. aa.2 et 4.
5. Cf. q.25, a.12.

AD PRIMUM ergo dicendum quod quia, secundum Philosophum, in IX *Ethic.*,⁶ unumquodque videtur esse id quod est praecipuum in ipso; cum dicitur proximus esse magis diligendus quam proprium corpus, intelligitur hoc quantum ad animam, quae est potior pars eius.

AD SECUNDUM dicendum quod corpus nostrum est propinquius animae nostrae quam proximus quantum ad constitutionem propriae naturae. Sed quantum ad participationem beatitudinis maior est consociatio animae proximi ad animam nostram quam etiam corporis proprii.

AD TERTIUM dicendum quod cuilibet homini imminet cura proprii corporis, non autem imminet cuilibet homini cura de salute proximi, nisi forte in casu. Et ideo non est de necessitate caritatis quod homo proprium corpus exponat pro salute proximi, nisi in casu quod tenetur eius saluti providere. Sed quod aliquis sponte ad hoc se offerat, pertinet ad perfectionem caritatis.

Articulus 6
Utrum unus proximus sit magis diligendus quam alius

Ad sextum sic proceditur. Videtur quod unus proximus non sit magis diligendus quam alius.

---

6. c.8, n.1168b31-34; S. Thomas, lect.9, n.1869.

[해답] 1. 철학자가 『니코마코스 윤리학』 제9권[6]에서 말하듯이 어떤 사물은 곧 그 사물 안의 주요한 부분이므로, 우리 자신의 육체보다 이웃을 더 사랑해야 한다고 말할 때 그것은 이웃의 가장 중요한 부분인 그의 영혼을 지칭하는 것이다.

2. 우리 본성의 구성에 있어서는 우리의 육체가 이웃보다 더 우리의 영혼에 가깝다. 그러나 참행복에 참여하는 데에 있어서는 이웃의 영혼이 우리의 영혼에 결합되는 것이 우리 육체의 결합보다 더 밀접하다.

3. 각 사람은 자신의 육체를 일차적으로 돌보아야 하지만, 특별한 경우 외에는 이웃의 구원을 그렇게 돌보아야 하는 것은 아니다. 그러므로 이웃의 구원을 돌보아야만 하는 경우가 아니라면 이웃의 구원을 위하여 자신의 육체를 반드시 포기해야 하는 것은 아니다. 그러나 어떤 사람이 자발적으로 스스로 이를 행한다면 그것은 완전한 참사랑에 속한다.

제6절 어떤 이웃을 다른 이웃보다 더 사랑해야 하는가?

Parall.: Infra, q.44, a.8, ad2; *In Sent.*, III, d.29, q.1, a.2; *De caritate*, a.9; *In Ep. ad Galat.*, c.6, lect.2.

[반론] 여섯째에 대해서는 다음과 같이 진행된다. 어떤 이웃을 다른 이웃보다 더 사랑하지 않아야 하는 것으로 생각된다.

q.26, a.6

1. Dicit enim Augustinus, in I *de Doct. Christ.*:[1] *Omnes homines aeque diligendi sunt. Sed cum omnibus prodesse non possis, his potissimum consulendum est qui pro locorum et temporum vel quarumlibet rerum opportunitatibus, constrictius tibi quasi quadam sorte iunguntur.* Ergo proximorum unus non est magis diligendus quam alius.

2. Praeterea, ubi una et eadem est ratio diligendi diversos, non debet esse inaequalis dilectio. Sed una est ratio diligendi omnes proximos, scilicet Deus; ut patet per Augustinum, in I *de Doct. Christ.*[2] Ergo omnes proximos aequaliter diligere debemus.

3. Praeterea, amare est velle bonum alicui; ut patet per Philosophum, in II *Rhet.*[3] Sed omnibus proximis aequale bonum volumus, scilicet vitam aeternam. Ergo omnes proximos aequaliter debemus diligere.

SED CONTRA est quod tanto unusquisque magis debet diligi, quanto gravius peccat qui contra eius dilectionem operatur. Sed gravius peccat qui agit contra dilectionem aliquorum proximorum quam qui agit contra dilectionem aliorum, unde *Levit.* 20, [9] praecipitur quod *qui maledixerit patri*[4] *aut matri, morte moriatur,* quod non praecipitur de his qui alios homines maledicunt. Ergo quosdam proximorum magis debemus diligere quam alios.

1. c.28, n29: PL 34, 30.
2. c.22, n.27: PL 34, 26 & 29.

제26문 제6절

1. 아우구스티누스는 『그리스도교 교양』 제1권[1]에서 이렇게 말한다. "모든 사람들을 동등하게 사랑해야 한다. 그러나 네가 모든 사람에게 도움을 줄 수는 없으므로, 장소와 시간 또는 다른 여건들로 인하여 어떤 식으로 너와 연결된 이들을 특히 돌보아야 한다." 그러므로 이웃들 가운데에서 한 사람을 다른 사람보다 더 사랑하지 말아야 한다.

2. 서로 다른 사람들을 사랑해야 하는 이유가 동일하다면 사랑은 차이가 나지 않아야 한다. 그런데 아우구스티누스가 『그리스도교 교양』 제1권[2]에서 분명히 보여 주듯이 모든 이웃을 사랑해야 하는 이유는 한 가지, 곧 하느님이다. 그러므로 우리는 모든 이웃을 동등하게 사랑해야 한다.

3. 철학자가 『수사학』 제2권[3]에서 보여 주듯이 "사랑하는 것은 어떤 사람의 선을 원하는 것"이다. 그런데 우리는 모든 이웃에게 동일한 선을, 곧 영원한 생명을 원한다. 그러므로 우리는 모든 이웃들을 동등하게 사랑해야 한다.

[재반론] 그러나 반대로 어떤 사람이 더 사랑을 받아야 할수록, 그 사랑을 거슬러 행하는 사람은 더 중대한 죄를 범한다. 그런데 다른 이들을 거슬러 행하는 이들보다 어떤 이웃을 거슬러 행하는 이는 더 중대하게 죄를 범한다. 그래서 레위기 20장 [9절]에서는 "누구든지 아버지나[4] 어머니를 욕하면, 그는 사형을 받아야 한다."라고 말한다. 다른 어떤 사람을 욕하는 사람에 대해서는 이러한 지시가 없다. 그러므로 우리는 어떤 이웃들을 다른 이들보다 더 사랑해야 한다.

---

3. c.4, 1380b35; 1381a19.
4. Vulgata: patri suo.

RESPONDEO dicendum quod circa hoc fuit duplex opinio. Quidam[5] enim dixerunt quod omnes proximi sunt aequaliter ex caritate diligendi quantum ad affectum, sed non quantum ad exteriorem effectum; ponentes ordinem dilectionis esse intelligendum secundum exteriora beneficia, quae magis debemus impendere proximis quam alienis; non autem secundum interiorem affectum, quem aequaliter debemus impendere omnibus, etiam inimicis.[6]

Sed hoc irrationabiliter dicitur. Non enim minus est ordinatus affectus caritatis, qui est inclinatio gratiae, quam appetitus naturalis, qui est inclinatio naturae, utraque enim inclinatio ex divina sapientia procedit. Videmus autem in naturalibus quod inclinatio naturalis proportionatur actui vel motui qui convenit naturae uniuscuiusque, sicut terra habet maiorem inclinationem gravitatis quam aqua, quia competit ei esse sub aqua. Oportet igitur quod etiam inclinatio gratiae, quae est affectus caritatis, proportionetur his quae sunt exterius agenda, ita scilicet ut ad eos intensiorem caritatis affectum habeamus quibus convenit nos magis beneficos esse.[7]

Et ideo dicendum est quod etiam secundum affectum oportet magis unum proximorum quam alium diligere.[8] Et ratio est quia, cum principium dilectionis sit Deus et ipse diligens, necesse est quod secundum propinquitatem maiorem ad alterum istorum principiorum maior sit dilectionis affectus, sicut enim

[답변] 이에 관해서는 두 가지 의견이 있었다. 어떤 이들은,[5] 모든 이웃을 참사랑으로 감정에 있어서는 동등하게 사랑해야 하지만 외적인 결과에 있어서는 그렇지 않다고 말했다. 이들은 사랑의 질서를 우리가 원수를 포함하여 모든 이들에게 동등하게 행해야 하는 내적인 감정에 관련된 것이 아니라 우리가 우리와 무관한 이들보다 이웃에게 더 행해야 하는 것인 외적인 호의에 관련된 것으로 이해해야 한다고 보는 것이다.[6]

그러나 이는 불합리하다. 은총의 성향인 참사랑의 감정은 본성의 성향인 본성적 욕구 못지않게 질서가 있다. 그 둘이 모두 하느님의 지혜에서 나오는 성향들이기 때문이다. 그런데 우리는 본성적인 것들 안에서, 본성적 성향이 그들 각각의 본성에 부합하는 행위 또는 운동에 비례하는 것을 본다. 예를 들어 땅은 물 아래 있는 것이 그 본성이기에 물보다 더 가라앉는 성향을 지닌다. 그러므로 은총의 성향인 참사랑의 감정도 마찬가지로 외적인 행위들에 비례해야 한다. 다시 말하면, 우리가 더 은혜를 베푸는 이들에게 더 강한 참사랑의 감정을 갖는 것이 마땅하다.[7]

그러므로 감정에 있어서도 어떤 이웃을 다른 이웃보다 사랑해야 한다고 말해야 한다.[8] 그 이유는 사랑의 원리가 하느님과 사랑하는 사람 자신이므로, 그 두 원리들 가운데 하나에 더 가까울수록 사

---

5. O. Lottin, OSB, Aux origens de l'école théologique d'Anselme de Laon, in Recherches de théologie ancienne et médiévale, X(1938), p.114.
6. Peterus Lomb., *In Sent.*, III, d.29: "모든 이들을 같은 감정으로 사랑해야 하는 것으로 보인다. 그러나 결과 곧 존경을 보이는 데에 있어서는 차이를 준수해야 한다."
7. 모든 이들에게 동등하게 은혜를 베풀어야 하는 것은 아니다.(q.31, a.3.)
8. Cf. *In Sent.*, III, d.29, q.1, a.2: "결과에서 존중되어야 하는 단계에 따라, 감정의 질서가 신법으로 명령된다."

supra dictum est,[9] in omnibus in quibus invenitur aliquod principium, ordo attenditur secundum comparationem ad illud principium.

AD PRIMUM ergo dicendum quod dilectio potest esse inaequalis dupliciter. Uno modo, ex parte eius boni quod amico optamus. Et quantum ad hoc, omnes homines aeque diligimus ex caritate, quia omnibus optamus bonum idem in genere, scilicet beatitudinem aeternam. Alio modo dicitur maior dilectio propter intensiorem actum dilectionis. Et sic non oportet omnes aeque diligere.

Vel aliter dicendum quod dilectio inaequaliter potest ad aliquos haberi dupliciter. Uno modo, ex eo quod quidam diliguntur et alii non diliguntur. Et hanc inaequalitatem oportet servare in beneficentia, quia non possumus omnibus prodesse, sed in benevolentia dilectionis talis inaequalitas haberi non debet. Alia vero est inaequalitas dilectionis ex hoc quod quidam plus aliis diliguntur. Augustinus ergo non intendit hanc excludere inaequalitatem, sed primam, ut patet ex his quae de beneficentia dicit.

AD SECUNDUM dicendum quod non omnes proximi aequaliter se habent ad Deum, sed quidam sunt ei propinquiores, propter maiorem bonitatem. Qui sunt magis diligendi ex caritate quam alii, qui sunt ei minus propinqui.

랑의 감정은 반드시 더 커진다는 데에 있다. 위에서[9] 말한 바와 같이, 어떤 것 안에 원리가 있을 때에 질서는 그 원리에 대한 관계에 따라 정해지는 것이기 때문이다.

[해답] 1. 사랑은 두 가지 방식으로 동등하지 않을 수 있다. 그 첫째는, 친구에게 기원하는 선과 관련된 것이다. 여기에 있어서는, 우리는 모든 사람을 참사랑으로 동등하게 사랑해야 한다. 우리는 모든 이들에게 유에 있어 동일한 선을, 곧 영원한 참행복을 기원하기 때문이다. 둘째로는, 더 강한 사랑의 행위로 인하여 사랑이 더 크다고 말할 수 있다. 이러한 점에서는 모든 이들을 동등하게 사랑해야 하는 것이 아니다.

또는, 두 가지 방식으로 다른 이들에게 동등하지 않은 사랑을 지닐 수 있다고 말할 수 있다. 그 첫째는, 어떤 이들은 사랑을 받고 다른 이들은 사랑을 받지 않는다는 것이다. 이러한 차이는 선행을 베푸는 데에 있어서는 존중되어야 한다. 우리는 모든 이들에게 도움을 줄 수 없기 때문이다. 그러나 호의에 있어서는 그러한 차이가 없어야 한다. 둘째로는, 어떤 이들에 대한 사랑이 다른 이들에 대한 사랑보다 더 크다는 의미에서 차이가 있을 수 있다. 아우구스티누스는 이러한 차이를 배제하려 하는 것이 아니라, 첫 번째의 차이를 배제하려는 것이다. 이는 그가 선행에 대해 언급한다는 데에서 분명히 드러난다.

2. 모든 이웃들이 하느님과 같은 관계에 있는 것은 아니며, 어떤 이들은 더 큰 선성으로 인하여 하느님께 더 가까이 있다. 이들은 하느님께 덜 가까이 있는 이들보다 참사랑으로 더 사랑해야 한다.

---
9. a.1.

AD TERTIUM dicendum quod ratio illa procedit de quantitate dilectionis ex parte boni quod amicis optamus.[10]

Articulus 7
Utrum magis debeamus diligere meliores quam nobis coniunctiores

Ad septimum sic proceditur. Videtur quod magis debeamus diligere meliores quam nobis coniunctiores.

1. Illud enim videtur esse magis diligendum quod nulla ratione debet odio haberi, quam illud quod aliqua ratione est odiendum, sicut et albius est quod est nigro impermixtius. Sed personae nobis coniunctae sunt secundum aliquam rationem odiendae, secundum illud Luc. 14, [26]: *Si quis venit ad me et non odit patrem et matrem*, etc., homines autem boni nulla ratione sunt odiendi. Ergo videtur quod meliores sint magis amandi quam coniunctiores.

2. Praeterea, secundum caritatem homo maxime conformatur Deo. Sed Deus diligit magis meliorem.[1] Ergo et homo per caritatem magis debet meliorem diligere quam sibi coniunctiorem.

3. Praeterea, secundum unamquamque amicitiam illud est magis amandum quod magis pertinet ad id supra quod amicitia

3. 이 이유는 우리가 친구들에게 기원하는 선의 크기에서 나오는 것이다.[10]

제7절 더 선한 이들을 더 사랑해야 하는가, 또는 우리와 더 밀접한 사람을 더 사랑해야 하는가?

Parall.: *In Sent.*, III, d.29, q.1, a.6; *De caritate*, a.9, ad12 et 14.

[반론] 일곱째에 대해서는 다음과 같이 진행된다. 우리와 더 밀접한 이들보다 선한 이들을 더 사랑해야 하는 것으로 생각된다.

1. 검은색이 조금도 섞이지 않은 것이 더 흰 것과 마찬가지로, 미워할 이유가 전혀 없는 것은 미워할 이유가 있는 것보다 더 사랑해야 한다고 생각된다. 그런데 우리와 밀접한 이들은 어떤 점에서 미워할 이유가 있다. 루카복음서 14장 [26절]에서는 "누구든지 나에게 오면서 자기 아버지와 어머니를 미워하지 않으면[…]"이라고 말한다. 그런데 선한 이들은 미워할 이유가 없다. 그러므로 더 선한 이들을 우리와 밀접한 이들보다 더 사랑해야 한다.

2. 인간은 무엇보다도 참사랑에 있어 하느님을 닮아야 한다. 그런데 하느님은 더 선한 이들을 더 사랑하신다.[1] 그러므로 인간도 사랑으로 더 선한 이를 자신에게 밀접한 이들보다 더 사랑해야 한다.

3. 어떤 우정에서나 우정의 기초가 되는 것에 더 많이 속하는 것

---

10. Cf. ad1.

1. Cf. I, q.20, a.4.

fundatur, amicitia enim naturali magis diligimus eos qui sunt magis nobis secundum naturam coniuncti, puta parentes vel filios. Sed amicitia caritatis fundatur super communicatione beatitudinis, ad quam magis pertinent meliores quam nobis coniunctiores. Ergo ex caritate magis debemus diligere meliores quam nobis coniunctiores.

Sed contra est quod dicitur I *ad Tim.* 5, [8]: *Si quis suorum, et maxime domesticorum curam non habet, fidem negavit et est infideli deterior.* Sed interior caritatis affectio debet respondere exteriori effectui. Ergo caritas magis debet haberi ad propinquiores quam ad meliores.

Respondeo dicendum quod omnis actus oportet quod proportionetur et obiecto et agenti, sed ex obiecto habet speciem, ex virtute autem agentis habet modum suae intensionis; sicut motus habet speciem ex termino ad quem est, sed intensionem velocitatis habet ex dispositione mobilis et virtute moventis.[2] Sic igitur dilectio speciem habet ex obiecto, sed intensionem habet ex parte ipsius diligentis. Obiectum autem caritativae dilectionis Deus est; homo autem diligens est. Diversitas igitur dilectionis quae est secundum caritatem, quantum ad speciem est attendenda in proximis diligendis secundum comparationem ad Deum, ut scilicet ei qui est Deo propinquior maius bonum ex

을 더 많이 사랑해야 한다. 본성적 우정에서 우리는 본성에 따라 우리와 더 많이 결합된 이들 곧 부모나 자녀를 더 많이 사랑한다. 그러나 참사랑의 우정은 참행복의 공유에 기초하며, 더 선한 이들은 우리에게 더 밀접한 이들보다 더 많이 그 참행복에 속해 있다. 그러므로 우리는 참사랑으로 더 선한 이들을 우리와 밀접한 이들보다 더 사랑해야 한다.

[재반론] 그러나 반대로 티모테오 1서 5장 [8절]에서는 "어떤 사람이 자기 친척, 특히 가족을 돌보지 않으면, 그는 믿음을 저버린 자로 믿지 않는 사람보다 더 나쁩니다."라고 말한다. 그런데 사랑의 내적인 감정은 외적인 결과에 상응해야 한다. 그러므로 더 가까운 이들을 더 선한 이들보다 더 사랑해야 한다.

[답변] 모든 행위는 그 대상에 비례하고 또한 행위자에 비례해야 한다. 그러나 대상으로부터는 그 종류가 나오게 되고, 행위자의 능력으로부터는 그 강도가 나오게 된다. 이는 마치 운동이 그것이 향해 가는 목적지로부터 종을 받고 움직여지는 것의 태도와 원동자의 능력으로부터 그 속도의 정도를 받는 것과 같다.[2] 이와 마찬가지로 사랑도 그 대상으로부터 종이 나오게 되지만, 그 강도는 사랑하는 이에게서 나온다. 그런데 참사랑의 사랑에서 대상은 하느님이고 사랑하는 주체는 인간이다. 그러므로 이웃을 사랑하는 데에서 그 사랑의 차이가 종에 대한 것이라면, 그것은 하느님에 대한 관계에 따른다. 다시 말하면, 어떤 사람이 하느님께 더 가까울수록 우리는 참사랑으

---

2. Cf. I, q.89, a.6.

caritate velimus. Quia licet bonum quod omnibus vult caritas, scilicet beatitudo aeterna, sit unum secundum se, habet tamen diversos gradus secundum diversas beatitudinis participationes, et hoc ad caritatem pertinet, ut velit iustitiam Dei servari, secundum quam meliores perfectius beatitudinem participant. Et hoc pertinet ad speciem dilectionis, sunt enim diversae dilectionis species secundum diversa bona quae optamus his quos diligimus.—Sed intensio dilectionis est attendenda per comparationem ad ipsum hominem qui diligit. Et secundum hoc illos qui sunt sibi propinquiores intensiori affectu diligit homo ad illud bonum ad quod eos diligit, quam meliores ad maius bonum.

Est etiam ibi et alia differentia attendenda. Nam aliqui proximi sunt propinqui nobis secundum naturalem originem, a qua discedere non possunt, quia secundum eam sunt id quod sunt. Sed bonitas virtutis, secundum quam aliqui appropinquant Deo, potest accedere et recedere, augeri et minui, ut ex supradictis[3] patet. Et ideo possum ex caritate velle quod iste qui est mihi coniunctus sit melior alio, et sic ad maiorem beatitudinis gradum pervenire possit.

Est autem et alius modus quo plus diligimus ex caritate magis nobis coniunctos, quia pluribus modis eos diligimus. Ad eos enim qui non sunt nobis coniuncti non habemus nisi amicitiam caritatis. Ad eos vero qui sunt nobis coniuncti habemus aliquas

로 그에게 더 큰 선을 바라게 된다. 참사랑이 모든 이들에게 바라는 선은 영원한 참행복으로서 그 자체로는 오직 하나이지만, 그 참행복에 상이하게 참여하는 데에 따라 그 정도는 다양하다. 그리고 하느님의 정의가 보존되기를 바라는 것은 참사랑에 속하는데, 그 정의에 따르면 더 선한 이들은 더 완전하게 참행복에 참여한다. 그리고 이것은 사랑의 종에 관련된다. 우리가 사랑하는 이들에게 기원하는 상이한 선들에 따라 상이한 사랑의 종류들이 있게 되기 때문이다. 그러나 사랑의 강도는 사랑하는 사람들 자신과의 관계에 따른다. 이에 따르면 인간은 더 선한 이들에게 더 큰 선을 바라는 것보다 더 강한 애정으로 자신에게 그들에게 바라는 선을 바라며 그들을 사랑한다.

여기에서 다른 차이도 볼 수 있다. 어떤 이웃들은 본성적 기원에 따라 우리에게 가까우며, 우리는 바로 그것에 의해 지금의 우리가 되는 것이기 때문에 거기에서 떨어질 수 없다. 그러나 어떤 이들이 그로써 하느님께 다가가는 덕의 선성은 위에서[3] 말한 바에서 알 수 있듯이 진보할 수도 있고 퇴보할 수도 있고, 증가할 수도 있고 감소할 수도 있다. 그러므로 나는 참사랑으로 나에게 밀접한 이 사람이 다른 사람보다 더 선하기를, 그럼으로써 더 큰 참행복의 정도에 도달하기를 바랄 수 있다.

다른 방식으로도 우리는 우리와 더욱 긴밀한 이들을 참사랑으로 더 사랑하는데, 이는 우리가 여러 방법으로 그들을 사랑하기 때문이다. 우리와 밀접하지 않은 이들에 대해서 우리는 참사랑의 우정만을 지닌다. 그러나 우리와 밀접한 이들에 대해서는 그들이 우리에게 결합되는 방식에 따라 다른 우정들도 지닌다. 그러나 모든 정직한 우

---

3. q.24, aa.4 et 10-11.

alias amicitias, secundum modum coniunctionis eorum ad nos. Cum autem bonum super quod fundatur quaelibet alia amicitia honesta ordinetur sicut ad finem ad bonum super quod fundatur caritas, consequens est ut caritas imperet actui cuiuslibet alterius amicitiae, sicut ars quae est circa finem imperat arti quae est circa ea quae sunt ad finem. Et sic hoc ipsum quod est diligere aliquem quia consanguineus vel quia coniunctus est vel concivis, vel propter quodcumque huiusmodi aliud licitum ordinabile in finem caritatis, potest a caritate imperari. Et ita ex caritate eliciente cum imperante pluribus modis diligimus magis nobis coniunctos.

AD PRIMUM ergo dicendum quod in propinquis nostris non praecipimur odire quod propinqui nostri sunt; sed hoc solum quod impediunt nos a Deo. Et in hoc non sunt propinqui, sed inimici, secundum illud Mich. 7, [6]:[4] *Inimici hominis domestici eius.*

AD SECUNDUM dicendum quod caritas facit hominem conformari Deo secundum proportionem, ut scilicet ita se habeat homo ad id quod suum est, sicut Deus ad id quod suum est. Quaedam enim possumus ex caritate velle, quia sunt nobis convenientia, quae tamen Deus non vult, quia non convenit ei ut ea velit, sicut supra[5] habitum est, cum de bonitate voluntatis ageretur.

정의 기초가 되는 선은 그 목적으로서 사랑의 기초가 되는 선에 종속되므로, 목적에 관련된 기술이 그 목적을 지향하는 것에 관련된 기술들을 지배하듯이 사랑은 다른 모든 우정의 행위들을 지배한다. 이와 같이 혈연, 친척, 동료 시민, 또는 사랑의 목적에 종속될 수 있는 다른 어떤 합당한 이유 때문에 어떤 사람을 사랑하는 것은 참사랑에 의하여 명령될 수 있다. 그러므로 참사랑에 의하여 유도되거나 또는 명령되어 우리는 우리에게 밀접한 이들을 더 많이 사랑한다.

[해답] 1. 우리와 밀접한 이들에게서, 우리는 그들이 우리와 밀접하다는 것을 미워해야 하는 것이 아니라 오직 우리와 하느님 사이를 가로막는 것을 미워해야 한다. 이 점에서 그들은 가까운 이들이 아니라 원수들이다. 미카서 7장 [6절]에서는[4] "집안 식구가 바로 원수가 된다."고 말한다.

2. 참사랑은 인간이 비례적으로 하느님을 닮게 한다. 자신의 것에 대한 인간의 관계가 당신의 것에 대한 하느님의 관계를 닮는 것이다. 우리는 어떤 것이 우리에게 적합하기 때문에 참사랑으로 그것을 원하는데, 하느님께서는 그것을 원하는 것이 적합하지 않기에 원하지 않으실 수도 있다. 이는 위에서[5] 의지의 선성을 다루면서 말한 것이다.

---

4. Cf. 마태 10,36.
5. I-II, q.19, a.10.

AD TERTIUM dicendum quod caritas non solum elicit actum dilectionis secundum rationem obiecti, sed etiam secundum rationem diligentis, ut dictum est.[6] Ex quo contingit quod magis coniunctus magis amatur.

Articulus 8
Utrum sit maxime diligendus ille qui est nobis coniunctus secundum carnalem originem

Ad octavum sic proceditur. Videtur quod non sit maxime diligendus ille qui est nobis coniunctus secundum carnalem originem.

1. Dicitur enim *Proverb.* 18, [24]: *Vir amicabilis ad societatem magis erit amicus quam frater.*[1] Et Maximus Valerius dicit[2] quod *amicitiae vinculum praevalidum est, neque ulla ex parte sanguinis viribus inferius. Hoc etiam certius et exploratius, quod illud nascendi sors fortuitum opus dedit; hoc uniuscuiusque solido iudicio incoacta voluntas contrahit.* Ergo illi qui sunt coniuncti sanguine non sunt magis amandi quam alii.

2. Praeterea, Ambrosius dicit, in I *de Offic.*:[3] *Non minus vos diligo, quos in Evangelio genui, quam si in coniugio suscepissem. Non enim vehementior est natura ad diligendum quam gratia. Plus*

---

6. Resp.; a.4, ad1.

1. Vulgata: Vir amabilis ad societatem magis amicus erit quam frater.

3. 앞서[6] 말한 바와 같이 참사랑은 대상에 따라서만이 아니라 사랑하는 주체에도 따라서도 사랑의 행위를 이끌어 낸다. 그러므로 더 밀접한 이들은 더 사랑하게 된다.

제8절 혈연으로 결합된 사람을 더 사랑해야 하는가?

Parall.: *In Sent.*, III, d.29, q.1, a.6; *De caritate*, a.9, ad15 sqq.

[반론] 여덟째에 대해서는 다음과 같이 진행된다. 혈연(血緣, carnalis origo)으로 우리와 결합된 사람을 더 사랑하지 말아야 하는 것으로 생각된다.

1. 잠언 18장 [24절]에서는 "친구들에게 다정한 사람은 형제보다 더 친하다."[1]고 말한다. 그리고 막시무스 발레리우스[2]는 이렇게 말한다. "우정의 유대는 매우 강하며, 혈연의 관계보다 결코 약하지 않다. 그것은 더 확실하고 틀림없다. 혈연은 태어남의 운명에서 나오는 것으로 우연적이지만, 우정은 각자의 강요받지 않은 의지의 확고한 판단에서 맺어지는 것이기 때문이다." 그러므로 혈연으로 결합된 이들을 다른 이들보다 더 사랑해야 하는 것은 아니다.

2. 암브로시우스는 『성직자의 의무』 제1권[3]에서 이렇게 말한다. "내가 복음 안에서 낳은 여러분을 저는 결혼해서 낳았을 자녀들보다 덜 사랑하지 않습니다. 사랑하는 데에 있어서 본성은 은총보다 강렬

---

2. Factorum et dictorum memorabilium libri novem, IV, c.7: ed. C. Kempf, Lipsiae, 1888, p.201, ll.10-14.
3. c.7, 24: PL 16, 30 C.

certe diligere debemus quos perpetuo nobiscum putamus futuros, quam quos in hoc tantum saeculo. Non ergo consanguinei sunt magis diligendi his qui sunt aliter nobis coniuncti.

3. Praeterea, *probatio dilectionis est exhibitio operis*; ut Gregorius dicit, in homilia.[4] Sed quibusdam magis debemus impendere dilectionis opera quam etiam consanguineis, sicut magis est obediendum in exercitu duci quam patri. Ergo illi qui sunt sanguine iuncti non sunt maxime diligendi.

SED CONTRA est quod in praeceptis Decalogi specialiter mandatur de honoratione parentum; ut patet *Exod.* 20, [12]. Ergo illi qui sunt nobis coniuncti secundum carnis originem sunt a nobis specialius diligendi.

RESPONDEO dicendum quod, sicut dictum est,[5] illi qui sunt nobis magis coniuncti, sunt ex caritate magis diligendi, tum quia intensius diliguntur; tum etiam quia pluribus rationibus diliguntur. Intensio autem dilectionis est ex coniunctione dilecti ad diligentem. Et ideo diversorum dilectio est mensuranda secundum diversam rationem coniunctionis, ut scilicet unusquisque diligatur magis in eo quod pertinet ad illam coniunctionem secundum quam diligitur. Et ulterius comparanda est dilectio dilectioni secundum comparationem coniunctionis ad coniunctionem.

하지 않습니다. 분명 우리는 현세에만 우리와 함께 있는 이들보다 영원히 우리와 함께 있으리라고 여기는 이들을 더 사랑해야 합니다." 그러므로 혈연으로 결합된 이들을 다른 방식으로 우리와 결합된 이들보다 더 사랑하지 말아야 한다.

3. 그레고리우스가 강론[4]에서 말하듯이 "사랑의 증거는 활동으로 보여 주는 것"이다. 그런데 우리는 어떤 이들에게 친척들에게 하는 것보다 더 많은 사랑의 활동을 해야 한다. 예를 들어 군대에서는 아버지보다 장군에게 더 순종해야 한다. 그러므로 혈연으로 결합된 이들을 가장 많이 사랑해서는 안 된다.

[재반론] 그러나 반대로 탈출기 20장 [12절]에서 나타나듯이 십계명의 계명들에서는 특별히 부모 공경을 명한다. 그러므로 우리에게 육의 기원에 따라 결합된 이들은 더 특별하게 사랑을 받아야 한다.

[답변] 앞서[5] 말한 바와 같이 우리에게 더 밀접하게 결합된 이들은 참사랑으로 더 많이 사랑해야 하는데, 이는 우리가 그들을 더 강하게 사랑하기 때문에도 그러하고 그들을 여러 이유에서 사랑하기 때문에도 그러하다. 사랑의 강도는 사랑하는 사람에 대한 사랑받는 사람의 결합 관계에서 나온다. 그래서 서로 다른 사람들에 대한 사랑의 정도는 서로 다른 결합의 이유들에 따라 정해진다. 각자는 그를 사랑받게 하는 그 결합 관계에 속하는 데에 따라 더 많이 사랑을 받게 되는 것이다. 더 나아가서, 사랑을 다른 사랑에 비교할 때에는 관계와 다른 관계의 비교에 따라서 해야 한다.

---
4. Homil. 30 in Evang., n.1: PL 76, 1220 C.
5. a.7.

Sic igitur dicendum est quod amicitia consanguineorum fundatur in coniunctione naturalis originis; amicitia autem concivium in communicatione civili; et amicitia commilitantium in communicatione bellica. Et ideo in his quae pertinent ad naturam plus debemus diligere consanguineos; in his autem quae pertinent ad civilem conversationem plus debemus diligere concives; et in bellicis plus commilitones. Unde et Philosophus dicit, in IX *Ethic.*,[6] quod *singulis propria et congruentia est attribuendum. Sic autem et facere videntur. Ad nuptias quidem vocant cognatos, videbitur utique et nutrimento parentibus oportere maxime sufficere, et honorem paternum.* Et simile etiam in aliis.

Si autem comparemus coniunctionem ad coniunctionem, constat quod coniunctio naturalis originis est prior et immobilior, quia est secundum id quod pertinet ad substantiam; aliae autem coniunctiones sunt supervenientes, et removeri possunt.[7] Et ideo amicitia consanguineorum est stabilior. Sed aliae amicitiae possunt esse potiores secundum illud quod est proprium unicuique amicitiae.

AD PRIMUM ergo dicendum quod quia amicitia sociorum propria electione contrahitur in his quae sub nostra electione cadunt, puta in agendis, praeponderat haec dilectio dilectioni consanguineorum, ut scilicet magis cum illis consentiamus in agendis. Amicitia tamen consanguineorum est stabilior, utpote

그러므로 혈연관계에 있는 이들 사이의 우정은 본성적 기원의 관계에 기초하고, 시민들 사이의 우정은 사회적 공동 참여에 기초하며, 군대에 함께 복무하는 이들 사이의 우정은 전쟁에 함께 참여하는 데에 기초한다고 말해야 한다. 그러므로 본성에 속한 것에서는 혈연관계에 있는 이들을 더 사랑해야 하고, 사회적 친교에 속한 것에서는 같은 나라의 시민들을 더 사랑해야 하고, 전쟁에 관련된 것에서는 함께 복무하는 이들을 더 사랑해야 한다. 그래서 철학자는『니코마코스 윤리학』제9권[6]에서 이렇게 말한다. "각자에게 고유하고 적합한 것을 귀속시켜야 한다. 그리고 그렇게들 하고 있는 것으로 생각된다. 혼인에는 친척을 초대한다. 부모에게는 그들을 부양하고 공경해야 하는 것으로 생각된다." 다른 관계들에 대해서도 이와 유사하다.

그러나 우리가 관계들을 서로 비교한다면, 기원의 본성적 관계는 더 우선적이고 더 변치 않는 것임이 분명하다. 그 관계는 실체에 속하는 요소에 따르는 것이기 때문이다. 그러나 다른 관계들은 그 후에 더해지는 것이며 제거될 수 있는 것이다.[7] 그러므로 혈연관계에 있는 이들에 대한 우정은 더 고정적이다. 그러나 다른 우정들은 우정의 고유한 요소에 있어 더 강할 수 있다.

[해답] 1. 친구들의 우정은 스스로의 선택으로 맺어지며 우리가 선택할 수 있는 것들 중의 하나이다. 예를 들어 행해야 할 것에 있어서 이 우정은 혈연의 사랑에 앞서고, 그래서 우리는 행하는 데에 있어서 친구들과 더 많이 어울린다. 그러나 혈연의 우정은 더 고정적이

---

6. c.2, 1165a17-33; S. Thomas, lect.2, nn.1780-1783.
7. Cf. a.7.

naturalior existens, et praevalet in his quae ad naturam spectant. Unde magis eis tenemur in provisione necessariorum.

AD SECUNDUM dicendum quod Ambrosius loquitur de dilectione quantum ad beneficia quae pertinent ad communicationem gratiae, scilicet de instructione morum. In hac enim magis debet homo subvenire filiis spiritualibus, quos spiritualiter genuit, quam filiis corporalibus, quibus tenetur magis providere in corporalibus subsidiis.

AD TERTIUM dicendum quod ex hoc quod duci exercitus magis obeditur in bello quam patri, non probatur quod simpliciter pater minus diligatur, sed quod minus diligatur secundum quid, idest secundum dilectionem bellicae communicationis.

Articulus 9
Utrum homo ex caritate magis debeat diligere filium quam patrem

Ad nonum sic proceditur. Videtur quod homo ex caritate magis debeat diligere filium quam patrem.

1. Illum enim magis debemus diligere cui magis debemus benefacere. Sed magis debemus benefacere filiis quam parentibus, dicit enim Apostolus, II *ad Cor.* 12, [14]: *Non debent filii thesaurizare parentibus, sed parentes filiis.*[1] Ergo magis sunt

---

1. Vulgata: Nec enim debent filii parentibus thesaurizare, sed parentes filiis.

다. 그것은 더 본성적이고, 본성에 관련된 것들에서 더 강하다. 그러므로 필요한 것을 마련해 주는 데에 있어서 그들에 대해 더 큰 의무가 있다.

2. 암브로시우스가 은총의 공유 곧 도덕적 가르침에 관련된 은혜로서의 사랑에 대해 말하고 있다. 여기에서 실상 인간은 육적인 자녀들보다 영적으로 낳은 영적 자녀들을 도와야 한다. 한편 육적인 자녀들에게는 육적인 도움을 베풀어야 한다.

3. 전쟁에서 아버지보다 군대의 장군에게 순종한다는 것으로 아버지를 단순하게 덜 사랑한다는 것이 증명되지는 않으며, 다만 전쟁에 함께하는 데에 따른 사랑에서 덜 사랑하는 것이다.

제9절 참사랑으로 부모보다 자녀를 더 사랑해야 하는가?

Parall.: *In Sent.*, III, d.29, q.1, a.7; *De caritate*, a.9, ad18; *in Matth.*, c.10; *In Ep. ad Ephes.*, c.5, lect.10; *In Ethic.*, VIII, lect.12.

[반론] 아홉째에 대해서는 다음과 같이 진행된다. 인간은 참사랑으로 부모보다 자녀를 더 사랑해야 하는 것으로 생각된다.

1. 우리는 우리가 더 많이 은혜를 베풀어야 하는 이들을 더 많이 사랑해야 한다. 그런데 우리는 부모(父母, parens)에게보다 자녀(子女, filius)에게 더 많이 은혜를 베풀어야 한다. 사도는 코린토 2서 12장 [14절]에서 "자녀가 부모를 위하여 재산을 모아 두는 것이 아니라, 부모가 자녀를 위하여 그렇게 하는 법"[1]이라고 말한다. 그러므로 부

diligendi filii quam parentes.

2. Praeterea, gratia perficit naturam.² Sed naturaliter parentes plus diligunt filios quam ab eis diligantur; ut Philosophus dicit, in VIII *Ethic.*³ Ergo magis debemus diligere filios quam parentes.

3. Praeterea, per caritatem affectus hominis Deo conformatur. Sed Deus magis diligit filios quam diligatur ab eis. Ergo etiam et nos magis debemus diligere filios quam parentes.

SED CONTRA est quod Ambrosius⁴ dicit: *Primo Deus diligendus est, secundo parentes, inde filii, post domestici.*

RESPONDEO dicendum quod, sicut supra⁵ dictum est, gradus dilectionis ex duobus pensari potest. Uno modo, ex parte obiecti. Et secundum hoc id quod habet maiorem rationem boni est magis diligendum, et quod est Deo similius. Et sic pater est magis diligendus quam filius, quia scilicet patrem diligimus sub ratione principii, quod habet rationem eminentioris boni et Deo similioris.⁶

Alio modo computantur gradus dilectionis ex parte ipsius diligentis. Et sic magis diligitur quod est coniunctius. Et secundum hoc filius est magis diligendus quam pater; ut Philosophus dicit, in VIII *Ethic.*⁷ Primo quidem, quia parentes

---

2. Cf. I, q.1, a.8, ad2; q.62, a.5; III, q.69, a.8, obj.3.
3. c.14: 1161b21-26; S. Thomas, lect.12, nn.1707-1709.

모보다 자녀를 더 많이 사랑해야 한다.

2. 은총은 본성을 완전하게 한다.² 그런데 철학자가 『니코마코스 윤리학』 제8권³에서 말하듯이 부모는 본성적으로 자녀에게 사랑을 받는 것보다 더 많이 자녀를 사랑한다. 그러므로 우리는 부모보다 자녀를 더 사랑해야 한다.

3. 참사랑으로써 인간의 감정은 하느님을 닮게 된다. 그런데 하느님은 자녀들에게 사랑을 받으시는 것보다 더 많이 자녀들을 사랑하신다. 그러므로 우리도 부모보다 자녀를 더 사랑해야 한다.

[재반론] 그러나 반대로 암브로시우스⁴는 이렇게 말한다. "첫째로 하느님을 사랑해야 하고, 둘째로 부모를, 셋째로 자녀를, 그다음으로 종들을 사랑해야 한다."

[답변] 위에서⁵ 말한 바와 같이, 사랑의 정도는 두 가지 측면에서 생각할 수 있다. 그 첫째는 대상 편에서이다. 이에 따르면 더 큰 선의 이유를 지닌 것을, 그리고 하느님과 더 유사한 것을 더 많이 사랑해야 한다. 그렇다면 아버지가 자녀보다 더 사랑을 받아야 한다. 우리는 아버지를 우리의 기원이라는 점에서 사랑하는데 이것은 더 탁월한 선이며 하느님과 더 유사한 것이다.⁶

둘째로 사랑의 정도는 사랑하는 사람 편에서 헤아려진다. 이에 따르면 더 밀접하게 결합된 것을 더 많이 사랑한다. 그렇다면 철학자가 『니코마코스 윤리학』 제8권⁷에서 말하듯이 자녀가 아버지보다 더

---

4. Cf. Origenes, In Cant., hom.2, n.8, super 2, 4: PG 13, 54 A.
5. a.4, ad1; a.7.
6. Cf. q.101, a.1; a.3.
7. c.14: 1161b21-26; S. Thomas, lect.12, nn.1707-1709. Cf. I-II, q.87, a.8, ad1,3; q.100,

diligunt filios ut aliquid sui existentes; pater autem non est aliquid filii; et ideo dilectio secundum quam pater diligit filium similior est dilectioni qua quis diligit seipsum.—Secundo, quia parentes magis sciunt aliquos esse suos filios quam e converso.—Tertio, quia filius est magis propinquus parenti, utpote pars existens, quam pater filio, ad quem habet habitudinem principii.—Quarto, quia parentes diutius amaverunt, nam statim pater incipit diligere filium; filius autem tempore procedente incipit diligere patrem. Dilectio autem quanto est diuturnior, tanto est fortior, secundum illud *Eccli.* 9, [14]: *Non derelinquas amicum antiquum, novus enim non erit similis illi.*[8]

AD PRIMUM ergo dicendum quod principio debetur subiectio reverentiae et honor, effectui autem proportionaliter competit recipere influentiam principii et provisionem ipsius. Et propter hoc parentibus a filiis magis debetur honor, filiis autem magis debetur cura provisionis.[9]

AD SECUNDUM dicendum quod pater naturaliter plus diligit filium secundum rationem coniunctionis ad seipsum. Sed secundum rationem eminentioris boni filius naturaliter plus diligit patrem.

AD TERTIUM dicendum quod, sicut Augustinus dicit, in I *de Doct. Christ.*,[10] *Deus diligit nos ad nostram utilitatem et suum*

---

a.5, ad4; II-II, q.10, a.12; q.57, a.4, c et ad2; q.58, a.7, ad3; q.108, a.4, ad1; q.164, a.1, ad4; Sup., q.54, a.4, ad7; q.56, a.5, ad2.

사랑을 받아야 한다. 그 첫째 이유는, 부모는 자녀를 자신의 일부로서 사랑하는데 부모는 자녀의 일부가 아니기 때문이다. 그래서 아버지가 자녀를 사랑하는 사랑은 어떤 사람이 자신을 사랑하는 사랑과 더 유사하다.-둘째 이유는, 부모는 자신의 자녀가 어떠한지를 자녀가 부모를 아는 것보다 더 잘 알기 때문이다.-셋째 이유는, 자녀의 기원인 부모가 그 자녀에게 가까운 것보다 부모의 일부인 자녀가 부모에게 더 가깝기 때문이다.-넷째 이유는, 부모는 더 오래 사랑했기 때문이다. 부모는 즉시 자녀를 사랑하기 시작하는데, 자녀는 시간이 지난 다음에 부모를 사랑하기 시작한다. 그런데 사랑은 더 오래 지속될수록 더 강하다. 집회서 9장 [10절]에서는 "옛 친구를 버리지 마라. 새로 사귄 친구는 옛 친구만 못하다."[8]고 말한다.

[해답] 1. 기원에는 존중의 복종과 공경을 돌리는 것이 마땅하다. 한편 결과의 임무는 기원의 영향과 부양을 받는 것이다. 그러므로 부모는 자녀들에게서 공경을 받는 것이 마땅하고, 자녀들은 부양을 받는 것이 마땅하다.[9]

2. 부모는 본성상 자녀를 더 많이 사랑한다. 이는 자녀가 자신에게 결합되어 있다는 이유에서이다. 그러나 더 탁월한 선이라는 이유에서는 자녀가 본성적으로 부모를 더 많이 사랑한다.

3. 아우구스티누스는 『그리스도교 교양』 제1권[10]에서 "하느님은 우리의 유익과 당신의 영예를 위하여 우리를 사랑하신다."고 말한다.

---

8. Vulgata: Ne derelinquas...
9. Cf. q.101, aa.1-2.
10. c.32, n.35: PL 34, 32.

honorem. Et ideo, quia pater comparatur ad nos in habitudine principii, sicut et Deus, ad patrem proprie pertinet ut ei a filiis honor impendatur, ad filium autem ut eius utilitati a parentibus provideatur.—Quamvis in articulo necessitatis filius obligatus sit ex beneficiis susceptis, ut parentibus maxime provideat.[11]

Articulus 10

Utrum homo magis debeat diligere matrem quam patrem

Ad decimum sic proceditur. Videtur quod homo magis debeat diligere matrem quam patrem.

1. Ut enim Philosophus dicit, in I *de Gen. Animal.*,[1] *femina in generatione dat corpus.* Sed homo non habet animam a patre, sed per creationem a Deo, ut in Primo[2] dictum est. Ergo homo plus habet a matre quam a patre. Plus ergo debet diligere matrem quam patrem.

2. Praeterea, magis amantem debet homo magis diligere. Sed mater plus diligit filium quam pater, dicit enim Philosophus, in IX *Ethic.*,[3] quod *matres magis sunt amatrices filiorum. Laboriosior enim est generatio matrum; et magis sciunt quoniam ipsarum sunt filii quam patres.* Ergo mater est magis diligenda quam pater.

---

1. c.20, 729a10-11. Cf. II, c.4, 738b23.
2. q.90, a.2; q.118, a.2.

그런데 부모는 우리에게 하느님과 마찬가지로 기원의 관계에 있으므로, 자녀에게서 공경을 받는 것은 부모에게 고유하게 속하고 부모로부터 유익하게 부양을 받는 것은 자녀에게 고유하게 속한다. 그러나 곤궁할 경우 자녀는 그가 받았던 은혜로 인하여, 부모를 가장 많이 돌보아야 한다.

제10절 어머니를 아버지보다 더 사랑해야 하는가?

Parall.: *In Sent.*, IV, d.29, q.1, a.7, ad4-5.

[반론] 열째에 대해서는 다음과 같이 진행된다. 어머니(母親, mater)를 아버지(父親, pater)보다 더 사랑해야 하는 것으로 생각된다.

1. 철학자가 『동물들의 출산』 제1권[1]에서 말하듯이 "출산에서 암컷은 육체를 준다." 그런데 제1부[2]에서 말한 바와 같이 인간은 영혼을 아버지로부터 받는 것이 아니라 하느님의 창조로 지니게 된다. 그러므로 인간은 아버지보다 어머니에게서 더 많은 것을 받고, 그래서 아버지보다 어머니를 더 사랑해야 한다.

2. 인간은 자신을 더 많이 사랑하는 사람을 더 많이 사랑해야 한다. 그런데 어머니는 아버지보다 더 많이 자녀를 사랑한다. 철학자는 『니코마코스 윤리학』 제9권[3]에서 이렇게 말한다. "어머니는 자녀를 더 많이 사랑한다. 어머니의 출산이 더 수고스럽게 때문이다. 그리고 자녀가 자신에게 속한다는 것을 아버지보다 더 잘 안다." 그러므로 아버지보다 어머니를 더 사랑해야 한다.

---

3. c.7: 1168a25-27; S. Thomas, lect.7, n.1854.

3. Praeterea, ei debetur maior dilectionis affectus qui pro nobis amplius laboravit, secundum illud *Rom.* ult., [6]: *Salutate Mariam, quae multum laboravit in vobis.* Sed mater plus laborat in generatione et educatione quam pater, unde dicitur *Eccli.* 7, [29]: *Gemitum matris tuae ne obliviscaris.*[4] Ergo plus debet homo diligere matrem quam patrem.

SED CONTRA est quod Hieronymus dicit, *super Ezech.*,[5] quod *post Deum, omnium Patrem, diligendus est pater,* et postea addit de matre.

RESPONDEO dicendum quod in istis comparationibus id quod dicitur est intelligendum per se, ut videlicet intelligatur esse quaesitum de patre inquantum est pater, an sit plus diligendus matre inquantum est mater. Potest enim in omnibus huiusmodi tanta esse distantia virtutis et malitiae ut amicitia solvatur vel minuatur; ut Philosophus dicit, in VIII *Ethic.*[6] Et ideo, ut Ambrosius[7] dicit, *boni domestici sunt malis filiis praeponendi.* Sed per se loquendo, pater magis est amandus quam mater. Amantur enim pater et mater ut principia quaedam naturalis originis. Pater autem habet excellentiorem rationem principii quam mater, quia pater est principium per modum agentis, mater autem magis per modum patientis et materiae. Et ideo, per se loquendo,

---

4. Vulgata: Gemitus...

3. 우리는 우리를 위하여 더 많이 수고한 사람에게 더 많은 사랑의 감정을 가져야 한다. 로마서 16장 [6절]에서는 "여러분을 위하여 애를 많이 쓴 마리아에게 안부를 전해 주십시오."라고 말한다. 그런데 어머니는 출산과 교육에서 아버지보다 더 많이 수고한다. 그래서 집회서 7장 [29절]에서는 "어머니의 산고를 잊지 마라."[4]고 말한다. 그러므로 아버지보다 어머니를 더 사랑해야 한다.

[재반론] 그러나 반대로 히에로니무스는 『에제키엘서 주해』[5]에서, "모든 이들의 아버지이신 하느님 다음으로 아버지를 사랑해야 한다."고 말하고 그 후에 어머니를 덧붙인다.

[답변] 이 비교들에서 언급된 것은 그 자체로 이해해야 한다. 다시 말하면, 아버지로서의 아버지에 대하여 어머니로서의 어머니를 더 사랑해야 하는 것인지를 묻는 것으로 이해해야 한다. 이와 유사한 모든 것에서는, 철학자가 『니코마코스 윤리학』 제8권[6]에서 말하듯이 덕과 악습의 차이가 매우 커서 우정을 약화시키거나 감소시킬 수 있다. 그러므로 암브로시우스[7]가 말하듯이 "착한 종은 악한 자녀보다 우선해야 한다." 그러나 그 자체로서 말한다면 어머니보다 아버지를 더 사랑해야 한다. 아버지와 어머니는 본성적 기원의 원리로서 사랑해야 한다. 그런데 아버지는 기원으로서 어머니보다 탁월하다. 아버지는 행위자의 방식으로 기원이 되고, 어머니는 그보다는 수동적이고 질료적인 방식으로 기원이 되기 때문이다. 그러므로 그 자체로서

---

5. XIII, super 44, 25: PL 25, 442 C.
6. c.9, 1158b33-35; S. Thomas, lect.7, n.1633.
7. Cf. Origenes, In Cant., hom.2, n.8, super 2, 4: PG 13, 54 A.

pater est magis diligendus.

AD PRIMUM ergo dicendum quod in generatione hominis mater ministrat materiam corporis informem, formatur autem per virtutem formativam quae est in semine patris. Et quamvis huiusmodi virtus non possit creare animam rationalem, disponit tamen materiam corporalem ad huiusmodi formae susceptionem.

AD SECUNDUM dicendum quod hoc pertinet ad aliam rationem dilectionis, alia enim est species amicitiae qua diligimus amantem, et qua diligimus generantem. Nunc autem loquimur de amicitia quae debetur patri et matri secundum generationis rationem.[8]

Articulus 11
Utrum homo plus debeat diligere uxorem quam patrem et matrem

Ad undecimum sic proceditur. Videtur quod homo plus debeat diligere uxorem quam patrem et matrem.

1. Nullus enim dimittit rem aliquam nisi pro re magis dilecta. Sed *Gen.* 2, [24] dicitur quod propter uxorem *relinquet homo patrem et matrem*.[1] Ergo magis debet diligere uxorem quam patrem vel matrem.

---

8. 카예타누스에 따르면, "아버지가 원리로서 더 탁월하다는 점은 출산에서 어머니가 더 수고한다는 점보다 더 중요하다. 선의 이유는 어려움이나 수고로움이라는 이유보다 대상 그 자체에 달려 있는 것이기 때문이다."

말한다면 아버지를 더 사랑해야 한다.

[해답] 1. 인간의 출산에 있어 어머니는 형상이 없는 육체의 질료를 준다. 그것은 아버지의 정자 안에 있는 형상 능력에 의하여 형상을 지니게 된다. 이 능력은 비록 이성적 영혼을 창조하지는 못하지만, 육체의 질료가 형상을 받아들일 수 있도록 준비시킨다.
  2. 이것은 다른 종류의 사랑에 관련되는 것이다. 우리를 사랑하는 사람을 사랑하는 우정은 우리를 낳은 이들을 사랑하는 사랑과 종이 다르다. 지금 우리는 우리를 낳았다는 이유로 아버지와 어머니를 사랑해야 하는 우정에 대해 말하고 있는 것이다.
  3. 셋째에 대한 대답은 명백하다.[8]

제11절 아내를 아버지나 어머니보다 더 사랑해야 하는가?

Parall.: *In Sent.*, III, d.29, q.1, a.7, ad3; *De caritate*, a.9, ad18; *In Ep. ad Ephes.*, c.5, lect.10.

[반론] 열한째에 대해서는 다음과 같이 진행된다. 아버지와 어머니보다 아내(uxor)를 더 사랑해야 하는 것으로 생각된다.
  1. 더 사랑하는 어떤 것을 위해서가 아니라면 아무도 어떤 것을 포기하지 않는다. 그런데 창세기 2장 [24절]에서는 아내 때문에 "남자는 아버지와 어머니를 떠난다."[1]고 말한다. 그러므로 아버지나 어머니보다 아내를 더 사랑해야 한다.

---
1. Vulgata: Relinquet homo patrem suum et matrem.

2. Praeterea, Apostolus dicit, *ad Ephes.* 5, [28, 33], quod *viri debent diligere uxores sicut seipsos.* Sed homo magis debet diligere seipsum quam parentes. Ergo etiam magis debet diligere uxorem quam parentes.

3. Praeterea, ubi sunt plures rationes dilectionis, ibi debet esse maior dilectio. Sed in amicitia quae est ad uxorem sunt plures rationes dilectionis, dicit enim Philosophus, in VIII *Ethic.*,[2] quod *in hac amicitia videtur esse utile et delectabile et propter virtutem, si virtuosi sint coniuges.* Ergo maior debet esse dilectio ad uxorem quam ad parentes.

SED CONTRA est quod *vir debet diligere uxorem suam sicut carnem suam,* ut dicitur *ad Ephes.* 5, [28-29].[3] Sed corpus suum minus debet homo diligere quam proximum, ut supra[4] dictum est. Inter proximos autem magis debemus diligere parentes. Ergo magis debemus diligere parentes quam uxorem.

RESPONDEO dicendum quod, sicut dictum est,[5] gradus dilectionis attendi potest et secundum rationem boni, et secundum coniunctionem ad diligentem. Secundum igitur rationem boni, quod est obiectum dilectionis, magis sunt diligendi parentes quam uxores, quia diliguntur sub ratione principii et eminentioris cuiusdam boni. Secundum autem rationem coniunctionis magis diligenda est uxor, quia uxor

2. 사도는 에페소서 5장 [28.33절]에서 "남편도 이렇게 아내를 제 몸같이 사랑해야 합니다."라고 말한다. 그런데 인간은 자신을 부모보다 더 사랑한다. 그러므로 또한 부모보다 아내를 더 사랑해야 한다.

3. 사랑할 이유가 더 많은 것을 더 많이 사랑해야 한다. 그런데 아내에 대한 우정에서는 사랑의 이유가 여러 가지이다. 철학자는 『니코마코스 윤리학』 제8권[2]에서 이렇게 말한다. "부부가 덕스러운 이들이라면 이 우정은 유익하고 유쾌하고 덕스러운 것으로 생각된다." 그러므로 부모보다 아내를 더 사랑해야 한다.

[재반론] 그러나 반대로 에페소서 5장 [28-29절]에서 말하듯이, "남편도 이렇게 아내를 제 몸같이 사랑해야"[3] 한다. 그런데, 위에서[4] 말한 바와 같이 인간은 자신의 몸을 이웃보다 덜 사랑해야 한다. 그리고 이웃들 가운데에서는 부모를 가장 사랑해야 한다. 그러므로 아내보다 부모를 더 사랑해야 한다.

[답변] 앞서[5] 말한 바와 같이, 사랑의 정도는 선의 이유에 따라 그리고 사랑하는 사람에 대한 관계에 따라 정해질 수 있다. 선의 이유 곧 사랑의 대상이라는 측면에서는 아내보다 부모를 더 사랑해야 한다. 이들은 원리로서 그리고 더 탁월한 선으로서 사랑받기 때문이다. 그러나 관계라는 측면에서는 아내를 더 사랑해야 한다. 아내는 남편과

---

2. c.14, 1162a24-27; S. Thomas, lect.12, n.1723.
3. Vulgata: Viri debent diligere uxores suas ut corpora sua... Nemo enim unquam carnem suam odio habuit.
4. a.5.
5. aa.7 et 9.

coniungitur viro ut una caro existens, secundum illud Matth. 19, [6]: *Itaque iam non sunt duo, sed una caro*. Et ideo intensius diligitur uxor, sed maior reverentia est parentibus exhibenda.

AD PRIMUM ergo dicendum quod non quantum ad omnia deseritur pater et mater propter uxorem, in quibusdam enim magis debet homo assistere parentibus quam uxori.[6] Sed quantum ad unionem carnalis copulae et cohabitationis, relictis omnibus parentibus, homo adhaeret uxori.

AD SECUNDUM dicendum quod in verbis Apostoli non est intelligendum quod homo debeat diligere uxorem suam aequaliter sibi ipsi, sed quia dilectio quam aliquis habet ad seipsum est ratio dilectionis quam quis habet ad uxorem sibi coniunctam.

AD TERTIUM dicendum quod etiam in amicitia paterna inveniuntur multae rationes dilectionis. Et quantum ad aliquid praeponderant rationi dilectionis quae habetur ad uxorem, secundum scilicet rationem boni, quamvis illae praeponderent secundum coniunctionis rationem.

AD QUARTUM[7] dicendum quod illud etiam non est sic intelligendum quod ly *sicut* importet aequalitatem, sed rationem dilectionis. Diligit enim homo uxorem suam principaliter ratione carnalis coniunctionis.

결합하여 한 몸이 되기 때문이다. 마태오복음서 19장 [6절]에서는 "그들은 이제 둘이 아니라 한 몸이다."라고 말한다. 그러므로 아내를 더 강하게 사랑해야 하지만, 부모에게 더 큰 존경을 보여야 한다.

[해답] 1. 아내 때문에 아버지와 어머니를 완전히 떠나는 것은 아니다. 어떤 경우에는 아내보다 부모를 더 많이 도와야 한다.[6] 그러나 육적인 결합과 동거에 있어서는 부모를 떠나 아내와 결합한다.

2. 사도의 말은 자신의 아내를 자신과 동등하게 사랑해야 한다는 뜻으로 이해해서는 안 되고, 자신에 대한 사랑이 자신과 결합한 아내에 대한 사랑의 이유가 되어야 한다는 뜻으로 이해해야 한다.

3. 부모에 대한 우정에서도 사랑의 이유는 많다. 그리고 관계라는 측면에서는 아내를 사랑하는 이유들이 더 중요하다 하더라도, 어떤 점에서 곧 선의 이유라는 측면에서는 부모를 사랑하는 이유들이 아내를 사랑하는 이유들보다 더 중요하다.

4.[7] 이 구절에서도 sicut이라는 단어는 동등함을 뜻하는 것으로 이해해서는 안 되며, 사랑의 이유를 뜻하는 것으로 이해해야 한다. 인간은 주로 육적인 결합 때문에 아내를 사랑하는 것이다.

---

6. Cf. q.101, a.2.
7. 재반론.

Articulus 12
Utrum homo magis debeat diligere benefactorem quam beneficiatum

Ad duodecimum sic proceditur. Videtur quod homo magis debeat diligere benefactorem quam beneficiatum.

1. Quia ut dicit Augustinus, in libro *de Catechiz. Rud.*,[1] *nulla est maior provocatio ad amandum quam praevenire amando, nimis enim durus est animus qui dilectionem, etsi non vult impendere, nolit rependere.* Sed benefactores praeveniunt nos in beneficio caritatis. Ergo benefactores maxime debemus diligere.

2. Praeterea, tanto aliquis est magis diligendus quanto gravius homo peccat si ab eius dilectione desistat, vel contra eam agat. Sed gravius peccat qui benefactorem non diligit, vel contra eum agit, quam si diligere desinat eum cui hactenus benefecit. Ergo magis sunt amandi benefactores quam hi quibus benefacimus.

3. Praeterea, inter omnia diligenda maxime diligendus est Deus et post eum pater, ut Hieronymus dicit.[2] Sed isti sunt maximi benefactores. Ergo benefactor est maxime diligendus.

---

1. c.4, n.7: PL 40, 314.
2. In Ezech., XIII, super 44, 25: PL 25, 442 C.

제12절 자신에게 은혜를 베푸는 사람을 자신이 은혜를 베푸는 사람보다 더 사랑해야 하는가?

Parall.: *In Sent.*, III, d.29, q.1, a.7, ad2; *In Ethic.* IX, lect.7.

[반론] 열두째에 대해서는 다음과 같이 진행된다. 자신에게 은혜(恩惠)를 베푸는 사람(benefactor)을 자신이 은혜를 베푸는 사람보다 더 사랑해야 하는 것으로 생각된다.

1. 아우구스티누스가 『입문자 교리 교육』[1]에서 말하듯이 "먼저 사랑을 베푸는 것보다 더 사랑을 불러일으키는 것은 없다. 그러나 먼저 사랑을 하려 하지 않을 뿐만 아니라 사랑을 갚지도 않으려 하는 사람은 매우 마음이 완고한 사람이다." 그런데 은인은 우리에게 참사랑의 은혜를 먼저 베푼다. 그러므로 우리는 은인들을 가장 많이 사랑해야 한다.

2. 그 사람에서 사랑을 거두거나 그를 거슬러 행하는 것이 더 무거운 죄가 되는 사람은 그만큼 더 사랑해야 하는 사람이다. 그런데 은인을 사랑하지 않거나 은인을 거슬러 행하는 사람은 자신이 은혜를 베풀던 사람에게 사랑을 거둘 때보다 더 무거운 죄를 짓는 것이다. 그러므로 우리가 은혜를 베푸는 이들보다 은인들을 더 많이 사랑해야 한다.

3. 히에로니무스[2]가 말하듯이 사랑해야 할 것들 가운데 가장 사랑해야 할 것은 하느님이고 그다음은 아버지이다. 그런데 이들은 가장 큰 은인들이다. 그러므로 은인은 가장 많이 사랑해야 한다.

SED CONTRA est quod Philosophus dicit, in IX *Ethic.*,[3] quod *benefactores magis videntur amare beneficiatos quam e converso.*

RESPONDEO dicendum quod, sicut supra[4] dictum est, aliquid magis diligitur dupliciter, uno quidem modo, quia habet rationem excellentioris boni; alio modo, ratione maioris coniunctionis. Primo quidem igitur modo benefactor est magis diligendus, quia, cum sit principium boni in beneficiato, habet excellentioris boni rationem; sicut et de patre dictum est.[5]

Secundo autem modo magis diligimus beneficiatos, ut Philosophus probat, in IX *Ethic.*,[6] per quatuor rationes. Primo quidem, quia beneficiatus est quasi quoddam opus benefactoris, unde consuevit dici de aliquo, *Iste est factura illius.* Naturale autem est cuilibet quod diligat opus suum, sicut videmus quod poetae diligunt poemata sua. Et hoc ideo quia unumquodque diligit suum esse et suum vivere, quod maxime manifestatur in suo agere.—Secundo, quia unusquisque naturaliter diligit illud in quo inspicit suum bonum. Habet quidem igitur et benefactor in beneficiato aliquod bonum, et e converso, sed benefactor inspicit in beneficiato suum bonum honestum, beneficiatus in benefactore suum bonum utile. Bonum autem honestum

---

3. c.7, 1167b17-18; S. Thomas, lect.7, n.1840.
4. aa.7 et 9 et 11.
5. a.9.

[재반론] 그러나 반대로 철학자는 『니코마코스 윤리학』 제9권[3]에서, "은인들은 그들의 은혜를 받는 이들을 사랑해야 하며 그 역이 아니다."라고 말한다.

[답변] 위에서[4] 말한 바와 같이 어떤 것을 더 사랑하는 것은 두 가지로 이루어진다. 첫째는 더 탁월한 선의 이유를 지니고 있기 때문이고, 둘째는 관계가 더 강하기 때문이다. 첫째 방식으로는, 은인이 더 사랑을 받아야 한다. 그는 은혜를 받는 사람 안에서 선의 원인이 되므로, 아버지에 대해 말한 바와 같이[5] 더 탁월한 선의 이유를 지니고 있다.

그러나 둘째 방식으로는 우리가 은혜를 베푸는 사람을 더 사랑한다. 철학자는 『니코마코스 윤리학』 제9권[6]에서 네 가지 이유로 이를 증명한다. 첫째로는, 은혜를 받은 사람은 어떤 식으로 은혜를 베푼 사람의 작품과 같기 때문이다. 그래서 "이 사람은 저 사람의 작품"이라고 말하곤 한다. 그런데 누구나 본성적으로 자신의 작품을 사랑한다. 예를 들어, 시인은 자신의 시를 사랑한다. 누구나 자신의 존재와 자신의 삶을 사랑하는데, 그것이 자신의 행위 안에서 가장 잘 드러나기 때문이다. – 둘째로, 누구나 본성적으로 그 안에 자신의 선이 나타나는 것을 사랑하기 때문이다. 그러므로 은혜를 베푸는 사람은 은혜를 받는 사람 안에 어떤 선을 지니고 있고, 역도 성립한다. 그러나 은혜를 베푸는 사람은 은혜를 받는 사람 안에 자신의 정직한 선을 지니는 반면, 은혜를 받는 사람은 은혜를 베푸는 사람 안에 자신의 유익한 선을 지닌다. 그런데 덕스러운 선은 유익한 선보다 더 사랑할

---

6. c.7, 1167b17-1168a27; S. Thomas, lect.7, nn.1840-1854.

delectabilius consideratur quam bonum utile, tum quia est diuturnius, utilitas enim cito transit, et delectatio memoriae non est sicut delectatio rei praesentis; tum etiam quia bona honesta magis cum delectatione recolimus quam utilitates quae nobis ab aliis provenerunt.—Tertio, quia ad amantem pertinet agere, vult enim et operatur bonum amato, ad amatum autem pertinet pati. Et ideo excellentioris est amare. Et propter hoc ad benefactorem pertinet ut plus amet.—Quarto, quia difficilius est beneficia impendere quam recipere. Ea vero in quibus laboramus magis diligimus; quae vero nobis de facili proveniunt quodammodo contemnimus.

AD PRIMUM ergo dicendum quod in benefactore est ut beneficiatus provocetur ad ipsum amandum. Benefactor autem diligit beneficiatum non quasi provocatus ab illo, sed ex seipso motus. Quod autem est ex se potius est eo quod est per aliud.

AD SECUNDUM dicendum quod amor beneficiati ad benefactorem est magis debitus, et ideo contrarium habet rationem maioris peccati. Sed amor benefactoris ad beneficiatum est magis spontaneus, et ideo habet maiorem promptitudinem.

AD TERTIUM dicendum quod Deus etiam plus nos diligit quam nos eum diligimus, et parentes plus diligunt filios quam ab eis diligantur. Nec tamen oportet quod quoslibet beneficiatos plus diligamus quibuslibet benefactoribus. Benefactores enim a

만한 것으로 여겨진다. 실상 정직한 선은 더 지속되는데 유익함은 곧 지나가고, 기억에 대한 유쾌함은 현재의 사물에 대한 유쾌함과 같지 않다. 또한 우리는 다른 이들에게서 우리에게 주어지는 유익함보다 우리의 정직한 선을 더 즐겁게 회상한다.-셋째로, 행위가 사랑하는 사람에게 속하기 때문이다. 그는 사랑받는 사람의 선을 원하고 그것을 이룬다. 사랑받는 사람은 수동적이다. 그러므로 사랑하는 것이 더 탁월하다. 그러므로 더 사랑하는 것은 은혜를 베푸는 사람에게 속한다.-넷째로, 은혜를 베푸는 것이 받는 것보다 어렵기 때문이다. 그런데 우리는 우리에게 더 수고스러운 것을 더 사랑하고, 우리에게 쉽게 주어지는 것은 어떤 식으로 경시한다.

[해답] 1. 은혜를 베푸는 사람 안에는 은혜를 받는 사람에게 그를 사랑하게 하는 요인이 있다. 그러나 은혜를 베푸는 사람이 은혜를 입은 사람을 사랑하는 것은 그 사람을 사랑하도록 자극되기 때문이 아니라 스스로의 움직임에 의해서이다. 그런데 자기 자신에 의한 것은 다른 사람에 의한 것보다 더 강하다.

2. 은혜를 베푸는 사람에 대한 은혜를 받은 사람의 사랑은 더 마땅히 해야 하는 것이며, 그래서 이에 반대되는 것은 더 큰 죄가 된다. 그러나 은혜를 입는 사람에 대한 은혜를 베푸는 사람의 사랑은 더 자발적이며, 그래서 더 즉각적이다.

3. 우리가 하느님을 사랑하는 것보다 더 많이 하느님이 사랑하시며, 부모들도 자녀들로부터 사랑을 받는 것보다 더 많이 자녀를 사랑한다. 그러나 우리가 은혜를 베푼 사람 가운데 누구라도 우리에게 은혜를 베푼 누구보다 더 사랑하는 것은 아니다. 우리는 우리가 그

quibus maxima beneficia recepimus, scilicet Deum et parentes, praeferimus his quibus aliqua minora beneficia impendimus.

Articulus 13
Utrum ordo caritatis remaneat in patria

Ad tertiumdecimum sic proceditur. Videtur quod ordo caritatis non remaneat in patria.

1. Dicit enim Augustinus, in libro *de Vera Relig.*:[1] *Perfecta caritas est ut plus potiora bona, et minus minora diligamus.* Sed in patria erit perfecta caritas. Ergo plus diliget aliquis meliorem quam seipsum vel sibi coniunctum.

2. Praeterea, ille magis amatur cui maius bonum volumus. Sed quilibet in patria existens vult maius bonum ei qui plus bonum habet, alioquin voluntas eius non per omnia divinae voluntati conformaretur. Ibi autem plus bonum habet qui melior est. Ergo in patria quilibet magis diliget meliorem. Et ita magis alium quam seipsum, et extraneum quam propinquum.

3. Praeterea, tota ratio dilectionis in patria Deus erit, tunc enim implebitur quod dicitur I *ad Cor.* 15, [28]: *Ut sit Deus omnia in omnibus.* Ergo magis diligitur qui est Deo propinquior.

---

1. c.48, n.93: PL 34, 164.

들에게서 가장 큰 은혜를 받은 이들, 곧 하느님과 부모를 우리가 더 작은 은혜를 받은 이들보다 더 사랑한다.

제13절 참사랑의 질서는 본향에서도 유지되는가?

Parall.: *In Sent.*, III, d.31, q.2, a.3, qc.1,2; *De caritate*, a.9, ad12.

[반론] 열셋째에 대해서는 다음과 같이 진행된다. 참사랑의 질서는 본향(本鄕, patria)에서는 유지되지 않는 것으로 생각된다.

1. 아우구스티누스는 『참된 종교』[1]에서 "완전한 참사랑은 더 큰 선을 더 많이 사랑하고 더 작은 선을 더 적게 사랑하는 것"이라고 말한다. 그런데 본향에서는 참사랑이 완전할 것이다. 그러므로 더 선한 사람을 자신이나 자신과 관계된 사람보다 더 많이 사랑할 것이다.

2. 우리는 우리가 그에게 더 큰 선을 바라는 사람을 더 많이 사랑한다. 그런데 본향에 있는 사람은 누구나 더 큰 선을 지닌 사람에게 더 큰 선을 바란다. 그렇지 않다면 그의 의지는 모든 것에서 하느님의 의지에 부합하지 않을 것이기 때문이다. 그런데 거기에서는 더 선한 사람이 더 많은 선을 지닌다. 그러므로 본향에서는 누구나 더 선한 사람을 더 많이 사랑할 것이다. 따라서 자신보다 다른 사람을 더 많이 사랑하고, 친척보다 자신과 무관한 사람을 더 많이 사랑할 것이다.

3. 본향에서는 하느님만이 사랑의 이유가 될 것이다. 이로써 코린토 1서 15장 [28절]에서 말하는 대로 "하느님께서는 모든 것 안에서

q.26, a.13

Et ita aliquis magis diliget meliorem quam seipsum, et extraneum quam coniunctum.

SED CONTRA est quia natura non tollitur per gloriam, sed perficitur. Ordo autem caritatis supra[2] positus ex ipsa natura procedit. Omnia autem naturaliter plus se quam alia amant. Ergo iste ordo caritatis remanebit in patria.

RESPONDEO dicendum quod necesse est ordinem caritatis remanere in patria quantum ad hoc quod Deus est super omnia diligendus. Hoc enim simpliciter erit tunc, quando homo perfecte eo fruetur. Sed de ordine sui ipsius ad alios distinguendum videtur. Quia sicut supra[3] dictum est, dilectionis gradus distingui potest vel secundum differentiam boni quod quis alii exoptat; vel secundum intensionem dilectionis. Primo quidem modo plus diliget meliores quam seipsum, minus vero minus bonos. Volet enim quilibet beatus unumquemque habere quod sibi debetur secundum divinam iustitiam, propter perfectam conformitatem voluntatis humanae ad divinam. Nec tunc erit tempus proficiendi per meritum ad maius praemium, sicut nunc accidit, quando potest homo melioris et virtutem et praemium desiderare, sed tunc voluntas uniuscuiusque infra hoc sistet quod est determinatum divinitus.

---

2. a.12.

모든 것이 되실 것"이다. 그러므로 하느님과 가까운 사람이 더 많이 사랑을 받을 것이다. 따라서 더 선한 사람을 자신보다 더 사랑하고, 자신과 연관된 사람보다 자신과 무관한 사람을 더 사랑할 것이다.

[재반론] 그러나 반대로 본성은 영광에 의하여 제거되지 않고 완성된다. 그런데 위에[2] 제시된 참사랑의 질서는 본성 자체에서 나온다. 그런데 모든 것은 본성적으로 다른 것보다 자신을 사랑한다. 그러므로 이 참사랑의 질서는 본향에서도 남아 있을 것이다.

[답변] 본향에서 참사랑의 질서는, 모든 것 위에 하느님을 사랑해야 한다는 점에서는 그대로 유지되어야 한다. 인간이 하느님을 완전하게 향유할 때 이것은 단순하게 이루어질 것이다. 그러나 자신과 다른 이들 사이의 질서에 대해서는 구별이 필요하다. 위에서[3] 말한 바와 같이 사랑의 정도는 다른 사람에게 바라는 선의 차이에 따라서도 구별될 수 있고 사랑의 강도에 따라서도 구별될 수 있기 때문이다. 첫째 방식으로는 더 선한 이들을 자신보다 더 사랑하고, 덜 선한 이들은 덜 사랑할 것이다. 인간의 의지가 하느님의 의지에 완전히 부합하게 됨으로써, 진복자는 누구나 하느님의 정의에 따라 자신이 지녀야 할 것을 바라기 때문이다. 또한 그때에는 지금 인간이 더 선한 사람의 덕과 상급을 바랄 수 있는 것처럼 공로로써 더 나은 상을 얻을 시간도 없을 것이다. 그때에 각 사람의 의지는 하느님께서 정하신 것에 머물러 있을 것이다.

---

3. a.7.

q.26, a.13

Secundo vero modo aliquis plus seipsum diliget quam proximum, etiam meliorem. Quia intensio actus dilectionis provenit ex parte subiecti diligentis, ut supra[4] dictum est. Et ad hoc etiam donum caritatis unicuique confertur a Deo, ut primo quidem mentem suam in Deum ordinet, quod pertinet ad dilectionem sui ipsius; secundario vero ordinem aliorum in Deum velit, vel etiam operetur secundum suum modum. Sed quantum ad ordinem proximorum ad invicem simpliciter quis magis diliget meliorem, secundum caritatis amorem. Tota enim vita beata consistit in ordinatione mentis ad Deum. Unde totus ordo dilectionis beatorum observabitur per comparationem ad Deum, ut scilicet ille magis diligatur et propinquior sibi habeatur ab unoquoque qui est Deo propinquior. Cessabit enim tunc provisio, quae est in praesenti vita necessaria, qua necesse est ut unusquisque magis sibi coniuncto, secundum quamcumque necessitudinem, provideat magis quam alieno; ratione cuius in hac vita ex ipsa inclinatione caritatis homo plus diligit magis sibi coniunctum, cui magis debet impendere caritatis effectum.— Continget tamen in patria quod aliquis sibi coniunctum pluribus rationibus diliget, non enim cessabunt ab animo beati honestae dilectionis causae. Tamen omnibus istis rationibus praefertur incomparabiliter ratio dilectionis quae sumitur ex propinquitate ad Deum.

그러나 둘째 방식으로는 이웃이 더 선한 사람이라 하더라도 이웃보다 자신을 더 사랑할 것이다. 위에서[4] 말한 바와 같이 사랑의 행위의 강도는 사랑을 하는 주체 편에서 나오는 것이기 때문이다. 또한 참사랑의 선물은 하느님으로부터 각 사람에게 주어지는데 이는 첫째로 그의 정신이 하느님을 향하게 하기 위해서이고 이것은 자신에 대한 사랑이 속한다. 그리고 둘째로는 그가 다른 이들이 하느님을 향하기를 원하게 하고 또한 자신의 능력에 따라 다른 이들이 하느님을 향하도록 만들게 하기 위한 것이다.

그러나 이웃들 서로 간의 질서에 있어서는, 참사랑의 사랑의 질서에 따라서는 더 선한 사람을 단순하게 더 사랑할 것이다. 복된 삶은 온전히 정신이 하느님을 향하는 데에 있기 때문이다. 그러므로 복된 이들의 사랑의 질서 전체는 하느님을 기준으로 정해질 것이다. 다시 말하면, 각자는 하느님과 더 가까운 사람을 더 많이 사랑하고 자신과 더 가깝게 여길 것이다. 현세의 삶에서는 각자 필요에 따라 자신과 관련된 이들을 다른 사람보다 더 돌보아야 하지만, 현재의 삶에서 필요한 그 돌봄이 더 이상 필요하지 않게 될 것이기 때문이다. 현세의 삶에서는 그러한 이유 때문에 사랑의 성향 자체에 의해서도 실제로 사랑을 베풀어야 하는 자신과 연관된 이들을 더 사랑하게 된다.-그러나 본향에서도 자신과 연관된 이들을 여러 가지 이유로 사랑하게 될 것이다. 실상 정직한 사랑의 이유들은 복된 이들의 정신에서 사라지지 않을 것이다. 그러나 하느님과 가까운 이들이기에 사랑한다는 그 이유가 이 모든 이유들보다 비길 수 없이 우선할 것이다.

---

4. ibid.

AD PRIMUM ergo dicendum quod quantum ad coniunctos sibi ratio illa concedenda est. Sed quantum ad seipsum oportet quod aliquis plus se quam alios diligat, tanto magis quanto perfectior est caritas, quia perfectio caritatis ordinat hominem perfecte in Deum quod pertinet ad dilectionem sui ipsius, ut dictum est.⁵

AD SECUNDUM dicendum quod ratio illa procedit de ordine dilectionis secundum gradum boni quod aliquis vult amato.

AD TERTIUM dicendum quod unicuique erit Deus tota ratio diligendi eo quod Deus est totum hominis bonum, dato enim, per impossibile, quod Deus non esset hominis bonum, non esset ei ratio diligendi. Et ideo in ordine dilectionis oportet quod post Deum homo maxime diligat seipsum.

[해답] 1. 자신과 연관된 이들에 대해서는 이 논거를 인정해야 한다. 그러나 자기 자신에 대해서는 자신을 다른 이들보다 더 사랑해야 하며, 참사랑이 더 완전할수록 더욱 그러하다. 완전한 참사랑은 인간을 완전하게 하느님을 향하게 하는데, 앞서[5] 말한 바와 같이 이것은 자신에 대한 사랑에 속하기 때문이다.

2. 그 논거는 어떤 사람이 그가 사랑하는 사람에게 원하는 선의 정도에 따른 사랑의 질서에 관련된 것이다.

3. 하느님은 인간의 선 전체이시므로, 각자에게 하느님은 사랑하는 유일한 이유가 될 것이다. 비록 불가능한 일이지만 하느님이 인간의 선이 아니라면 그에게는 사랑할 이유가 없을 것이다. 그러므로 사랑의 질서에 있어 인간은 하느님 다음으로 자신을 가장 사랑해야 한다.

---

5. 답변.

QUAESTIO XXVII
DE PRINCIPALI ACTU CARITATIS, QUI EST DILECTIO
in octo articulos divisa

Deinde considerandum est de actu caritatis.[1] Et primo, de principali actu caritatis, qui est dilectio; secundo, de aliis actibus vel effectibus consequentibus.[2]

Circa primum quaeruntur octo.

Primo: quid sit magis proprium caritatis, utrum amari vel amare.

Secundo: utrum amare, prout est actus caritatis, sit idem quod benevolentia.

Tertio: utrum Deus sit propter seipsum amandus.

Quarto: utrum possit in hac vita immediate amari.

Quinto: utrum possit amari totaliter.

Sexto: utrum eius dilectio habeat modum.

Septimo: quid sit melius, utrum diligere amicum vel diligere inimicum.

Octavo: quid sit melius, utrum diligere Deum vel diligere proximum.

제27문
참사랑의 주요 행위인 사랑
(전8절)

다음으로는 참사랑의 행위들에 대해 고찰해야 한다.[1] 첫째로는 참사랑의 주요 행위인 사랑(dilectio)에 대해, 둘째로는 다른 행위들 또는 부수적인 효과들에 대해 고찰된다.[2]

첫째에 대해서는 여덟 가지 문제가 제기된다.

1. 사랑하는 것과 사랑받는 것 가운데 어떤 것이 더 참사랑의 고유한 부분인가?
2. 사랑하는 것 곧 참사랑의 행위는 호의와 동일한가?
3. 하느님을 그분 자신 때문에 사랑해야 하는가?
4. 현세의 삶에서 하느님을 직접적으로 사랑할 수 있는가?
5. 전적으로 사랑할 수 있는가?
6. 하느님을 사랑하는 데에 정도가 있어야 하는가?
7. 친구를 사랑하는 것과 원수를 사랑하는 것 가운데 어떤 것이 더 나은가?
8. 하느님을 사랑하는 것과 이웃을 사랑하는 것 가운데 어떤 것이 더 나은가?

---

1. Cf. q.23, Introd.
2. q.28.

Articulus 1

Utrum caritatis sit magis proprium amari quam amare

Ad primum sic proceditur. Videtur quod caritatis magis sit proprium amari quam amare.

1. Caritas enim in melioribus melior invenitur. Sed meliores debent magis amari. Ergo caritatis magis est proprium amari.

2. Praeterea, illud quod in pluribus invenitur videtur esse magis conveniens naturae, et per consequens melius. Sed sicut dicit Philosophus, in VIII *Ethic.*,[1] *multi magis volunt amari quam amare, propter quod amatores adulationis sunt multi.* Ergo melius est amari quam amare, et per consequens magis conveniens caritati.

3. Praeterea, propter quod unumquodque, illud magis.[2] Sed homines propter hoc quod amantur, amant, dicit enim Augustinus, in libro *de Catechiz. Rud.*,[3] quod *nulla est maior provocatio ad amandum quam praevenire amando.* Ergo caritas magis consistit in amari quam in amare.

SED CONTRA est quod Philosophus dicit, in VIII *Ethic.*,[4] quod

---

1. c.9, 1159a12-16; S. Thomas, lect.8, nn.1639-1640.
2. Cf. q.26, a.3, sc.
3. c.4, n.7: PL 40, 314.

제1절 사랑받는 것이 사랑하는 것보다 더 고유하게 참사랑에 속하는가?

Parall.: *In Ethic.* VIII, lect.8.

[반론] 첫째에 대해서는 다음과 같이 진행된다. 사랑받는 것이 사랑하는 것보다 더 고유하게 참사랑에 속하는 것으로 생각된다.

1. 참사랑은 더 선한 이들에게서 더 잘 나타난다. 그런데 더 선한 이들은 더 사랑받는 것이 마땅하다. 그러므로 사랑받는 것이 더 고유하게 참사랑에 속한다.

2. 더 많은 경우에 나타나는 것이 더 본성에 부합하는 것이고 따라서 더 나은 것이라고 생각된다. 그런데 철학자가 『니코마코스 윤리학』 제8권[1]에서 말하듯이 "많은 이들은 사랑하기보다 사랑받기를 더 원한다." 그래서 "아첨을 사랑하는 이들이 많다." 그러므로 사랑하는 것보다 사랑받는 것이 더 좋은 것이다. 따라서 그것이 참사랑에 더 적합하다.

3. 다른 것을 어떤 것이 되게 하는 것은 그것보다 더 그러하다.[2] 그런데 사람들은 사랑을 받기 때문에 사랑을 한다. 아우구스티누스는 『입문자 교리 교육』[3]에서, "먼저 사랑을 베푸는 것보다 더 사랑을 불러일으키는 것은 없다."고 말한다. 그러므로 참사랑은 사랑하는 것보다는 사랑받는 데에 있다.

[재반론] 그러나 반대로 철학자는 『니코마코스 윤리학』 제8권[4]에서,

---

4. c.9, 1159a27-33; S. Thomas, lect.8, nn.1646-1647.

magis existit amicitia in amare quam in amari. Sed caritas est amicitia quaedam.[5] Ergo caritas magis consistit in amare quam in amari.

Respondeo dicendum quod amare convenit caritati inquantum est caritas. Caritas enim, cum sit virtus quaedam, secundum suam essentiam habet inclinationem ad proprium actum.[6] Amari autem non est actus caritatis ipsius qui amatur, sed actus caritatis eius est amare; amari autem competit ei secundum communem rationem boni, prout scilicet ad eius bonum alius per actum caritatis movetur. Unde manifestum est quod caritati magis convenit amare quam amari, magis enim convenit unicuique quod convenit ei per se et substantialiter quam quod convenit ei per aliud. Et huius duplex est signum. Primum quidem, quia amici magis laudantur ex hoc quod amant quam ex hoc quod amantur, quinimmo si non amant et amentur, vituperantur. Secundo, quia matres, quae maxime amant, plus quaerunt amare quam amari, *quaedam enim*, ut Philosophus dicit, in eodem libro,[7] *filios suos dant nutrici, et amant quidem, reamari autem non quaerunt, si non contingat.*

Ad primum ergo dicendum quod meliores ex eo quod meliores sunt, sunt magis amabiles.[8] Sed ex eo quod in eis est perfectior

---
5. Cf. q.23, a.1.
6. Cf. I-II, q.55, a.2.

"우정은 사랑받는 것보다는 사랑하는 데에 있다."고 말한다. 그런데 참사랑은 일종의 우정이다.[5] 그러므로 참사랑은 사랑받는 것보다는 사랑하는 데에 있다.

[답변] 사랑하는 것은 참사랑으로서의 참사랑에 부합한다. 참사랑은 일종의 덕이므로, 그 본질상 자신의 고유한 행위를 향하는 경향이 있다.[6] 그런데 사랑받는 것은 사랑받는 사람의 참사랑의 행위가 아니며, 그의 참사랑의 행위는 사랑하는 것이다. 사랑받는 것은 선의 공통된 특성에 따라서는 그에게 속한다. 다른 사람이 참사랑의 행위로 움직여지는 것은 그의 선을 향해서이기 때문이다. 그러므로 사랑하는 것이 사랑받는 것보다 더 참사랑에 부합한다는 것이 명백하다. 그 자체로 그리고 실체적으로 어떤 것에 부합하는 것은 다른 것에 의하여 그것에 부합하는 것보다 더 그것에 부합하는 것이기 때문이다. 여기에는 두 가지의 표지가 있다. 첫째로, 친구들은 그들이 사랑받는다는 점에서보다 사랑한다는 점에서 칭송을 받는다. 그뿐 아니라, 사랑을 받으면서 사랑을 하지 않는다면 비난을 받는다. 둘째로, 가장 많이 사랑을 하는 어머니들은 사랑받기보다 사랑하기를 추구한다. 철학자가 같은 책[7]에서 말하듯이 "어떤 여인들은 그 자녀들을 유모에게 맡긴다. 그들은 자녀들을 사랑하지만, 자녀들이 그들을 사랑하지 않는다면 다시 사랑받기를 구하지 않는다."

[해답] 1. 더 선한 이들은 그들이 더 선하다는 그것으로 인하여 더욱 사랑할 만하다.[8] 한편 그들에게서 참사랑이 더 완전하다는 것으

---
7. VIII, c.9, 1159a27-33; S. Thomas, lect.8, nn.1646-1647.
8. Cf. q.26, a.7.

caritas, sunt magis amantes, secundum tamen proportionem amati. Non enim melior minus amat id quod infra ipsum est quam amabile sit, sed ille qui est minus bonus non attingit ad amandum meliorem quantum amabilis est.⁹

AD SECUNDUM dicendum quod, sicut Philosophus dicit ibidem, homines volunt amari inquantum volunt honorari. Sicut enim honor exhibetur alicui ut quoddam testimonium boni in ipso qui honoratur, ita per hoc quod aliquis amatur ostenditur in ipso esse aliquod bonum, quia solum bonum amabile est. Sic igitur amari et honorari quaerunt homines propter aliud, scilicet ad manifestationem boni in amato existentis. Amare autem quaerunt caritatem habentes secundum se, quasi ipsum sit bonum caritatis, sicut et quilibet actus virtutis est bonum virtutis illius. Unde magis pertinet ad caritatem velle amare quam velle amari.

AD TERTIUM dicendum quod propter amari aliqui amant, non ita quod amari sit finis eius quod est amare, sed eo quod est via quaedam ad hoc inducens quod homo amet.

---

9. "더 완전한 사람은 더 선하며 더 사랑받을 만하고, 불완전한 사람은 덜 선하고 덜 사랑받을 만하다. 사랑에 있어서 이들 사이에는 차이가 있다. 덜 선한 사람은 더 완전한 사람에게서 그가 사랑받을 만한 그만큼 사랑을 받는다. 더 완전한 참사랑은 덜 선한 사람의 선함과 동등한 데에 그치지 않고 그것을 능가하기 때문이다. 더 선한 사람은 덜 완전한 사람으로부터 그가 사랑받을 만한 그만큼 사랑을 받지 않는다. 불완전한 사랑은 더 선한 사람의 선함과 동등하지 않기

로 인하여 그들은 더 많이 사랑을 하게 되는데, 이는 사랑받는 것에 비례하여 이루어진다. 더 선한 사람은 자신보다 못한 것을 그 대상이 사랑받을 만한 정도보다 덜 사랑하지 않는다. 그러나 덜 선한 사람은 더 선한 것을 그것이 사랑받을 만한 정도만큼 사랑하지 못한다.[9]

2. 철학자가 같은 데에서 말하듯이, 사람들은 존경받기를 원하는 그만큼 사랑받기를 원한다. 어떤 사람에게 존경이 주어지는 것이 존경받는 사람 안에 있는 선의 증거가 되듯이, 어떤 사람이 사랑을 받는다는 것으로써 그 사람 안에 어떤 선이 있음이 드러난다. 선만이 사랑받을 만한 것이기 때문이다. 그러므로 사람들이 사랑받고 존경받기를 원하는 것은 다른 어떤 것을 위해서, 곧 사랑받는 것 안에 있는 선을 드러내기 위해서이다. 그러나 참사랑을 지닌 사람들은 사랑하기를 그 자체로서 추구한다. 덕의 모든 행위가 그 덕의 선이듯이 사랑하는 것 자체를 참사랑의 선으로서 추구하는 것이다. 그러므로 사랑받기를 원하는 것보다 사랑하기를 원하는 것이 더 참사랑에 속한다.

3. 어떤 이들은 사랑받기 때문에 사랑을 하는데, 이는 사랑받는 것이 사랑하는 것의 목적이기 때문이 아니라 이것이 인간이 사랑하도록 이끄는 하나의 길이기 때문이다.

때문이다. 더 완전한 사람은 덜 선한 사람을 그가 사랑받을 만한 그만큼 사랑하고 불완전한 사람은 더 선한 사람에게 그가 사랑받을 만한 그만큼 사랑을 되갚지 않는다는 데에서, 더 완전한 사람은 덜 완전한 사람보다 더 많이, 사랑받는 대상에 비례하여 그 대상이 사랑받을 만한 정도에 따라 사랑한다는 것이 명백하다."(Cajetanus in h. a., n.1)

Articulus 2
Utrum amare, secundum quod est actus caritatis, sit idem quod benevolentia

Ad secundum sic proceditur. Videtur quod amare, secundum quod est actus caritatis, nihil sit aliud quam benevolentia.

1. Dicit enim Philosophus, in II *Rhet.*,[1] quod *amare est velle alicui bona*. Sed hoc est benevolentia. Ergo nihil aliud est actus caritatis quam benevolentia.

2. Praeterea, cuius est habitus, eius est actus. Sed habitus caritatis est in potentia voluntatis, ut supra[2] dictum est. Ergo etiam actus caritatis est actus voluntatis. Sed non nisi in bonum tendens, quod est benevolentia. Ergo actus caritatis nihil est aliud quam benevolentia.

3. Praeterea, Philosophus, in IX *Ethic.*,[3] ponit quinque ad amicitiam pertinentia, quorum primum est quod homo *velit amico bonum*; secundum est quod *velit ei esse et vivere*; tertium est quod *ei convivat*; quartum est quod *eadem eligat*; quintum est quod *condoleat et congaudeat*. Sed prima duo ad benevolentiam pertinent. Ergo primus actus caritatis est benevolentia.

SED CONTRA est quod Philosophus dicit, in eodem libro,[4]

---
1. c.4, 1380b35-36; 1381a19.
2. q.24, a.1.

제2절 참사랑의 행위인 사랑은 호의와 동일한가?

Parall.: *In Ethic.* IX, lect.5.

[반론] 둘째에 대해서는 다음과 같이 진행된다. 참사랑의 행위인 사랑은 호의(好意, benevolentia)와 다른 것이 아니라고 생각된다.

1. 철학자는 『수사학』 제2권[1]에서 "사랑하는 것은 다른 사람의 선을 원하는 것"이라고 말한다. 그런데 그것은 바로 호의이다. 그러므로 참사랑의 행위는 다른 것이 아닌 호의이다.

2. 습성의 주체는 또한 행위의 주체이다. 그런데 위에서[2] 말한 바와 같이 참사랑의 습성은 의지적 능력 안에 자리한다. 그러므로 참사랑의 행위 역시 의지적 행위이다. 그 행위는 오직 선을 향하므로, 그것은 곧 호의이다. 그러므로 참사랑의 행위는 다른 것이 아닌 호의이다.

3. 철학자는 『니코마코스 윤리학』 제9권[3]에서 우정의 다섯 가지 요소를 제시한다. 그 첫째는 "친구의 선을 원한다."는 것이다. 둘째는 "그가 존재하고 살기를 원한다."는 것이다. 셋째는 "그와 함께 산다."는 것이다. 넷째는 "그와 동일한 것을 선택한다."는 것이다. 다섯째는 "함께 슬퍼하고 함께 기뻐한다."는 것이다. 그런데 그 첫 두 가지는 호의에 속한다. 그러므로 참사랑의 첫 행위는 호의이다.

[재반론] 그러나 반대로 철학자는 같은 책[4]에서 호의는 "우정도 아

---

3. c.4, 1166a3-10; S. Thomas, lect.4, nn.1798-1801. Cf. q.25, a.7.
4. c.5: 1166b30-1167a12; S. Thomas, lect.5, nn.1820-1825.

quod benevolentia neque est *amicitia* neque est *amatio*, sed est *amicitiae principium*. Sed caritas est amicitia, ut supra[5] dictum est. Ergo benevolentia non est idem quod dilectio, quae est caritatis actus.

Respondeo dicendum quod benevolentia proprie dicitur actus voluntatis quo alteri bonum volumus. Hic autem voluntatis actus differt ab actuali amore tam secundum quod est in appetitu sensitivo, quam etiam secundum quod est in appetitu intellectivo, qui est voluntas. Amor enim qui est in appetitu sensitivo passio quaedam est.[6] Omnis autem passio cum quodam impetu inclinat in suum obiectum. Passio autem amoris hoc habet quod non subito exoritur, sed per aliquam assiduam inspectionem rei amatae.[7] Et ideo Philosophus, in IX *Ethic.*,[8] ostendens differentiam inter benevolentiam et amorem qui est passio, dicit quod benevolentia *non habet distensionem et appetitum*, idest aliquem impetum inclinationis, sed ex solo iudicio rationis homo vult bonum alicui. Similiter etiam talis amor est ex quadam consuetudine, benevolentia autem interdum oritur ex repentino, sicut accidit nobis de pugilibus qui pugnant, quorum alterum vellemus vincere.

Sed amor qui est in appetitu intellectivo etiam differt a benevolentia. Importat enim quandam unionem secundum

니고 사랑도 아니며" 오히려 "우정의 시작"이라고 말한다. 그런데 위에서[5] 말한 바와 같이 참사랑은 우정이다. 그러므로 호의는 참사랑의 행위인 사랑과 동일하지 않다.

[답변] 고유한 의미에서 호의는 우리가 다른 사람의 선을 원하는 의지의 행위이다. 이 의지의 행위는 실제적인 사랑과 차이가 있는데, 감각적 욕구 안에 있는 사랑과도 차이가 있고 지성적 욕구인 의지 안에 있는 사랑과도 차이가 있다. 감각적 욕구 안에 있는 사랑은 일종의 정념이다.[6] 그런데 모든 정념은 어떤 충동으로 자신의 대상을 향한다. 하지만 사랑의 정념은 갑자기 일어나지 않으며, 사랑받는 사물에 대한 꾸준한 관찰을 통하여 생겨난다.[7] 그래서 철학자는 『니코마코스 윤리학』 제9권[8]에서 호의와 정념에 속하는 사랑의 차이를 보여 주면서, "호의에는 강렬함이나 욕구가 없다."고 말한다. 다시 말하면 그것은 어떤 경향의 충동이 없고 다만 이성의 판단으로 다른 사람의 선을 원한다는 것이다. 마찬가지로, 그러한 사랑은 친숙함에서 나오는 것이며, 반면에 호의는 때로 마치 우리가 권투에서 한 사람이 이기기를 바라는 것과 같이 갑자기 일어난다.

그러나 지성적 욕구 안에 자리한 사랑 역시 호의와는 다르다. 그 사랑은 사랑하는 사람이 사랑받는 사람을 어떤 식으로 자기 자신으로 여긴다는 점에서, 곧 그가 자신에게 속하는 것으로 여기고 그래서 그를 향하여 움직여진다는 점에서, 사랑받는 사람을 향한 사랑

---

5. q.23, a.1.
6. Cf. I-II, q.26, a.2.
7. Cf. I-II, q.27, a.2.
8. c.5, 1166b33-34; S. Thomas, lect.5, n.1822.

affectus amantis ad amatum,⁹ inquantum scilicet amans aestimat amatum quodammodo ut unum sibi, vel ad se pertinens, et sic movetur in ipsum. Sed benevolentia est simplex actus voluntatis quo volumus alicui bonum, etiam non praesupposita praedicta unione affectus ad ipsum. Sic igitur in dilectione, secundum quod est actus caritatis, includitur quidem benevolentia, sed dilectio sive amor addit unionem affectus. Et propter hoc Philosophus dicit ibidem¹⁰ quod benevolentia est principium amicitiae.¹¹

AD PRIMUM ergo dicendum quod Philosophus ibi definit amare non ponens totam rationem ipsius, sed aliquid ad rationem eius pertinens in quo maxime manifestatur dilectionis actus.

AD SECUNDUM dicendum quod dilectio est actus voluntatis in bonum tendens, sed cum quadam unione ad amatum, quae quidem in benevolentia non importatur.

AD TERTIUM dicendum quod intantum illa quae Philosophus ibi ponit ad amicitiam pertinent, inquantum proveniunt ex amore quem quis habet ad seipsum, ut ibidem¹² dicitur, ut scilicet haec omnia aliquis erga amicum agat sicut ad seipsum. Quod pertinet ad praedictam¹³ unionem affectus.

---

9. Cf. I-II, q.25, a.2, ad2; q.28, a.1.
10. *Ethica Nic.* IX, c.5, 1166b30-1167a12; S. Thomas, lect.5, nn.1820-1825.

제27문 제2절

하는 사람의 감정에 의한 결합을 내포한다.[9] 그러나 호의는 우리가 다른 사람의 선을 원하는 단순한 의지의 행위로서, 위에서 말한 그에 대한 감정의 결합을 전제하지 않는다. 그러므로 참사랑의 행위로서의 사랑에는 호의가 포함되지만, 사랑(dilectio sive amor)은 거기에 감정의 결합을 더한다. 그래서 철학자는 같은 곳[10]에서 호의가 우정의 시작이라고 말한다.[11]

[해답] 1. 철학자는 거기에서 사랑을 정의할 때 사랑의 개념 전체를 제시하지 않으며, 사랑의 행위가 가장 잘 드러나는 그 개념의 특징을 제시하고 있다.

2. 사랑은 선을 지향하는 의지의 행위이지만 거기에는 사랑받는 사람에 대한 어떤 결합이 포함되는데, 이는 호의에는 포함되지 않는 것이다.

3. 인간이 모든 것에서 자신에게 행하듯이 친구에게 행한다는 점에서, 철학자가 거기에서 우정의 요소로 제시하는 것들은 그가 같은 곳에서[12] 어떤 사람이 자신에 대해 지니고 있는 사랑에서 나오는 것으로서의 우정에 속한다. 이것은 앞서[13] 말한 애정의 결합에 해당하는 것이다.

---

11. q.23, a.1.
12. Loc. cit. in obj.3.
13. 답변.

Articulus 3
Utrum Deus sit propter seipsum ex caritate diligendus

Ad tertium sic proceditur. Videtur quod Deus non propter seipsum, sed propter aliud diligatur ex caritate.

1. Dicit enim Gregorius, in quadam homilia:[1] *Ex his quae novit animus discit incognita amare.* Vocat autem incognita intelligibilia et divina, cognita autem sensibilia. Ergo Deus est propter alia diligendus.

2. Praeterea, amor sequitur cognitionem. Sed Deus per aliud cognoscitur, secundum illud *Rom.* 1, [20]: *Invisibilia Dei per ea quae facta sunt intellecta conspiciuntur.*[2] Ergo etiam propter aliud amatur, et non propter se.

3. Praeterea, *spes generat caritatem*, ut dicitur in Glossa[3] Matth., [2]. *Timor* etiam *caritatem introducit*; ut Augustinus dicit, *super Prim. Canonic. Ioan.*[4] Sed spes expectat aliquid adipisci a Deo, timor autem refugit aliquid quod a Deo infligi potest. Ergo

---

1. Homil. 11 *in Evang.*, n.1: PL 76, 1114 D.
2. Vulgata: Invisibilia enim ipsius, a creatura mundi, per ea quae facta sunt, intellecta, conspiciuntur.
3. Interl.
4. Tract.9, n.4, super 4, 18: PL 35, 2048.

제3절 참사랑으로 하느님을 그분 자신 때문에 사랑해야 하는가?

Parall.: *In Sent.*, III, d.29, q.1, a.4.
Doctr. Eccl.: "의화된 이가 영원한 상급을 바라고 선행을 한다면 죄를 짓는 것이라고 말하는 자는 파문될 것이다."(트리엔트공의회, 제6차 회기, 법규 제31조) DS 841(=DH 1581). 또한, DS 1300-1305, 1410(DH 2310-2315, 2460).

[반론] 셋째에 대해서는 다음과 같이 진행된다. 하느님은 그분 자신 때문이 아니라 다른 어떤 것 때문에 참사랑으로 사랑받으셔야 하는 것으로 생각된다.

1. 그레고리우스는 어떤 강론에서[1] "정신은 이미 알고 있는 것으로부터 알려져 있지 않은 것들을 사랑하기를 배운다."고 말한다. 그는 가지적이고 신적인 것들을 알려져 있지 않은 것이라고 말하고, 감각적인 것들을 알려져 있는 것이라고 말한다. 그러므로 하느님은 다른 것들 때문에 사랑을 받아야 한다.

2. 사랑은 인식을 뒤따른다. 그런데 하느님은 다른 것들을 통하여 인식된다. 로마서 1장 [20절]에서는 "하느님의 보이지 않는 본성을 조물을 통하여 알아보고 깨달을 수 있다."[2]고 말한다. 그러므로 하느님은 당신 자신 때문이 아니라 다른 것들 때문에 사랑을 받으신다.

3. 마태오복음서 1장 [2절]의 주해[3]에서 말하듯이 "희망은 참사랑을 낳는다." 그런데 아우구스티누스가 『요한 1서 주해』[4]에서 말하듯이 "두려움은 참사랑을 가져온다." 그러나 희망은 하느님으로부터 어떤 것을 받기를 기대하고, 두려움은 하느님으로부터 가해질 수 있는 어떤 것을 피하려 한다. 그러므로 하느님은 바라는 어떤 선 때문

videtur quod Deus propter aliquod bonum speratum, vel propter aliquod malum timendum sit amandus. Non ergo est amandus propter seipsum.

Sed contra est quod, sicut Augustinus dicit, in I *de Doct. Christ.*,[5] *frui est amore inhaerere alicui propter seipsum*. Sed Deo fruendum est, ut in eodem libro[6] dicitur. Ergo Deus diligendus est propter seipsum.

Respondeo dicendum quod ly *propter* importat habitudinem alicuius causae. Est autem quadruplex genus causae,[7] scilicet finalis, formalis, efficiens et materialis, ad quam reducitur etiam materialis dispositio, quae non est causa simpliciter, sed secundum quid. Et secundum haec quatuor genera causarum dicitur aliquid propter alterum diligendum. Secundum quidem genus causae finalis, sicut diligimus medicinam propter sanitatem. Secundum autem genus causae formalis, sicut diligimus hominem propter virtutem, quia scilicet virtute formaliter est bonus, et per consequens diligibilis. Secundum autem causam efficientem, sicut diligimus aliquos inquantum sunt filii talis patris. Secundum autem dispositionem, quae reducitur ad genus causae materialis, dicimur aliquid diligere propter id quod nos disposuit ad eius dilectionem, puta propter

---

5. c.4: PL 34, 20.

제27문 제3절

에 또는 두려워하는 어떤 악 때문에 사랑해야 하는 것으로 생각된다. 그러므로 당신 자신 때문에 사랑받으셔야 하는 것이 아닌 것으로 생각된다.

[재반론] 그러나 반대로 아우구스티누스가 『그리스도교 교양』 제1권[5]에서 말하듯이 "향유하는 것은 어떤 것을 그 자체 때문에 사랑으로 애착하는 것이다." 그런데 같은 책에서[6] 말하듯이 하느님은 향유되어야 한다. 그러므로 하느님은 당신 자신 때문에 사랑을 받아야 한다.

[답변] "때문에"(propter)라는 말은 원인 관계를 뜻한다. 그런데 원인의 종류는 네 가지[7] 곧 목적인, 형상인, 작용인, 질료인이 있고, 단적으로 원인인 것이 아니라 어떤 특정한 의미에서 원인인 질료의 상태는 질료인으로 환원된다. 어떤 것이 다른 것 때문에 사랑을 받을 때에는 원인의 이러한 네 가지 종류에 따라 이루어진다. 목적인으로서는, 예를 들어 우리는 건강 때문에 약을 사랑한다. 형상인으로서는, 예를 들어 우리는 덕 때문에 인간을 사랑한다. 덕은 형상적으로 선하고 따라서 사랑받을 만하다. 한편 작용인으로서는, 예를 들어 우리는 어떤 이들을 그들이 어떤 아버지의 자녀라는 점에서 사랑한다. 또한 질료인이라는 종류로 환원되는 상태에 따라서는, 우리는 우리에게 어떤 것을 사랑하게 준비시키는 그것 때문에, 예를 들어 받은 은혜 때문에 어떤 것을 사랑한다고 일컬어진다. 비록 우리가 사랑하

---
6. c.5: PL 34, 21.
7. Cf. I, q.105, a.5.

aliqua beneficia suscepta, quamvis postquam iam amare incipimus, non propter illa beneficia amemus amicum, sed propter eius virtutem.

Primis igitur tribus modis Deum non diligimus propter aliud, sed propter seipsum. Non enim ordinatur ad aliud sicut ad finem, sed ipse est finis ultimus omnium. Neque etiam informatur aliquo alio ad hoc quod sit bonus, sed eius substantia est eius bonitas, secundum quam exemplariter omnia bona sunt. Neque iterum ei ab altero bonitas inest, sed ab ipso omnibus aliis. Sed quarto modo potest diligi propter aliud, quia scilicet ex aliquibus aliis disponimur ad hoc quod in Dei dilectione proficiamus, puta per beneficia ab eo suscepta, vel etiam per praemia sperata, vel per poenas quas per ipsum vitare intendimus.

AD PRIMUM ergo dicendum quod *ex his quae animus novit discit incognita amare,* non quod cognita sint ratio diligendi ipsa incognita per modum causae formalis vel finalis vel efficientis, sed quia per hoc homo disponitur ad amandum incognita.[8]

AD SECUNDUM dicendum quod cognitio Dei acquiritur quidem per alia, sed postquam iam cognoscitur, non per alia cognoscitur, sed per seipsum; secundum illud Ioan. 4, [42]: *Iam non propter tuam loquelam credimus, ipsi enim vidimus,*[9] *et scimus*

---

8. Cf. q.26, a.2, ad1.

기를 시작한 후에 나중에는 그 은혜 때문에 친구를 사랑하지 않고 그의 덕 때문에 사랑한다 하더라도 그러하다.

그러므로 처음 세 가지 방법에 따라서는 다른 것 때문에 하느님을 사랑하는 것이 아니라 하느님 자신 때문에 그분을 사랑하는 것이다. 하느님은 다른 어떤 것을 목적으로 할 수 없으며 그분이 모든 것의 최종 목적이시다. 또한 다른 어떤 것으로부터 형상을 받아 선하게 되는 것이 아니라, 하느님 자신의 실체가 하느님의 선성이며 다른 모든 것은 그것을 범형으로 하여 선한 것이 된다. 하느님이 다른 것으로부터 선성을 받아 지닐 수도 없고, 그분으로부터 다른 모든 것이 선성을 받는다. 그러나 넷째 방식으로는 하느님이 다른 것 때문에 사랑을 받을 수 있다. 우리가 예를 들어 하느님으로부터 받은 은혜, 바라는 상급, 하느님을 통하여 피하고자 하는 벌과 같은 다른 것들에 의하여 하느님에 대한 사랑에서 진보할 수 있기 때문이다.

[해답] 1. "정신은 이미 알고 있는 것으로부터 알려져 있지 않은 것들을 사랑하기를 배운다."라는 말은 정신이 알고 있는 것이 알려져 있지 않은 것을 사랑할 이유가 되는 형상인 또는 목적인 또는 작용인임을 뜻하지 않으며, 오히려 그것을 통하여 인간이 알려져 있지 않은 것을 사랑할 준비를 갖추게 된다는 것을 뜻한다.[8]

2. 하느님에 대한 인식은 다른 것들을 통하여 얻어지지만, 이미 하느님을 알게 된 다음에는 다른 것을 통하여 인식되는 것이 아니라 그분 자신을 통하여 인식된다. 요한복음서 4장 [42절]에서는 "우리가 믿는 것은 이제 당신이 한 말 때문이 아니오. 우리가 직접 보고[9]

---

9. Vulgata: audivimus.

quia hic est vere Salvator mundi.

AD TERTIUM dicendum quod spes et timor ducunt ad caritatem per modum dispositionis cuiusdam, ut ex supradictis[10] patet.

Articulus 4
Utrum Deus in hac vita possit immediate amari

Ad quartum sic proceditur. Videtur quod Deus in hac vita non possit immediate amari.

1. *Incognita enim amari non possunt*; ut Augustinus dicit, X *de Trin.*[1] Sed Deum non cognoscimus immediate in hac vita, quia *videmus nunc per speculum in aenigmate,* ut dicitur I *ad Cor.* 13, [12]. Ergo neque etiam eum immediate amamus.

2. Praeterea, qui non potest quod minus est non potest quod maius est. Sed maius est amare Deum quam cognoscere ipsum, *qui enim adhaeret Deo* per amorem *unus spiritus cum illo fit,* ut dicitur I *ad Cor.* 6, [17].[2] Sed homo non potest Deum cognoscere immediate. Ergo multo minus amare.

3. Praeterea, homo a Deo disiungitur per peccatum, secundum illud Isaiae 59, [2]: *Peccata vestra diviserunt inter vos et Deum*

---

10. 본문. Cf. q.17, a.8; q.19, a.7.

이분께서 참으로 세상의 구원자이심을 알게 되었소."라고 말한다.

3. 위에서[10] 말한 바와 같이, 희망과 두려움은 태도로서 참사랑으로 이끈다.

제4절 현세의 삶에서 하느님을 직접적으로 사랑할 수 있는가?

Parall.: *In Sent.*, III, d.27, q.3, a.1; *De caritate*, a.2, ad11.

[반론] 넷째에 대해서는 다음과 같이 진행된다. 현세의 삶에서 하느님을 직접적으로 사랑할 수는 없는 것으로 생각된다.

1. 아우구스티누스가 『삼위일체론』 제10권[1]에서 말하듯이, "알려져 있지 않은 것은 사랑할 수 없다." 그런데 현세의 삶에서 우리는 직접적으로 하느님을 알 수 없다. 코린토 1서 13장 [12절]에서 말하듯이 "거울에 비친 모습처럼 어렴풋이" 보기 때문이다. 그러므로 하느님을 직접적으로 사랑할 수도 없다.

2. 더 적은 것을 할 수 없는 사람은 더 큰 것을 할 수 없다. 그런데 하느님을 사랑하는 것은 하느님을 아는 것보다 더 크다. 코린토 1서 6장 [17절]에서 말하듯이 사랑으로 "주님과 결합하는 이는 그분과 한 영이 됩니다."[2] 그런데 인간은 하느님을 직접적으로 알 수 없다. 그러므로 사랑하는 것은 더욱 할 수 없다.

3. 인간은 죄로 인하여 하느님과 구별된다. 이사야서 59장 [2절]에

---

1. c.1, n.3: PL 42, 974; c.2, n.4: PL 42, 975.
2. Vulgata: Qui autem adhaeret Domino, unus spiritus est.

vestrum.³ Sed peccatum magis est in voluntate quam in intellectu. Ergo minus potest homo Deum diligere immediate quam immediate eum cognoscere.

SED CONTRA est quod cognitio Dei, quia est mediata, dicitur aenigmatica, et evacuatur in patria, ut patet I *ad Cor.* 13, [9 sqq.]. Sed *caritas non evacuatur*, ut dicitur I *ad Cor.* 13, [8].⁴ Ergo caritas viae immediate Deo adhaeret.

RESPONDEO dicendum quod, sicut supra⁵ dictum est, actus cognitivae virtutis perficitur per hoc quod cognitum est in cognoscente, actus autem virtutis appetitivae perficitur per hoc quod appetitus inclinatur in rem ipsam. Et ideo oportet quod motus appetitivae virtutis sit in res secundum conditionem ipsarum rerum, actus autem cognitivae virtutis est secundum modum cognoscentis. Est autem ipse ordo rerum talis secundum se quod Deus est propter seipsum cognoscibilis et diligibilis, utpote essentialiter existens ipsa veritas et bonitas, per quam alia et cognoscuntur et amantur. Sed quoad nos, quia nostra cognitio a sensu ortum habet, prius sunt cognoscibilia quae sunt sensui propinquiora; et ultimus terminus cognitionis est in eo quod est maxime a sensu remotum.⁶ Secundum hoc ergo

서는 "너희 죄악이 너희와 너희 하느님 사이를 갈라놓았다."³고 말한다. 그런데 죄는 지성에 있기보다 의지에 있다. 그러므로 하느님이 직접적으로 인간을 사랑하는 것은 직접적으로 그분을 아는 것보다 더 불가능하다.

[재반론] 그러나 반대로 하느님에 대한 인식은 간접적이기 때문에 코린토 1서 13장 [9절 이하]에서 말하듯이 어렴풋하고 본향에서는 사라지게 된다. 반면에 코린토 1서 13장 [8절]에서 말하듯이 "참사랑은 언제까지나 스러지지 않습니다."⁴ 그러므로 여정에서의 참사랑은 직접적으로 하느님께 결합한다.

[답변] 위에서⁵ 말한 바와 같이, 인식 능력의 행위는 인식된 것이 인식하는 사람 안에 있음으로써 완성되고 욕구적 능력의 행위는 욕구가 그 대상 자체를 향함으로써 완성된다. 그러므로 욕구적 능력의 움직임은 그 사물 자체의 조건에 따라 그 사물 안에 있게 되고, 인식적 능력의 행위는 인식하는 사람의 방식에 따르게 된다. 그런데 사물들의 질서 자체에 따르면 하느님은 그 자체로 인식될 수 있고 사랑받을 수 있다. 하느님은 본질적으로 다른 것들이 이로써 인식되고 사랑받는 진리이고 선이기 때문이다. 그러나 우리에게는, 우리의 인식이 감각으로부터 시작되기 때문에, 감각에 가까운 것들이 첫째로 인식되며 감각으로부터 가장 먼 것이 마지막으로 인식된다.⁶ 그러므

---

3. Vulgata: Iniquitates vestrae diviserunt...
4. Vulgata: Caritas nunquam excidit: sive prophetiae evacuabuntur...
5. q.26, a.1, ad2. Cf. I, q.16, a.1; q.82, a.3.
6. Cf. I, q.88, a.3.

dicendum est quod dilectio, quae est appetitivae virtutis actus, etiam in statu viae tendit in Deum primo, et ex ipso derivatur ad alia, et secundum hoc caritas Deum immediate diligit, alia vero mediante Deo. In cognitione vero est e converso, quia scilicet per alia Deum cognoscimus, sicut causam per effectus, vel per modum eminentiae aut negationis ut patet per Dionysium, in libro *de Div. Nom.*[7]

AD PRIMUM ergo dicendum quod quamvis incognita amari non possint, tamen non oportet quod sit idem ordo cognitionis et dilectionis. Nam dilectio est cognitionis terminus. Et ideo ubi desinit cognitio, scilicet in ipsa re quae per aliam cognoscitur, ibi statim dilectio incipere potest.

AD SECUNDUM dicendum quod quia dilectio Dei est maius aliquid quam eius cognitio, maxime secundum statum viae,[8] ideo praesupponit ipsam. Et quia cognitio non quiescit in rebus creatis, sed per eas in aliud tendit, in illo dilectio incipit, et per hoc ad alia derivatur, per modum cuiusdam circulationis, dum cognitio, a creaturis incipiens, tendit in Deum; et dilectio, a Deo incipiens sicut ab ultimo fine, ad creaturas derivatur.

AD TERTIUM dicendum quod per caritatem tollitur aversio a Deo quae est per peccatum; non autem per solam cognitionem. Et ideo caritas est quae, diligendo, animam immediate Deo coniungit spiritualis vinculo unionis.

로 이에 따라 다음과 같이 말해야 한다. 욕구적 능력의 행위인 사랑은 여정 중의 상태에서도 첫째로 하느님을 향하고 하느님으로부터 다른 것들로 파급된다. 이에 따라 참사랑은 하느님을 직접적으로 사랑하고, 다른 것들은 하느님을 통하여 사랑한다. 그러나 인식에서는 그 반대이다. 우리는 결과를 통하여 원인을 알듯이 다른 것들을 통하여 하느님을 알거나, 디오니시우스가 『신명론』[7]에서 말하듯이, 탁월함 또는 부정의 방법으로 하느님을 안다.

[해답] 1. 알려져 있지 않은 것은 사랑할 수 없지만, 그렇다고 해서 인식의 질서와 사랑의 질서가 동일한 것은 아니다. 사랑은 인식의 끝이기 때문이다. 그래서 사랑은 인식이 끝나는 곳, 곧 다른 것을 통하여 인식된 사물 자체에서 즉시 시작할 수 있다.

2. 하느님에 대한 사랑은 특히 여정 중의 상태에서는 하느님에 대한 인식보다 더 큰 것이므로 그 인식을 전제한다. 그리고 인식은 창조된 사물들에서 머물러 있지 않고 그것들을 통하여 다른 어떤 것을 향하므로, 거기에서 사랑이 시작되고 일종의 순환적인 방식으로 다른 것들로 파급된다. 그러므로 인식은 피조물들에서 시작되어 하느님을 향하고, 사랑은 최종 목적인 하느님에게서 시작되어 피조물들로 파급된다.

3. 죄로 인하여 하느님에게서 멀어진 것은 인식만으로는 제거되지 않으며 참사랑으로 제거된다. 그러므로 참사랑은 하느님을 사랑함으로써 영혼을 영적인 결합의 유대로 하느님께 직접적으로 결합시킨다.

---

7. c.1: PG 3, 593 B sqq.; S. Thomas, lect.3, nn.83 sqq. Cf. I, q.12, a.12.

Articulus 5
Utrum Deus possit totaliter amari

Ad quintum sic proceditur. Videtur quod Deus non possit totaliter amari.

1. Amor enim sequitur cognitionem. Sed Deus non potest totaliter a nobis cognosci, quia hoc esset eum comprehendere. Ergo non potest a nobis totaliter amari.

2. Praeterea, amor est unio quaedam, ut patet per Dionysium, 4 cap. *de Div. Nom.*[1] Sed cor hominis non potest ad Deum uniri totaliter, quia *Deus est maior corde nostro*, ut dicitur I Ioan. 3, [20].[2] Ergo Deus non potest totaliter amari.

3. Praeterea, Deus seipsum totaliter amat. Si igitur ab aliquo alio totaliter amatur, aliquis alius diligit Deum tantum quantum ipse se diligit. Hoc autem est inconveniens. Ergo Deus non potest totaliter diligi ab aliqua creatura.

SED CONTRA est quod dicitur *Deut.* 6, [5]: *Diliges Dominum Deum tuum ex toto corde tuo.*

RESPONDEO dicendum quod, cum dilectio intelligatur quasi

---

1. PG 3, 709 C, 713 B; S. Thomas, lect.9, n.424; lect.12, nn.455-456.

제5절 하느님을 전적으로 사랑할 수 있는가?

Parall.: *In Sent.*, III, d.27, q.3, a.2; *De caritate*, a.10, ad5.

[반론] 다섯째에 대해서는 다음과 같이 진행된다. 하느님을 전적으로 사랑할 수는 없는 것으로 생각된다.

1. 사랑은 인식에 뒤따른다. 그런데 우리는 하느님을 전적으로 알 수 없다. 그것은 그분을 남김없이 파악하는 것을 뜻하기 때문이다. 그러므로 우리는 하느님을 전적으로 사랑할 수 없다.

2. 디오니시우스가 『신명론』 제4장[1]에서 말하듯이 사랑은 일종의 결합이다. 그런데 인간의 마음은 전적으로 하느님께 결합될 수 없다. 요한 1서 3장 [20절]에서 말하듯이 "하느님께서는 우리의 마음보다 크시기"[2] 때문이다. 그러므로 하느님을 전적으로 사랑할 수는 없다.

3. 하느님은 당신 자신을 전적으로 사랑하신다. 그러므로 만일 다른 어떤 사람이 하느님을 전적으로 사랑한다면, 그는 하느님을 그분께서 당신 자신을 사랑하시듯이 사랑하는 것이 될 것이다. 그러나 이는 부적절하다. 그러므로 하느님은 어떤 피조물에 의해서도 전적으로 사랑받을 수 없다.

[재반론] 그러나 반대로 신명기 6장 [5절]에서는 "마음을 다하여 주 너희 하느님을 사랑해야 한다."고 말한다.

[답변] 사랑(dilectio)은 사랑하는 사람과 사랑받는 사람 중간에 있

---

2. Vulgata: Maior est Deus corde nostro.

medium inter amantem et amatum, cum quaeritur an Deus possit totaliter diligi, tripliciter potest intelligi. Uno modo, ut modus totalitatis referatur ad rem dilectam. Et sic Deus est totaliter diligendus, quia totum quod ad Deum pertinet homo diligere debet.—Alio modo potest intelligi ita quod totalitas referatur ad diligentem. Et sic etiam Deus totaliter diligi debet, quia ex toto posse suo debet homo diligere Deum, et quidquid habet ad Dei amorem ordinare, secundum illud *Deut.* 6, [5]:[3] *Diliges Dominum Deum tuum ex toto corde tuo.*—Tertio modo potest intelligi secundum comparationem diligentis ad rem dilectam, ut scilicet modus diligentis adaequet modum rei dilectae. Et hoc non potest esse. Cum enim unumquodque intantum diligibile sit inquantum est bonum, Deus, cuius bonitas est infinita, est infinite diligibilis, nulla autem creatura potest Deum infinite diligere, quia omnis virtus creaturae, sive naturalis sive infusa, est finita.

Et per hoc patet responsio AD OBIECTA. Nam primae tres obiectiones procedunt secundum hunc tertium sensum, ultima autem ratio4 procedit in sensu secundo.

Articulus 6
Utrum divinae dilectionis sit aliquis modus habendus

---

3. 재반론.

는 것과 같이 이해된다. 그래서 하느님을 전적으로 사랑할 수 있는가 하는 질문은 세 가지로 이해될 수 있다. 첫째로는, 전적이라는 말을 사랑받는 사물에게 적용할 수 있다. 이러한 의미에서 하느님은 전적으로 사랑을 받아야 한다. 인간은 하느님께 속하는 모든 것을 사랑해야 하기 때문이다. - 둘째로는 전적이라는 말이 사랑하는 사람에게 적용되는 것으로 이해할 수 있다. 이러한 방식으로도 하느님은 전적으로 사랑을 받아야 한다. 인간은 자신의 힘을 다해서 하느님을 사랑해야 하고, 자신이 가진 모든 것을 하느님을 지향하도록 해야 하기 때문이다. 신명기 6장 [5절]에서는 "마음을 다하여 주 너희 하느님을 사랑해야 한다."고 말한다. - 셋째로는 사랑하는 사람과 사랑받는 사물의 비교라는 의미에서 이해할 수 있다. 다시 말하면, 사랑하는 사람의 방식이 사랑받는 것의 방식과 동등해야 한다는 것이다. 그러나 이것은 불가능하다. 모든 것은 그것이 선한 그만큼 사랑받을 만한 것이므로, 선성이 무한하신 하느님은 무한히 사랑받을 만하다. 하지만 어떤 피조물도 하느님을 무한히 사랑할 수는 없다. 본성적인 것이든 주입된 것이든 피조물의 모든 능력은 유한하기 때문이다.

반론에 대한 대답은 이로써 분명히 드러난다. 처음의 세 반론은 이 세 번째 의미에 따라 진행되는 것이며, 마지막³ 논거는 두 번째 의미에서 진행되는 것이다.

제6절 하느님을 사랑하는 데에 정도가 있어야 하는가?

Parall.: *In Sent.*, III, d.27, q.3, a.3; *De caritate*, a.1, ad13; *In Ep. ad Rom.*, c.12, lect.1.

q.27, a.6

Ad sextum sic proceditur. Videtur quod divinae dilectionis sit aliquis modus habendus.

1. Ratio enim boni consistit in *modo, specie et ordine*, ut patet per Augustinum, in libro *de Nat. Boni.*[1] Sed dilectio Dei est optimum in homine, secundum illud *ad Coloss.* 3, [14]: *Super omnia caritatem habete.* Ergo dilectio Dei debet modum habere.

2. Praeterea, Augustinus dicit, in libro *de Morib. Eccles.*:[2] *Dic mihi, quaeso te, quis sit diligendi modus. Vereor enim ne plus minusve quam oportet inflammer desiderio et amore Domini mei* frustra autem quaereret modum nisi esset aliquis divinae dilectionis modus. Ergo est aliquis modus divinae dilectionis.

3. Praeterea, sicut Augustinus dicit, IV *super Gen. ad Litt.*,[3] *modus est quem unicuique propria mensura praefigit.* Sed mensura voluntatis humanae, sicut et actionis exterioris, est ratio. Ergo sicut in exteriori effectu caritatis oportet habere modum a ratione praestitum, secundum illud *Rom.* 12, [1]: *Rationabile obsequium vestrum*; ita etiam ipsa interior dilectio Dei debet modum habere.

SED CONTRA est quod Bernardus dicit, in libro *de Diligendo Deum,*[4] quod *causa diligendi Deum Deus est; modus, sine modo diligere.*

---

1. c.3: PL 42, 553.
2. c.8: PL 32, 1316.
3. c.3, n.7: PL 34, 299.
4. c.1: PL 182, 974 A.

제27문 제6절

[반론] 여섯째에 대해서는 다음과 같이 진행된다. 하느님을 사랑하는 데에서는 정도(程度, modus)가 있어야 하는 것으로 생각된다.

1. 아우구스티누스가 『선의 본성』[1]에서 보여 주듯이, 선의 이유는 "정도, 종, 질서"로 구성된다. 그런데 하느님에 대한 사랑은 인간 안에 있는 가장 선한 것이다. 콜로새서 3장 [14절]에서는 "이 모든 것 위에 사랑을 입으십시오."라고 말한다. 그러므로 하느님에 대한 사랑에는 어떤 정도가 있어야 한다.

2. 아우구스티누스는 『가톨릭교회의 관습과 마니교도의 관습』[2]에서 "청하오니 사랑의 정도를 말해 주십시오. 제가 저의 주님에 대한 갈망과 사랑에서 마땅히 해야 할 것보다 지나치게 또는 부족하게 타오를까 두렵습니다."라고 말한다. 하느님을 사랑하는 데에 어떤 정도가 있지 않다면 그가 방법을 묻는 것은 헛되다. 그러므로 하느님을 사랑하는 데에는 어떤 정도가 있다.

3. 아우구스티누스가 『창세기 문자적 해설』[3] 제4권에서 말하듯이 "어떤 것의 정도는 그것의 고유한 기준이 규정하는 것"이다. 그런데 인간 의지의 기준은 외적 행위의 기준과 마찬가지로 이성이다. 그러므로 참사랑의 외적 결과에 있어서도 이성에 의하여 규정된 방법이 있어야 할 것이다. 로마서 12장 [1절]에서는 "여러분이 드려야 하는 합당한 예배"라고 말한다. 그러므로 하느님에 대한 내적인 사랑에도 정도가 있어야 한다.

[재반론] 그러나 반대로 베르나르두스는 『하느님 사랑』[4]에서 "하느님을 사랑하는 이유는 하느님이다. 그 정도는, 정도 없이 사랑하는 것이다."라고 말한다.

Respondeo dicendum quod, sicut patet ex inducta[5] auctoritate Augustini, modus importat quandam mensurae determinationem. Haec autem determinatio invenitur et in mensura et in mensurato, aliter tamen et aliter. In mensura enim invenitur essentialiter, quia mensura secundum seipsam est determinativa et modificativa aliorum, in mensuratis autem invenitur mensura secundum aliud, idest inquantum attingunt mensuram. Et ideo in mensura nihil potest accipi immodificatum, sed res mensurata est immodificata nisi mensuram attingat, sive deficiat sive excedat.

In omnibus autem appetibilibus et agibilibus mensura est finis, quia eorum quae appetimus et agimus oportet propriam rationem ex fine accipere, ut patet per Philosophum, in II *Physic.*[6] Et ideo finis secundum seipsum habet modum, ea vero quae sunt ad finem habent modum ex eo quod sunt fini proportionata. Et ideo, sicut Philosophus dicit, in I Polit.,[7] *appetitus finis in omnibus artibus est absque fine et termino, eorum autem quae sunt ad finem est aliquis terminus.* Non enim medicus imponit aliquem terminum sanitati, sed facit eam perfectam quantumcumque potest, sed medicinae imponit terminum; non enim dat tantum de medicina quantum potest, sed secundum proportionem ad sanitatem; quam quidem proportionem si medicina excederet, vel ab ea deficeret, esset immoderata.[8]

Finis autem omnium actionum humanarum et affectionum

[답변] 위에 인용한[5] 아우구스티누스의 말에서 드러나듯이, 정도는 기준을 정하는 것을 뜻한다. 그 결정은 기준 안에 있을 수도 있고 그 기준에 따라 규정된 것 안에 있을 수도 있는데, 그 방식은 서로 다르다. 기준 안에는 본질적으로 있다. 기준은 그 자체로 다른 것을 규정하고 한정하는 것이기 때문이다. 그러나 그 기준에 따라 규정된 것 안에서는 다른 어떤 것에 따라서, 곧 기준에 부합하는 한에서 있게 된다. 그러므로 기준 안에서는 한정되지 않은 것은 있을 수 없는 반면, 규정된 사물은 부족하거나 지나침으로써 기준에 부합하지 않는다면 한정되지 않은 것이 된다.

그런데 욕구와 행위의 모든 대상에 있어 그 기준은 목적이다. 철학자가 『자연학』 제2권[6]에서 보여 주듯이 우리가 욕구하거나 행하는 것은 그 목적으로부터 자신의 근거를 받아야 하기 때문이다. 그러므로 목적은 그 자체로 정도를 지니고 있지만, 수단들은 그것이 목적에 부합한다는 것으로부터 정도를 지니게 된다. 따라서 철학자가 『정치학』 제1권[7]에서 말하듯이 "모든 기술에서 목적을 향한 욕구에는 한계나 끝이 없는 반면에 수단에는 한계가 있다."고 말한다. 실상 의사는 건강에 한계를 두지 않으며 할 수 있는 만큼 건강을 완전하게 하지만, 약에는 한계를 둔다. 할 수 있는 만큼의 약을 주는 것이 아니라 건강에 적정한 양을 주는 것이다. 약이 그 균형보다 지나치거나 부족하면 적절하지 않은 것이다.[8]

모든 인간적 행위와 정감의 목적은 하느님에 대한 사랑이고, 위에

---

5. obj.3.
6. c.9, 200a32-34; S. Thomas, lect.15, n.5.
7. c.9, 1257b26-30; S. Thomas, lect.8.
8. Cf. q.184, a.3.

est Dei dilectio, per quam maxime attingimus ultimum finem, ut supra[9] dictum est. Et ideo in dilectione Dei non potest accipi modus sicut in re mensurata, ut sit in ea accipere plus et minus, sed sicut invenitur modus in mensura, in qua non potest esse excessus,[10] sed quanto plus attingitur regula, tanto melius est. Et ita quanto plus Deus diligitur, tanto est dilectio melior.

AD PRIMUM ergo dicendum quod illud quod est per se potius est eo quod est per aliud. Et ideo bonitas mensurae, quae per se habet modum, potior est quam bonitas mensurati, quod habet modum per aliud. Et sic etiam caritas, quae habet modum sicut mensura, praeeminet aliis virtutibus, quae habent modum sicut mensuratae.[11]

AD SECUNDUM dicendum quod Augustinus ibidem[12] subiungit quod modus diligendi Deum est ut ex toto corde diligatur, idest ut diligatur quantumcumque potest diligi. Et hoc pertinet ad modum qui convenit mensurae.

AD TERTIUM dicendum quod affectio illa cuius obiectum subiacet iudicio rationis, est ratione mensuranda. Sed obiectum divinae dilectionis, quod est Deus, excedit iudicium rationis. Et ideo non mensuratur ratione, sed rationem excedit.—Nec est simile de interiori actu caritatis et exterioribus actibus. Nam interior actus caritatis habet rationem finis, quia ultimum

---

9. q.17, a.6; q.23, a.6.

서[9] 말한 바와 같이 이로써 우리는 최종 목적에 도달하게 된다. 그러므로 하느님에 대한 사랑은 기준에 의하여 규정된 사물과 같이 지나치거나 부족하다고 할 기준이 되는 정도를 지닐 수 없다. 그러나 기준 안에서와 같은 방식으로는 정도가 있다. 거기에는 지나침은 있을 수 없고,[10] 척도에 부합할수록 더 선한 것이다. 그러므로 하느님을 더 많이 사랑할수록 그 사랑은 더 나은 것이 된다.

[해답] 1. 그 자체에 의한 것은 다른 어떤 것에 의한 것보다 더 강하다. 그러므로 그 자체에 의하여 정도를 지니는 기준의 선성은 다른 것에 의하여 정도를 지니게 되는, 기준에 의하여 규정된 것의 선성보다 더 강하다. 그러므로 기준으로서 정도를 지니는 참사랑은 규정된 것으로서 정도를 지니는 다른 덕들보다 뛰어나다.[11]

2. 아우구스티누스는 같은 곳에서[12] 덧붙여 말한다. 하느님을 사랑해야 하는 정도는 마음을 다하여, 곧 할 수 있는 만큼 사랑해야 한다는 것이다. 이는 기준에 해당하는 정도에 속한다.

3. 대상이 이성의 판단에 종속되는 정감은 이성을 기준으로 규정된다. 그러나 하느님에 대한 사랑의 대상은 하느님으로서, 이성의 판단을 넘어선다. 그러므로 이성을 기준으로 규정되지 않으며, 이성을 넘어선다. 참사랑의 내적 행위와 외적 행위도 유사하지 않다. 내적 행위는 이성을 목적으로 한다. 인간의 최종 목적은 영혼이 하느님과

---

10. "하느님에 대한 사랑에서는 더 나아가지 말아야 하는 정도를 정할 수 없다. 오히려, 얼마만큼 사랑하든지 언제나 그 이상으로 더 확장된다. 그래서 더 나아가지 말아야 하는 한계 곧 정도가 없다고 일컬어진다."(*In Sent.*, III, d.27, q.3, a.3.)
11. Cf. q.17, a.5, ad2; I-II, q.64, a.4.
12. c.8: PL 32, 1316.

bonum hominis consistit in hoc quod anima Deo inhaereat, secundum illud Psalm. [Ps. 72, 28]: *Mihi adhaerere Deo bonum est*. Exteriores autem actus sunt sicut ad finem. Et ideo sunt commensurandi et secundum caritatem et secundum rationem.

Articulus 7
Utrum sit magis meritorium diligere inimicum quam amicum

Ad septimum sic proceditur. Videtur quod magis meritorium sit diligere inimicum quam amicum.

1. Dicitur enim Matth. 5, [46]: *Si diligitis eos qui vos diligunt, quam mercedem habebitis?* Diligere ergo amicum non meretur mercedem. Sed diligere inimicum meretur mercedem, ut ibidem [v. 44, 45, 48] ostenditur. Ergo magis est meritorium diligere inimicos quam diligere amicos.

2. Praeterea, tanto aliquid est magis meritorium quanto ex maiori caritate procedit. Sed diligere inimicum est *perfectorum filiorum Dei*, ut Augustinus dicit, *in Enchirid.*,[1] diligere autem amicum est etiam caritatis imperfectae. Ergo maioris meriti est diligere inimicum quam diligere amicum.

---

1. c.73: PL 40, 266.

결합하는 것이기 때문이다. 시편 73(72)편 [28절]은 "하느님께 가까이 있음이 저에게는 좋습니다."라고 말한다. 한편 외적 행위들은 목적을 향하여 있는 것들이며 따라서 참사랑과 이성을 기준으로 규정된다.

제7절 친구를 사랑하는 것보다 원수를 사랑하는 것이 더 공로가 되는가?

Parall.: *In Sent.*, III, d.30, q.1, a.3; a.4, ad3; *De caritate*, a.8.

[반론] 일곱째에 대해서는 다음과 같이 진행된다. 친구를 사랑하는 것보다 원수를 사랑하는 것이 더 공로가 되는 것으로 생각된다.

1. 마태오복음서 5장 [46절]에서는 "사실 너희가 자기를 사랑하는 이들만 사랑한다면 무슨 상을 받겠느냐?"라고 말한다. 그러므로 친구를 사랑하는 것은 갚음을 받을 공로가 되지 않는다. 그러나 같은 곳[44.45.48절]에서 나타나듯이 원수를 사랑하는 것은 갚음을 받을 공로가 된다. 그러므로 친구를 사랑하는 것보다 원수를 사랑하는 것이 더 공로가 된다.

2. 더 큰 참사랑에서 나온 행위일수록 더 큰 공로가 된다. 그런데 아우구스티누스가 『라우렌티우스에게 보낸 길잡이』[1]에서 말하듯이 원수를 사랑하는 것은 "하느님의 완전한 자녀들"의 특징이다. 한편 친구를 사랑하는 것은 불완전한 참사랑에서도 나온다. 그러므로 친구를 사랑하는 것보다 원수를 사랑하는 것이 더 큰 공로가 된다.

3. Praeterea, ubi est maior conatus ad bonum, ibi videtur esse maius meritum, quia *unusquisque propriam mercedem accipiet secundum suum laborem, ut dicitur I Cor. 3*, [8]. Sed maiori conatu indiget homo ad hoc quod diligat inimicum quam ad hoc quod diligat amicum, quia difficilius est. Ergo videtur quod diligere inimicum sit magis meritorium quam diligere amicum.

Sed contra est quia illud quod est melius est magis meritorium. Sed melius est diligere amicum, quia melius est diligere meliorem;[2] amicus autem, qui amat, est melior quam inimicus, qui odit. Ergo diligere amicum est magis meritorium quam diligere inimicum.

Respondeo dicendum quod ratio diligendi proximum ex caritate Deus est, sicut supra[3] dictum est. Cum ergo quaeritur quid sit melius, vel magis meritorium, utrum diligere amicum vel inimicum, dupliciter istae dilectiones comparari possunt, uno modo, ex parte proximi qui diligitur; alio modo, ex parte rationis propter quam diligitur. Primo quidem modo dilectio amici praeeminet[4] dilectioni inimici. Quia amicus et melior[5] est et magis coniunctus;[6] unde est materia magis conveniens dilectioni; et propter hoc actus dilectionis super hanc materiam transiens melior est. Unde et eius oppositum est deterius, peius enim est odire amicum quam inimicum.

---

2. Cf. q.26, a.7.
3. q.25, a.1.

3. 선을 행하려는 노력이 클수록 공로도 큰 것으로 여겨진다. 코린토 1서 3장 [8절]에서 말하듯이 "저마다 수고한 만큼 자기 삯을 받을 뿐"이기 때문이다. 그런데 원수를 사랑하는 것은 친구를 사랑하는 것보다 더 어렵기 때문에 더 많은 수고가 필요하다. 그러므로 원수를 사랑하는 것은 친구를 사랑하는 것보다 더 큰 공로가 되는 것으로 생각된다.

[재반론] 그러나 반대로 더 선한 것이 언제나 더 큰 공로가 된다. 그런데 친구를 사랑하는 것이 더 선하다. 더 선한 이들을 사랑하는 것이 더 선하기 때문이다. 또한 사랑을 하는 친구는 미워하는 원수보다 더 선하다.[2] 그러므로 원수를 사랑하는 것보다 친구를 사랑하는 것이 더 큰 공로가 된다.

[답변] 위에서[3] 말한 바와 같이, 참사랑으로 이웃을 사랑하는 이유는 하느님이다. 그러므로 친구를 사랑하는 것과 원수를 사랑하는 것 가운데 어떤 것이 더 선한지, 또는 더 공로가 되는지를 물을 때에 이 사랑들은 두 가지로 비교될 수 있다. 그 첫째는 사랑받는 이웃 편에서이고, 둘째는 사랑을 받는 이유 편에서이다. 첫째 방식으로는 친구에 대한 사랑이 원수에 대한 사랑보다 더 뛰어나다.[4] 친구는 더 선하고[5] 우리와 더 밀접하게 결합되어 있기[6] 때문이다. 그러므로 친구는 더 적합한 사랑의 질료이다. 그러므로 이 질료에 대한 사랑의 행위는 더 선한 것이다. 그리고 그 반대는 더 못한 것이다. 친구를 미워하는 것은 원수를 미워하는 것보다 더 악하다.

---

4. 공로에 있어서 그러하다.
5. 이는 하느님께 더 가까이 있다는 뜻이다.
6. 이는 우리에게 더 가깝다는 뜻이다.

Secundo autem modo dilectio inimici praeeminet, propter duo. Primo quidem, quia dilectionis amici potest esse alia ratio quam Deus, sed dilectionis inimici solus Deus est ratio.—Secundo quia, supposito quod uterque propter Deum diligatur, fortior ostenditur esse Dei dilectio quae animum hominis ad remotiora extendit, scilicet usque ad dilectionem inimicorum, sicut virtus ignis tanto ostenditur esse fortior quanto ad remotiora diffundit suum calorem. Tanto etiam ostenditur divina dilectio esse fortior quanto propter ipsam difficiliora implemus, sicut et virtus ignis tanto est fortior quanto comburere potest materiam minus combustibilem.

Sed sicut idem ignis in propinquiora fortius agit quam in remotiora, ita etiam caritas ferventius diligit coniunctos quam remotos. Et quantum ad hoc dilectio amicorum, secundum se considerata, est ferventior et melior quam dilectio inimicorum.

AD PRIMUM ergo dicendum quod verbum Domini est per se intelligendum. Tunc enim dilectio amicorum apud Deum mercedem non habet, quando propter hoc solum amantur quia amici sunt, et hoc videtur accidere quando sic amantur amici quod inimici non diliguntur. Est tamen meritoria amicorum dilectio si propter Deum diligantur, et non solum quia amici sunt.

AD ALIA patet responsio per ea quae dicta sunt.[7] Nam duae

그러나 둘째 방식으로는 원수에 대한 사랑이 더 뛰어난데, 이는 두 가지 이유에서이다. 첫째로, 친구에 대한 사랑에는 하느님 외에 다른 이유가 있을 수 있는데, 원수에 대한 사랑의 이유는 오직 하느님뿐이기 때문이다.-둘째로, 그 둘을 모두 하느님 때문에 사랑한다 하더라도, 인간의 정신을 더 멀리까지 곧 원수를 사랑하는 데에까지 이르게 하는 하느님의 사랑은 더 강한 것으로 입증된다. 이는 불이 더 멀리 있는 것들에까지 그 열기를 퍼뜨릴수록 그 힘이 그만큼 더 강한 것으로 입증되는 것과 같다. 또한 하느님에 대한 사랑은 그 참사랑 때문에 더 어려운 것을 하게 될수록 더 강한 것으로 입증된다. 이는 불이 잘 타지 않는 재료를 태울 수 있는 그만큼 더 강한 것으로 입증되는 것과 같다.

그러나 같은 불이 멀리 있는 것보다 가까이 있는 것들에게 더 강하게 작용하는 것과 같이, 참사랑은 먼 이들보다 친밀한 이들을 더 뜨겁게 사랑한다. 그리고 이 점에 있어서 친구에 대한 사랑은 그 자체로 보아 원수에 대한 사랑보다 더 뜨겁고 더 선하다.

[해답] 1. 주님의 말씀은 그대로 이해해야 한다. 친구에 대한 사랑은, 다만 그들이 친구이기 때문에 사랑하는 것이라면 하느님 앞에서 공로가 없다. 우리가 원수는 사랑하지 않고 친구들을 사랑할 경우가 그러한 것으로 생각된다. 그러나 그들이 친구이기 때문만이 아니라 하느님 때문에 사랑하는 것이라면 친구들에 대한 사랑도 공로가 된다.

2. 다른 것들에 대해서는, 앞서[7] 말한 바에서 그 대답이 드러난다.

---

7. 답변.

rationes sequentes procedunt ex parte rationis diligendi; ultima[8] vero ex parte eorum qui diliguntur.

Articulus 8
Utrum sit magis meritorium diligere proximum quam diligere Deum

Ad octavum sic proceditur. Videtur quod magis sit meritorium diligere proximum quam diligere Deum.

1. Illud enim videtur esse magis meritorium quod Apostolus magis elegit. Sed Apostolus praeelegit dilectionem proximi dilectioni Dei, secundum illud ad *Rom.* 9, [3]: *Optabam anathema esse a Christo pro fratribus meis*. Ergo magis est meritorium diligere proximum quam diligere Deum.

2. Praeterea, minus videtur esse meritorium aliquo modo diligere amicum, ut dictum est.[1] Sed Deus maxime est amicus, qui *prior dilexit nos*, ut dicitur I Ioan. 4, [10]. Ergo diligere eum videtur esse minus meritorium.

3. Praeterea, illud quod est difficilius videtur esse virtuosius et magis meritorium, quia *virtus est circa difficile et bonum*, ut dicitur in II *Ethic.*[2] Sed facilius est diligere Deum quam

---
8. 재반론.

이어지는 두 가지 논거는 사랑하는 이유 편에서부터 제기된다. 그러나 마지막[8] 논거는 사랑받는 이들 편에서부터 제기된다.

제8절 하느님을 사랑하는 것보다 이웃을 사랑하는 것이 더 공로가 되는가?

Parall.: *In Sent.*, III, d.30, q.1, a.4.

[반론] 여덟째에 대해서는 다음과 같이 진행된다. 하느님을 사랑하는 것보다 이웃을 사랑하는 것이 더 공로가 되는 것으로 생각된다.
 1. 사도가 우선적으로 선택하는 것은 더 공로가 되는 것으로 생각된다. 그런데 사도는 하느님에 대한 사랑보다 이웃에 대한 사랑을 우선 선택한다. 로마서 9장 [3절]에서 그는 "동포들을 위해서라면, 나 자신이 저주를 받아 그리스도에게서 떨어져 나가기라도 했으면"이라고 말한다. 그러므로 하느님을 사랑하는 것보다 이웃을 사랑하는 것이 더 공로가 된다.
 2. 앞서[1] 말한 바와 같이 어떤 점에서는 친구를 사랑하는 것이 더 공로가 적다. 그런데 하느님은 요한 1서 4장 [10절]에서 말하듯이 먼저 우리를 사랑하신 최고의 친구이시다. 그러므로 하느님을 사랑하는 것은 공로가 더 적은 것으로 생각된다.
 3. 더 어려운 것은 더 덕스럽고 더 공로가 되는 것으로 생각된다. 『니코마코스 윤리학』 제2권[2]에서 말하듯이 "덕은 어렵고 선한 것에

---

1. a.7.
2. c.2, 1105a9-13; S. Thomas, lect.3, n.278.

proximum, tum quia naturaliter omnia Deum diligunt; tum quia in Deo nihil occurrit quod non sit diligendum, quod circa proximum non contingit. Ergo magis est meritorium diligere proximum quam diligere Deum.

Sed contra, propter quod unumquodque, illud magis.[3] Sed dilectio proximi non est meritoria nisi propter hoc quod proximus diligitur propter Deum. Ergo dilectio Dei est magis meritoria quam dilectio proximi.

Respondeo dicendum quod comparatio ista potest intelligi dupliciter. Uno modo, ut seorsum consideretur utraque dilectio. Et tunc non est dubium quod dilectio Dei est magis meritoria, debetur enim ei merces propter seipsam, quia ultima merces est frui Deo, in quem tendit divinae dilectionis motus. Unde et diligenti Deum merces promittitur, Ioan. 14, [21]: *Si quis diligit me, diligetur a patre meo, et manifestabo ei meipsum.*[4]

Alio modo potest attendi ista comparatio ut dilectio Dei accipiatur secundum quod solus diligitur; dilectio autem proximi accipiatur secundum quod proximus diligitur propter Deum. Et sic dilectio proximi includet dilectionem Dei, sed dilectio Dei non includet dilectionem proximi. Unde erit comparatio

---

3. Cf. q.26, a.3, sc.
4. Vulgata: Qui diligit me, diligetur a Patre meo, et ego diligam eum: et manifestabo ei me ipsum.

관련되기"때문이다. 그런데 하느님을 사랑하는 것은 이웃을 사랑하는 것보다 더 쉽다. 모든 것들이 본성적으로 하느님을 사랑하며, 또한 하느님 안에는 사랑받을 만하지 않은 것이 없는데 이웃은 그렇지 않기 때문이다. 그러므로 하느님을 사랑하는 것보다 이웃을 사랑하는 것이 더 공로가 된다.

[재반론] 그러나 반대로 다른 것을 어떤 것이 되게 하는 것은 그것보다 더 그러하다.³ 그런데 이웃에 대한 사랑은, 하느님 때문에 이웃을 사랑하기 때문이 아니라면 공로가 되지 않는다. 그러므로 하느님에 대한 사랑은 이웃에 대한 사랑보다 더 공로가 된다.

[답변] 이 비교는 두 가지로 이해할 수 있다. 첫째 방법은 두 가지 사랑을 따로 고찰하는 것이다. 이때에는 하느님에 대한 사랑이 더 공로가 된다는 데에 의심의 여지가 없다. 마지막 갚음은 하느님을 향유하는 것인데 하느님에 대한 사랑의 움직임은 그분을 지향하므로, 하느님에 대한 사랑은 그 자체 때문에 갚음을 받아 마땅하기 때문이다. 그러므로 하느님을 사랑하는 이들에게는 갚음이 약속된다. 요한 복음서 14장 [21절]에서는 "나를 사랑하는 사람은 내 아버지께 사랑을 받을 것이다. 그리고 그에게 나 자신을 드러내 보일 것이다."⁴라고 말한다.

둘째 방법으로는, 하느님에 대한 사랑을 그분만을 사랑한다는 뜻으로 이해하고 이웃에 대한 사랑은 하느님 때문에 이웃을 사랑한다는 뜻으로 이해하여 이들을 비교할 수 있다. 그렇게 되면 이웃에 대한 사랑은 하느님에 대한 사랑을 포함하는데 하느님에 대한 사랑은

dilectionis Dei perfectae, quae extendit se etiam ad proximum, ad dilectionem Dei insufficientem et imperfectam, quia *hoc mandatum habemus a Deo, ut qui diligit Deum, diligat et fratrem suum*.[5] Et in hoc sensu dilectio proximi praeeminet.[6]

AD PRIMUM ergo dicendum quod secundum unam Glossae expositionem,[7] hoc Apostolus tunc non optabat quando erat in statu gratiae, ut scilicet separaretur a Christo pro fratribus suis, sed hoc optaverat quando erat in statu infidelitatis. Unde in hoc non est imitandus.

Vel potest dici, sicut dicit Chrysostomus, in libro *de Compunct.*,[8] quod per hoc non ostenditur quod Apostolus plus diligeret proximum quam Deum, sed quod plus diligebat Deum quam seipsum. Volebat enim ad tempus privari fruitione divina, quod pertinet ad dilectionem sui, ad hoc quod honor Dei procuraretur in proximis, quod pertinet ad dilectionem Dei.

AD SECUNDUM dicendum quod dilectio amici pro tanto est quandoque minus meritoria quia amicus diligitur propter seipsum, et ita deficit a vera ratione amicitiae caritatis, quae Deus est. Et ideo quod Deus diligatur propter seipsum non diminuit meritum, sed hoc constituit totam meriti rationem.

---

5. 1요한 4,21.

이웃에 대한 사랑을 포함하지 않게 된다. 그러므로 이웃에게까지 확장되는 하느님에 대한 완전한 사랑과, 불충분하고 불완전한 하느님에 대한 사랑을 비교하게 된다. 왜냐하면, "우리가 그분에게서 받은 계명은 이것입니다. 하느님을 사랑하는 사람은 자기 형제도 사랑해야 한다는 것입니다."[5] 이러한 의미에서는 이웃에 대한 사랑이 더 뛰어나다.[6]

[해답] 1. 어떤 주해의 설명[7]에 따르면 사도가 동족을 위하여 그리스도로부터 떨어져 나가기를 바란 것은 은총의 상태에 있을 때가 아니며 믿지 않는 상태에 있었을 때에 이를 선택한 것이다. 그러므로 이 점에서 그를 본받지 말아야 한다.

또는 크리소스토무스가 『뉘우침과 절제』[8]에서 말하듯이, 여기에서 사도가 하느님보다 이웃을 더 사랑했다는 것이 입증되지는 않으며 오히려 그가 하느님을 자신보다 더 사랑했다는 것이 입증된다. 그는 이웃 안에서 하느님에 대한 사랑에 속하는 하느님의 영광을 추구하기 위해서 일시적으로 자신에 대한 사랑에 속하는 것인 하느님을 향유하는 것을 잃기를 원한 것이기 때문이다.

2. 친구에 대한 사랑은 때로는 친구 자신 때문에 그를 사랑하는 것이어서 참사랑의 우정의 진정한 이유인 하느님께 이르지 않기 때문에 공로가 더 적다. 그러므로 하느님 자신 때문에 하느님을 사랑한다고 해서 공로가 감소되지는 않으며, 그것은 오히려 공로의 온전한 이유가 된다.

---

6. Cf. q.182, a.2.
7. Cf. Glossam Ordin., super Rom 9, 3: PL 114, 499 D; Lombardus, ibid.: PL 191, 1454 CD.
8. I, n.8: PG 47, 406. Cf. *In Rom.*, hom. 16, n.1: PG 60, 549.

AD TERTIUM dicendum quod plus facit ad rationem meriti et virtutis bonum quam difficile. Unde non oportet quod omne difficilius sit magis meritorium, sed quod sic est difficilius ut etiam sit melius.[9]

---

9. Cf. I-II, q.114, a.4, ad2.

3. 공로와 덕의 이유가 되는 것은 어렵다는 것보다는 선하다는 것이다. 그러므로 더 어려운 것이 언제나 더 공로가 되어야 하는 것은 아니며, 오히려 더 어렵고 또한 더 선한 것만이 더 공로가 된다.[9]

QUAESTIO XXVIII
DE GAUDIO
in quatuor articulos divisa

Deinde considerandum est de effectibus consequentibus actum caritatis principalem, qui est dilectio.[1] Et primo, de effectibus interioribus; secundo, de exterioribus.[2] Circa primum tria consideranda sunt, primo, de gaudio; secundo, de pace;[3] tertio, de misericordia.[4]

Circa primum quaeruntur quatuor.

Primo: utrum gaudium sit effectus caritatis.

Secundo: utrum huiusmodi gaudium compatiatur secum tristitiam.

Tertio: utrum istud gaudium possit esse plenum.

Quarto: utrum sit virtus.

Articulus 1
Utrum gaudium sit effectus caritatis in nobis

---

1. Cf. q.27, Introd.
2. q.31.

제28문
즐거움
(전4절)

다음으로는 참사랑의 주된 행위인 사랑에 뒤따르는 결과들에 대해 고찰해야 한다.[1] 첫째로는 그 내적인 효과들에 대하여, 둘째로는 외적인 효과들에 대하여[2] 고찰된다. 첫째에 대해서는 세 가지가 고찰된다. 첫째로 즐거움에 대하여, 둘째로 평화에 대하여,[3] 셋째로 자비에 대하여[4] 고찰된다.

그 첫째에 대해서는 네 가지 문제가 제기된다.
1. 즐거움은 참사랑의 결과인가?
2. 그러한 즐거움은 슬픔과 병립될 수 있는가?
3. 그 즐거움은 충만할 수 있는가?
4. 즐거움은 덕인가?

제1절 우리 안에서 즐거움은 참사랑의 결과인가?

Parall.: Infra, q.35, a.2; I-II, q.70, a.3; *De duo. praecep. char.*, Prolog.; *In Ep. ad Galat.*, c.5, lect.6.

---

3. q.29.
4. q.30.

q.28, a.1

Ad primum sic proceditur. Videtur quod gaudium non sit effectus caritatis in nobis.

1. Ex absentia enim rei amatae magis sequitur tristitia quam gaudium. Sed Deus, quem per caritatem diligimus, est nobis absens, quandiu in hac vita vivimus, *quandiu enim sumus in corpore, peregrinamur a Domino*[1], ut dicitur II *ad Cor.* 5, [6]. Ergo caritas in nobis magis causat tristitiam quam gaudium.

2. Praeterea, per caritatem maxime meremur beatitudinem. Sed inter ea per quae beatitudinem meremur ponitur luctus, qui ad tristitiam pertinet, secundum illud Matth. 5, [5]: *Beati qui lugent, quoniam consolabuntur.*[2] Ergo magis est effectus caritatis tristitia quam gaudium.

3. Praeterea, caritas est virtus distincta a spe, ut ex supradictis[3] patet. Sed gaudium causatur ex spe, secundum illud *Rom.* 12, [12]: *Spe gaudentes.* Non ergo causatur ex caritate.

SED CONTRA est quia, sicut dicitur *Rom.* 5, [5], *caritas Dei diffusa est in cordibus nostris per Spiritum Sanctum, qui datus est nobis.* Sed gaudium in nobis causatur ex Spiritu Sancto, secundum illud *Rom.* 14, [17]: *Non est regnum Dei esca et potus, sed iustitia et pax et gaudium in Spiritu Sancto.* Ergo caritas est causa gaudii.

---

1. Vulgata: Dum sumus in corpore...
2. Vulgata: Beati qui lugent: quoniam ipsi consolabuntur.

[반론] 첫째에 대해서는 다음과 같이 진행된다. 즐거움(gaudium)은 참사랑의 결과(結果, effectus)가 아닌 것으로 생각된다.

1. 사랑받는 사물의 부재로부터는 즐거움보다 슬픔이 뒤따른다. 그런데 우리가 이 현세의 삶을 사는 동안에는 우리가 참사랑으로 사랑하는 하느님은 우리에게 부재하신다. 코린토 1서 5장 [6절]에서 말하듯이 "우리가 이 몸 안에 사는 동안에는 주님에게서 떠나 살고 있다."[1] 그러므로 즐거움보다 슬픔이 우리 안에서 참사랑의 결과이다.

2. 우리는 무엇보다 참사랑으로 참행복을 얻을 공로를 지니게 된다. 그런데 참행복을 얻을 공로가 되는 것들 가운데에는 슬픔에 속하는 것인 비애가 있다. 마태오복음서 5장 [4절]에서 말하듯이 "행복하여라, 슬퍼하는 사람들! 그들은 위로를 받을 것이다."[2] 그러므로 참사랑의 결과는 즐거움보다는 슬픔이다.

3. 위에서 말한 데에서[3] 드러나듯이 참사랑은 희망과 구별되는 덕이다. 그런데 즐거움은 희망에서 기인한다. 로마서 12장 [12절]에서는 "희망 속에 기뻐하십시오."라고 말한다. 그러므로 즐거움은 참사랑에서 기인하는 것이 아니다.

[재반론] 그러나 반대로 로마서 5장 [5절]에서는 "우리가 받은 성령을 통하여 하느님의 참사랑이 우리 마음에 부어졌기 때문입니다."라고 말한다. 그런데 우리 안에서 즐거움은 성령으로부터 기인하는 것이다. 로마서 14장 [17절]에서는 "하느님의 나라는 먹고 마시는 일이 아니라, 성령 안에서 누리는 의로움과 평화와 즐거움"이라고 말한다. 그러므로 참사랑은 즐거움의 원인이다.

---

3. q.17, a.6.

Respondeo dicendum quod, sicut supra[4] dictum est, cum de passionibus ageretur, ex amore procedit et gaudium et tristitia, sed contrario modo. Gaudium enim ex amore causatur vel propter praesentiam boni amati; vel etiam propter hoc quod ipsi bono amato proprium bonum inest et conservatur. Et hoc secundum maxime pertinet ad amorem benevolentiae, per quem aliquis gaudet de amico prospere se habente, etiam si sit absens.—E contrario autem ex amore sequitur tristitia vel propter absentiam amati; vel propter hoc quod cui volumus bonum suo bono privatur, aut aliquo malo deprimitur.

Caritas autem est amor Dei, cuius bonum immutabile est, quia ipse est sua bonitas.[5] Et ex hoc ipso quod amatur est in amante per nobilissimum sui effectum, secundum illud I Ioan. 4, [16]: *Qui manet in caritate, in Deo manet et Deus in eo.* Et ideo spirituale gaudium, quod de Deo habetur, ex caritate causatur.

Ad primum ergo dicendum quod quandiu sumus in corpore dicimur peregrinari a Domino, in comparatione ad illam praesentiam qua quibusdam est praesens per speciei visionem, unde et Apostolus subdit ibidem, [7]: *Per fidem enim ambulamus, et non per speciem.* Est autem praesens etiam se amantibus etiam in hac vita per gratiae inhabitationem.[6]

---

4. I-II, q.25, a.3; q.26, a.1, ad2; q.28, a.5, obiectiones.
5. Cf. I, q.6, a.2.

[답변] 정념들에 대해 다루면서 위에서⁴ 말한 바와 같이, 즐거움과 슬픔은 모두 사랑으로부터 나오지만 그 방법은 서로 반대이다. 즐거움은 사랑받는 선이 현존하기 때문에 또는 사랑받는 선이 자신의 선을 지니고 있고 그것을 보존하기 때문에 사랑으로부터 나오게 된다. 이에 따라 즐거움은 특히 선행적 사랑에 속한다. 그 사랑으로써 우리는 친구가 부재하더라도 그 친구의 번영을 즐거워하게 되는 것이다.-그 반대로 슬픔은 사랑받는 사람의 부재 때문에 또는 우리가 선을 원하는 그 사람이 자신의 선을 잃거나 어떤 악에 짓눌리기 때문에 사랑으로부터 나오게 된다.

그런데 참사랑은 하느님에 대한 사랑이고, 하느님 자신이 당신의 선성이시기에 그분의 선은 변할 수 없다.⁵ 그리고 그분이 사랑을 받으신다는 것 자체로 하느님은 당신의 가장 고귀한 결과로써 그분을 사랑하는 사람 안에 계신다. 요한 1서 4장 [16절]에서 말하듯이, "참사랑 안에 머무르는 사람은 하느님 안에 머무르고 하느님께서도 그 사람 안에 머무르십니다." 그러므로 하느님으로부터 오는 영적 즐거움은 참사랑의 결과이다.

[해답] 1. 우리가 이 몸 안에 사는 동안에는 주님에게서 떠나 살고 있다는 것은 그 현존을 그분께서 보이는 형상으로 현존하시는 것과 비교하는 것이다. 그래서 사도는 여기에 덧붙여 우리가 "보이는 것이 아니라 믿음으로 살아간다."고 말한다. 그러나 그분을 사랑하는 이들에게 그분은 현세의 삶에서도 은총의 내주로 현존하신다.⁶

---

6. Cf. I, q.8, a.3, c et ad4.

AD SECUNDUM dicendum quod luctus qui beatitudinem meretur est de his quae sunt beatitudini contraria.[7] Unde eiusdem rationis est quod talis luctus ex caritate causetur, et gaudium spirituale de Deo, quia eiusdem rationis est gaudere de aliquo bono et tristari de his quae ei repugnant.

AD TERTIUM dicendum quod de Deo potest esse spirituale gaudium dupliciter, uno modo, secundum quod gaudemus de bono divino in se considerato; alio modo, secundum quod gaudemus de bono divino prout a nobis participatur. Primum autem gaudium melius est, et hoc procedit principaliter ex caritate. Sed secundum gaudium procedit etiam ex spe,[8] per quam expectamus divini boni fruitionem.—Quamvis etiam ipsa fruitio, vel perfecta vel imperfecta, secundum mensuram caritatis obtineatur.

Articulus 2
Utrum gaudium spirituale quod ex caritate causatur recipiat admixtionem tristitiae

Ad secundum sic proceditur. Videtur quod gaudium spirituale quod ex caritate causatur recipiat admixtionem tristitiae.

1. Congaudere enim bonis proximi ad caritatem pertinet, secundum illud I *ad Cor.* 13, [16]: *Caritas non gaudet super*

---

7. Cf. q.9, a.4.

2. 참행복을 얻을 공로가 되는 슬픔은 참행복에 반대되는 것들에 대한 슬픔이다.[7] 그러므로 이러한 슬픔과 하느님에 대한 영적 즐거움이 동일한 이유에서 사랑으로부터 기인한다. 어떤 선에 대해 즐거워하는 것과 그에 상충하는 것에 대해 슬퍼하는 것은 같은 이유에서이기 때문이다.

3. 하느님에 대한 영적 즐거움은 두 가지가 있을 수 있다. 그 첫째는 우리가 그 자체로서 고찰된 하느님의 선을 즐거워하는 것이다. 둘째는 우리가 참여하는 것으로서 하느님의 선을 즐거워하는 것이다. 그 가운데 첫 번째 즐거움이 더 선하며, 이것이 주로 참사랑으로부터 나오는 것이다. 그러나 두 번째 즐거움 역시 희망으로부터 나오며,[8] 이로써 우리는 신적 선을 향유하기를 바란다. 하지만 완전하든 불완전하든 그 향유 역시 참사랑의 정도에 따라 얻어진다.

제2절 참사랑에서 나오는 영적 즐거움은 슬픔이 혼합되는 것을 받아들이는가?

[반론] 둘째에 대해서는 다음과 같이 진행된다. 참사랑으로부터 나오는 영적 즐거움은 슬픔이 혼합되는 것을 받아들이는 것으로 생각된다.

1. 이웃의 선을 함께 즐거워하는 것은 참사랑에 속한다. 코린토 1서 13장 [6절]에서는 "참사랑은 불의에 기뻐하지 않고 진실을 두고

---

8. Cf. q.20, a4, ad2.

iniquitate, congaudet autem veritati. Sed hoc gaudium recipit permixtionem tristitiae, secundum illud *Rom.* 12, [15]: *Gaudere cum gaudentibus, flere cum flentibus.* Ergo gaudium spirituale caritatis admixtionem tristitiae patitur.

2. Praeterea, poenitentia, sicut dicit Gregorius,[1] est *anteacta mala flere, et flenda iterum non committere.* Sed vera poenitentia non est sine caritate. Ergo gaudium caritatis habet tristitiae admixtionem.

3. Praeterea, ex caritate contingit quod aliquis desiderat esse cum Christo, secundum illud *Philipp.* 1, [23]: *Desiderium habens dissolvi et esse cum Christo.* Sed ex isto desiderio sequitur in homine quaedam tristitia, secundum illud Psalm. [Ps. 119, 5]: *Heu mihi, quia incolatus meus prolongatus est!* Ergo gaudium caritatis recipit admixtionem tristitiae.

SED CONTRA est quod gaudium caritatis est gaudium de divina sapientia. Sed huiusmodi gaudium non habet permixtionem tristitiae, secundum illud Sap. 8, [16]: *Non habet amaritudinem conversatio illius.* Ergo gaudium caritatis non patitur permixtionem tristitiae.

RESPONDEO dicendum quod ex caritate causatur duplex gaudium de Deo, sicut supra[2] dictum est. Unum quidem principale, quod est proprium caritatis, quo scilicet gaudemus de

함께 기뻐합니다."라고 말한다. 그런데 이 즐거움은 슬픔이 혼합되는 것을 받아들인다. 로마서 12장 [15절]에서는 "기뻐하는 이들과 함께 기뻐하고 우는 이들과 함께 우십시오."라고 말한다. 그러므로 참사랑의 영적 즐거움은 슬픔과 혼합될 수 있다.

2. 그레고리우스[1]가 말하듯이 참회는 "이전의 악을 슬퍼하고, 슬퍼할 것을 다시 범하지 않는 것"이다. 그런데 참된 참회에는 참사랑이 없을 수 없다. 그러므로 참사랑의 즐거움은 슬픔과 혼합된다.

3. 그리스도와 함께 있기를 바라는 갈망은 참사랑에서 기인한다. 필리피서 1장 [23절]에서는 "나의 바람은 이 세상을 떠나 그리스도와 함께 있는 것"이라고 말한다. 그런데 그 갈망으로부터 인간 안에 어떤 슬픔이 뒤따른다. 시편 120(119)편 [5]절에서는 "아, 내 신세여! 나는 너무나 오래 지냈구나."라고 말한다. 그러므로 참사랑의 즐거움은 슬픔이 혼합되는 것을 받아들인다.

[재반론] 그러나 반대로 참사랑의 즐거움은 신적 지혜의 즐거움이다. 그런데 이 즐거움은 슬픔과 혼합되지 않는다. 지혜서 8장 [16절]에서는 "그와 함께 지내는 데에 마음 쓰라릴 일이 없다."고 말한다. 그러므로 참사랑의 즐거움은 슬픔과 혼합되지 않는다.

[답변] 위에서[2] 말한 바와 같이, 참사랑으로부터 두 가지로 하느님에 대한 즐거움이 생겨난다. 그중 주된 것은 참사랑의 고유한 부분으로서, 우리가 그 자체로서 고찰된 신적 선을 즐거워하는 것이다.

---

1. Homil. 34 *in Evang.*, n.15: PL 76, 1256 B.
2. a.1, ad3.

bono divino secundum se considerato. Et tale gaudium caritatis permixtionem tristitiae non patitur, sicut nec illud bonum de quo gaudetur potest aliquam mali admixtionem habere. Et ideo Apostolus dicit, *ad Philipp.* 4, [4]: *Gaudete in Domino semper.*

Aliud autem est gaudium caritatis quo gaudet quis de bono divino secundum quod participatur a nobis. Haec autem participatio potest impediri per aliquod contrarium. Et ideo ex hac parte gaudium caritatis potest habere permixtionem tristitiae, prout scilicet aliquis tristatur de eo quod repugnat participationi divini boni vel in nobis vel in proximis, quos tanquam nosipsos diligimus[3].

AD PRIMUM ergo dicendum quod fletus proximi non est nisi de aliquo malo. Omne autem malum importat defectum participationis summi boni. Et ideo intantum caritas facit condolere proximo inquantum participatio divini boni in eo impeditur.

---

3. "주님 안에서 늘 기뻐하십시오. 거듭 말합니다. 기뻐하십시오. 여러분의 너그러운 마음을 모든 사람이 알 수 있게 하십시오." 필리 4,4-5.
이에 대하여 성 토마스는 『필리피서 주해』 제4장, 제4강에서 이렇게 말한다. "사도는 먼저 우리의 기쁨이 어떠한 것이어야 하는지를 기술한다…. 영적 기쁨을 지니기 위하여 자발적으로 진보하는 것이 필요하다…. 사도는 참된 기쁨의 네 가지 조건을 지적한다.
첫째로 필요한 것은 '올발라야' 한다는 것이다. 기쁨이 올바른 것은 인간의 고유한 선에 대한 기쁨일 때, 창조된 것이 아닌 하느님… 그러므로 주님 안에 있을 때에 올바른 것이다. 그래서 '주님 안에서'라고 말한다. 또한 '지속적'이어야 한다. 그래서 '늘'이라고 말한다. 이는 죄에 의하여 중단되지 않을 때에 이루어진다. 그 그리고 이러한 참사랑의 즐거움에는 슬픔이 혼합되지 않는다. 이는 그 즐거움의 대상이 되는 선이 어떤 악과 혼합될 수 없는 것과 마찬가지이다. 그래서 사도는 필리피서 4장 [4절]에서 "주님 안에서 늘 기뻐하십시오."라고 말한다.

다른 종류의 참사랑의 즐거움은 우리가 참여하는 것으로서 고찰된 신적 선을 즐거워하는 것이다. 이 참여는 반대되는 어떤 것에 의하여 방해받을 수 있다. 이러한 측면에서 참사랑의 즐거움은 슬픔과 혼합될 수 있다. 다시 말하면 우리 안에서 또는 우리가 우리 자신처럼 사랑하는 이웃 안에서 신적 선에 참여하는 데에 상치되는 것에 의하여 슬퍼질 수 있는 것이다.[3]

[해답] 1. 이웃의 울음은 오직 어떤 악으로 인한 것이다. 그런데 모든 악은 최고선에 참여하는 데에서의 결함을 내포한다. 그러므로 이웃이 신적 선에 참여하는 데에 방해를 받는 그만큼 참사랑은 이웃과 함께 슬퍼한다.

래서 지속적이다. 그러나 현세적 슬픔에 의하여 중단된다면 그것은 그 기쁨이 불완전한 것임을 뜻한다. 완전하게 기뻐하는 사람은 그의 기쁨이 중단되지 않는다. 오래 지속되지 않는 사물에 대해서는 오래 마음을 기울이지 않기 때문이다. 그래서 '늘'이라고 말한다. 또한 '다수여야' 한다. 네가 하느님에 대해 기뻐한다면 너는 곧 그분의 육화를 기뻐하게 되고… 네가 행위에 대해 기뻐한다면… 너는 곧 관상에 대해 기뻐하게 된다…. 네가 너 자신의 선에 대해 기뻐한다면, 곧 마찬가지로 다른 이들의 선에 대해서도 기뻐하게 된다. 그리고 현재에 대하여 기뻐한다면 곧 미래에 대해서도 기뻐하게 된다. 그래서 '다시 말합니다, 기뻐하십시오.'라고 말한다. 그리고 '절제가 있어야' 한다. 세상의 기쁨이 하듯이 육체적 쾌락에 의하여 생겨나는 것이 아니어야 한다. 그래서 '여러분의 너그러운 마음을 모든 사람이 알 수 있게 하십시오.'라고 말한다. 이는 마치, 여러분의 기쁨에 절제가 있어야 한다고, 방종에 빠져서는 안 된다고 말하는 듯하다…. 그리고 '알 수 있게' 하라고 말한다. 이는 마치 여러분의 삶이 외적인 면에서 그렇게 절제되어, 대화를 방해하지 않도록 하라고 말하는 것과 같다."

AD SECUNDUM dicendum quod *peccata dividunt inter nos et Deum*[4], ut dicitur Isaiae 59, [2]. Et ideo haec est ratio dolendi de peccatis praeteritis nostris, vel etiam aliorum, inquantum per ea impedimur a participatione divini boni.

AD TERTIUM dicendum quod, quamvis in incolatu huius miseriae aliquo modo participemus divinum bonum per cognitionem et amorem, tamen huius vitae miseria impedit a perfecta participatione divini boni, qualis erit in patria. Et ideo haec etiam tristitia qua quis luget de dilatione gloriae pertinet ad impedimentum participationis divini boni.

Articulus 3
Utrum spirituale gaudium quod ex caritate causatur possit in nobis impleri

Ad tertium sic proceditur. Videtur quod spirituale gaudium quod ex caritate causatur non possit in nobis impleri.

1. Quanto enim maius gaudium de Deo habemus, tanto gaudium eius in nobis magis impletur. Sed nunquam possumus tantum de Deo gaudere quantum dignum est ut de eo gaudeatur, quia semper bonitas eius, quae est infinita, excedit gaudium creaturae, quod est finitum. Ergo gaudium de Deo nunquam potest impleri.

2. 이사야서 59장 [2절]에서 말하듯이, "죄악이 우리와 하느님 사이를 갈라놓는다."[4] 그러므로 우리 또는 다른 이들의 지나간 죄를 슬퍼하는 것은 그 죄가 우리가 신적 선에 참여하는 데에 장애가 되기 때문이다.

3. 우리가 이 비참한 거처에 머무는 동안이라도 우리는 어떤 방식으로 인식과 사랑을 통하여 신적 선에 참여하지만, 이 삶의 비참함은 신적 선에 완전하게 참여하는 데에 장애가 되며 그 완전한 참여는 본향에서 누리게 될 것이다. 그러므로 영광이 지체됨에 대한 슬픔 역시 신적 선에 참여하는 데에 대한 장애에 속한다.

제3절 참사랑에서 기인하는 영적 즐거움은 우리 안에서 충만할 수 있는가?

Parall.: *In Ioan.*, c.15, lect.12.

[반론] 셋째에 대해서는 다음과 같이 진행된다. 참사랑에서 기인하는 영적 즐거움은 우리 안에서 충만할 수 없는 것으로 생각된다.

1. 우리가 하느님 안에서 더 크게 즐거워할수록 우리 안에서 그분에 대한 즐거움은 더 충만하게 된다. 그런데 우리는 결코 하느님에 대해 마땅히 즐거워해야 할 만큼 그분에 대해 즐거워할 수 없다. 무한하신 그분의 선은 유한한 창조물의 즐거움을 언제나 넘어서기 때문이다. 그러므로 하느님에 대한 즐거움은 결코 충만할 수 없다.

---

4. Vulgata: Iniquitates vestrae diviserunt inter vos et Deum vestrum.

q.28, a.3

2. Praeterea, illud quod est impletum non potest esse maius. Sed gaudium etiam beatorum potest esse maius, quia unius gaudium est maius quam alterius. Ergo gaudium de Deo non potest in creatura impleri.

3. Praeterea, nihil aliud videtur esse comprehensio quam cognitionis plenitudo. Sed sicut vis cognoscitiva creaturae est finita, ita et vis appetitiva eiusdem. Cum ergo Deus non possit ab aliqua creatura comprehendi, videtur quod non possit alicuius creaturae gaudium de Deo impleri.

SED CONTRA est quod Dominus discipulis dixit, Ioan. 15, [11]: *Gaudium meum in vobis sit, et gaudium vestrum impleatur.*

RESPONDEO dicendum quod plenitudo gaudii potest intelligi dupliciter. Uno modo, ex parte rei de qua gaudetur, ut scilicet tantum gaudeatur de ea quantum est dignum de ea gauderi. Et sic solum Dei gaudium est plenum de seipso, quia gaudium eius est infinitum, et hoc est condignum infinitae bonitati Dei; cuiuslibet autem creaturae gaudium oportet esse finitum.[1]

Alio modo potest intelligi plenitudo gaudii ex parte gaudentis. Gaudium autem comparatur ad desiderium sicut quies ad motum; ut supra[2] dictum est, cum de passionibus ageretur.

---

1. 지속이 아니라 양 또는 강도에 있어 그러하다. 다시 말하면, 창조물의 기쁨은 무한히 강할 수 없고(Cf. I, q.7, a.2), 어떤 창조물의 지성도 하느님을 무한히 인식하고 그만큼 파악할 수 없다.(Cf. I, q.12, a.7)

2. 충만한 것은 더 커질 수 없다. 그런데 복된 이들의 즐거움도 더 커질 수 있다. 어떤 사람의 즐거움이 다른 사람의 즐거움보다 더 클 수 있기 때문이다. 그러므로 하느님에 대한 즐거움은 피조물 안에서 충만할 수 없다.

3. 파악(comprehensio)은 다름 아닌 충만한 인식인 것으로 생각된다. 그런데 피조물의 인식 능력이 유한하듯이 그 욕구 능력도 유한하다. 그러므로 어떤 피조물도 하느님을 파악할 수 없듯이, 하느님에 대한 피조물의 즐거움도 충만할 수 없다.

[재반론] 그러나 반대로 요한복음서 15장 [11절]에서 주님께서 제자들에게 "내 기쁨이 너희 안에 있고 또 너희 기쁨이 충만하게 하려는 것"이라고 말씀하셨다.

[답변] 즐거움의 충만함은 두 가지로 이해할 수 있다. 그 첫째 방법은 그것으로 즐거워하게 되는 그 사물 편에서인데, 이에 따르면 충만함은 그것이 즐거워할 만한 것인 그만큼 그것을 즐거워하는 것이다. 이러한 방식으로는 하느님에 대한 그분 자신의 즐거움만이 충만하다. 그분에 대한 즐거움은 무한하고 그것은 하느님의 무한한 선성에 부합하는데, 피조물의 즐거움은 유한할 수밖에 없기 때문이다.[1]

둘째로 즐거움의 충만함은 즐거워하는 사람 편에서 이해할 수 있다. 그런데 정념에 대해 다루면서 위에서[2] 말한 바와 같이 욕구에 대한 즐거움의 관계는 움직임에 대한 정지의 관계와 같다. 그런데, 정지가 충만한 것은 움직임이 전혀 남아 있지 않을 때이다. 그러므로 즐

---

2. I-II, q.25, aa.1-2.

q.28, a.3

Est autem quies plena cum nihil restat de motu. Unde tunc est gaudium plenum quando iam nihil desiderandum restat. Quandiu autem in hoc mundo sumus, non quiescit in nobis desiderii motus, quia adhuc restat quod Deo magis appropinquemus per gratiam, ut ex supradictis[3] patet. Sed quando iam ad beatitudinem perfectam perventum fuerit, nihil desiderandum restabit, quia ibi erit plena Dei fruitio, in qua homo obtinebit quidquid etiam circa alia bona desideravit, secundum illud Psalm. [Ps. 102, 5]: *Qui replet in bonis desiderium tuum.* Et ideo quiescet desiderium non solum quo desideramus Deum, sed etiam erit omnium desideriorum quies.[4] Unde gaudium beatorum est perfecte plenum, et etiam superplenum, quia plus obtinebunt quam desiderare suffecerint; non enim in cor hominis ascendit quae praeparavit Deus diligentibus se,5 ut dicitur I *ad Cor.* 2, [9]. Et hinc est quod dicitur Luc. 6, [38]: *Mensuram bonam et supereffluentem dabunt in sinus vestros.* Quia tamen nulla creatura est capax gaudii de Deo ei condigni, inde est quod illud gaudium omnino plenum non capitur in homine, sed potius homo intrat in ipsum, secundum illud Matth. 25, [v. 21, 23]: *Intra in gaudium Domini tui.*

AD PRIMUM ergo dicendum quod ratio illa procedit de plenitudine gaudii ex parte rei de qua gaudetur.

---

3. q.24, aa.4 et 7.

거움이 충만한 것은 갈망할 것이 전혀 남아 있지 않을 때에다. 그런데 우리가 이 세상 안에 있는 동안에는 우리 안에서 갈망의 움직임이 멈추지 않는다. 위에서 말한 데에서[3] 드러나듯이 우리에게는 언제나 하느님께 더 가까이 다가갈 여지가 남아 있기 때문이다. 그러나 이미 완전한 참행복에 도달하게 될 때에는 갈망할 것이 더 이상 남아 있지 않을 것이다. 그때에는 하느님을 충만하게 향유할 것인데, 인간은 거기에서 그가 갈망하던 다른 선들도 무엇이나 얻게 될 것이기 때문이다. 시편 103(102)편 [5절]에서는 "그분께서 너의 갈망을 복으로 채워 주신다."고 말한다. 따라서 우리가 하느님을 갈망하는 갈망뿐만 아니라 모든 갈망이 멈출 것이다.[4] 그러므로 복된 이들의 즐거움은 완전히 충만하며 흘러넘친다. 그들이 바랄 수 있는 것 이상을 받을 것이기 때문이다. 코린토 1서 2장 [9절]에서 말하듯이, "사람의 마음에도 떠오른 적이 없는 것들을 하느님께서는 당신을 사랑하는 이들을 위하여 마련해 두셨다."[5] 그래서 루카복음서 6장 [38절]에서는 "누르고 흔들어서 넘치도록 후하게 되어 너희 품에 담아 주실 것"이라고 말한다. 그러나 어떤 피조물도 하느님께 합당하게 그분에 대해 즐거워할 수는 없으므로, 온전히 충만한 즐거움은 인간 안에 담길 수 없고 오히려 인간이 그 기쁨 안으로 들어간다. 마태오복음서 25장 [21.23절]에서는 "네 주인의 기쁨 안으로 들어가라."고 말한다.

[해답] 1. 이 논거는 그것에 대해 즐거워하는 그 사물 편에서의 즐거움의 충만함으로부터 출발한다.

---

4. Cf. I-II, q.2, a.8.
5. Vulgata: Nec in cor hominis ascendit, quae praeparavit Deus iis, qui diligunt illum. 이사 64,4 참조.

AD SECUNDUM dicendum quod cum perventum fuerit ad beatitudinem, unusquisque attinget terminum sibi praefixum ex praedestinatione divina, nec restabit ulterius aliquid quo tendatur, quamvis in illa terminatione unus perveniat ad maiorem propinquitatem Dei, alius ad minorem. Et ideo uniuscuiusque gaudium erit plenum ex parte gaudentis, quia uniuscuiusque desiderium plene quietabitur.[6] Erit tamen gaudium unius maius quam alterius, propter pleniorem participationem divinae beatitudinis.

AD TERTIUM dicendum quod comprehensio importat plenitudinem cognitionis ex parte rei cognitae, ut scilicet tantum cognoscatur res quantum cognosci potest.[7] Habet tamen etiam cognitio aliquam plenitudinem ex parte cognoscentis, sicut et de gaudio dictum est.[8] Unde et Apostolus dicit, *ad Coloss.* 1, [9]: *Impleamini agnitione voluntatis eius in omni sapientia et intellectu spirituali.*

Articulus 4
Utrum gaudium sit virtus

Ad quartum sic proceditur. Videtur quod gaudium sit virtus.

1. Vitium enim contrariatur virtuti. Sed tristitia ponitur vitium, ut patet de acedia[1] et de invidia.[2] Ergo etiam gaudium

---

6. Cf. q.26, a.13.
7. Cf. I, q.12, a.7; q.14, a.3.
8. 답변과 제2답.

2. 참행복에 도달할 때에는 각자가 하느님의 예정에 의하여 그에게 미리 정해진 목적지에 이를 것이며, 그 목적지에 이를 때에 어떤 사람은 하느님께 더 가까이 이르고 어떤 사람은 덜 가까이 이르게 된다 하더라도 그가 더 이상 지향할 것은 남아 있지 않을 것이다. 그러므로 각자의 즐거움은 즐거워하는 사람 편에서는 충만할 것이다. 각자의 갈망이 충만하게 채워질 것이기 때문이다.[6] 그러나 어떤 사람의 즐거움은 다른 사람의 즐거움보다 더 클 것이다. 그는 하느님의 참행복에 더 충만하게 참여하기 때문이다.

3. 파악(comprehensio)은 인식된 사물 편에서의 인식의 충만함을 의미한다. 다시 말하면, 그 사물이 인식될 수 있는 만큼 인식된다는 것이다. 그러나 즐거움에 대해서 말한 바와 마찬가지로,[7] 인식은 인식하는 사람 편에서도 충만함이 있다.[8] 그래서 사도는 콜로새서 1장 [9절]에서 "여러분이 모든 영적 지혜와 깨달음 덕분에 하느님의 뜻을 아는 지식으로 충만해지기를"이라고 말한다.

제4절 즐거움은 덕인가?

[반론] 넷째에 대해서는 다음과 같이 진행된다. 즐거움은 덕(德, virtus)이라고 생각된다.

1. 악습은 덕에 반대된다. 그런데 나태[1]와 질투에서[2] 분명히 드러나듯이 슬픔은 악습으로 여겨진다. 그러므로 즐거움도 덕으로 여겨져야 한다.

---

1. Cf. q.35, a.2.
2. Cf. q.36, a.4.

debet poni virtus.

2. Praeterea, sicut amor et spes sunt passiones quaedam quarum obiectum est bonum, ita et gaudium. Sed amor et spes ponuntur virtutes. Ergo et gaudium debet poni virtus.

3. Praeterea, praecepta legis dantur de actibus virtutum. Sed praecipitur nobis quod de Deo gaudeamus, secundum illud *ad Philipp.* 4, [4]: *Gaudete in Domino semper.* Ergo gaudium est virtus.

SED CONTRA est quod neque connumeratur inter virtutes theologicas, neque inter virtutes morales, neque inter virtutes intellectuales, ut ex supradictis[3] patet.

RESPONDEO dicendum quod virtus, sicut supra[4] habitum est, est habitus quidam operativus; et ideo secundum propriam rationem habet inclinationem ad aliquem actum. Est autem contingens ex uno habitu plures actus eiusdem rationis ordinatos provenire, quorum unus sequatur ex altero.[5] Et quia posteriores actus non procedunt ab habitu virtutis nisi per actum priorem, inde est quod virtus non definitur nec denominatur nisi ab actu priori, quamvis etiam alii actus ab ea consequantur. Manifestum est autem ex his quae supra[6] de passionibus dicta sunt, quod amor est prima affectio appetitivae potentiae, ex qua sequitur et desiderium et gaudium. Et ideo habitus virtutis idem est qui inclinat ad diligendum, et ad desiderandum bonum dilectum, et

2. 사랑과 희망이 선을 대상으로 하는 정념이듯이, 즐거움도 그러하다. 그런데 사랑과 희망은 덕으로 여겨진다. 그러므로 즐거움도 덕으로 여겨져야 한다.

3. 법의 계명들은 덕의 행위들에 대한 것이다. 그런데 우리에게는 하느님에 대해 기뻐하라는 계명이 주어진다. 필리피서 4장 [4절]에서는 "주님 안에서 늘 기뻐하십시오."라고 말한다. 그러므로 즐거움은 덕이다.

[재반론] 그러나 반대로 위에서 말한 바에서³ 드러나듯이 즐거움은 대신덕들에도, 도덕적 덕에도, 지성덕에도 들어가지 않는다.

[답변] 위에서⁴ 말한 바와 같이 덕은 행위에 관련된 습성이고 그래서 자신의 고유한 특성에 따라 어떤 행위를 향하는 성향을 지닌다. 그런데 하나의 습성으로부터 질서 있고 하나가 다른 하나로부터 뒤따라 나오는 여러 행위들이 나오는 경우가 있을 수 있다.⁵ 그리고 나중의 행위들은 앞의 행위에 의해서가 아니면 덕의 습성으로부터 나올 수 없으므로, 다른 행위들도 덕으로부터 나온다 하더라도 덕은 오직 앞의 행위들에 의하여 정의되고 명명된다. 그런데 위에서 정념에 대해 말한 데에서⁶ 명백히 드러나듯이, 사랑은 욕구적 능력의 첫째 감정이고 거기에서부터 욕구와 즐거움이 뒤따른다. 그러므로 동일한 덕의 습성이 사랑하고 또한 사랑받는 선성을 갈망하고 또한 그

---

3. I-II, q.57, a.2; q.60; q.62, a.3.
4. I-II, q.55, a.2.
5. Cf. III, q.8, a.5, ad2.
6. I-II, q.25, aa.1-3; q.27, a.4.

ad gaudendum de eo. Sed quia dilectio inter hos actus est prior, inde est quod virtus non denominatur a gaudio nec a desiderio, sed a dilectione, et dicitur caritas.[7] Sic ergo gaudium non est aliqua virtus a caritate distincta, sed est quidam caritatis actus sive effectus. Et propter hoc connumeratur inter fructus, ut patet *Gal.* 5, [22].[8]

AD PRIMUM ergo dicendum quod tristitia quae est vitium causatur ex inordinato amore sui, quod non est aliquod speciale vitium, sed quaedam generalis radix vitiorum, ut supra[9] dictum est. Et ideo oportuit tristitias quasdam particulares ponere specialia vitia, quia non derivantur ab aliquo speciali vitio, sed a generali. Sed amor Dei ponitur specialis virtus, quae est caritas, ad quam reducitur gaudium, ut dictum est,[10] sicut proprius actus eius.

AD SECUNDUM dicendum quod spes consequitur ex amore sicut et gaudium, sed spes addit ex parte obiecti quandam specialem rationem, scilicet arduum et possibile adipisci; et ideo ponitur specialis virtus.[11] Sed gaudium ex parte obiecti nullam rationem specialem addit supra amorem quae possit causare specialem virtutem.

AD TERTIUM dicendum quod intantum datur praeceptum legis de gaudio inquantum est actus caritatis;[12] licet non sit primus actus eius.

---

7. Cf. q.23, a.3, ad2.
8. Cf. I-II, q.70.

에 대해 즐거워하도록 기울게 한다. 그러나 이 행위들 가운데에서 첫째가 사랑이므로, 그 덕은 즐거움이나 갈망이 아니라 사랑(dilectio)으로부터 명명되어 참사랑(caritas)이라고 일컬어진다.[7] 그러므로 즐거움은 참사랑과 구별되는 다른 덕이 아니라, 참사랑의 행위 또는 결과이다. 그래서 갈라티아서 5장 [22절]에서 나타나듯이 즐거움은 열매들 가운데 하나로 여겨진다.[8]

[해답] 1. 악습으로 여겨지는 슬픔은 자신에 대한 무질서한 사랑에서 기인하는데, 위에서[9] 말한 바와 같이 자신에 대한 무질서한 사랑은 어떤 특수한 악습이 아니라 일반적인 악습들의 뿌리이다. 그러므로 어떤 개별적인 슬픔들은 특수한 악습으로 여겨야 한다. 이들은 특수한 악습이 아니라 일반적 악습으로부터 나오기 때문이다. 그런데 하느님에 대한 사랑은 특수한 덕인 참사랑으로 여겨지며, 앞서[10] 말한 바와 같이 즐거움은 참사랑의 고유한 행위로서 참사랑으로 소급된다.

2. 희망은 즐거움과 마찬가지로 사랑으로부터 나온다. 그러나 희망은 대상 편에 그 대상이 얻기가 어렵지만 가능하다는 특수한 특징이 있다. 그래서 희망은 특수한 덕으로 여겨진다.[11] 그러나 즐거움은 대상 편에 즐거움을 사랑으로부터 구별되는 특수한 덕이 되게 하는 특징을 첨가하지 않는다.

3. 법의 계명은 즐거움을 참사랑의 첫째 행위는 아니라도 참사랑의 행위로서 명하는 것이다.[12]

---

9. I-II, q.77, a.4.
10. 답변.
11. Cf. q.17, a.1.
12. Cf. q.44, a.3, a2.

QUAESTIO XXIX
DE PACE
in quatuor articulos divisa

Deinde considerandum est de pace.[1]
Et circa hoc quaeruntur quatuor.
Primo: utrum pax sit idem quod concordia.
Secundo: utrum omnia appetant pacem.
Tertio: utrum pax sit effectus caritatis.
Quarto: utrum pax sit virtus.

Articulus 1
Utrum pax sit idem quod concordia

Ad primum sic proceditur. Videtur quod pax sit idem quod concordia.

1. Dicit enim Augustinus, XIX *de Civ. Dei*,[1] quod *pax hominum est ordinata concordia*. Sed non loquimur nunc nisi de

---

1. Cf. q.28, Introd.

제29문
평화
(전4절)

다음으로는 평화에 대해 고찰해야 한다.[1]
이에 대해서는 네 가지 문제가 제기된다.
1. 평화는 조화와 동일한가?
2. 모든 것이 평화를 바라는가?
3. 평화는 참사랑의 결과인가?
4. 평화는 덕인가?

제1절 평화는 조화와 동일한가?

Parall.: *In Sent.*, III, d.27, q.2, a.1, ad6.

[반론] 첫째에 대해서는 다음과 같이 진행된다. 평화(平和, pax)는 조화(調和, concordia)와 동일한 것으로 생각된다.
 1. 아우구스티누스는 『신국론』 제19권[1]에서 "사람들의 평화는 질서 있는 조화"라고 말한다. 그런데 여기에서 우리는 다름 아닌 사람들

---
1. c.13, n.1: PL 41, 640.

pace hominum. Ergo pax est idem quod concordia.

2. Praeterea, concordia est quaedam unio voluntatum. Sed ratio pacis in tali unione consistit, dicit enim Dionysius, 11 cap. *de Div. Nom.*,[2] quod *pax est omnium unitiva et consensus operativa*. Ergo pax est idem quod concordia.

3. Praeterea, quorum est idem oppositum, et ipsa sunt idem. Sed idem opponitur concordiae et paci, scilicet dissensio, unde dicitur, I *ad Cor.* 14, [33]: *Non est dissensionis Deus, sed pacis.* Ergo pax est idem quod concordia.

SED CONTRA est quod concordia potest esse aliquorum impiorum in malo. Sed *non est pax impiis,* ut dicitur Isaiae 48, [22]. Ergo pax non est idem quod concordia.

RESPONDEO dicendum quod pax includit concordiam et aliquid addit. Unde ubicumque est pax, ibi est concordia, non tamen ubicumque est concordia, est pax, si nomen pacis proprie sumatur. Concordia enim, proprie sumpta, est ad alterum, inquantum scilicet diversorum cordium voluntates simul in unum consensum conveniunt. Contingit etiam unius hominis cor tendere in diversa, et hoc dupliciter. Uno quidem modo, secundum diversas potentias appetitivas, sicut appetitus sensitivus plerumque tendit in contrarium rationalis appetitus, secundum illud *ad Gal.* 5, [17]: *Caro concupiscit adversus*

의 평화에 대해 말하고 있다. 그러므로 평화는 조화와 동일하다.

2. 조화는 의지들의 일치이다. 그런데 평화의 개념은 그러한 일치에 있다. 실상 디오니시우스는 『신명론』 제11권[2]에서 "평화는 모든 것을 일치시키고 동의를 이룩하는 것"이라고 말한다. 그러므로 평화는 조화와 동일하다.

3. 동일한 것에 반대되는 것들은 서로 동일하다. 그런데 조화와 평화는 동일한 것 곧 불일치에 반대된다. 그래서 코린토 1서 14장 [33절]에서는 "하느님은 불일치의 하느님이 아니라 평화의 하느님"이라고 말한다. 그러므로 평화는 조화와 동일하다.

[재반론] 그러나 반대로 악인들 사이에서도 악한 일에서 조화가 있을 수 있다. 그런데 이사야서 48장 [22절]에서는 "악인들에게는 평화가 없다."고 말한다. 그러므로 평화는 조화와 동일하지 않다.

[답변] 평화는 조화를 포함하고 거기에 어떤 것을 덧붙인다. 그러므로 평화가 있는 곳에는 조화가 있다. 그러나 평화라는 말을 고유한 의미로 받아들인다면 조화가 있는 곳에 늘 평화가 있는 것은 아니다. 고유한 의미의 조화는 다른 사람들과 관련되는데, 이는 조화가 서로 다른 마음들의 의지들이 한 가지에 동의하게 되는 것이기 때문이다. 하지만 한 사람의 마음도 상이한 것들을 향할 수 있는데, 이는 두 가지로 이루어진다. 그 첫째는 서로 다른 욕구적 능력들에 따른 것으로, 예를 들어 감각적 욕구는 자주 이성적 욕구와 반대되는 것을 향한다. 갈라티아서 5장 [17절]에서는 "육이 욕망하는 것은 성

---

2. PG 3, 948 D; S. Thomas, lect.1, n.885.

q.29, a.1

spiritum. Alio modo, inquantum una et eadem vis appetitiva in diversa appetibilia tendit quae simul assequi non potest. Unde necesse est esse repugnantiam motuum appetitus. Unio autem horum motuum est quidem de ratione pacis, non enim homo habet pacatum cor quandiu, etsi habeat aliquid quod vult, tamen adhuc restat ei aliquid volendum quod simul habere non potest. Haec autem unio non est de ratione concordiae. Unde concordia importat unionem appetituum diversorum appetentium, pax autem, supra hanc unionem, importat etiam appetituum unius appetentis unionem.³

---

3. 그러므로 평화의 형상적 요소는 욕구를 지닌 이들의 욕구의 일치이다. 그러한 평화는 조화 못지않게 넓은 개념이다. 이는 평화에 반대되는 죄들을(이에 대해서는 Infra. qq.37-42) 주의 깊게 고찰함으로써 드러난다.
첫째로는 개별적인 평화가 있어야 한다. 개인들의 의지들이 하나의 공동선에 대한 욕구로 결합되어야 하는 것이다. 여기에서 평화에 반대되는 것은 불화(q.37), 논쟁(q.38), 싸움(q.41)이다. 하지만 평화는 가정 사회에서도 꽃피어야 한다. 가정의 평화의 본성을 이해하기 위해서는 그 반대되는 죄인 불화, 논쟁, 싸움 외에도 가정의 질서가 그 아래에 종속되어 있어야 하는 법들을 고찰하는 것이 필요하다. 더 나아가서 가정에 속하는 많은 이들은 "세 가지 관계에 따라 구분된다. 그것은 아내와 남편, 아버지와 자녀, 주인과 종인데, 여기에서 한 사람은 어느 정도 다른 사람의 것과 같다. 그러므로 이 사람들에게는 단순한 정의가 아니라 어떤 종에 속하는 정의, 곧 경제적인 정의가 적용된다." 여기에 어떤 식으로 속하는 것이 효성(q.101), 순종(q.102), 존경(q.103), 그리고 부부애이다.(q.26, aa.9 et 11) 그러므로 가정의 평화가 있을 때에는 아버지와 자녀, 남편과 아내, 주인과 종이 한마음으로 행해야 할 질서를 지향하게 되는데, 경제적 정의, 효성과 순종과 존경과 부부애의 행위가 드러나기 위해서는 그 질서가 전제된다.
더 넓게 본다면 평화는 국가 사회 안에도 있어야 한다. 현세 사회의 평화는 반란에 의하여 손상된다.(Cf. q.42, a.1) 반란은 법과 공동의 유익에 반대된다.(ibid., a.2) 그러므로 국가 사회 안에 있어야 하는 평화는 공동선을 추구하는 데에서 의지들의 일치를 의미한다. 공동선은 시민들의 판단에 의하여 자유롭게 선택되는 것이 아니며, 통치 형태가 어떠하든 군주가 결정하는 바에 따라 시민에게 부과되고 시령을 거스른다."고 말한다. 둘째는 하나의 동일한 욕구적 능력이 동시에 도달할 수 없는 상이한 욕구의 대상들을 향하는 것이다. 그래서 욕구의 움직임들에는 충돌이 있을 수밖에 없다. 그러한 움직임들의 일치는 평화의 개념에 포함된다. 인간이 원하는 어떤 것을 가지고 있다 하더라도 그가 동시에 가질 수 없는 다른 어떤 것을 원하고 있다면 그의 마음은 평화롭지 못하기 때문이다. 그러나 이러한 일치는 조화의 개념에는 들어가지 않는다. 그러므로 조화는 욕구를 지닌 여러 사람들 사이에서의 욕구의 일치를 뜻하고, 평화는 그러한 일치와 더불어 각자의 욕구들의 일치를 의미한다.[3]

민이 사랑해야 하는 것이다.
교회 사회에 있어야 하는 영적 평화는 이교에 의하여 파괴된다.(Cf. q.39) 이교라고 일컬어지는 것은 "자발적으로 그리고 의도적으로 스스로 주된 일치인 교회의 일치에서 떨어져 나간 이들이다…. 교회의 일치는 두 가지를 의미하는데, 그것은 교회 구성원들 서로 간의 연결 또는 소통과, 교회의 모든 지체들이 하나의 머리 아래 이루는 질서이다…. 그 머리는 바로 그리스도이시며, 교회 안에서 그 대리자가 되는 것은 교황이다. 그러므로 교황에게 복종하기를 거부하는 사람과 교황에게 종속된 교회의 지체들과 소통하기를 거부하는 사람은 이교인들이라고 일컬어진다."(ibid. q.1) 그러므로 영적 평화는 통치와 소통의 일치에 기초하며, 의지들의 일치는 거기에 달려 있다.
국제적 평화도 간과할 수 없다. 이것은 개별 나라들 사이에 있어야 하는 평화로서, 개별 나라들은 인간 문명 안에서 다른 나라들의 역할과 연관된 자신의 부분 내지 역할을 지니고 있다. 전쟁은 이 평화를 없애거나 무너뜨리며, 전쟁을 시작하는 것은 그렇게 하는 것이 유일한 수단이고 마땅한 조건들을 준수할 때에 허용된다.(Cf. q.40, a.1)
어떤 평화든지 평화를 세우는 것은 일반적 정의와(q.58, a.5) 개별적 정의(ibid., a.7) 모두의 필수적 조건이다. "다른 이들을 해치는 것을 삼가는 사람은 논쟁과 소요를 피할 수 있다는 점에서" 그러하다.(q.180, a.2, ad2) 그러나 이것만으로는 충분치 않다. 평화는 "간접적으로는 정의의 결과이다[이사 32,17]. 정의가 평화를 방해하는 것을 제거하기 때문이다. 그러나 직접적으로는 참사랑의 결과이다. 참사랑은 그 고유한 개념 자체에서 평화의 원인이 되기 때문이다. 사랑은 실상 일치시키는 힘이다…. 그리고 평화는 욕구의 성향들의 일치이다."(q.29, a.3, ad3) 그

q.29, a.1

AD PRIMUM ergo dicendum quod Augustinus loquitur ibi de pace quae est unius hominis ad alium. Et hanc pacem dicit esse concordiam, non quamlibet, sed *ordinatam*, ex eo scilicet quod unus homo concordat cum alio secundum illud quod utrique convenit. Si enim homo concordet cum alio non spontanea voluntate, sed quasi coactus timore alicuius mali imminentis, talis concordia non est vere pax, quia non servatur ordo utriusque concordantis, sed perturbatur ab aliquo timorem

---

래서, 성화은총 없이 평화를 누릴 수 있는가를 묻는 이들에게(ibid, obj.1) 토마스는 이렇게 대답한다. "죄 때문이 아니라면 아무도 성화은총을 잃지 않는다. 죄는 인간이 마땅히 추구해야 할 목적에서 멀어져 부당한 목적을 설정하는 것이다. 이에 따라 그의 욕구는 주로 참된 최종적 선을 따르지 않고 외관상의 선을 따른다. 그래서 성화은총 없이는 참된 평화가 없고 외관상의 평화만 있다."(ibid., ad1)
그러나 성화은총 없이는 참된 평화가 있을 수 없고 외관상의 평화만 있다 하더라도, 그 외관상의 평화로부터 사회 안에 많은 선이 생겨난다는 점에 주목해야 한다. "그러므로 불신자들은 선한 본성만으로 충분한 선행을 어느 정도 행할 수 있다."(q.10, a.4) 참사랑이 없는 행위가 그가 참사랑이 없다는 데에 따른 것이 아니라 "신앙이나 희망 또는 본성의 선과 같은 하느님의 다른 선물을 지니고 있는 데에 따른 것이라면… 그 선물은 죄에 의하여 완전히 파괴되지 않는다. 그리고 이에 따르면 참사랑 없이도 어떤 행위가 그 종에 있어서 선할 수 있다. 그러나 완전히 선한 것은 아니다. 마땅히 해야 하는 대로 최종적 선을 지향하고 있지 않기 때문이다."(q.23, a.7, ad1) 그러므로 실제로 의지의 일치가 있다면 국제적, 사회적, 그리고 가정의 평화가 있게 된다. 지향하는 어떤 특수한 선을 위한 평화의 질료적 요소가 있는 것이다. 평화는 불완전하고 마음의 진정한 평온함은 외관상의 평온함일 뿐이지만, 모든 열매가 헛된 것은 아니다. 열매들 가운데 첫째는 이웃에 대한 본성적 사랑이다.(Cf. q.103, a.3, ad2) 이것은 참사랑에는 속하지 않지만 도덕적 덕에 속한다.(q.23, a.3, ad1) 그러므로 참사랑의 결과가 아닌 평화는 어떤 선을 줄 수 있고 실제로도 주지만, 참된 평화는 아니다. "참된 선에 대한 욕구에 관련된 것이 아니라면 참된 평화는 있을 수 없다."(Cf. q.29, a.2, ad3)
또한 욕구를 지닌 모든 사람은 평온하고 방해 없이 자신이 갈망하는 것에 이르고자 하고 그것이 평화의 이유이므로, 욕구를 지닌 모든 사람은 필연적으로 평

[해답] 1. 아우구스티누스는 여기에서 한 사람의 다른 사람에 대한 평화에 대해 말하고 있다. 그리고 그 평화는 모든 조화와 같은 것이 아니라 "질서 있는" 조화라고 말한다. 이로써 한 사람은 다른 사람과 그 둘 모두에게 적합한 것에 대해 합의한다. 만일 어떤 사람이 자발적 의지로 합의하지 않고 임박한 어떤 악에 대한 두려움에서 강요되어 합의를 한다면, 그러한 조화는 참된 평화가 아니다. 합의하는 두

화를 갈망한다.(q.29, a.2) 그러므로 "모든 인간들이" 평화를 갈망한다.
그러나 악한 평화 곧 악인들의 평화는 주님께서 땅으로 보내고자 하시는 평화가 아니다.(Cf. q.40, a.1, ad3) 그리고 참사랑으로부터 나오지 않는 평화는 선하지만 외관상의 평화이다. 참사랑의 고유한 이유에 따른 평화는 선하고 참된 평화이다. 선하고 참된 평화는 두 가지이다. "완전한 평화는 최고선을 완전히 향유하는 데에 있으며, 이로써 모든 욕구는 충족되어 하나로 결합된다. 그리고 이것이 이성적 피조물의 최종 목적이다…. 다른 평화는 현세에서 누리는 불완전한 평화이다. 영혼의 주요한 움직임은 하느님 안에서 충족되지만, 그 평화를 어지럽히는 내부와 외부의 저항이 있기 때문이다."(q.29, a.2, ad4)
선하고 참된 평화는 그리스도인들이 추구해야 하는 평화이다. 성 아우구스티누스는 이렇게 말한다: "이 때문에 우리는 그분[=그리스도]의 성사들로 길러지고, 이 때문에 그분의 놀라운 업적과 설교로 가르침을 받고, 이 때문에 그분의 성령의 담보를 받고, 이 때문에 그분을 믿고 바라고, 주시는 그분의 사랑으로 불타게 된다. 우리는 온갖 어려움 속에서 이 평화로 위로를 받고, 우리는 이로써 온갖 어려움으로부터 해방된다. 이 때문에 우리는 어떤 역경도 없이 복되게 다스리기 위하여 온갖 역경을 굳세게 견딘다."(In Ioan., tract.104, n.1: PL 35, 1901)
Cf. A. Michel, *Questiones de guerre d'après S. Th. d'Aq.*, Paris, 1918, pp. 247-280.
질서의 평온함은 성 토마스에 따르면(Cf. q.29, a.1, ad1) 참사랑의 고유한 내적 결과이다. 성 아우구스티누스에 따르면 그것은 우주적 조화이다: "질서의 평온함은 만물의 평화이다."(*De Civ. Dei*, XIX, c.13: PL 41, 637) 그러나 여러 현대 저자들에 따르면 그것은 사회적 평화 내지 시민들의 질서 있는 조화이다. 성 토마스는 『대이교도대전』(III, 128, nn.3003-3004; 146, n. 3197)에서는 그것을 평화라고 부르지만, 『신학대전』에서는 평화와 구별하여 단순히 조화라고 부른다. 그러므로 성 토마스에 따르면 시민들의 질서 있는 조화는 평화라고 부를 수 있지만, 질서의 평온함이라고 정의할 수는 없다. P. N. Zammit, OP, *De pace sociali, Angelicum* 24/2(1949), pp.171-173.

inferente. Et propter hoc praemittit quod *pax est tranquillitas ordinis*. Quae quidem tranquillitas consistit in hoc quod omnes motus appetitivi in uno homine conquiescunt.⁴

AD SECUNDUM dicendum quod, si homo simul cum alio homine in idem consentiat, non tamen consensus eius est omnino unitus nisi etiam sibi invicem omnes motus appetitivi eius sint consentientes.

AD TERTIUM dicendum quod paci opponitur duplex dissensio, scilicet dissensio hominis ad seipsum, et dissensio hominis ad alterum. Concordiae vero opponitur haec sola secunda dissensio.

Articulus 2
Utrum omnia appetant pacem

Ad secundum sic proceditur. Videtur quod non omnia appetant pacem.

1. Pax enim, secundum Dionysium,¹ est *unitiva consensus*. Sed in his quae cognitione carent non potest uniri consensus. Ergo

---

4. "아우구스티누스에 따르면 한 사람의 다른 사람에 대한 평화에는 두 가지가 요구된다. 그것은 조화와 조화를 이루는 두 사람의 질서이다. 이로써 그 두 사람은 자신의 것에서 평온하게 된다. 그러므로 두려움에서 조화를 이룬다면 그것은 평화가 아니다. 그래서 흔히 '평화는 있지만 의지가 나쁘다'고 말한다. 그 평화는 인간

사람 사이의 질서가 보존되지 않고, 두려움을 일으키는 어떤 것에 의하여 혼란스럽게 되기 때문이다. 그래서 그는 먼저 "평화는 질서의 평온함"이라고 말한다. 그 평온함은 한 사람 안에서 모든 욕구의 움직임들이 정지되는 데에 있다.[4]

2. 한 사람이 다른 사람과 같은 것에 동의하더라도, 그의 모든 욕구적 움직임이 서로 동의하고 있지 않다면 그의 동의는 완전히 일치된 것이 아니다.

3. 두 가지의 불일치가 평화에 반대된다. 그것은 자신에 대한 불일치와 다른 사람에 대한 불일치이다. 그러나 조화에 반대되는 것은 오직 그 두 번째 불일치이다.

제2절 모든 것이 평화를 바라는가?

Parall.: *In Sent.*, IV, d.49, q.1, ad.2, qc.4; *De veritate*, q.22, a.1, ad12; *In De div. nom.*, c.11, lect.3.

[반론] 둘째에 대해서는 다음과 같이 진행된다. 모든 것이 평화를 바라지는 않는 것으로 생각된다.

1. 디오니시우스[1]에 따르면 평화는 "동의로 이루어지는 일치"이다. 그런데 인식을 하지 않는 것들은 동의로 일치될 수 없다. 그러므로

이 가장 원하는 것에 반대되고, 그래서 더 많이 원하는 것에 도달하기 위하여 그가 동의하는 평화를 깨뜨리려는 의지가 남아 있기 때문이다."(Cajetanus, in h. a.)

1. *In De div. nom.*, c.11: PG 3, 948 D; S. Thomas, lect.1, n.885.

huiusmodi pacem appetere non possunt.

2. Praeterea, appetitus non fertur simul ad contraria. Sed multi sunt appetentes bella et dissensiones. Ergo non omnes appetunt pacem.

3. Praeterea, solum bonum est appetibile. Sed quaedam pax videtur esse mala, alioquin Dominus non diceret, Matth. 10, [34]: *Non veni mittere pacem.*[2] Ergo non omnia pacem appetunt.

4. Praeterea, illud quod omnia appetunt videtur esse summum bonum, quod est ultimus finis. Sed pax non est huiusmodi, quia etiam in statu viae habetur; alioquin frustra Dominus mandaret, Marc. 9, [49]: *Pacem habete inter vos.* Ergo non omnia pacem appetunt.

SED CONTRA est quod Augustinus dicit, XIX *de Civ. Dei*,[3] quod omnia pacem appetunt. Et idem etiam dicit Dionysius, 11 cap. *de Div. Nom.*[4]

RESPONDEO dicendum quod ex hoc ipso quod homo aliquid appetit, consequens est ipsum appetere eius quod appetit assecutionem, et per consequens remotionem eorum quae consecutionem impedire possunt. Potest autem impediri assecutio boni desiderati per contrarium appetitum vel sui ipsius vel alterius, et utrumque tollitur per pacem, sicut supra[5] dictum

---

2. Vulgata: Non veni pacem mittere.

그런 것들은 평화를 바랄 수 없다.

2. 욕구는 동시에 서로 반대되는 것을 향할 수 없다. 그런데 많은 이들은 전쟁과 불일치를 바란다. 그러므로 모든 이들이 평화를 바라지는 않는다.

3. 선만이 욕구의 대상이 된다. 그런데 어떤 평화는 악한 것으로 생각된다. 그렇지 않았다면 주님이 마태오복음서 10장 [34절]에서 "나는 평화를 주러 오지 않았다."[2]고 말하지 않았을 것이다. 그러므로 모든 것이 평화를 바라지는 않는다.

4. 모두가 바라는 것은 최고선인 것으로 생각되는데, 그것은 최종 목적이다. 그런데 평화는 여정의 상태에서도 누릴 수 있으므로 최종 목적이 아닌 것으로 생각된다. 그렇지 않다면 주님이 마르코복음서 9장 [50절]에서 "서로 평화롭게 지내라."라고 명하신 것은 헛될 것이다. 그러므로 모든 것이 평화를 바라지는 않는다.

[재반론] 그러나 반대로 아우구스티누스는 『신국론』 제19권[3]에서 모든 것이 평화를 바란다고 말한다. 디오니시우스도 『신명론』 제11장[4]에서 같은 말을 한다.

[답변] 인간이 어떤 것을 바란다는 것 자체에서 그는 그가 바라는 것을 얻기를 바라고, 따라서 그 획득을 방해할 수 있는 것의 제거를 바란다. 그런데 갈망하는 어떤 선의 획득을 방해할 수 있는 것은 그 자신이나 다른 사람이 반대되는 것을 바라는 것이다. 그리고 위에서[5]

---

3. c.12, n.1: PL 41, 638.
4. PG 3, 948 D; S. Thomas, lect.1, n.886.
5. a.1.

est. Et ideo necesse est quod omne appetens appetat pacem, inquantum scilicet omne appetens appetit tranquille et sine impedimento pervenire ad id quod appetit, in quo consistit ratio pacis, quam Augustinus definit[6] *tranquillitatem ordinis*.

AD PRIMUM ergo dicendum quod pax importat unionem non solum appetitus intellectualis seu rationalis aut animalis, ad quos potest pertinere consensus, sed etiam appetitus naturalis. Et ideo Dionysius dicit[7] quod *pax est operativa et consensus et connaturalitatis*, ut in consensu importetur unio appetituum ex cognitione procedentium; per connaturalitatem vero importatur unio appetituum naturalium.

AD SECUNDUM dicendum quod illi etiam qui bella quaerunt et dissensiones non desiderant nisi pacem, quam se habere non aestimant. Ut enim dictum est,[8] non est pax si quis cum alio concordet contra id quod ipse magis vellet. Et ideo homines quaerunt hanc concordiam rumpere bellando, tanquam defectum pacis habentem, ut ad pacem perveniant in qua nihil eorum voluntati repugnet. Et propter hoc omnes bellantes quaerunt per bella ad pacem aliquam pervenire perfectiorem quam prius haberent.

AD TERTIUM dicendum quod, quia pax consistit in quietatione et unione appetitus; sicut autem appetitus potest esse vel boni simpliciter vel boni apparentis,[9] ita etiam et pax potest esse et

말한 바와 같이 이 두 가지는 평화에 의하여 제거된다. 그러므로 필연적으로 어떤 것을 바라는 사람은 평화를 바라게 된다. 어떤 것을 바라는 사람은 평온하게 그리고 장애 없이 그가 바라는 것에 도달하기를 바라고, 평화의 개념은 바로 그것이기 때문이다. 아우구스티누스[6]는 평화를 "질서의 평온함"이라고 정의한다.

[해답] 1. 평화는 동의가 이루어질 수 있는 지성적이거나 이성적 욕구, 그리고 동물적 욕구의 일치만이 아니라 본성적 욕구의 일치도 포함한다. 그래서 디오니시우스[7]는 "평화는 동의를 이루고 또한 본성의 공통성을 이룬다."고 말한다. 여기서 동의는 인식으로부터 나오는 욕구들의 일치를 뜻하고, 본성의 공통성은 본성적 욕구들의 일치를 뜻한다.

2. 전쟁과 불의를 원하는 사람도, 그가 바라는 것은 스스로 자신이 가지고 있지 않다고 여기는 평화이다. 앞서[8] 말한 바와 같이, 자신이 더 원하는 것을 거슬러 다른 사람과 합의한다면 그것은 평화가 아니기 때문이다. 그러므로 인간은 전쟁으로 평화가 결여되어 있는 것인 그 조화를 깨뜨리고 자신의 의지에 상충하는 것이 없는 평화에 도달하기를 원한다. 이 때문에 전쟁을 하는 모든 이들은 이전에 지니고 있던 것보다 어떤 식으로 더 완전한 평화에 이르기를 원하는 것이다.

3. 평화는 욕구가 멈추고 일치되는 것이다. 욕구는 단순하게 선에 대한 욕구일 수도 있고 외관상의 선에 대한 욕구일 수도 있으므로[9]

---

6. *De Civ. Dei*, XIX, c.13, n.1: PL 41, 640.
7. ibid.
8. a.1, ad1.
9. Cf. q.23, a.8; q.45, a.1, ad1; I, q.20, a.2.

vera et apparens, vera quidem pax non potest esse nisi circa appetitum veri boni; quia omne malum, etsi secundum aliquid appareat bonum, unde ex aliqua parte appetitum quietet, habet tamen multos defectus, ex quibus appetitus remanet inquietus et perturbatus. Unde pax vera non potest esse nisi in bonis et bonorum. Pax autem quae malorum est, est pax apparens et non vera. Unde dicitur *Sap.* 14, [22]: *In magno viventes inscientiae bello, tot et tanta mala pacem arbitrati sunt.*[10]

AD QUARTUM dicendum quod, cum vera pax non sit nisi de bono, sicut dupliciter habetur verum bonum, scilicet perfecte et imperfecte, ita est duplex pax vera. Una quidem perfecta, quae consistit in perfecta fruitione summi boni, per quam omnes appetitus uniuntur quietati in uno. Et hic est ultimus finis creaturae rationalis, secundum illud Psalm. [Ps. 147, 3]:[11] *Qui posuit fines tuos pacem.*—Alia vero est pax imperfecta, quae habetur in hoc mundo. Quia etsi principalis animae motus quiescat in Deo, sunt tamen aliqua repugnantia et intus et extra quae perturbant hanc pacem.

---

10. Vulgata: In magno viventes inscientiae bello, tot et tam magna mala pacem apellant. 악인들의 평화에 대해서는, 앞서 말한 바를 다시 인용한다: "악인들은 양심의 괴로움으로 인하여 자신과 조화를 이루지도 않는다."(q.25, a.7)

제29문 제2절

평화도 참된 평화일 수 있고 외관상의 평화일 수 있다. 참된 평화는 참된 선에 대한 욕구와 관련된 것이 아니라면 있을 수 없다. 모든 악은, 비록 어떤 점에서 선하게 보이고 그래서 욕구의 어떤 부분을 멈추게 하더라도, 많은 결함이 있어 그로부터 욕구가 불안정하고 혼동된 채로 남아 있게 되기 때문이다. 그러므로 참된 평화는 선에 그리고 선한 이들에게만 있을 수 있다. 악인들의 평화는 외관상의 평화이며 참된 평화가 아니다. 그래서 지혜서 14장 [22절]에서는 "그들은 무지 때문에 일어나는 격렬한 싸움 속에 살아가면서 그토록 커다란 여러 악을 평화라고 부른다."[10]고 말한다.

4. 참된 평화는 오직 선과 관련되는 것이므로, 참된 선에 두 가지 곧 완전한 것과 불완전한 것이 있듯이 참된 평화에도 두 가지가 있다. 그 첫째는 완전한 것으로, 완전한 평화는 최고선을 완전히 향유하는 데에 있으며, 이로써 모든 욕구는 충족되어 하나로 결합된다. 그리고 이것이 이성적 피조물의 최종 목적이다. 시편 147편 [14절][11]에서는 "네 경계에 평화를 가져다주신다."고 말한다. - 다른 평화는 현세에서 누리는 불완전한 평화이다. 영혼의 주요한 움직임은 하느님 안에서 충족되지만, 그 평화를 어지럽히는 내부와 외부의 저항이 있기 때문이다.

---

11. 대중 라틴말 성경의 시편 147,3은 히브리어 성경의 시편 147, 14에 해당한다.

Articulus 3
Utrum pax sit proprius effectus caritatis

Ad tertium sic proceditur. Videtur quod pax non sit proprius effectus caritatis.

1. Caritas enim non habetur sine gratia gratum faciente. Sed pax a quibusdam habetur qui non habent gratiam gratum facientem, sicut et gentiles aliquando habent pacem. Ergo pax non est effectus caritatis.

2. Praeterea, illud non est effectus caritatis cuius contrarium cum caritate esse potest. Sed dissensio, quae contrariatur paci, potest esse cum caritate, videmus enim quod etiam sacri doctores, ut Hieronymus et Augustinus, in aliquibus opinionibus dissenserunt;[1] Paulus etiam et Barnabas dissensisse leguntur, *Act.* 15, [37 sqq.]. Ergo videtur quod pax non sit effectus caritatis.

3. Praeterea, idem non est proprius effectus diversorum. Sed pax est effectus iustitiae, secundum illud Isaiae 32, [17]: *Opus iustitiae pax.* Ergo non est effectus caritatis.

SED CONTRA est quod dicitur in Psalm. [Ps. 118, 165]: *Pax multa diligentibus legem tuam.*

---

1. Cf. Augustinus, *Epist.* 28: PL 33, 111-114(=PL 22, 565-568); *epist.* 40: PL 33, 154-

제3절 평화는 참사랑의 고유한 결과인가?

Parall.: I-II, q.70, a.3; *De duo. praecep. char.*, Prolog.

[반론] 셋째에 대해서는 다음과 같이 진행된다. 평화는 참사랑의 고유한 결과가 아닌 것으로 생각된다.

1. 성화은총 없이는 참사랑이 있을 수 없다. 그런데 평화는 성화은총이 없는 이들도 지닐 수 있다. 이민족들도 때로 평화를 누린다. 그러므로 평화는 참사랑의 결과가 아니다.

2. 그것에 반대되는 것이 참사랑과 공존할 수 있다면 그것은 참사랑의 결과가 아니다. 그런데 평화에 반대되는 불일치는 참사랑과 함께 있을 수 있다. 히에로니무스와 아우구스티누스 같은 거룩한 학자들도 어떤 의견들에서 서로 일치하지 않았다.[1] 사도 15장 [27절 이하]에서는 바오로와 바르나바도 일치하지 않았다는 것을 읽게 된다. 그러므로 평화는 참사랑의 결과가 아닌 것으로 생각된다.

3. 동일한 것이 서로 상이한 것의 고유한 결과일 수는 없다. 그런데 평화는 정의의 결과이다. 이사야서 32장 [17절]에서는 "정의의 결과는 평화"라고 말한다. 그러므로 평화는 참사랑의 결과가 아니다.

[재반론] 그러나 반대로 시편 119(118)편 [165절]에서는 "당신의 가르침을 사랑하는 이들에게는 큰 평화가 있다."고 말한다.

158(=PL 22, 647-651); *epist.* 82: PL 33, 275-291(=PL 22, 936-953); Hieronymus, *Epist.* 112: PL 22, 916-931(=PL 33, 251-263); *In Gal.*, I, super 2, 11: PL 26, 338 C-341 C. Cf. I-II, q.103, a.4, ad 1.

RESPONDEO dicendum quod duplex unio est de ratione pacis, sicut dictum est,[2] quarum una est secundum ordinationem propriorum appetituum in unum; alia vero est secundum unionem appetitus proprii cum appetitu alterius. Et utramque unionem efficit caritas. Primam quidem unionem, secundum quod Deus diligitur ex toto corde, ut scilicet omnia referamus in ipsum, et sic omnes appetitus nostri in unum feruntur. Aliam vero, prout diligimus proximum sicut nosipsos, ex quo contingit quod homo vult implere voluntatem proximi sicut et sui ipsius. Et propter hoc inter amicabilia unum ponitur identitas electionis, ut patet in IX *Ethic.*;[3] et Tullius dicit, in libro *de Amicitia*,[4] quod *amicorum est idem velle et nolle.*

AD PRIMUM ergo dicendum quod a gratia gratum faciente nullus deficit nisi propter peccatum, ex quo contingit quod homo sit aversus a fine debito, in aliquo indebito finem constituens. Et secundum hoc appetitus eius non inhaeret principaliter vero

---

2. a.1.
3. c.4, 1166a7-10; S. Thomas, lect.4, n.1800.
4. 제17장(ed. C. F. W. Müller, Lipsiae, 1890, p.182, ll.34-37)에서는 이렇게 말한다: "그러므로 이러한 한계를 사용해야 한다고 생각한다. 친구들의 행실이 올바를 때에는 그들 사이에서는 모든 사물과 의견과 의지가 예외 없이 공통되게 된다." 그리고 같은 책 제7장에서는 우정을 이렇게 정의한다: "우정은 다름이 아니라 신적이거나 인간적인 모든 것에서 선행과 참사랑으로 동의하는 것이다. 지혜를 제외한다면, 불멸의 신들에게서 인간에게 이보다 더 좋은 것이 주어진 일이 있는지 나는 모르겠다."(p.169, ll.21-24) 또한 키케로는 『법률론』(*De legibus*, I, c.12; ed. C. F. W.

[답변] 앞서² 말한 바와 같이, 평화의 개념에는 두 가지 일치가 있다. 그 한 가지는 한 사람 안에 있는 그 사람 자신의 욕구들의 질서에 관한 것이고, 다른 하나는 자신의 욕구와 다른 사람의 욕구의 일치에 관한 것이다. 그 두 가지 일치가 모두 참사랑의 결과이다. 첫 번째 일치는 마음을 다하여 하느님을 사랑하는 것, 곧 모든 것을 그분께 향하게 하는 것이고 그럼으로써 우리의 모든 욕구는 하나로 모이게 된다. 한편 두 번째 일치는 우리가 이웃을 우리 자신처럼 사랑하는 것으로서, 이로써 인간은 이웃의 의지를 자신의 의지와 같이 행하게 된다. 그래서 친한 이들 사이에서는 같은 것을 선택하게 된다. 이는 『니코마코스 윤리학』 제9권³에서 분명히 드러나며, 키케로는 『우정론』⁴에서 "친구들은 같은 것을 원하고 같은 것을 싫어한다."고 말한다.

[해답] 1. 죄 때문이 아니라면 아무도 성화은총을 잃지 않는다. 죄는 인간이 마땅히 추구해야 할 목적에서 멀어져 부당한 목적을 설정하는 것이다. 이에 따라 그의 욕구는 주로 참된 최종적 선을 따르지

Müller, Lipsiae, 1890, p.393, ll)에서 "피타고라스의 말에 따르면" 친구들은 "모든 것이 공통되며" 우정은 "동등함"이라고 전한다. 그 말을 글자 그대로 옮기면 다음과 같다: τὰ τῶν φίλων κοινὰ καὶ φιλίαν ἰσότητο.(Fr. Guil. Mullach, 1875, p.501, n.24. Pythagoraeroum sententias) 성 토마스가 이 절에서 자신의 것으로 삼는 학설은 키케로의 참된 학설이며, 그는 자신이 피타고라스로부터 그 실질적 내용을 받아들였다고 자주 이야기한다. 하지만 천사적 박사로부터 전해지는 문장은 살루스티우스(Sallustius)에 의하여 변경된 것이다. 살루스티우스는 『카틸리나 전기(戰記)』(*De Catilinae coniur.*, c.20, ed. R. Dietrich, Lipsiae 1884, p.10, ll.28-29)에서 이렇게 전한다: "같은 것을 원하고, 또 같은 것을 원하지 않고, (이런 것들이 모여) 마침내 견고한 우정이 된다."(Idem velle atque idem nolle ea demum firma amicitia est) finali bono, sed apparenti. Et propter hoc sine gratia gratum faciente non potest esse vera pax, sed solum apparens.[5]

AD SECUNDUM dicendum quod, sicut Philosophus dicit, in IX *Ethic.*,[6] ad amicitiam non pertinet concordia in opinionibus, sed concordia in bonis conferentibus ad vitam, et praecipue in magnis, quia dissentire in aliquibus parvis quasi videtur non esse dissensus. Et propter hoc nihil prohibet aliquos caritatem habentes in opinionibus dissentire. Nec hoc repugnat paci, quia opiniones pertinent ad intellectum, qui praecedit appetitum, qui per pacem unitur.—Similiter etiam, existente concordia in principalibus bonis, dissensio in aliquibus parvis non est contra caritatem. Procedit enim talis dissensio ex diversitate opinionum, dum unus aestimat hoc de quo est dissensio pertinere ad illud bonum in quo conveniunt, et alius aestimat non pertinere.[7]— Et secundum hoc talis dissensio de minimis et de opinionibus repugnat quidem paci perfectae, in qua plene veritas cognoscetur et omnis appetitus complebitur, non tamen repugnat paci imperfectae, qualis habetur in via.

AD TERTIUM dicendum quod pax est opus iustitiae indirecte, inquantum scilicet removet prohibens.[8] Sed est opus caritatis directe, quia secundum propriam rationem caritas pacem causat. Est enim amor vis unitiva, ut Dionysius dicit, 4 cap. *de Div. Nom.*[9] pax autem est unio appetitivarum inclinationum.

---
5. Cf. a.2, ad3.
6. c.6, 1167a22-24; S. Thomas, lect.6, n.1830.

않고 외관상의 선을 따른다. 그래서 성화은총 없이는 참된 평화가 없고 외관상의 평화만 있다.[5]

2. 철학자가 『니코마코스 윤리학』 제9권[6]에서 말하듯이, 우정에 속하는 것은 의견에서의 조화가 아니라 삶에 유익한 선에 있어서의 조화이고 특히 중요한 것들에서의 조화이다. 작은 일들에서의 불일치는 거의 불일치가 아닌 것으로 여겨지기 때문이다. 그리고 참사랑을 지닌 이들이 의견에서 불일치하는 것을 금하는 것은 아무것도 없다. 그리고 그것은 평화와 상충되지도 않는다. 의견들은 지성에 속하고, 지성은 평화에 의하여 일치되는 욕구에 선행하기 때문이다.-마찬가지로, 주요한 선들에서 조화가 있다면 작은 것들에서의 불일치는 참사랑을 거스르지 않는다. 그러한 불일치는 의견 차이에서 나오는 것이며, 한 사람은 불일치의 내용인 그것이 그들이 서로 동의하는 선에 부합한다고 여기고 다른 사람은 그렇게 여기지 않는 것이다.[7]-이에 따라, 매우 사소한 일이나 의견들에서 그러한 불일치는 충만한 진리가 인식되고 모든 욕구가 채워지는 완전한 평화에는 상충하지만, 여정 중의 상태에서 누릴 수 있는 불완전한 평화에는 상충하지 않는다.

3. 평화는 간접적으로는 정의의 결과이다. 정의가 평화를 방해하는 것을 제거하기 때문이다.[8] 그러나 직접적으로는 참사랑의 결과이다. 참사랑은 그 고유한 개념 자체에서 평화의 원인이 되기 때문이다. 실상 디오니시우스가 『신명론』 제4장[9]에서 말하듯이 사랑은 실상 일치시키는 힘이다. 그리고 평화는 욕구의 성향들의 일치이다.

---

7. Cf. q.37, a.1, ad3; q.42, a.2, ad2.
8. Cf. q.180, a.2, ad2; *ScG*, III, 128.
9. PG 3, 709 C, 713 B; S. Thomas, lect.9, n.424; lect.12, nn.455-456.

Articulus 4
Utrum pax sit virtus

Ad quartum sic proceditur. Videtur quod pax sit virtus.

1. Praecepta enim non dantur nisi de actibus virtutum. Sed dantur praecepta de habendo pacem, ut patet Marc. 9, [49]: *Pacem habete inter vos.* Ergo pax est virtus.

2. Praeterea, non meremur nisi actibus virtutum. Sed facere pacem est meritorium, secundum illud Matth. 5, [9]: *Beati pacifici, quoniam filii Dei vocabuntur. Ergo pax est virtus.*

3. Praeterea, vitia virtutibus opponuntur. Sed dissensiones, quae opponuntur paci, numerantur inter vitia; ut patet *ad Gal.* 5, [20].[1] Ergo pax est virtus.

SED CONTRA, virtus non est finis ultimus, sed via in ipsum. Sed pax est quodammodo finis ultimus; ut Augustinus dicit, XIX de *Civ. Dei.*[2] Ergo pax non est virtus.

RESPONDEO dicendum quod, sicut supra[3] dictum est, cum omnes actus se invicem consequuntur, secundum eandem rationem ab agente procedentes, omnes huiusmodi actus ab una virtute procedunt, nec habent singuli singulas virtutes a quibus

---

1. Cf. I-II, q.70, a.4.
2. c.11: PL 41, 637.
3. q.28, a.4.

제4절 평화는 덕인가?

[반론] 넷째에 대해서는 다음과 같이 진행된다. 평화는 덕인 것으로 생각된다.

1. 계명은 덕의 행위에 대해서만 주어진다. 그런데 마르코복음서 9장 [50절]에서 드러나듯이 평화를 지니라는 계명이 주어진다. "서로 평화롭게 지내라." 그러므로 평화는 덕이다.

2. 덕의 행위로써가 아니라면 공로가 되지 않는다. 그런데 평화를 이루는 것은 공로가 된다. 마태오복음서 5장 [9절]에서는 "행복하여라, 평화를 이루는 사람들! 그들은 하느님의 자녀라 불릴 것이다."라고 말한다. 그러므로 평화는 덕이다.

3. 악습은 덕에 반대된다. 그런데 갈라티아서 5장 [20절]에서 드러나듯이 평화에 반대되는 불일치는 악습들 가운데에 들어간다.[1] 그러므로 평화는 덕이다.

[재반론] 그러나 반대로 덕은 최종 목적이 아니며 그 목적을 향해 가는 길이다. 그런데 아우구스티누스가 『신국론』 제19권[2]에서 말하듯이 평화는 어떤 식으로 최종 목적이 된다. 그러므로 평화는 덕이 아니다.

[답변] 위에서[3] 말한 바와 같이, 행위자로부터 같은 이유로 나오는 모든 행위들이 서로 뒤따를 때, 그 모든 행위들은 하나의 힘(virtus)에서 나오는 것이며 그 각각이 개별적인 힘에서 나오는 것이 아니다. 이는 물질적 사물들에서 분명히 드러난다. 예를 들어 불은 뜨겁게

procedant. Ut patet in rebus corporalibus, quia enim ignis calefaciendo liquefacit et rarefacit, non est in igne alia virtus liquefactiva et alia rarefactiva, sed omnes actus hos operatur ignis per unam suam virtutem calefactivam. Cum igitur pax causetur ex caritate secundum ipsam rationem dilectionis Dei et proximi, ut ostensum est,[4] non est alia virtus cuius pax sit proprius actus nisi caritas, sicut et de gaudio dictum est.[5]

AD PRIMUM ergo dicendum quod ideo praeceptum datur de pace habenda, quia est actus caritatis.[6] Et propter hoc etiam est actus meritorius. Et ideo ponitur inter beatitudines, quae sunt actus virtutis perfectae, ut supra[7] dictum est. Ponitur etiam inter fructus,[8] inquantum est quoddam finale bonum spiritualem dulcedinem habens.

Et per hoc patet solutio AD SECUNDUM.

AD TERTIUM dicendum quod uni virtuti multa vitia opponuntur, secundum diversos actus eius. Et secundum hoc caritati non solum opponitur odium,[9] ratione actus dilectionis; sed etiam acedia vel invidia,[10] ratione gaudii; et dissensio,[11] ratione pacis.

---

4. a.3.
5. q.28, a.4. Cf. I-II, q.70, a.3.
6. Cf. q.44, a.3, ad2.
7. I-II, q.69, aa.1 et 3.

만듦으로써 액체가 되게 하고 기체가 되게 한다. 불 안에 액체가 되게 하는 별도의 덕과 기체가 되게 하는 별도의 힘이 있는 것이 아니며, 불이 뜨겁게 하는 힘으로써 이 모든 행위들을 일으키는 것이다. 그러므로 앞서[4] 말한 바와 같이 참사랑은 하느님에 대한 사랑이며 이웃에 대한 사랑으로서 평화의 원인이 된다. 기쁨에 대해[5] 말한 바와 같이, 평화는 다른 어떤 덕의 고유한 행위가 아니라 참사랑의 행위이다.

[해답] 1. 평화를 간직하라는 계명이 주어지는 것은 그것이 참사랑의 행위이기 때문이다.[6] 그리고 그 이유 때문에 그것은 덕스러운 행위이기도 하다. 그러므로 앞서[7] 말한 바와 같이 평화는 완전한 덕의 행위인 참행복들 가운데에 포함된다. 또한 열매들 가운데에도 포함된다.[8] 그것이 어떤 의미에서 최종적 선으로서 영적 감미로움을 지니고 있기 때문이다.

2. 둘째에 대해서는 이로써 분명히 드러난다.

3. 하나의 덕의 서로 다른 행위들에 따라, 다수의 악습이 하나의 덕에 대립될 수 있다. 이에 따라 참사랑에 대립되는 것에는 사랑에 반대되는 미움뿐만 아니라[9] 기쁨에 반대되는 나태와 질투,[10] 그리고 평화에 반대되는 불일치도[11] 있다.

---

8. Cf. ibid., q.70, a.3.
9. Cf. q.34.
10. q.35,36.
11. Cf. q.37.

QUAESTIO XXX
DE MISERICORDIA
in quatuor articulos divisa

Deinde considerandum est de misericordia.[1]
Et circa hoc quaeruntur quatuor.
Primo: utrum malum sit causa misericordiae ex parte eius cuius misereamur.
Secundo: quorum sit misereri.
Tertio: utrum misericordia sit virtus.
Quarto: utrum sit maxima virtutum.

Articulus 1
Utrum malum sit proprie motivum ad misericordiam

Ad primum sic proceditur. Videtur quod malum non sit proprie motivum ad misericordiam.

1. Ut enim supra[1] ostensum est, culpa est magis malum quam poena. Sed culpa non est provocativum ad misericordiam, sed magis ad indignationem. Ergo malum non est misericordiae provocativum.

제30문
자비
(전4절)

다음으로는 자비(慈悲, misericordia)에 대해 고찰해야 한다.[1]
이에 대해서는 네 가지 문제가 제기된다.
1. 우리가 자비를 베푸는 사람 편에서, 악이 자비의 원인인가?
2. 누가 자비를 베푸는가?
3. 자비는 덕인가?
4. 가장 큰 덕인가?

제1절 악은 자비의 고유한 동기인가?

[반론] 첫째에 대해서는 다음과 같이 진행된다. 악(惡, malum)은 자비의 고유한 동기가 아닌 것으로 생각된다.

1. 위에서[1] 증명한 바와 같이 죄과는 벌보다 더 큰 악이다. 그런데 죄과는 자비를 불러일으키지 않고 오히려 분노를 일으킨다. 그러므로 악은 자비를 불러일으키지 않는다.

---

1. Cf. q.28, Introd.

1. q.19, a.1; I q.48, a.6.

q.30, a.1

2. Praeterea, ea quae sunt crudelia seu dira videntur quendam excessum mali habere. Sed Philosophus dicit, in II *Rhet.*,[2] quod *dirum est aliud a miserabili, et expulsivum miserationis.* Ergo malum, inquantum huiusmodi, non est motivum ad misericordiam.

3. Praeterea, signa malorum non vere sunt mala. Sed signa malorum provocant ad misericordiam; ut patet per Philosophum, in II *Rhet.*[3] Ergo malum non est proprie provocativum misericordiae.

SED CONTRA est quod Damascenus dicit, in II *lib.*,[4] quod misericordia est species tristitiae. Sed motivum ad tristitiam est malum. Ergo motivum ad misericordiam est malum.

RESPONDEO dicendum quod, sicut Augustinus dicit, IX *de Civ. Dei*,[5] *misericordia est alienae miseriae in nostro corde compassio, qua utique, si possumus, subvenire compellimur*, dicitur enim misericordia ex eo quod aliquis habet *miserum cor* super miseria alterius.[6] Miseria autem felicitati opponitur. Est autem de ratione beatitudinis sive felicitatis ut aliquis potiatur eo quod vult, nam sicut Augustinus dicit, XIII *de Trin.*,[7] *beatus qui habet omnia quae vult, et nihil mali vult.* Et ideo e contrario ad miseriam

---

2. c.8, 1386a22.
3. c.8, 1386b2-4.
4. *De fide orth.*, II, c.14: PG 94, 932 B. Cf. I-II, q.35, a.8.

2. 잔인하거나 끔찍한 것은 지나치게 악한 것으로 생각된다. 그런데 철학자는 『수사학』 제2권²에서 "끔찍한 것은 불쌍한 것과 다르며, 자비를 몰아낸다."고 말한다. 그러므로 악으로서의 악은 자비의 동기가 아니다.

3. 악들의 표지는 참으로 악한 것이 아니다. 그런데 철학자가 『수사학』 제2권³에서 말하듯이 악들의 표지는 자비를 불러일으킨다. 그러므로 악은 자비를 불러일으키는 고유한 동기가 아니다.

[재반론] 그러나 반대로 다마셰누스는 제2권⁴에서, 자비가 슬픔의 일종이라고 말한다. 그런데 슬픔의 동기는 악이다. 그러므로 자비의 동기는 악이다.

[답변] 아우구스티누스는 『신국론』 제9권⁵에서 "자비는 다른 사람의 비참함에 대한 우리 마음속의 동정심이며, 우리가 할 수 있다면 그를 돕도록 촉구한다."고 말한다. 자비(misericordia)라고 일컬어지는 것은 어떤 사람이 다른 사람의 비참함(miseria)에 대하여 불쌍한(miser) 마음을 갖는다는 데에서 온다.⁶ 그런데 비참함은 행복에 반대된다. 그리고 행복 또는 참행복의 개념에는 어떤 사람이 그가 원하는 것을 차지한다는 것이 포함된다. 아우구스티누스가 『신국론』 제13권⁷에서 말하듯이 "원하는 것을 모두 가지고 있고 어떤 악도 원하

---

5. c.5: PL 41, 261.
6. Cf. I, q.21, a.3.
7. c.5: PL 42, n.1020. Cf. I-II, q.5, a.8, ad3.

q.30, a.1

pertinet ut homo patiatur quae non vult. Tripliciter autem aliquis vult aliquid. Uno quidem modo, appetitu naturali, sicut omnes homines volunt esse et vivere. Alio modo homo vult aliquid per electionem ex aliqua praemeditatione. Tertio modo homo vult aliquid non secundum se, sed in causa sua, puta, qui vult comedere nociva, quodammodo dicimus eum velle infirmari. Sic igitur motivum misericordiae est, tanquam ad miseriam pertinens, primo quidem illud quod contrariatur appetitui naturali volentis, scilicet mala corruptiva et contristantia, quorum contraria homines naturaliter appetunt.[8] Unde Philosophus dicit, in II Rhet.,[9] quod *misericordia est tristitia quaedam super apparenti malo corruptivo vel contristativo.*—Secundo, huiusmodi magis efficiuntur ad misericordiam provocantia si sint contra voluntatem electionis. Unde et Philosophus ibidem[10] dicit quod illa mala sunt miserabilia *quorum fortuna est causa*, puta *cum aliquod malum eveniat unde sperabatur bonum.*—Tertio autem, sunt adhuc magis miserabilia si sunt contra totam voluntatem,[11] puta si aliquis semper sectatus est bona et eveniunt ei mala.[12] Et ideo Philosophus dicit, in eodem libro,[13] quod *misericordia maxime est super malis eius qui indignus patitur.*

---

8. 우리의 존재, 우리의 삶, 우리의 건강에 반대되는 것, 평온한 존재와 삶에 반대되는 것이 악이다.
9. c.8, 1385b13-14.
10. c.8, 1386a5-7; 11-12.
11. 그것 때문에 어떤 것을 원하는 그 의지에 반대되는 경우를 말한다. 의지 전체를

제30문 제1절

지 않는 사람은 복되다." 그리고 그 반대로, 인간이 자신이 원하지 않는 것을 당하는 것은 비참함에 속한다. 그런데 어떤 사람이 무엇을 원하는 것은 세 가지로 이루어진다. 그 첫째는 본성적 욕구로써이다. 예를 들어 모든 사람은 존재하고 살기를 원한다. 둘째로는 먼저 숙고를 거쳐 어떤 것을 선택함으로써이다. 셋째로 인간은 그 자체로서가 아니라 그 원인을 원함으로써 어떤 것을 원한다. 예를 들어 우리는 해로운 것을 먹기를 원하는 사람에 대해서 그가 어떤 식으로 병들기를 원한다고 말한다. 그러므로 비참함에 관련된 자비의 동기는 첫째로는 원하는 사람의 본성적 욕구에 반대되는 것, 곧 손상시키고 괴롭게 만드는 악이다. 인간은 본성적으로 이에 반대되는 것을 바란다.[8] 그래서 철학자는 『수사학』 제2권[9]에서 "비참함은 손상시키거나 괴롭게 하는 명백한 악에 대한 슬픔"이라고 말한다. - 둘째로는, 선택에 의한 의지에 반대되는 것일 때 더 자비가 불러일으켜진다. 그래서 철학자는 같은 곳[10]에서 "운에서 기인한" 비참한 일들 곧 "선을 희망했던 곳에 악이 닥칠 때" 그것이 불쌍히 여길 일이라고 말한다. - 셋째로는, 의지 전체에 반대되는 것일 때 그것은 더 불쌍히 여길 일이 된다.[11] 예를 들어 언제나 선을 추구하는 어떤 사람에게 악이 닥칠 때에 그러하다.[12] 그래서 철학자는 같은 책에서[13] "자비는 무엇보다 부당하게 고통을 받는 사람에 대한 것"이라고 말한다.

고찰한다면, 원하는 것은 근원적으로 그 원인 안에 들어 있는 것이므로, 어떤 것의 원인을 원한다는 것은 바로 그것을 원하는 것이다. (S. Capponi a Porrecta, OP, in h. l.)
12. 언제나 선을 원하는 사람은 그 사실로써 그의 의지 전체를 밝힌 것이다. 그는 그 자체로서도, 그 원인으로서도 악을 받기를 원하지 않는다.
13. c.8, 1386b6.

AD PRIMUM ergo dicendum quod de ratione culpae est quod sit voluntaria. Et quantum ad hoc non habet rationem miserabilis, sed magis rationem puniendi. Sed quia culpa potest esse aliquo modo poena, inquantum scilicet habet aliquid annexum quod est contra voluntatem peccantis,[14] secundum hoc potest habere rationem miserabilis. Et secundum hoc miseremur et compatimur peccantibus, sicut Gregorius dicit, in quadam homilia,[15] quod *vera iustitia non habet dedignationem*, scilicet ad peccatores, *sed compassionem*. Et Matth. 9, [36] dicitur: *Videns Iesus turbas misertus est eis, quia erant vexati, et iacentes sicut oves non habentes pastorem.*[16]

AD SECUNDUM dicendum quod quia misericordia est compassio miseriae alterius, proprie misericordia est ad alterum, non autem ad seipsum, nisi secundum quandam similitudinem, sicut et iustitia, secundum quod in homine considerantur diversae partes, ut dicitur in V *Ethic.*[17] Et secundum hoc dicitur *Eccli.* 30, [24]: *Miserere animae tuae placens Deo.* Sicut ergo misericordia non est proprie ad seipsum, sed dolor, puta cum patimur aliquid crudele in nobis; ita etiam, si sint aliquae personae ita nobis coniunctae ut sint quasi aliquid nostri, puta filii aut parentes, in eorum malis non miseremur, sed dolemus, sicut in vulneribus propriis. Et secundum hoc Philosophus dicit quod *dirum est expulsivum miserationis*.

14. I-II, q.87, a.2.
15. Hom. 34 *in Evang.*, n.2: PL 76, 1246 D.

[해답] 1. 죄과는 그 개념상으로 의지적인 것이다. 그래서 그것은 불쌍히 여길 것이 아니라 오히려 벌해야 할 것이다. 그러나 죄과는 죄를 짓는 사람의 의지를 거스르는 어떤 것과 연관되어 있다는 점에서 어떤 식으로 벌이 될 수 있고,[14] 이에 따라서는 불쌍히 여길 것이 될 수 있다. 그래서 우리는 죄를 짓는 이들을 불쌍히 여기고 동정한다. 그레고리우스는 어떤 강론[15]에서 "참된 정의는" 죄인들에 대해서 "분노하지 않고 동정심을 갖는다."고 말한다. 또한 마태오복음서 9장 [36절]에서는 "예수님께서는[16] 군중을 보시고 가엾은 마음이 드셨다. 그들이 목자 없는 양들처럼 시달리며 기가 꺾여 있었기 때문이다."라고 말한다.

2. 자비는 다른 사람의 비참함에 대한 동정이므로, 고유한 의미에서 자비는 다른 사람을 향하는 것이며 비유적인 의미에서가 아니라면 자신에게 향하지 않는다. 이는 정의의 경우와 마찬가지인데, 비유적으로는 인간 안에서의 여러 부분들에 대해 『니코마코스 윤리학』 제5권[17]에서와 같이 말할 수 있다. 이러한 의미에서 집회서 30장 24절[대중 라틴말 성경]에서는 "네 영혼을 불쌍히 여기고 하느님을 기쁘시게 해 드려라."라고 말한다. 그러므로 고유한 의미에서 자비는 자신에 대한 것이 아니며, 우리 자신 안에서 어떤 잔인한 것을 겪을 때에 고통을 겪는 것이다. 또한 마치 우리 자신과 같이 우리와 결합된 이들, 곧 자녀나 부모의 악에 대해 우리는 불쌍히 여기는 것이 아니라 우리 자신의 상처와 같이 이를 고통스러워하는 것이다. 그래서 철학자는 "끔찍한 것은 자비를 몰아낸다."고 말한다.

---

16. 대중 라틴말 성경(Vulgata)에는 Iesus가 없다.
17. c.15, 1138b8-14; S. Thomas, lect.17, nn.1106-1107. Cf. q.106, a.3, ad1; I-II, q.21, a.3; q.46, a.7, ad2; III, q.20, a.2, ad3.

AD TERTIUM dicendum quod sicut ex spe et memoria bonorum sequitur delectatio,[18] ita ex spe et memoria malorum sequitur tristitia, non autem tam vehemens sicut ex sensu praesentium. Et ideo signa malorum, inquantum repraesentant nobis mala miserabilia sicut praesentia, commovent ad miserendum.

Articulus 2
Utrum defectus sit ratio miserendi ex parte miserentis

Ad secundum sic proceditur. Videtur quod defectus non sit ratio miserendi ex parte miserentis.

1. Proprium enim Dei est misereri, unde dicitur in Psalm. [Ps. 144, 9]: *Miserationes eius super omnia opera eius.* Sed in Deo nullus est defectus. Ergo defectus non potest esse ratio miserendi.

2. Praeterea, si defectus est ratio miserendi, oportet quod illi qui maxime sunt cum defectu maxime misereantur. Sed hoc est falsum, dicit enim Philosophus, in II *Rhet.*,[1] *quod qui ex toto perierunt non miserentur.* Ergo videtur quod defectus non sit ratio miserendi ex parte miserentis.

3. Praeterea, sustinere aliquam contumeliam ad defectum pertinet. Sed Philosophus dicit ibidem[2] quod *illi qui sunt in*

---

18. Cf. I-II, q.32, a.3.

1. c.8, 1385b19-20.
2. c.8, 1385b31.

3. 선들에 대한 희망과 기억에서 유쾌함이 나오듯이[18] 악들에 대한 희망과 기억에서 슬픔이 나온다. 그러나 현존하는 감각에서 나오는 것처럼 강렬하지는 않다. 그러므로 악들의 표지는 우리에게 불쌍히 여길 만한 악을 마치 현존하는 듯이 제시한다는 점에서 자비를 불러일으킨다.

제2절 결함은 자비를 베푸는 사람 편에서 자비를 베푸는 이유가 되는가?

[반론] 둘째에 대해서는 다음과 같이 진행된다. 결함(缺陷, defectus)은 자비를 베푸는 사람 편에서 자비를 베푸는 이유가 되지 않는 것으로 생각된다.

1. 불쌍히 여기는 것은 하느님의 고유한 특징이다. 그래서 시편 145(144)편 [9절]에서는 "그 자비 모든 조물 위에 미치네."라고 말한다. 그런데 하느님 안에는 결함이 없다. 그러므로 결함은 자비를 베푸는 이유가 될 수 없다.

2. 결함이 자비를 베푸는 이유라면 가장 결함이 많은 이들이 가장 자비를 베풀어야 할 것이다. 그러나 이는 거짓이다. 철학자는 『수사학』 제2권[1]에서 "모든 것을 잃어버린 사람은 자비를 베풀지 않는다."고 말한다. 그러므로 결함은 자비를 베푸는 사람 편에서 자비를 베푸는 이유가 되지 않는 것으로 생각된다.

3. 모욕을 당하는 것은 결함에 속한다. 그런데 철학자는 같은 곳에서[2] "모욕을 받는 위치에 있는 사람은 자비를 베풀지 않는다."고 말

contumeliativa dispositione non miserentur. Ergo defectus ex parte miserentis non est ratio miserendi.

SED CONTRA est quod misericordia est quaedam tristitia.[3] Sed defectus est ratio tristitiae, unde infirmi facilius contristantur, ut supra[4] dictum est. Ergo ratio miserendi est defectus miserentis.

RESPONDEO dicendum quod, cum misericordia sit compassio super miseria aliena, ut dictum est,[5] ex hoc contingit quod aliquis misereatur ex quo contingit quod de miseria aliena doleat. Quia autem tristitia seu dolor est de proprio malo, intantum aliquis de miseria aliena tristatur aut dolet inquantum miseriam alienam apprehendit ut suam. Hoc autem contingit dupliciter. Uno modo, secundum unionem affectus, quod fit per amorem. Quia enim amans reputat amicum tanquam seipsum, malum ipsius reputat tanquam suum malum, et ideo dolet de malo amici sicut de suo. Et inde est quod Philosophus, in IX *Ethic.*,[6] inter alia amicabilia ponit hoc quod *est condolere amico*. Et Apostolus dicit, *ad Rom.* 12, [15]: *Gaudere cum gaudentibus, flere cum flentibus.*—Alio modo contingit secundum unionem realem, utpote cum malum aliquorum propinquum est ut ab eis ad nos transeat. Et ideo Philosophus dicit, in II *Rhet.*,[7]

---

3. Cf. a.1, sc.
4. I-II, q.47, a.3.
5. a.1.

한다. 그러므로 결함은 자비를 베푸는 사람 편에서 자비를 베푸는 이유가 되지 않는다.

[재반론] 그러나 반대로 자비는 일종의 슬픔이다.[3] 그런데 결함은 슬픔의 이유이다. 그래서 앞서 말한 바와 같이[4] 환자는 쉽게 슬퍼하게 된다. 그러므로 자비를 베푸는 사람의 결함은 자비를 베푸는 이유가 된다.

[답변] 앞서[5] 말한 바와 같이 자비는 다른 사람의 비참함에 대한 동정이므로, 어떤 사람이 다른 사람에게 자비를 베푸는 것과 같은 이유로 그의 비참함에 대해 아파하게 된다. 그런데 어떤 사람이 다른 사람의 비참함을 자신의 것으로 여기는 그만큼 그의 비참함에 대해 슬퍼하거나 아파하게 되는 것이므로, 슬픔이나 고통은 자신의 악에 대한 것이다. 이것은 두 가지로 이루어진다. 그 첫째는 감정의 일치에 의한 것인데, 이는 사랑으로 이루어진다. 사랑하는 사람은 친구를 자신과 같이 여기므로, 그의 악도 자신의 악으로 여기고 친구의 악을 자신의 악과 같이 아파한다. 그래서 철학자는 『니코마코스 윤리학』 제9권[6]에서 "친구와 함께 슬퍼하는 것"을 우정의 특징들 가운데 하나로 든다. 그리고 사도는 로마서 12장 [15절]에서 "기뻐하는 이들과 함께 기뻐하고 우는 이들과 함께 우십시오."라고 말한다. - 둘째는 실제적 일치에 의한 것인데, 이는 다른 사람의 악이 그들에게서 우리에게 옮겨올 만큼 가까울 때에 일어난다. 그래서 철학자는 『수사학』 제2권[7]에서 사람들은 그들과 관계가 있고 유사한 이들에

---

6. c.4, 1166a7-10; S. Thomas, lect.4, n.1800. Cf. q.25, a.7; q.27, a.2, c et ad3.
7. c.8, 1385b16-19.

q.30, a.2

homines miserentur super illos qui sunt eis coniuncti et similes, quia per hoc fit eis aestimatio quod ipsi etiam possint similia pati. Et inde est etiam quod senes et sapientes, qui considerant se posse in mala incidere, et debiles et formidolosi magis sunt misericordes. E contrario autem alii, qui reputant se esse felices et intantum potentes quod nihil mali putant se posse pati, non ita miserentur.—Sic igitur semper defectus est ratio miserendi, vel inquantum aliquis defectum alicuius reputat suum, propter unionem amoris; vel propter possibilitatem similia patiendi.[8]

AD PRIMUM ergo dicendum quod Deus non miseretur nisi propter amorem, inquantum amat nos tanquam aliquid sui.[9]

AD SECUNDUM dicendum quod illi qui iam sunt in infimis malis non timent se ulterius pati aliquid, et ideo non miserentur.—Similiter etiam nec illi qui valde timent, quia tantum intendunt propriae passioni quod non intendunt miseriae alienae.

AD TERTIUM dicendum quod illi qui sunt in contumeliativa dispositione, sive quia sint contumeliam passi, sive quia velint contumeliam inferre, provocantur ad iram et audaciam, quae sunt quaedam passiones virilitatis extollentes animum hominis ad arduum. Unde auferunt homini aestimationem quod sit aliquid in futurum passurus.[10] Unde tales, dum sunt in hac dispositione,

---

8. 미래에뿐만 아니라 현재 또는 과거에도 그러하다. 다른 사람이 겪는 이런저런 비참함을 보면서 과거에 겪었기 때문에 또는 지금 겪고 있거나 미래에 겪을 것이기

게 자비를 베푼다고 말한다. 이것이 그들 자신도 유사한 일을 겪을 수 있다고 여기게 만들기 때문이다. 또한 그래서 자신도 악을 겪을 수 있다고 생각하는 연로하고 지혜로운 이들과 나약하고 소심한 이들은 더 쉽게 불쌍히 여긴다. 반대로 어떤 이들, 자신이 행복하다고 여기는 이들과 자신이 어떤 악도 겪지 않으리라고 여기는 권세 있는 이들은 그렇게 불쌍히 여기지 않는다. 그러므로 결함은 언제나 자비의 이유가 된다. 사랑의 일치로 인하여 다른 사람의 결함을 자신의 것으로 여기기 때문에, 또는 자신이 유사한 일을 겪을 수 있는 가능성 때문에 그러한 것이다.[8]

[해답] 1. 하느님은 오직 참사랑 때문에만 자비를 베푸신다. 그분은 우리를 당신에게 속하는 것으로서 사랑하시기 때문이다.[9]

2. 이미 최악의 악을 겪고 있는 사람은 더 이상 어떤 고통을 겪을 것을 두려워하지 않고, 그래서 불쌍히 여기지 않는다.-큰 두려움을 겪고 있는 사람도 이와 유사하다. 그는 자신의 고난에 몰두하여 다른 사람의 비참함을 생각하지 않기 때문이다.

3. 모욕을 받는 위치에 있는 사람은 모욕을 겪었기 때문에 또는 다른 사람을 모욕하고자 하기 때문에 분노하거나 용기를 내게 되는데, 분노와 용기는 힘찬 정념으로서 인간의 정신을 어려운 것을 향해 고무하고, 그래서 인간에게서 미래에 어떤 것을 겪게 되리라는 것을 잊게 하여,[10] 그러한 상태에 있는 동안 그는 자비를 베풀지 않게

때문에 그와 유사한 것을 두려워하는 사람은 그것이 불쌍히 여기는 이유가 된다. (S. Capponi a Porrecta, OP, in h. l.)
9. Cf. I, q.21, a.3.
10. 분노와 용기는 미래에 겪을 고통에 대한 두려움을 사라지게 한다. (I-II, q.45, a.1.)

non miserentur, secundum illud *Prov. 27*, [4]: *Ira non habet misericordiam, neque erumpens furor.*—Et ex simili ratione[11] superbi non miserentur, qui contemnunt alios et reputant eos malos. Unde reputant quod digne patiantur quidquid patiuntur. Unde et Gregorius dicit[12] quod *falsa iustitia*, scilicet superborum, *non habet compassionem, sed dedignationem.*

Articulus 3

Utrum misericordia sit virtus

Ad tertium sic proceditur. Videtur quod misericordia non sit virtus.

1. Principale enim in virtute est electio, ut patet per Philosophum, in libro *Ethic.*[1] Electio autem est *appetitus praeconsiliati*, ut in eodem libro[2] dicitur. Illud ergo quod impedit consilium non potest dici virtus. Sed misericordia impedit consilium, secundum illud Sallustii:[3] *Omnes homines qui de rebus dubiis consultant ab ira et misericordia vacuos esse decet, non enim animus facile verum providet ubi ista officiunt.* Ergo misericordia non est virtus.

---

11. Homil. 34 *in Evang.*, n.2: PL 76, 1246 D.

된다. 잠언 27장 [4절]에서는 "분노가 잔인하고 격분이 홍수 같다."고 말한다.-그리고 이와 유사한 이유로 교만한 이들은 자비를 베풀지 않는다. 이들은 다른 이들을 경멸하고 그들을 악하다고 여긴다. 그래서 그들은 그들이 겪고 있는 고통을 겪는 것이 마땅하다고 여긴다. 그래서 그레고리우스[11]는 "거짓된 정의, 곧 교만한 이들의 정의는 동정이 없으며 경멸만 있다."고 말한다.

제3절 자비는 덕인가?

Parall.: I-II, q.59, a.1, ad3; *In Sent.*, III, d.23, q.1, a.3, qc.2; IV, d.15, q.2, a.1, qc.3, ad2; *De malo*, q.10, a.2, ad8.

[반론] 셋째에 대해서는 다음과 같이 진행된다. 자비는 덕(德)이 아닌 것으로 생각된다.

1. 철학자가 『니코마코스 윤리학』[1]에서 밝히듯이 덕에서 주된 것은 선택이다. 그리고 같은 책에서[2] 말하듯이 선택은 "이미 숙고된 것에 대한 욕구"이다. 그러므로 논의에 장애가 되는 것은 덕이라고 말할 수 없다. 그런데 살루스티우스[3]에 따르면 "자비는 논의에 장애가 되고, 의심스러운 것에 대하여 숙고하는 모든 사람은 분노와 자비에서 벗어나야 한다. 실상 이들이 방해할 때에는 정신이 쉽게 참된 것을 깨닫지 못한다." 그러므로 자비는 덕이 아니다.

---

1. III, c.4, 1106a3-4; S. Thomas, lect.5, n.301. Cf. III, c.4, 1111b5-6; S. Thomas, lect.5, nn.432-433.
2. III, c.4, 1112a14-15; S. Thomas, lect.6, n.457. Cf. VI, c.2, 1139a23; S. Thomas, lect.2, n.1129.
3. *De Catilinae coniuratione*, c.51; ed. R. Dietrich, Lipsiae, 1884, p.25, ll.28-31.

q.30, a.3

2. Praeterea, nihil quod est contrarium virtuti est laudabile. Sed Nemesis contrariatur misericordiae, ut Philosophus dicit, in II *Rhet.*[4] Nemesis autem est passio laudabilis, ut dicitur in II *Ethic.*[5] Ergo misericordia non est virtus.

3, Praeterea, gaudium et pax non sunt speciales virtutes quia consequuntur ex caritate, ut supra[6] dictum est. Sed etiam misericordia consequitur ex caritate, sic enim ex caritate flemus cum *flentibus sicut gaudemus cum gaudentibus.*[7] Ergo misericordia non est specialis virtus.

4. Praeterea, cum misericordia ad vim appetitivam pertineat, non est virtus intellectualis. Nec est virtus theologica, cum non habeat Deum pro obiecto. Similiter etiam non est virtus moralis, quia nec est circa operationes, hoc enim pertinet ad iustitiam; nec est circa passiones, non enim reducitur ad aliquam duodecim medietatum quas Philosophus ponit, in II *Ethic.*[8] Ergo misericordia non est virtus.

SED CONTRA est quod Augustinus dicit, in IX *de Civ. Dei*:[9] *Longe melius et humanius et piorum sensibus accommodatius Cicero in Caesaris laude locutus est, ubi ait: «nulla de virtutibus tuis nec admirabilior nec gratior misericordia est».* Ergo misericordia est virtus.

---

4. c.9, 1386b9-10.
5. c.7, 1108a35-b10; S. Thomas, lect.9, n.356.

2. 덕에 반대되는 것은 아무것도 칭송할 만한 것이 되지 못한다. 그런데 철학자가 『수사학』 제2권[4]에서 말하듯이 응보(nemesis)는 자비에 반대된다. 그런데 『니코마코스 윤리학』 제2권[5]에서 말하듯이 응보는 칭송할 만한 정념이다. 그러므로 자비는 덕이 아니다.

3. 즐거움과 평화는 특수한 덕이 아니다. 위에서[6] 말한 바와 같이 이들은 참사랑으로부터 나오는 결과이기 때문이다. 그런데 자비도 참사랑에서부터 나온다. 참사랑에서 우리는 기뻐하는 이들과 함께 기뻐하듯이 또한 우는 이들과 함께 우는 것이다.[7] 그러므로 자비는 특수한 덕이 아니다.

4. 자비는 욕구적 능력에 속하므로 지성적 덕이 아니다. 하느님을 대상으로 하지 않으므로 대신덕도 아니다. 마찬가지로, 활동에 관련된 것도 아니므로 도덕적 덕도 아니다. 그것은 정의에 속한다. 정념들에 관련된 것도 아니다. 철학자가 『니코마코스 윤리학』 제2권[8]에서 말하는 열두 가지 중용 가운데 어떤 것으로 환원되지 않기 때문이다. 그러므로 자비는 덕이 아니다.

[재반론] 그러나 반대로 아우구스티누스는 『신국론』 제9권[9]에서 이렇게 말한다. "키케로는 카이사르를 칭찬하면서 '당신의 덕들 가운데 자비보다 더 존경할 만하고 호감이 가는 것은 없습니다.'라고 했을 때 훨씬 잘 말했고 더 인간적이며 경건한 감정에 적합하게 말했다." 그러므로 자비는 덕이다.

---

6. q.28, a.4; q.29, a.4.
7. 로마 12,15 참조.
8. c.7, 1107a28-1108b10; S. Thomas, lect.8-9, nn.333-357.
9. c.5: PL 41, 260-261.

RESPONDEO dicendum quod misericordia importat dolorem de miseria aliena. Iste autem dolor potest nominare, uno quidem modo, motum appetitus sensitivi. Et secundum hoc misericordia passio est, et non virtus.—Alio vero modo potest nominare motum appetitus intellectivi, secundum quod alicui displicet malum alterius. Hic autem motus potest esse secundum rationem regulatus, et potest secundum hunc motum ratione regulatum regulari motus inferioris appetitus. Unde Augustinus dicit, in IX *de Civ. Dei*,[10] *quod iste motus animi, scilicet misericordia, servit rationi quando ita praebetur misericordia ut iustitia conservetur, sive cum indigenti tribuitur, sive cum ignoscitur poenitenti.* Et quia ratio virtutis humanae consistit in hoc quod motus animi ratione reguletur, ut ex superioribus[11] patet, consequens est misericordiam esse virtutem.[12]

AD PRIMUM ergo dicendum quod auctoritas illa Sallustii intelligitur de misericordia secundum quod est passio ratione non regulata. Sic enim impedit consilium rationis, dum facit a iustitia discedere.

AD SECUNDUM dicendum quod Philosophus loquitur ibi de misericordia et Nemesi secundum quod utrumque est passio. Et habent quidem contrarietatem ex parte aestimationis quam habent de malis alienis, de quibus misericors dolet, inquantum aestimat aliquem indigna pati; Nemeseticus autem

제30문 제3절

[답변] 자비는 다른 사람의 비참함에 대한 고통을 내포한다. 그런데 이 고통은 어떤 식으로 감각적 욕구의 움직임을 지칭할 수 있다. 이에 따르면 자비는 덕이 아니라 정념이다.-그러나 다른 식으로는 지성적 욕구의 움직임을 지칭할 수 있다. 이는 다른 사람의 악을 싫어하는 것이다. 이 움직임은 이성에 따라 규정될 수 있고, 이성에 의하여 규정된 이 움직임에 따라 하위 욕구들의 움직임이 규정된다. 그래서 아우구스티누스는 『신국론』 제9권[10]에서 "정신의 이 움직임" 곧 자비는 "곤궁한 이들을 돕거나 참회하는 이들을 용서함으로써 정의를 보존하면서 자비를 행할 때에 이성을 준수하는 것"이라고 말한다. 그리고 위에서[11] 드러나듯이 인간의 덕은 정신의 움직임이 이성에 의하여 규정되는 데에 있으므로, 따라서 자비는 덕이다.[12]

[해답] 1. 살루스티우스의 말은 이성에 의하여 규정되지 않는 정념으로서의 자비에 대한 것으로 이해된다. 그것은 실상 이성의 숙고를 방해하고, 정의에서 벗어나게 한다.

2. 여기에서 철학자는 정념으로서의 자비와 응보에 대해 말한다. 이들은 다른 사람의 악에 대한 평가에 있어 서로 반대된다. 자비로운 사람은 그가 부당하게 고통을 받는다고 여겨 이를 아파하는데,

---

10. c.5: PL 41, 261.
11. I-II, q.56, a.4; q.59, q.4; q.60, a.5; q.66, a.4.
12. infra a.4, c et ad3; q.36, a.3, ad3.

gaudet, inquantum aestimat aliquos digne pati, et tristatur si indignis bene accidat. Et *utrumque est laudabile, et ab eodem more descendens*, ut ibidem[13] dicitur. Sed proprie misericordiae opponitur invidia, ut infra[14] dicetur.

AD TERTIUM dicendum quod gaudium et pax nihil adiiciunt super rationem boni quod est obiectum caritatis, et ideo non requirunt alias virtutes quam caritatem. Sed misericordia respicit quandam specialem rationem, scilicet miseriam eius cuius miseretur.

AD QUARTUM dicendum quod misericordia, secundum quod est virtus, est moralis virtus circa passiones existens, et reducitur ad illam medietatem quae dicitur Nemesis, quia *ab eodem more procedunt*, ut in II *Rhet.*[15] dicitur. Has autem medietates Philosophus non ponit virtutes, sed passiones, quia etiam secundum quod sunt passiones, laudabiles sunt. Nihil tamen prohibet quin ab aliquo habitu electivo proveniant. Et secundum hoc assumunt rationem virtutis.[16]

---

13. *Rhet.*, II, c.9, 1386b11-13.
14. q.36, a.3, ad3.
15. c.9, 1396b11-13.

응보를 하는 사람은 그가 고통을 받는 것이 마땅하다고 생각하여 이를 즐거워하며 부당한 사람이 잘 지낸다면 그것을 슬퍼한다. 같은 곳에서[13] 말하듯이 "이 둘은 모두 칭찬할 만하며, 동일한 품행에서 나오는 것이다." 그러나 아래에서[14] 말할 것처럼 자비는 질투에 대립된다.

3. 즐거움과 평화는 참사랑의 대상인 선의 개념에 아무것도 첨가하지 않으며, 따라서 참사랑 외에 다른 덕을 요구하지 않는다. 그러나 자비는 어떤 특수한 개념을, 곧 그가 불쌍히 여기는 사람의 비참함과 관련된다.

4. 덕으로서의 자비는 정념들과 관련된 도덕적 덕이며, 『수사학』 제2권[15]에서 말하듯이 "동일한 품행에서 나오는 것"으로서 응보라고 일컬어지는 중용으로 환원된다. 그런데 철학자는 이 중용들을 덕이 아니라 정념으로 여긴다. 이들이 정념으로서도 칭찬할 만한 것이기 때문이다. 그러나 이들이 어떤 선택적 습성에서 나오지 못할 이유는 없다. 그러므로 이에 따라 이들은 덕의 특성을 지닌다.[16]

---

16. 자비는 어떤 도덕적 덕으로 환원되는가? 그것은 다른 사람에 대한 정의로 환원된다.(*In Sent.*, IV, d.15, q.2, a.1, qc.3; *In Sent.*, III, d.33, q.3, a.4, qc.1.) 그러나 성 토마스는 『참사랑에 관한 토론문제』(*De caritate*)에서 자비를 다룬다. 자비가 참사랑과 가장 가깝기 때문이다. Cf. R. Garrigou-Lagrange, OP, *De virtutibus theologicis*, Taurini-Romae, 1949, p.500.

Articulus 4
Utrum misericordia sit maxima virtutum

Ad quartum sic proceditur. Videtur quod misericordia sit maxima virtutum.

1. Maxime enim ad virtutem pertinere videtur cultus divinus. Sed misericordia cultui divino praefertur, secundum illud Osee 6, [6] et Matth. 12, [7]: *Misericordiam volo, et non sacrificium.* Ergo misericordia est maxima virtus.

2. Praeterea, super illud I *ad Tim.* 4, [8], *Pietas ad omnia utilis est*, dicit Glossa Ambrosii:[1] *Omnis summa disciplinae Christianae in misericordia et pietate est.* Sed disciplina Christiana continet omnem virtutem. Ergo summa totius virtutis in misericordia consistit.

3. Praeterea, *virtus est quae bonum facit habentem.*[2] Ergo tanto aliqua virtus est melior quanto facit hominem Deo similiorem, quia per hoc melior est homo quod Deo est similior. Sed hoc maxime facit misericordia, quia de Deo dicitur in Psalm. [Ps. 144, 9] quod *miserationes eius sunt super omnia opera eius.* Unde et Luc. 6, [36] Dominus dicit: *Estote misericordes, sicut et pater vester misericors est.* Misericordia igitur est maxima virtutum.

---

1. Ordin.: PL 114, 629 C; Lombardus: PL 192, 348 D. Cf. Ambrosius, *In 1 Tim.*, super 4, 8: PL 17, 474 B.

제4절 자비는 가장 큰 덕인가?

[반론] 넷째에 대해서는 다음과 같이 진행된다. 자비는 가장 큰 덕으로 생각된다.

1. 신적 예배는 가장 많이 덕에 속하는 것으로 생각된다. 그런데 자비는 신적 예배보다도 우선된다. 호세아서 6장 [6절]과 마태오복음서 12장 [7절]에서는 "내가 바라는 것은 희생 제물이 아니라 자비다."라고 말한다. 그러므로 자비는 가장 큰 덕이다.

2. 티모테오 1서 4장 [8절]의 "경건은 모든 면에서 유익합니다."에 대해 암브로시우스의 주해[1]에서는 "그리스도교 가르침 전체는 자비와 경건으로 요약된다."고 말한다. 그런데 그리스도교 가르침은 모든 덕을 포함한다. 그러므로 모든 덕은 자비로 요약된다.

3. "덕은 그것을 지닌 사람을 선한 사람이 되게 하는 것"[2]이다. 그러므로 어떤 덕이 인간을 하느님과 더 비슷하게 할수록 그것은 더 나은 덕이다. 인간은 하느님과 더 닮음으로써 더 선하게 되기 때문이다. 그런데 이를 가장 많이 하는 것은 자비이다. 시편 145(144)편 [9절, 대중 라틴말 성경]에서는 하느님에 대하여 "주님은 모두에게 좋으신 분 그 자비 당신의 모든 조물 위에 미치네."라고 말한다. 그래서 주님은 루카복음서 6장 [36절]에서 "너희 아버지께서 자비하신 것처럼 너희도 자비로운 사람이 되어라."라고 말씀하신다. 그러므로 자비는 덕들 가운데 가장 크다.

---

2. Aristoteles, *Ethica Nic.*, II, c.5: 1106a15-23; S. Thomas, lect.6, nn.307-308.

q.30, a.4

SED CONTRA est quod Apostolus, *ad Coloss.* 3, cum dixisset [12], *Induite vos, sicut dilecti Dei, viscera misericordiae* etc.,[3] postea [14] subdit: *Super omnia, caritatem habete.*[4] Ergo misericordia non est maxima virtutum.

RESPONDEO dicendum quod aliqua virtus potest esse maxima dupliciter, uno modo, secundum se; alio modo, per comparationem ad habentem. Secundum se quidem misericordia maxima est. Pertinet enim ad misericordiam quod alii effundat; et, quod plus est, quod defectus aliorum sublevet; et hoc est maxime superioris. Unde et misereri ponitur proprium Deo,[5] et in hoc maxime dicitur eius omnipotentia manifestari.[6]

Sed quoad habentem, misericordia non est maxima, nisi ille qui habet sit maximus, qui nullum supra se habeat, sed omnes sub se. Ei enim qui supra se aliquem habet maius est et melius coniungi superiori[7] quam supplere defectum inferioris. Et ideo quantum ad hominem, qui habet Deum superiorem, caritas, per quam Deo unitur, est potior quam misericordia, per quam defectus proximorum supplet. Sed inter omnes virtutes quae

---

3. Vulgata: Induite vos ergo, secut electi Dei.
4. Vulgata: Super omnia autem haec, caritatem habete.
5. 로마 성무일도서, 성인 호칭기도 후의 첫 번째 본기도.
6. 성령강림 후 열째 주일 본기도. Cf. I, q.21, a.3. "모든 가능태는 일종의 비참함이므로(그래서 모든 피조물은 어떤 식으로 비참함에 처해 있다.), 그 자체로서의 자비를 위해서는 자신 안에 순수 현실태, 최고 본성, 하느님과 같은 우월성이 요구

제30문 제4절

[재반론] 그러나 반대로 사도는 콜로새서 3장 [12절]에서 "하느님께 사랑받는 사람답게 마음에서 우러나오는 동정[…]을 입으십시오."³라고 말하고 그다음에 [14절] "이 모든 것 위에 참사랑을 입으십시오."⁴라고 덧붙인다. 그러므로 자비는 덕들 가운데 가장 크지 않다.

[답변] 어떤 덕이 가장 크다는 것은 두 가지로 이루어질 수 있다. 첫째는 그 자체로서, 둘째는 그 덕을 지닌 사람과의 관계에 의해서이다. 그 자체로서 자비는 가장 큰 덕이다. 다른 이들에게 베푸는 것이 자비에 속하고, 더 나아가서 다른 이들의 결함을 덜어 주는 것이 자비에 속한다. 그리고 이것은 특히 윗사람에게 해당한다. 그래서 자비를 베푸는 것은 하느님의 고유한 특성으로 여겨지고,⁵ 여기에서 하느님의 전능하심이 가장 잘 드러난다고 일컬어진다.⁶

하지만 자비를 지닌 사람과의 관계에서는, 그 사람이 자신 위에 아무도 없고 모두가 자신 아래 있는 가장 위대한 사람이 아니라면 자비는 가장 큰 덕이 아니다. 자신 위에 어떤 사람이 있는 사람은 자신보다 못한 사람의 결함을 채워 주는 것보다 자신 위에 있는 사람과 관계를 맺는 것이 더 낫다.⁷ 그래서 하느님이 자신 위에 있는 인간에게는 그로써 하느님과 결합되는 참사랑이 이웃의 결함을 채워 주는

된다. 이에 따라 자비를 베푸는 것은 하느님의 고유한 속성으로 여겨진다. 그리고 자비는 하느님의 순수한 현실성에 기초하는 그분의 전능하심을 드러낸다.-이것이 자구적 의미라고 생각된다. 여기서 주의할 것은, 그 자체로서의 자비에 대한 고찰이 그것을 최선의 것을 향한 완전한 이들의 자세 또는 그것을 지닌 이를 선한 사람이 되게 하는 것인 덕들의 질서 위로 들어 높이므로… 덕보다 더 높은 질서의 사물처럼 떨어져 있다."(Cajetanus, in h. a., n. IV)
7. Cf. I, q.12, a.1: "어떤 것이 자신의 원리와 관계되는 그만큼 그것이 완전한 것이다."

ad proximum pertinent potissima est misericordia, sicut etiam est potioris actus, nam supplere defectum alterius, inquantum huiusmodi, est superioris et melioris.

AD PRIMUM ergo dicendum quod Deum non colimus per exteriora sacrificia aut munera propter ipsum, sed propter nos et propter proximos, non enim indiget sacrificiis nostris, sed vult ea sibi offerri propter nostram devotionem et proximorum utilitatem. Et ideo misericordia, qua subvenitur defectibus aliorum, est sacrificium ei magis acceptum, utpote propinquius utilitatem proximorum inducens, secundum illud *Heb.* ult., [16]: *Beneficentiae et communionis nolite oblivisci, talibus enim hostiis promeretur Deus.*

AD SECUNDUM dicendum quod summa religionis Christianae in misericordia consistit quantum ad exteriora opera.[8] Interior tamen affectio caritatis, qua coniungimur Deo, praeponderat et dilectioni et misericordiae in proximos.

AD TERTIUM dicendum quod per caritatem assimilamur Deo tanquam ei per affectum uniti. Et ideo potior est quam misericordia, per quam assimilamur Deo secundum similitudinem operationis.

자비보다 더 낫다. 하지만 이웃을 향한 모든 덕들 가운데에서는 자비가 가장 중요하며 그 행위가 가장 중요하다. 다른 사람의 결함을 채워 주는 것은 더 상위의, 더 선한 사람의 역할이기 때문이다.

[해답] 1. 우리가 외적인 제사와 예물로 하느님을 경배하는 것은 하느님을 위해서가 아니라 우리와 이웃을 위해서이다. 하느님은 우리의 제사가 필요하지 않으시고, 우리의 신심을 위하여 그리고 이웃의 유익을 위하여 당신께 제사를 바치기를 원하시는 것이다. 그러므로 다른 이들의 결함을 채워 주는 자비는 이웃의 유익에 더 밀접하게 관련되기 때문에 하느님께 더 마음에 드는 제사이다. 히브리서 13장 [16절]에서는 "선행과 나눔을 소홀히 하지 마십시오. 이러한 것들이 하느님 마음에 드는 제물입니다."라고 말한다.
2. 그리스도교는 외적인 행위에 있어서는 자비로 요약된다.[8] 그러나 우리를 하느님과 일치시키는 참사랑의 내적 감정은 이웃에 대한 사랑과 자비보다 앞선다.
3. 참사랑으로 우리는 감정으로 그분과 결합된다는 점에서 하느님을 닮는다. 그러므로 이것은 우리를 활동의 유사성에 따라 하느님을 닮게 하는 자비보다 더 우위에 있다.

---

8. Cf. q.81, a.1, ad1.

QUAESTIO XXXI
DE BENEFICENTIA
in quatuor articulos divisa

Deinde considerandum est de exterioribus actibus vel effectibus caritatis.[1] Et primo, de beneficentia; secundo, de eleemosyna, quae est quaedam pars beneficentiae;[2] tertio, de correctione fraterna, quae est quaedam eleemosyna.[3]

Circa primum quaeruntur quatuor.

Primo: utrum beneficentia sit actus caritatis.

Secundo: utrum sit omnibus benefaciendum.

Tertio: utrum magis coniunctis sit magis benefaciendum.

Quarto: utrum beneficentia sit virtus specialis.

Articulus 1
Utrum beneficentia sit actus caritatis

Ad primum sic proceditur. Videtur quod beneficentia non sit actus caritatis.

---

1. Cf. q.28, Introd.
2. q.32.

제31문
선행
(전4절)

다음으로는 참사랑의 외적 행위 또는 결과(結果, effectus)에 대해 고찰해야 한다.[1] 첫째로는 선행에 대해서, 둘째로는 선행의 일부인 자선에 대해서,[2] 셋째로는 자선의 일종인 형제적 교정에 대해서[3] 다루어야 한다.

그 첫째에 대해서는 네 가지 문제가 제기된다.
1. 선행은 참사랑의 행위인가?
2. 모든 이들에게 선행을 해야 하는가?
3. 더 밀접하게 연관된 이들에게 더 많은 선행을 해야 하는가?
4. 선행은 특수한 덕인가?

제1절 선행은 참사랑의 행위인가?

[반론] 첫째에 대해서는 다음과 같이 진행된다. 선행(善行, beneficentia)은 참사랑의 행위가 아닌 것으로 생각된다.

---

3. q.33.

1. Caritas enim maxime habetur ad Deum. Sed ad eum non possumus esse benefici, secundum illud *Iob* 35, [7]: *Quid dabis ei?*[1] *Aut quid de manu tua accipiet?* Ergo beneficentia non est actus caritatis.

2. Praeterea, beneficentia maxime consistit in collatione donorum. Sed hoc pertinet ad liberalitatem. Ergo beneficentia non est actus caritatis, sed liberalitatis.

3. Praeterea, omne quod quis dat, vel dat sicut debitum vel dat sicut non debitum. Sed beneficium quod impenditur tanquam debitum pertinet ad iustitiam, quod autem impenditur tanquam non debitum, gratis datur, et secundum hoc pertinet ad misericordiam. Ergo omnis beneficentia vel est actus iustitiae vel est actus misericordiae. Non est ergo actus caritatis.

SED CONTRA, caritas est amicitia quaedam, ut dictum est.[2] Sed Philosophus, in IX *Ethic.*,[3] inter alios amicitiae actus ponit hoc unum quod est *operari bonum ad amicos*, quod est amicis benefacere. Ergo beneficentia est actus caritatis.

RESPONDEO dicendum quod beneficentia nihil aliud importat quam facere bonum alicui. Potest autem hoc bonum considerari dupliciter. Uno modo, secundum communem rationem boni. Et hoc pertinet ad communem rationem beneficentiae. Et hoc

---

1. Vulgata: Quid donabis eis?

1. 참사랑은 주로 하느님을 향한 것이다. 그런데 하느님께는 선행을 할 수 없다. 욥기 35장 [7절]에서는 "그분께 무엇을 드리며[1] 그분께서는 당신 손에서 무엇을 얻으시겠습니까."라고 말한다. 그러므로 선행은 참사랑의 행위가 아니다.

2. 선행은 무엇보다 선물을 하는 데에 있다. 그런데 이것은 아량(liberalitas)에 속한다. 그러므로 선행은 참사랑의 행위가 아니라 아량의 행위이다.

3. 어떤 사람이 주는 모든 것은 마땅히 주어야 할 것을 주는 것이거나 마땅히 주어야 할 것이 아닌데 주는 것이다. 그런데 마땅히 주어야 하는 것을 주는 선행은 정의에 속하고 마땅히 주어야 할 것이 아닌데 거저 주는 선행은 자비에 속한다. 그러므로 모든 선행은 정의의 행위이거나 자비의 행위이다. 그러므로 그것은 참사랑의 행위가 아니다.

[재반론] 그러나 반대로 앞서[2] 말한 바와 같이 참사랑은 일종의 우정이다. 그런데 철학자는 『니코마코스 윤리학』 제9권[3]에서 참사랑의 다른 행위들 가운데 "친구에게 선을 행하는 것" 곧 친구에게 선행을 하는 것을 든다. 그러므로 선행은 참사랑의 행위이다.

[답변] 선행은 다름 아닌 다른 사람에게 선을 하는 것을 뜻한다. 그런데 그 선은 두 가지로 고찰될 수 있다. 그 첫째는 선의 공통된 개념에 따라서이다. 이것은 선행의 공통된 개념에 속한다. 여기서 선행

---

2. q.23, a.1.
3. c.4, 1166a3-10; S. Thomas, lect.4, nn.1798-1801. Cf. q.25, a.7.

est actus amicitiae, et per consequens caritatis. Nam in actu dilectionis includitur benevolentia, per quam aliquis vult bonum amico, ut supra[4] habitum est. Voluntas autem est effectiva eorum quae vult, si facultas adsit. Et ideo ex consequenti benefacere amico ex actu dilectionis consequitur. Et propter hoc beneficentia secundum communem rationem, est amicitiae vel caritatis actus.—Si autem bonum quod quis facit alteri accipiatur sub aliqua speciali ratione boni, sic beneficentia accipiet specialem rationem, et pertinebit ad aliquam specialem virtutem.

AD PRIMUM ergo dicendum quod, sicut Dionysius dicit, 4 cap. *de Div. Nom.*,[5] *amor movet ordinata ad mutuam habitudinem, et inferiora convertit in superiora ut ab eis perficiantur, et superiora movet ad inferiorum provisionem.* Et quantum ad hoc beneficentia est effectus dilectionis. Et ideo nostrum non est Deo benefacere, sed eum honorare, nos ei subiiciendo, eius autem est ex sua dilectione nobis benefacere.[6]

AD SECUNDUM dicendum quod in collatione donorum duo sunt attendenda, quorum unum est exterius datum; aliud autem est interior passio quam habet quis ad divitias, in eis delectatus. Ad liberalitatem autem pertinet moderari interiorem passionem, ut scilicet aliquis non superexcedat in concupiscendo et amando

---

4. q.23, a.1; q.27, a.2.
5. PG 3, 709 D; S. Thomas, lect.9, n.425.

제31문 제1절

은 우정의 행위이며 따라서 참사랑의 행위이다. 위에서[4] 말한 바와 같이 사랑의 행위에는 그로써 어떤 사람이 친구의 선을 원하는 호의가 포함되기 때문이다. 그런데 의지는, 그러한 기능을 할 수 있다면 원하는 바를 실행한다. 따라서 친구에게 선행을 하는 것은 참사랑의 행위로부터 따라 나온다. 그러므로 선행은 그 일반적 개념에 따르면 우정의 행위이거나 참사랑의 행위이다. – 어떤 사람이 다른 사람에게 하는 선이 어떤 특수한 선의 개념에 따라 고찰된다면, 그때에 선행은 특수한 개념을 지니게 되고 다른 어떤 특수한 덕에 속하게 될 것이다.

[해답] 1. 디오니시우스가 『신명론』 제4권[5]에서 말하듯이 "사랑은 상호 관계를 향하여 질서 있게 움직이게 하며, 하위의 것은 상위의 것에 의하여 완전해지기 위하여 상위의 것을 향하여 돌아서고 상위의 것은 하위의 것을 돌보기 위하여 그것을 향하게 한다." 이에 따라 우리는 하느님께 선행을 하는 것이 아니라 그분을 공경하고 그분께 종속된다. 그분은 당신의 사랑으로 우리에게 선을 베푸신다.[6]

2. 선물들을 주는 데에 있어서 두 가지를 고찰해야 한다. 그 한 가지는 외적인 사실이고, 다른 한 가지는 부를 소유한 사람이 그것을 즐거워하는 내적 정념이다. 아량에 속하는 것은 그 내적 정념을 조절하여, 부를 탐내거나 사랑하는 데에서 과도하지 않게 하는 것이

---

6. "어디서든지 선행은 참사랑의 행위라 하더라도, 어디서나 그것이 아무에게라도 존경의 행위인 것은 아니다. 하느님의 참사랑은 선행을 할 수 있다. 인간이나 천사의 참사랑도 선행을 할 수 있다. 그러나 피조물의 참사랑은 하느님께 선행을 할 수 없고, 하느님도 하느님 자신에게 선행을 할 수 없다. 아무것도 하느님의 선을 증가시킬 수 없기 때문이다."(Cajetanus, in h. a.)

divitias, ex hoc enim efficietur homo facile emissivus donorum. Unde si homo det aliquod donum magnum, et tamen cum quadam concupiscentia retinendi, datio non est liberalis.[7] Sed ex parte exterioris dati collatio beneficii pertinet in generali ad amicitiam vel caritatem. Unde hoc non derogat amicitiae, si aliquis rem quam concupiscit retinere det alicui propter amorem; sed magis ex hoc ostenditur amicitiae perfectio.

AD TERTIUM dicendum quod sicut amicitia seu caritas respicit in beneficio collato communem rationem boni, ita iustitia respicit ibi rationem debiti. Misericordia vero respicit ibi rationem relevantis miseriam vel defectum.[8]

Articulus 2
Utrum sit omnibus benefaciendum

Ad secundum sic proceditur. Videtur quod non sit omnibus benefaciendum.

1. Dicit enim Augustinus, in I *de Doct. Christ.*,[1] quod *omnibus prodesse non possumus*. Sed virtus non inclinat ad impossibile. Ergo non oportet omnibus benefacere.

---

7. Cf. q.117, a.5, ad3.
8. 그러므로 무엇을 주는 모든 사람은, 마땅히 주어야 할 것을 주는 것이거나(이는 정의에 속한다.) 마땅히 주어야 할 것이 아닌데도 주는 것이거나(이는 자비에 속한다.) 선의 일반적 이유 때문에 주는 것이다(이는 선행에 속한다).

다. 이로써 인간이 쉽게 선물을 줄 수 있게 된다. 그러므로 어떤 사람이 어떤 큰 선물을 준다 하더라도 그가 그것을 가지고 있으려는 욕망이 있다면 그가 주는 것은 아량이 아니다.[7] 반면에 외적 사실에 있어서 선행을 베푸는 것은 일반적으로 우정 또는 참사랑에 속한다. 그러므로 어떤 사람이 자신이 가지고 있으려고 탐내는 물건을 참사랑 때문에 다른 사람에게 준다면 이것은 우정을 해치지 않고 오히려 이로써 우정의 완전함을 보여 주는 것이 된다.

3. 우정이나 참사랑이 선행을 베푸는 데에서 선의 일반적 개념을 염두에 두듯이, 정의는 거기에서 의무를 염두에 두고 자비는 비참함 또는 결함을 덜어 주는 것을 염두에 둔다.[8]

제2절 모든 이에게 선행을 해야 하는가?

Parall.: *De duo. praecep. char. et X leg. praecep. c. de quart. praecep.; In Ep. ad Galat.*, c.6, lect.2.

[반론] 둘째에 대해서는 다음과 같이 진행된다. 모든 이에게 선행을 해야 하는 것은 아니라고 생각된다.

1. 아우구스티누스는 『그리스도교 교양』 제1권[1]에서 "모든 이들에게 선을 할 수는 없다."고 말한다. 그런데 덕은 불가능한 것을 향하지 않는다. 그러므로 모든 이에게 선행을 해야 하는 것은 아니라고 생각된다.

---

1. c.28: PL 34, n.30.

q.31, a.2

2. Praeterea, Eccli. 12, [5] dicitur: *Da iusto, et non recipias peccatorem.*[2] Sed multi homines sunt peccatores. Non ergo omnibus est benefaciendum.

3. Praeterea, caritas non agit perperam, ut dicitur I ad Cor. 13, [4]. Sed benefacere quibusdam est agere perperam, puta si aliquis benefaciat inimicis reipublicae; vel si benefaciat excommunicato, quia per hoc ei communicat. Ergo, cum benefacere sit actus caritatis, non est omnibus benefaciendum.

SED CONTRA est quod Apostolus dicit, *ad Gal.* ult., [10]: *Dum tempus habemus, operemur bonum ad omnes.*

RESPONDEO dicendum quod, sicut supra[3] dictum est, beneficentia consequitur amorem ex ea parte qua movet superiora ad provisionem inferiorum. Gradus autem in hominibus non sunt immutabiles, sicut in angelis,[4] quia homines possunt pati multiplices defectus; unde qui est superior secundum aliquid, vel est vel potest esse inferior secundum aliud. Et ideo, cum dilectio caritatis se extendat ad omnes, etiam beneficentia se debet extendere ad omnes, pro loco tamen et tempore, omnes enim actus virtutum sunt secundum debitas circumstantias limitandi.[5]

---

2. Vulgata: Da iusto et non receperis peccatorem.
3. a.1, ad1.

2. 집회서 12장 [5절]에서는 "의인에게는 주고 죄인은 맞아들이지 마라."[2]고 말한다. 그런데 많은 이들이 죄인이다. 그러므로 모든 이들에게 선행을 하지는 않아야 한다.

3. 코린토 1서 13장 [4절]에서는 "참사랑은 그릇되게 행하지 않는다."고 말한다. 그런데 누구에게나 선행을 하는 것은 그릇되게 행하는 것이다. 예를 들어 만일 어떤 사람이 국가의 적에게 선행을 하거나 파문된 사람과 소통을 하여 그에게 선행을 할 경우가 그러하다. 그러므로 선행은 참사랑의 행위이므로 모든 이들에게 선행을 하지는 않아야 한다.

[재반론] 그러나 반대로 사도는 갈라티아서 6장 [10절]에서 "기회가 있는 동안 모든 사람에게 좋은 일을 합시다."라고 말한다.

[답변] 위에서[3] 말한 바와 같이 선행은 상위에서 하위를 돌보는 것이라는 점에서 사랑의 결과이다. 그런데 사람들 사이에서 계층은 천사들에게서와 같이 변할 수 없는 것이 아니다.[4] 사람들은 여러 가지 결함을 겪기 때문이다. 그래서 어떤 점에서 상위에 있는 사람이 다른 점에서는 하위에 있고, 또는 그렇게 될 수 있는 가능성이 있다. 그러므로 참사랑의 사랑이 모든 이들에게 확장되듯이 선행도 시간과 장소를 고려하면서 모든 이들에게 확장되어야 한다. 그러므로 모든 덕의 행위들은 마땅한 상황에 의하여 제한되어야 한다.[5]

---

4. Cf. I, q.108.
5. 모든 행위와 정념들에서의 중용에 따라: I-II, q.7, a.2, ad2.

AD PRIMUM ergo dicendum quod, simpliciter loquendo, non possumus omnibus benefacere in speciali, nullus tamen est de quo non possit occurrere casus in quo oporteat ei benefacere etiam in speciali. Et ideo caritas requirit ut homo, etsi non actu alicui benefaciat, habeat tamen hoc in sui animi praeparatione, ut benefaciat cuicumque si tempus adesset.—Aliquod tamen beneficium est quod possumus omnibus impendere, si non in speciali saltem in generali, sicut cum oramus pro omnibus fidelibus et infidelibus.

AD SECUNDUM dicendum quod in peccatore duo sunt, scilicet culpa et natura.[6] Est ergo subveniendum peccatori quantum ad sustentationem naturae, non est autem ei subveniendum ad fomentum culpae; hoc enim non esset benefacere, sed potius malefacere.

AD TERTIUM dicendum quod excommunicatis et reipublicae hostibus sunt beneficia subtrahenda inquantum per hoc arcentur a culpa. Si tamen immineret necessitas, ne natura deficeret, esset eis subveniendum, debito tamen modo, puta ne fame aut siti morerentur, aut aliquod huiusmodi dispendium, nisi secundum ordinem iustitiae, paterentur.

Articulus 3
Utrum sit magis benefaciendum his qui sunt nobis magis coniuncti

[해답] 1. 단적으로 말한다면, 우리는 모든 이들에게 개별적으로 선행을 할 수는 없다. 그러나 아무에게도, 그에게 개별적으로 선행을 해야 할 경우가 생길 수 없는 예는 없다. 그러므로 참사랑은 한 사람이 실제로 어떤 사람에게 선행을 하지는 않는다 하더라도 그의 정신 안에 기회가 된다면 누구에게나 선을 행하려는 준비를 갖추기를 요구한다.-그러나 우리가 개별적으로는 아니라도 일반적으로 모든 이에게 행할 수 있는 선행이 있다. 예를 들어 우리는 모든 신자들과 비신자들을 위하여 기도할 수 있다.

2. 죄인 안에는 두 가지, 곧 죄과와 본성이 있다.[6] 그러므로 본성을 부양하는 데에서는 죄인을 도와야 하지만, 탓을 장려하도록 돕지는 말아야 한다. 이것은 선행이 아니라 오히려 악행이다.

3. 파문된 이들과 국가의 적들에게는 죄과를 멀리하게 하기 위하여 선행을 베풀지 말아야 한다. 그러나 절박한 필요가 있다면 본성을 해치지 않도록 적절한 정도로 그를 도와야 할 것이다. 예를 들어 굶주림이나 목마름으로 죽지 않도록, 또는 그와 유사한 상실을 겪을 때에, 그것이 정의의 질서에 따라 겪는 것이 아니라면 그들을 도와야 할 것이다.

제3절 우리에게 더 밀접하게 연관된 이들에게 더 많은 선행을 해야 하는가?

Parall.: Infra, q.32, a.9; *In Sent.*, III, q.29, a.6, ad 3,5; *De caritate*, a.9, ad14; *In Ep. ad Galat.*, c.6, lect.2.

---

6. Cf. q.25, a.6; q.32, a.9, ad1; q.64, a.6; q.83, a.16; I, q.20, a.2, ad4.

q.31, a.3

Ad tertium sic proceditur. Videtur quod non sit magis benefaciendum his qui sunt nobis magis coniuncti.

1. Dicitur enim Luc. 14, [12]: *Cum facis prandium aut cenam, noli vocare amicos tuos neque fratres neque cognatos.*[1] Sed isti sunt maxime coniuncti. Ergo non est magis benefaciendum coniunctis, sed potius extraneis indigentibus, sequitur enim [13]: *Sed cum facis convivium, voca pauperes et debiles*, etc.[2]

2. Praeterea, maximum beneficium est quod homo aliquem in bello adiuvet. Sed miles in bello magis debet iuvare extraneum commilitonem quam consanguineum hostem. Ergo beneficia non sunt magis exhibenda magis coniunctis.

3. Praeterea, prius sunt debita restituenda quam gratuita beneficia impendenda. Sed debitum est quod aliquis impendat beneficium ei a quo accepit. Ergo benefactoribus magis est benefaciendum quam propinquis.

4. Praeterea, magis sunt diligendi parentes quam filii, ut supra[3] dictum est. Sed magis est benefaciendum filiis, quia *non debent filii thesaurizare parentibus*, ut dicitur II *ad Cor.* 12, [14].[4] Ergo non est magis benefaciendum magis coniunctis.

---

1. Vulgata: fratres tuos.
2. 대중 라틴말 성경(Vulgata)에는 et가 없다.
3. q.26, ad9.

[반론] 셋째에 대해서는 다음과 같이 진행된다. 우리에게 더 밀접하게 연관된 이들에게 더 많은 선행을 해야 하는 것은 아니라고 생각된다.

1. 루카복음서 14장 [12절]에서는 "네가 점심이나 저녁 식사를 베풀 때, 네 친구나 형제나¹ 친척을 부르지 마라."고 말한다. 그런데 이들은 우리에게 가장 밀접한 이들이다. 그러므로 우리에게 밀접한 이들에게 더 많은 선행을 해야 하는 것이 아니라, 오히려 우리와 무관하고 궁핍한 이들에게 선행을 해야 한다. 그래서 이어서[13절] "네가 잔치를 베풀 때에는 오히려 가난한 이들, 장애인들²[…]을 초대하여라."라고 말한다.

2. 어떤 사람이 전쟁에서 다른 사람을 돕는 것은 가장 큰 선행이다. 그런데 군인은 전쟁에서 혈연관계의 적을 돕기보다 자신과 관계가 없는 전우를 도와야 한다. 그러므로 선행은 자신과 더 밀접한 관계에 있는 사람에게 베풀어야 하는 것이 아니다.

3. 무상으로 선행을 행하기보다 먼저 빚을 갚아야 한다. 그런데 선행을 받은 사람에게 선행을 행하는 것은 마땅히 해야 하는 것이다. 그러므로 우리에게 가까운 사람들보다 우리에게 은혜를 베푼 사람들에게 더 선행을 행해야 한다.

4. 위에서³ 말한 바와 같이 자녀들보다 부모를 사랑해야 한다. 그런데 선행은 자녀에게 더 베풀어야 한다. 코린토 2서 12장 [14절]에서 말하듯이 "자녀가 부모를 위하여 재산을 모아 두는 것이 아니다."⁴ 그러므로 더 밀접한 이들에게 더 선행을 행해야 하는 것이 아니다.

---

4. Vulgata: Nec enim debent fili parentibus thesaurizare.

SED CONTRA est quod Augustinus dicit, in I *de Doct. Christ.*:[5] *Cum omnibus prodesse non possis, his potissimum consulendum est qui, pro locorum et temporum vel quarumlibet rerum opportunitatibus, constrictius tibi, quasi quadam sorte, iunguntur.*

RESPONDEO dicendum quod gratia et virtus imitantur naturae ordinem, qui est ex divina sapientia institutus. Est autem talis ordo naturae ut unumquodque agens naturale per prius magis diffundat suam actionem ad ea quae sunt sibi propinquiora, sicut ignis magis calefacit rem sibi magis propinquam. Et similiter Deus in substantias sibi propinquiores per prius et copiosius dona suae bonitatis diffundit; ut patet per Dionysium, 4 cap. *Cael. Hier.*[6] Exhibitio autem beneficiorum est quaedam actio caritatis in alios. Et ideo oportet quod ad magis propinquos simus magis benefici.

Sed propinquitas unius hominis ad alium potest attendi secundum diversa in quibus sibi ad invicem homines communicant, ut consanguinei naturali communicatione, concives in civili, fideles in spirituali, et sic de aliis. Et secundum diversas coniunctiones sunt diversimode diversa beneficia dispensanda, nam unicuique est magis exhibendum beneficium pertinens ad illam rem secundum quam est magis nobis coniunctus, simpliciter loquendo.[7] Tamen hoc potest variari

---

5. c.28: PL 34, 30.

[재반론] 그러나 반대로 아우구스티누스는 『그리스도교 교양』 제1권[5]에서 이렇게 말한다. "모든 이들에게 선을 할 수는 없으므로, 장소나 시간이나 다른 어떤 계기로 말하자면 운명처럼 너에게 더 가까운 이들을 특히 생각해야 한다."

[답변] 은총과 덕은 하느님의 지혜로 제정된 본성의 질서를 모방한다. 그리고 그러한 본성의 질서에서 모든 본성적 행위자는 먼저 자신의 행위를 자신에게 더 가까운 것들에게 퍼뜨린다. 예를 들어 불은 자신에게 더 가까이 있는 사물들을 뜨겁게 만든다. 이와 유사하게 하느님은 디오니시우스가 『천상 위계론』[6] 제4장에서 말하듯이 당신과 더 가까운 실체들에게 먼저 그리고 풍부하게 당신 선의 선물을 퍼뜨리신다. 그런데 선행을 베푸는 것은 그들에게 참사랑의 행위를 하는 것이며, 따라서 우리는 우리와 더 가까운 이들에게 더 선행을 베풀어야 한다.

그런데 다른 사람과의 가까움은 그들이 서로 공유하는 다양한 것들에 따라 헤아려진다. 혈연관계의 사람들은 본성적인 것들을, 같은 국민들은 국가적인 것들을, 신자들은 영적인 것들을, 그리고 이와 같이 다른 것들을 공유한다. 그리고 상이한 관계들에 따라서 상이한 방식으로 상이한 선행들을 베풀어야 한다. 단적으로 말해서, 우리가 어떤 사람과 어떤 것으로써 더 밀접하게 연관되어 있다면 그에게는 그것에 속하는 선행을 더 베풀어야 한다. 그런데 그것은 장소와 시간과 일의 차이에 따라 달라질 수 있다.[7] 그래서 어떤 경우에는, 예를

---

6. PG 3, 209 A D.
7. Cf. q.26, a.8.

secundum diversitatem locorum et temporum et negotiorum, nam in aliquo casu est magis subveniendum extraneo, puta si sit in extrema necessitate, quam etiam patri non tantam necessitatem patienti.

AD PRIMUM ergo dicendum quod Dominus non prohibet simpliciter vocare amicos aut consanguineos ad convivium, sed vocare eos ea intentione quod *te ipsi reinvitent*. Hoc enim non erit caritatis, sed cupiditatis. Potest tamen contingere quod extranei sint magis invitandi in aliquo casu, propter maiorem indigentiam. Intelligendum est enim quod magis coniunctis magis est, ceteris paribus, benefaciendum. Si autem duorum unus sit magis coniunctus et alter magis indigens, non potest universali regula determinari cui sit magis subveniendum, quia sunt diversi gradus et indigentiae et propinquitatis, sed hoc requirit prudentis iudicium.

AD SECUNDUM dicendum quod bonum commune multorum divinius est quam bonum unius.[8] Unde pro bono communi reipublicae vel spiritualis vel temporalis virtuosum est quod aliquis etiam propriam vitam exponat periculo. Et ideo, cum communicatio in bellicis ordinetur ad conservationem reipublicae, in hoc miles impendens commilitoni auxilium, non impendit ei tanquam privatae personae, sed sicut totam rempublicam iuvans. Et ideo non est mirum si in hoc praefertur extraneus coniuncto secundum carnem.

들어 외적인 필요와 같은 경우는 그렇게 큰 곤궁을 겪지 않고 있는 아버지의 필요보다 지극히 곤궁한 자신과 무관한 사람을 더 도와야 하는 것이다.

[해답] 1. 주님은 친구와 친척을 잔치에 초대하는 것을 단적으로 금지하신 것이 아니라, 그들이 너를 다시 초대하게 하려는 의도로 그들을 초대하는 것을 금하신 것이다. 그것은 참사랑이 아니라 탐욕에서 나오는 것이기 때문이다. 어떤 경우에는 자신과 무관한 사람들이 더 곤궁하기 때문에 그들을 더 초대해야 하는 경우가 있을 수 있다. 그러나 다른 조건들이 동일하다면 자신과 더 밀접한 이들에게 더 선행을 베풀어야 한다는 것을 이해해야 한다. 만일 두 사람 가운데 한 사람은 더 긴밀하고 다른 사람은 더 곤궁하다면, 보편적인 규칙으로 누구를 더 도와야 하는지를 결정할 수 없다. 곤궁함의 정도와 가까움의 정도가 다양하기 때문이다. 그리고 이것은 신중한 사람의 판단을 요구한다.

2. 많은 이들의 공동선은 한 사람의 선보다 더 신적이다.[8] 그러므로 국가의 영적이거나 현세적인 공동선을 위해서는 자신의 목숨까지도 위험에 처하게 할 수 있다. 그러므로 전쟁에 함께 참여하는 것은 국가의 보전을 위한 것이므로 군인이 전우를 도울 때에는 그를 사적인 개인으로서 돕는 것이 아니라 국가 전체를 돕는 것이다. 그러므로 여기서 혈연으로 결합된 사람보다 자신과 무관한 사람을 우선하는 것은 놀라운 일이 아니다.

---

8. Cf. q.39, a.2, obj.2 et ad2; q.47, a.10; q.141, a.8; I, q.108, a.6; I-II, q.97, a.4, obj.1; q.111, a.5, obj.1; q.113, a.9, obj.2.

AD TERTIUM dicendum quod duplex est debitum. Unum quidem quod non est numerandum in bonis eius qui debet, sed potius in bonis eius cui debetur. Puta si aliquis habet pecuniam aut rem aliam alterius vel furto sublatam vel mutuo acceptam sive depositam, vel aliquo alio simili modo, quantum ad hoc plus debet homo reddere debitum quam ex eo benefacere coniunctis. Nisi forte esset tantae necessitatis articulus in quo etiam liceret rem alienam accipere ad subveniendum necessitatem patienti.[9] Nisi forte et ille cui res debetur in simili necessitate esset. In quo tamen casu pensanda esset utriusque conditio secundum alias conditiones, prudentis iudicio, quia in talibus non potest universalis regula dari, propter varietatem singulorum casuum, ut Philosophus dicit, in IX *Ethic.*[10]

Aliud autem est debitum quod computatur in bonis eius qui debet, et non eius cui debetur, puta si debeatur non ex necessitate iustitiae, sed ex quadam morali aequitate, ut contingit in beneficiis gratis susceptis. Nullius autem benefactoris beneficium est tantum sicut parentum, et ideo parentes in recompensandis beneficiis sunt omnibus aliis praeferendi; nisi necessitas ex alia parte praeponderaret, vel aliqua alia conditio, puta communis utilitas Ecclesiae vel reipublicae. In aliis autem est aestimatio habenda et coniunctionis et beneficii suscepti. Quae similiter non potest communi regula determinari.

---

9. Cf. q.32, a.7, ad3; q.66, a.7.

3. 빚에는 두 가지가 있다. 그 첫째는 빚을 진 사람의 선에 속하지 않고 오히려 빚을 준 사람의 선에 속하는 경우이다. 예를 들어 어떤 사람이 훔쳤거나 빌렸거나 맡았거나 이와 유사한 방식으로 다른 사람의 돈이나 어떤 물건을 갖고 있다면, 그는 밀접한 사람에게 선행을 하기보다 그 빚을 갚아야 한다. 곤궁함이 너무 커서 다른 사람의 것으로라도 그 어려운 사람의 곤궁함을 도와주는 것이 허락되는 경우는 그렇지 않지만,[9] 그때에도 본래의 주인도 유사한 곤궁함을 겪고 있다면 그렇게 할 수 없다. 이러한 경우 두 사람의 상황을 다른 상황들에 비추어 현명한 사람의 판단으로 헤아려 보아야 한다. 철학자가 『니코마코스 윤리학』 제9권[10]에서 말하듯이 이러한 일들에 있어서는 개별적인 경우들이 다양하기 때문에 보편적인 법칙을 말할 수가 없기 때문이다.

둘째는 빚이 그 빚을 준 사람이 아니라 빚진 사람의 선으로 여겨지는 경우이다. 예를 들어 무상으로 받은 은혜와 같이 어떤 사람이 정의의 필요 때문이 아니라 도덕적 공평성 때문에 빚을 진 경우가 그러하다. 은인의 은혜 가운데 어떤 것도 부모의 은혜에 미치지 못한다. 그러므로 부모는 은혜를 갚는 데에 있어 누구보다 우선되어야 한다. 다른 편에서 어떤 필요가 있거나 교회나 국가의 공동 이익과 같이 다른 조건이 있는 경우가 아니라면 그러하다. 그런 경우 외에는 관계와 받은 은혜를 고려해야 한다. 여기에서도 유사하게 일반적인 법칙은 결정할 수 없다.

---

10. c.2, 1164b27-31; S. Thomas, lect.2, n.1774.

AD QUARTUM dicendum quod parentes sunt sicut superiores, et ideo amor parentum est ad benefaciendum, amor autem filiorum ad honorandum parentes. Et tamen in necessitatis extremae articulo magis liceret deserere filios quam parentes; quos nullo modo deserere licet, propter obligationem beneficiorum susceptorum; ut patet per Philosophum, in VIII *Ethic.*[11]

Articulus 4
Utrum beneficentia sit virtus specialis

Ad quartum sic proceditur. Videtur quod beneficentia sit specialis virtus.

1. Praecepta enim ad virtutes ordinantur, quia *legislatores intendunt facere homines virtuosos*, sicut dicitur in II *Ethic.*[1] Sed seorsum datur praeceptum de beneficentia et de dilectione, dicitur enim Matth. 5, [44]: *Diligite inimicos vestros, benefacite his qui oderunt vos.* Ergo beneficentia est virtus distincta a caritate.

2. Praeterea, vitia virtutibus opponuntur. Sed beneficentiae opponuntur aliqua specialia vitia, per quae nocumentum proximo infertur, puta rapina, furtum et alia huiusmodi. Ergo beneficentia est specialis virtus.

3. Praeterea, caritas non distinguitur in multas species. Sed beneficentia videtur distingui in multas species, secundum diversas beneficiorum species. Ergo beneficentia est alia virtus a

---
11. c.16, 1163b18-22; S. Thomas, lect.14, nn.1753-1754. Cf. q.26, a.9.

4. 부모는 더 높은 위치에 있고, 그래서 부모의 사랑은 은혜를 베푸는 경향이 있고 자녀의 사랑은 부모를 공경하는 경향이 있다. 그러나 극단적으로 곤궁한 경우에는 부모보다 자녀를 버리는 것이 허용된다. 철학자가 『니코마코스 윤리학』 제8권[11]에서 말하듯이, 부모를 버리는 것은 받은 은혜에 대한 의무로 인하여 결코 허용되지 않는다.

제4절 선행은 특수한 덕인가?

[반론] 넷째에 대해서는 다음과 같이 진행된다. 선행은 특수한 덕으로 생각된다.

1. 계명은 덕들을 위한 것이다. 『니코마코스 윤리학』 제2권[1]에서 말하듯이 "입법자들은 사람들을 덕스럽게 만들려고 한다." 그런데 선행의 계명과 사랑의 계명은 별도로 주어진다. 마태오복음서 5장 [44절]에서는 "너희는 원수를 사랑하여라. 그리고 너희를 미워하는 자들에게 선행을 하여라."라고 말한다. 그러므로 선행은 참사랑과 구별되는 덕이다.

2. 악습들은 덕들에 반대된다. 그런데 선행에 반대되는 것은 이웃에게 해를 끼치는 특수한 악습들인 강도, 절도 등이다. 그러므로 선행은 특수한 덕이다.

3. 참사랑은 많은 종들로 구별되지 않는다. 그런데 선행은 다양한 은혜들의 종류에 따라 많은 종들로 구별된다. 그러므로 선행은 참사

---

1. c.1, 1103b3-6; S. Thomas, lect.1, n.251. Cf. I, c.13, 1102a7-13; S. Thomas, lect.19, n.225.

caritate.

Sed contra est quod actus interior et exterior non requirunt diversas virtutes. Sed beneficentia et benevolentia non differunt nisi sicut actus exterior et interior, quia beneficentia est executio benevolentiae. Ergo, sicut benevolentia non est alia virtus a caritate, ita nec beneficentia.

Respondeo dicendum quod virtutes diversificantur secundum diversas rationes obiecti.[2] Eadem autem est ratio formalis obiecti caritatis et beneficentiae, nam utraque respicit communem rationem boni, ut ex praedictis[3] patet. Unde beneficentia non est alia virtus a caritate, sed nominat quendam caritatis actum.

Ad primum ergo dicendum quod praecepta non dantur de habitibus virtutum, sed de actibus. Et ideo diversitas praeceptorum non significat diversos habitus virtutum, sed diversos actus.[4]

Ad secundum dicendum quod sicut omnia beneficia proximo exhibita, inquantum considerantur sub communi ratione boni, reducuntur ad amorem; ita omnia nocumenta, inquantum considerantur secundum communem rationem mali, reducuntur ad odium. Prout autem considerantur secundum aliquas speciales rationes vel boni vel mali, reducuntur ad aliquas speciales virtutes vel vitia. Et secundum hoc etiam sunt diversae beneficiorum species.

Unde patet responsio ad tertium.

랑과 다른 덕이다.

[재반론] 그러나 반대로 내적 행위와 외적 행위는 서로 다른 덕을 요구하지 않는다. 그런데 선행과 호의는 외적 행위와 내적 행위로서만 차이가 난다. 선행은 호의를 실행하는 것이기 때문이다. 그러므로 호의가 참사랑과 다른 덕이 아니듯이 선행도 그러하다.

[답변] 덕들은 상이한 대상들을 근거로 구분된다.[2] 그런데 참사랑과 선행의 대상의 형상적 근거는 동일하다. 앞서 말한 데에서[3] 알 수 있듯이 둘 다 선의 공통된 근거에 관련되기 때문이다. 그러므로 선행은 참사랑과 별개의 덕이 아니며, 참사랑의 어떤 행위를 지칭하는 것이다.

[해답] 1. 계명은 덕의 습성이 아니라 그 행위들에 대해 주어진다. 그러므로 서로 다른 계명들이 있다고 해서 서로 다른 덕들이 있음을 뜻하는 것이 아니라, 서로 다른 행위들이 있음을 뜻한다.[4]
2. 이웃에게 베풀어지는 모든 은혜가 선의 공통된 개념에 따라 고찰한다면 사랑으로 환원되듯이, 모든 피해는 악의 공통된 개념에 따라 고찰한다면 미움으로 환원된다. 그러나 선이나 악의 어떤 특수한 개념에 따라 고찰한다면 이들은 어떤 특수한 덕 또는 악습으로 환원된다. 이에 따르면 은혜에도 여러 종류가 있다.
3. 그러므로 셋째에 대한 대답은 명백하다.

---

2. Cf. I-II, q.54, a.2, sc.
3. a.1.
4. Cf. q.44, a.3, ad2.

QUAESTIO XXXII
DE ELEEMOSYNA
in decem articulos divisa

Deinde considerandum est de eleemosyna.[1]

Et circa hoc quaeruntur decem.

Primo: utrum eleemosynae largitio sit actus caritatis.

Secundo: de distinctione eleemosynarum.

Tertio: quae sint potiores eleemosynae, utrum spirituales vel corporales.

Quarto: utrum corporales eleemosynae habeant effectum spiritualem.

Quinto: utrum dare eleemosynas sit in praecepto.

Sexto: utrum corporalis eleemosyna sit danda de necessario.

Septimo: utrum sit danda de iniuste acquisito.

Octavo: quorum sit dare eleemosynam.

Nono: quibus sit danda.

Decimo: de modo dandi eleemosynas.

제32문
자선
(전10절)

다음으로는 자선(慈善, eleemosyna)에 대해 고찰해야 한다.[1]
이에 대해서는 열 가지 문제가 제기된다.
1. 자선을 베푸는 것은 참사랑의 행위인가?
2. 자선의 구분.
3. 영적 자선과 물질적 자선 가운데 어떤 것이 우선인가?
4. 물질적 자선에는 영적인 결과가 있는가?
5. 자선은 계명에 속하는가?
6. 필요한 것에서도 물질적 자선을 베풀어야 하는가?
7. 불의하게 취득한 것에서 자선을 베풀어야 하는가?
8. 누가 자선을 베풀어야 하는가?
9. 누구에게 베풀어야 하는가?
10. 자선을 베푸는 방법에 대하여.

---

1. Cf. q.31, Introd.

Articulus 1
Utrum dare eleemosynam sit actus caritatis

Ad primum sic proceditur. Videtur quod dare eleemosynam non sit actus caritatis.

1. Actus enim caritatis non potest esse sine caritate. Sed largitio eleemosynarum potest esse sine caritate, secundum illud I *ad Cor.* 13, [3]: *Si distribuero in cibos pauperum omnes facultates meas, caritatem autem non habuero.* Ergo dare eleemosynam non est actus caritatis.

2. Praeterea, eleemosyna computatur inter opera satisfactionis, secundum illud Dan. 4, [24]: *Peccata tua eleemosynis redime.* Sed satisfactio est actus iustitiae. Ergo dare eleemosynam non est actus caritatis, sed iustitiae.

3. Praeterea, offerre hostiam Deo est actus latriae. Sed dare eleemosynam est offerre hostiam Deo, secundum illud *ad Heb.* ult., [16]: *Beneficentiae et communionis nolite oblivisci, talibus enim hostiis promeretur Deus.* Ergo caritatis non est actus dare eleemosynam, sed magis latriae.

4. Praeterea, Philosophus dicit, in IV *Ethic.*,[1] quod dare aliquid propter bonum est actus liberalitatis. Sed hoc maxime fit in largitione eleemosynarum. Ergo dare eleemosynam non est actus caritatis.

---

1. c.2, 1120a24-26; S. Thomas, lect.2, n.666.

제1절 자선을 베푸는 것은 참사랑의 행위인가?

Parall.: *In Sent.*, IV, d.15, q.2, a.1, qc.3.

[반론] 첫째에 대해서는 다음과 같이 진행된다. 자선을 베푸는 것은 참사랑의 행위가 아닌 것으로 생각된다.

1. 참사랑의 행위는 참사랑 없이는 있을 수 없다. 그런데 자선을 베푸는 것은 참사랑 없이도 있을 수 있다. 코린토 1서 13장 [3절]에서는 "내가 모든 재산을 나누어 준다 하여도 나에게 참사랑이 없으면"이라고 말한다. 그러므로 자선을 베푸는 것은 참사랑의 행위가 아니다.

2. 자선은 보속의 행위들 가운데 하나로 일컬어진다. 다니엘서 4장 [24절]에서는 "자선을 하시어 죄를 벗으십시오."라고 말한다. 그런데 보속은 정의의 행위이다. 그러므로 자선을 주는 것은 참사랑의 행위가 아니다.

3. 하느님께 제물을 바치는 것은 흠숭(latria)의 행위이다. 그런데 자선을 베푸는 것은 하느님께 제물을 바치는 것이다. 히브리서 13장 [16절]에서는 "선행과 나눔을 소홀히 하지 마십시오. 이러한 것들이 하느님 마음에 드는 제물입니다."라고 말한다. 그러므로 자선을 주는 것은 사랑의 행위가 아니라 흠숭의 행위이다.

4. 철학자는 『니코마코스 윤리학』 제4권[1]에서 선 때문에 어떤 것을 주는 것은 아량의 행위라고 말한다. 그런데 이것은 무엇보다도 자선을 베푸는 데에서 이루어진다. 그러므로 자선을 베푸는 것은 참사랑의 행위가 아니다.

q.32, a.1

SED CONTRA est quod dicitur I Ioan. 3, [17]: *Qui habuerit substantiam huius mundi, et viderit fratrem suum necessitatem patientem,*[2] *et clauserit viscera sua ab eo, quomodo caritas Dei manet in illo?*

RESPONDEO dicendum quod exteriores actus ad illam virtutem referuntur ad quam pertinet id quod est motivum ad agendum huiusmodi actus. Motivum autem ad dandum eleemosynas est ut subveniatur necessitatem patienti, unde quidam,[3] definientes eleemosynam, dicunt quod eleemosyna est *opus quo datur aliquid indigenti ex compassione propter Deum.*[4] Quod quidem motivum pertinet ad misericordiam, ut supra[5] dictum est. Unde manifestum est quod dare eleemosynam proprie est actus *misericordiae.* Et hoc apparet ex ipso nomine, nam in Graeco a misericordia derivatur, sicut in Latino *miseratio.*[6] Et quia misericordia est effectus caritatis, ut supra[7] ostensum est, ex consequenti dare eleemosynam est actus caritatis, misericordia mediante.

AD PRIMUM ergo dicendum quod aliquid dicitur esse actus

---

2. Vulgata: necessitatem habere.
3. Albertus Magn., *In Sent.*, I, d.15, a.15: ed. Borgnet, XXIX, p.492; Alexander de Hales, *Summa Theologica*, P.IV, q.105, m.1, a.2; Lugduni, 1516, IV, p.406 v b. Cf. Bonaventura, *In Sent.*, IV, d.15, p.II, a.1, pc.4; Ad Claras Aquas, IV, p.368.
4. "앞서 말한 정의에는 자선의 완전성에 관련된 모든 것이, 공로가 되는 점이 모두 포함된다. 자비의 원리가 되는 다른 사람의 비참함은 '곤궁한 이'라는 말에 포함

제32문 제1절

[재반론] 그러나 반대로 요한 1서 3장 [17절]에서는 "누구든지 세상 재물을 가지고 있으면서도 자기 형제가 궁핍한 것을² 보고 그에게 마음을 닫아 버리면, 하느님의 참사랑이 어떻게 그 사람 안에 머무를 수 있겠습니까?"라고 말한다.

[답변] 외적 행위는 그 행위를 하게 되는 동기가 거기에 속하는 그 덕으로 소급된다. 그런데 자선을 베푸는 동기는 어려움을 겪는 사람을 도와주려는 것이다. 그래서 어떤 이들은³ 자선을 정의하여 자선이 "하느님으로 인하여 동정심에서 곤궁한 이에게 무엇을 주는 행위"라고 말한다.⁴ 그런데 이러한 동기는 위에서⁵ 말한 바와 같이 자비에 속한다. 그러므로 자선을 베푸는 것이 고유한 의미에서 자비의 행위임이 분명하다. 이는 그 이름 자체에서도 나타난다. 라틴어 miseratio와 같이, 그리스어에서 자선은 '자비'라는 단어에서 파생된다.⁶ 그리고 위에서⁷ 증명한 바와 같이 자비는 참사랑의 결과이므로, 이에 따라 자선을 베푸는 것은 자비를 통하여 이루어지는 참사랑의 행위이다.

[해답] 1. 어떤 것이 어떤 덕의 행위라고 일컬어지는 것은 두 가지로

된다. 다른 사람의 비참함으로부터 우리 안에 생겨나게 되는 자비는 '동정심'이라는 말에 포함된다. 한편 다른 사람의 비참함을 마치 자신의 것인 듯이 덜어 주는 자비의 결과는 '무엇을 주는 행위'라는 말에 포함된다. 이것이 바로 자선의 본질이다. 한편 그에게 공로의 이유가 되는 것인 하느님을 향하는 지향은 '하느님 때문에'라는 말에 포함된다."(*In Sent.*, IV, d.15, q.2, a.1, qc.1.)

5. q.30, a.4.
6. Ἐλεημοσύνη(자선)는 ἔλεος(자비)에서 파생된다.
7. q.30, a.2; a.3, obj.3.

virtutis dupliciter. Uno modo, materialiter, sicut actus iustitiae est facere iusta. Et talis actus virtutis potest esse sine virtute, multi enim non habentes habitum iustitiae iusta operantur, vel ex naturali ratione, vel ex timore sive ex spe aliquid adipiscendi. Alio modo dicitur esse aliquid actus virtutis formaliter, sicut actus iustitiae est actio iusta eo modo quo iustus facit, scilicet prompte et delectabiliter. Et hoc modo actus virtutis non est sine virtute.—Secundum hoc ergo dare eleemosynas materialiter potest esse sine caritate, formaliter autem eleemosynas dare, idest propter Deum, delectabiliter et prompte et omni eo modo quo debet, non est sine caritate.

Ad secundum dicendum quod nihil prohibet actum qui est proprie unius virtutis elicitive, attribui alteri virtuti sicut imperanti et ordinanti ad suum finem.[8] Et hoc modo dare eleemosynam ponitur inter opera satisfactoria, inquantum miseratio in defectum patientis ordinatur ad satisfaciendum pro culpa.[9]—Secundum autem quod ordinatur ad placandum Deum, habet rationem sacrificii, et sic imperatur a latria.[10]

Unde patet responsio AD TERTIUM.

AD QUARTUM dicendum quod dare eleemosynam pertinet ad liberalitatem inquantum liberalitas aufert impedimentum huius actus, quod esse posset ex superfluo amore divitiarum, propter quem aliquis efficitur nimis retentivus earum.[11]

---

8. Cf. I-II, q.114, a.4, ad1.

이루어진다. 그 첫째는 질료적인 의미에서이다. 예를 들어 정의의 행위는 정의로운 것을 행하는 것이다. 이러한 덕의 행위는 덕 없이도 있을 수 있다. 많은 이들은 정의의 습성이 없으면서도 자연적 이성에 의하여 또는 두려움에서 또는 어떤 것을 얻으려는 희망에서 정의로운 일을 행한다. 둘째로는 어떤 것이 형상적인 의미에서 어떤 덕의 행위라고 일컬어진다. 예를 들어 정의의 행위는 정의로운 사람이 하듯이, 곧 즉시 기쁘게 정의로운 행위를 하는 것이다. 이러한 방식으로는 덕 없이 덕의 행위가 있을 수 없다. 그러므로 이에 따르면 질료적으로 자선을 베푸는 것은 참사랑 없이도 가능하다. 그러나 형상적으로 자선을 베푸는 것은, 곧 하느님 때문에 기쁘게 즉시, 그리고 마땅히 해야 할 방식으로 베푸는 것은 참사랑 없이는 있을 수 없다.

2. 고유한 의미에서 어떤 덕에서 나오는 행위가, 그 행위를 자신의 목적을 위하여 명하고 방향 짓는 다른 덕에게 귀속되는 것을 막는 것은 아무것도 없다.[8] 자선을 베푸는 것은 그러한 방식으로, 탓을 보속하기 위하여 고통 받는 사람의 결함에 대해 자비를 베푸는 것으로서 보속의 행위들 가운데 하나로 일컬어질 수 있다.[9] – 한편 하느님의 마음을 돌리게 하기 위해서 명해진다는 점에서는 제사의 특성을 지니고, 그래서 흠숭의 덕에 의하여 명해질 수 있다.[10]

3. 셋째에 대해서는 대답이 분명하다.

4. 부에 대한 과도한 사랑으로 어떤 사람이 그가 가진 것에 지나치게 집착하게 되는 것으로 인하여 자선 행위에 제기되는 장애를 아량이 제거한다는 의미에서는, 자선을 베푸는 것은 아량에 속한다.[11]

---

9. Cf. Sup., q.15, a.3.
10. Cf. q.85, a.3, ad2.
11. Cf. q.31, a.1, ad2.

q.32, a.2

Articulus 2
Utrum convenienter eleemosynarum genera distinguantur

Ad secundum sic proceditur. Videtur quod inconvenienter eleemosynarum genera distinguantur.

1. Ponuntur enim septem eleemosynae corporales, scilicet pascere esurientem, potare sitientem, vestire nudum, recolligere hospitem, visitare infirmum, redimere captivum, et sepelire mortuum; quae in hoc versu continentur:[1] *Visito, poto, cibo, redimo, tego, colligo, condo*. Ponuntur etiam aliae septem eleemosynae spirituales, scilicet docere ignorantem, consulere dubitanti, consolari tristem, corrigere peccantem, remittere offendenti, portare onerosos et graves, et pro omnibus orare; quae etiam in hoc versu continentur:[2] *Consule, castiga, solare, remitte, fer, ora*; ita tamen quod sub eodem intelligatur consilium et doctrina. Videtur autem quod inconvenienter huiusmodi eleemosynae distinguantur. Eleemosyna enim ordinatur ad subveniendum proximo. Sed per hoc quod proximus sepelitur, in nullo ei subvenitur, alioquin non esset verum quod Dominus dicit, Matth. 10, [28]:[3] *Nolite timere eos qui occidunt corpus, et post hoc non habent amplius quid faciant*. Unde et Dominus,

---

1. Albertus Magn., *In Sent.*, IV, d.15, a.23: ed. Borgnet, XIX, p.505; Alexander de Hales, *Summa Theologica*, P.IV, q.105, m.1, a.2; Lugduni, 1516, IV, p.407 v b.
2. Albertus Magn., *In Sent.*, IV, d.15, a.23; ed. Borgnet, XIX, p.505; Alexander de Hales,

제2절 자선의 유들을 적절하게 구별할 수 있는가?

Parall.: *In Sent.*, IV, d.15, q.2, a.3, qc.1,2; *in Matth.*, c.25.

[반론] 둘째에 대해서는 다음과 같이 진행된다. 자선의 유들은 적절하게 구별되지 않는 것으로 생각된다.

1. 육적인 자선의 일곱 종류가 열거된다. 그것은 굶주린 사람에게 먹을 것을 주는 것, 목마른 사람에게 마실 것을 주는 것, 헐벗은 사람에게 입을 것을 주는 것, 손님을 맞아 주는 것, 병자를 방문하는 것, 포로를 속량하는 것, 죽은 사람을 묻어 주는 것이다. 이들은 "Visito, poto, cibo, redimo, tego, colligo, condo"라는 구절에 포함된다.[1] 또한 영적인 자선의 일곱 종류가 열거된다. 그것은 무지한 사람을 가르치는 것, 망설이는 사람에게 조언하는 것, 슬퍼하는 사람을 위로하는 것, 죄짓는 사람에게 훈계하는 것, 잘못하는 사람을 용서하는 것, 부담스럽고 귀찮은 사람을 참아 주는 것, 모든 이들을 위하여 기도하는 것이다. 이들은 "Consule, castiga, solare, remitte, fer, ora"라는 구절에 포함된다.[2] 여기서는 조언과 가르침이 하나로 묶인다. 그런데 이렇게 함으로써 자선은 부적절하게 구분되는 것으로 생각된다. 자선은 이웃을 돕기 위한 것이다. 그런데 이웃을 묻어 주는 것은 그에게 아무런 도움이 되지 않는다. 그렇지 않다면 주님께서 마태오복음서 10장 [28절]에서[3] "육신은 죽여도 그다음에는 아무것도 하지 못하는 자들을 두려워하지 마라."고 말씀하시는 것은 참이 아닐 것이다. 그래서 주님께서도 마태오복음서 25장 [35-

---

Summa Theologica, P.IV, q.105, m.1, a.2; *op. cit.*, ibid.
3. 루카 12,4 참조.

Matth. 25, [35-36, 42-43], commemorans misericordiae opera, de sepultura mortuorum mentionem non facit. Ergo videtur quod inconvenienter huiusmodi eleemosynae distinguantur.

2. Praeterea, eleemosyna datur ad subveniendum necessitatibus proximi, sicut dictum est.[4] Sed multae aliae sunt necessitates humanae vitae quam praedictae, sicut quod caecus indiget ductore, claudus sustentatione, pauper divitiis. Ergo inconvenienter praedictae eleemosynae enumerantur.

3. Praeterea, dare eleemosynam est actus misericordiae. Sed corrigere delinquentem magis videtur ad severitatem pertinere quam ad misericordiam. Ergo non debet computari inter eleemosynas spirituales.

4. Praeterea, eleemosyna ordinatur ad subveniendum defectui. Sed nullus est homo qui defectum ignorantiae non patiatur in aliquibus. Ergo videtur quod quilibet debeat quemlibet docere, si ignoret id quod ipse scit.

SED CONTRA est quod Gregorius dicit, in quadam homilia:[5] *Habens intellectum curet omnino ne taceat; habens rerum affluentiam vigilet ne a misericordiae largitate torpescat; habens artem qua regitur magnopere studeat ut usum atque utilitatem illius cum proximo partiatur; habens loquendi locum apud divitem damnationem pro retento talento timeat si, cum valet, non apud eum pro pauperibus intercedat.* Ergo praedictae eleemosynae

36.42-43절]에서 자비의 행위들을 생각하시면서 죽은 이들을 묻어 주는 것은 언급하지 않는다. 그러므로 자선은 부적절하게 구분된 것으로 생각된다.

2. 앞서[4] 말한 바와 같이 자선은 이웃의 필요를 돕기 위하여 주어진다. 그런데 인간의 삶에는 앞에서 언급한 것들 외에도 많은 것들이 필요하다. 예를 들어 눈먼 사람은 인도자가 필요하고, 다리를 저는 사람은 의지할 것이 필요하고, 가난한 사람은 재산이 필요하다. 그러므로 앞서 말한 자선들은 부적절하게 열거된 것이다.

3. 자선을 주는 것은 자비의 행위이다. 그런데 악을 행하는 사람을 훈계하는 것은 자비에 속하기보다 엄격함에 속하는 것으로 생각된다. 그러므로 이것은 영적인 자선들 가운데 하나로 여겨지지 않아야 한다.

4. 자선은 결함을 보충하기 위한 것이다. 그런데 어떤 점에서 무지의 결함을 겪지 않는 인간은 없다. 그러므로 어떤 사람이 자신이 알고 있는 것을 모른다면 누구나 누구에게나 가르쳐야 하는 것으로 생각된다.

[재반론] 그러나 반대로 그레고리우스는 어떤 강론에서[5] 이렇게 말한다. "이해력을 가진 사람은 결코 침묵하지 말 것이다. 재물이 많은 사람은 자비롭게 베푸는 것을 멈추지 않도록 주의할 것이다. 훌륭하게 관리하는 기술을 지닌 사람은 그 사용과 유익을 이웃과 나누도록 노력할 것이다. 풍부하게 말할 기회가 있는 사람은 할 수 있는데

---

4. a.1.
5. Homil. 9 *in Evang.*, n.7: PL 76, 1109 B.

convenienter distinguuntur secundum ea in quibus homines abundant et deficiunt.

RESPONDEO dicendum quod praedicta eleemosynarum distinctio convenienter sumitur secundum diversos defectus proximorum. Quorum quidam sunt ex parte animae, ad quos ordinantur spirituales eleemosynae; quidam vero ex parte corporis, ad quos ordinantur eleemosynae corporales. Defectus enim corporalis aut est in vita, aut est post vitam. Si quidem est in vita, aut est communis defectus respectu eorum quibus omnes indigent; aut est specialis propter aliquod accidens superveniens. Si primo modo, aut defectus est interior, aut exterior. Interior quidem est duplex, unus quidem cui subvenitur per alimentum siccum, scilicet fames, et secundum hoc ponitur pascere esurientem; alius autem est cui subvenitur per alimentum humidum, scilicet sitis, et secundum hoc dicitur potare sitientem.—Defectus autem communis respectu exterioris auxilii est duplex, unus respectu tegumenti, et quantum ad hoc ponitur vestire nudum; alius est respectu habitaculi, et quantum ad hoc est suscipere hospitem.—Similiter autem si sit defectus aliquis specialis, aut est ex causa intrinseca, sicut infirmitas, et quantum ad hoc ponitur visitare infirmum, aut ex causa extrinseca, et quantum ad hoc ponitur redemptio captivorum.—Post vitam

도 가난한 이들을 위하여 개입하지 않음으로써 자신의 재능을 사용하지 않은 것에 대해 단죄 받는 것을 두려워할 것이다." 그러므로 앞서 말한 자선들은 사람들에게 풍부하거나 부족한 것들에 따라 적절하게 구분된 것이다.

[답변] 앞서 말한 자선들의 구분은 이웃들의 여러 결함에 따라 적절하게 구분된 것이다. 그 가운데 어떤 것은 영혼에 관련되고, 영적인 자선들은 이들을 위한 것이다. 그러나 어떤 것들은 육체에 관련되고, 육적인 자선들은 이들을 위한 것이다. 그런데 육적인 결함은 살아 있는 동안에도 있을 수 있고 그 후에도 있을 수 있다. 살아 있는 동안의 결함이라면 그것은 모든 이들에게 필요한 공통적인 결함에 대한 것이거나 아니면 어떤 우연적 상황으로 인한 특수한 결함이다. 만일 첫째 경우라면 그것은 내적인 결함이거나 아니면 외적인 결함이다. 내적인 결함은 두 가지이다. 그 한 가지는 건조한 양식으로 채워지는 것 곧 배고픔이고, 이에 따라 굶주린 이에게 먹을 것을 주는 것이 언급된다. 다른 한 가지는 액체로 된 양식으로 채워지는 것 곧 목마름이고, 이에 따라 목마른 이에게 마실 것을 주는 것이 언급된다.-외적 도움에 관련된 공통적인 결함도 두 가지이다. 그 한 가지는 의복에 관한 것이고, 이에 따라 헐벗은 사람에게 입을 것을 주는 것이 언급된다. 다른 한 가지는 거처에 관한 것이고, 이에 따라 손님을 맞아들이는 것이 언급된다.-이와 유사하게 그 결함이 어떤 특수한 것이라면 그것은 질병과 같이 내재적 원인에 의한 것일 수 있고, 이에 따라 병자를 방문하는 것이 언급된다. 또는 외재적 원인에 의한 결함일 수 있고, 이에 따라 포로를 속량하는 것이 언급된다.-삶

autem exhibetur mortuis sepultura.[6]

Similiter autem spiritualibus defectibus spiritualibus actibus subvenitur dupliciter. Uno modo, poscendo auxilium a Deo, et quantum ad hoc ponitur oratio, qua quis pro aliis orat.— Alio modo, impendendo humanum auxilium, et hoc tripliciter. Uno modo, contra defectum intellectus, et si quidem sit defectus speculativi intellectus, adhibetur ei remedium per doctrinam; si autem practici intellectus, adhibetur ei remedium per consilium.—Alio modo est defectus ex passione appetitivae virtutis, inter quos est maximus tristitia, cui subvenitur per consolationem.—Tertio modo, ex parte inordinati actus, qui quidem tripliciter considerari potest. Uno modo, ex parte ipsius peccantis, inquantum procedit ab eius inordinata voluntate, et sic adhibetur remedium per correctionem. Alio modo, ex parte eius in quem peccatur, et sic, si quidem sit peccatum in nos, remedium adhibemus remittendo offensam; si autem sit in Deum vel in proximum, *non est nostri arbitrii remittere*, ut Hieronymus dicit, *super Matth.*[7]—Tertio modo, ex parte sequelae ipsius actus inordinati, ex qua gravantur ei conviventes, etiam praeter peccantis intentionem, et sic remedium adhibetur supportando; maxime in his qui ex infirmitate peccant, secundum illud *Rom.* 15, [1]: *Debemus nos firmiores infirmitates aliorum portare.*[8] Et non solum secundum quod infirmi sunt

---

6. 참조: 토빗 4,1-12; 12,12; 집회 7,39; 이사 58,7; 에제 18,7.16; 마태 25,35-45; 히브 13,2.16; 야고 1,27.

을 마친 후에는 죽은 이들에게 장례가 주어진다.[6]

이와 유사하게, 영적인 결함들에는 두 가지 방식으로 영적인 행위들로 도움을 받는다. 그 한 가지는 하느님으로부터 도움을 청함으로써이고, 이에 따라 다른 사람들을 위해서 하는 기도가 언급된다. 다른 한 가지는 인간적 도움을 주는 것인데 이는 세 가지로 이루어진다. 그 첫째는 지적인 결함에 대한 것인데, 그것이 사변적 이성의 결함이라면 그에게 가르침으로 도움이 주어진다. 실천적 이성의 결여라면 조언으로 도움이 주어진다. - 둘째는 욕구 능력의 정념에서 나오는 결함에 대한 것인데, 그 가운데 가장 큰 것은 슬픔이고 이는 위로로 도움을 받는다. - 셋째는 무질서한 행위들로부터 나오는 결함에 대한 것인데, 이는 세 가지로 고찰될 수 있다. 그 첫째는 죄를 짓는 사람 측면에서, 그것이 그의 무질서한 의지에서 나온다는 점에서이다. 이에 대해서는 훈계로 도움이 주어진다. 둘째는 그가 누구에게 죄를 짓는가 하는 측면에서인데, 만일 우리에게 죄를 짓는 것이라면 우리는 그 잘못을 용서함으로써 도움을 준다. 만일 하느님이나 이웃을 거스르는 것이라면, 히에로니무스가 『마태오복음서 주해』[7]에서 말하듯이 용서하는 것은 우리의 권한이 아니다. 셋째는 그 무질서한 행위에 뒤따르는 결과 측면에서인데, 이로써 죄짓는 사람의 의도가 아니라 하더라도 함께 사는 이들에게는 짐이 된다. 이에 대해서는 견딤으로써 도움이 주어진다. 특히 약함에서 죄를 짓는 이들에 대하여, 로마서 15장 [1절]에서는 "강한 우리는 나약한 이들의 약점을 그대로 받아 주어야 합니다."[8]라고 말한다. 이는 약한 이들이 무질서한

---

7. III, super 18, 15: PL 26, 131 B.
8. Vulgata: Debemus autem nos firmiores imbecillitates infirmorum sustinere.

graves ex inordinatis actibus, sed etiam quaecumque eorum onera sunt supportanda, secundum illud Galat. 6, [2]: *Alter alterius onera portate.*[9]

AD PRIMUM ergo dicendum quod sepultura mortui non confert ei quantum ad sensum quem corpus post mortem habeat. Et secundum hoc Dominus dicit quod interficientes corpus non habent amplius quid faciant. Et propter hoc etiam Dominus non commemorat sepulturam inter alia misericordiae opera, sed numerat solum illa quae sunt evidentioris necessitatis. Pertinet tamen ad defunctum quid de eius corpore agatur, tum quantum ad hoc quod vivit in memoriis hominum, cuius honor dehonestatur si insepultus remaneat; tum etiam quantum ad affectum quem adhuc vivens habebat de suo corpore, cui piorum affectus conformari debet post mortem ipsius. Et secundum hoc aliqui commendantur de mortuorum sepultura, ut Tobias et illi qui Dominum sepelierunt; ut patet per Augustinum, in libro *de Cura pro Mortuis agenda.*[10]

AD SECUNDUM dicendum quod omnes aliae necessitates ad has reducuntur. Nam et caecitas et claudicatio sunt infirmitates quaedam, unde dirigere caecum et sustentare claudum reducitur ad visitationem infirmorum. Similiter etiam subvenire homini contra quamcumque oppressionem illatam extrinsecus reducitur ad redemptionem captivorum. Divitiae autem, quibus paupertati

행위들로 인하여 짐이 된다는 점에서만이 아니라, 그들의 모든 짐을 져야 한다는 뜻이다. 갈라티아서 6장 [2절]에서는 "서로 남의 짐을 져 주십시오."라고 말한다.[9]

[해답] 1. 죽은 이를 묻어 주는 것은, 육체가 죽은 후에 감각을 지니고 있는 것처럼 그 사람의 감각에 도움을 주지는 않는다. 이에 따라 주님은 육체를 죽이는 사람이 더 이상 다른 것을 하지 못한다고 말한다. 또한 이러한 이유로 주님은 죽은 이를 묻어 주는 것을 다른 자비의 행위들 가운데 들지 않고 더 분명한 필요들에 대한 것만을 열거하신다. 하지만 죽은 사람의 육체에 행해지는 것은 그 사람에게 속한다. 그는 사람들의 기억 속에 살아 있고, 그가 묻히지 못한다면 그의 명예는 더럽혀진다. 또한 그가 죽은 다음 그의 육체에 대해 경건한 이들이 지니는 감정은 살아 있을 때에 그가 자신의 육체에 대해 지니던 감정에 부합해야 한다. 이에 따라, 아우구스티누스가 『죽은 이를 위한 배려』에서 말하듯이[10] 토빗과 주님의 장례를 지낸 이들과 같이 어떤 이들은 죽은 이들의 장례를 지내 준 것으로 칭송을 받는다.

2. 다른 모든 필요들은 이들로 환원된다. 눈멂과 다리 저는 것은 일종의 질병이고, 그래서 눈먼 이를 인도하는 이와 다리 저는 이를 지탱하는 것은 병자를 방문하는 것으로 환원된다. 이와 마찬가지로, 밖으로부터 가해진 억압에 맞서 사람들을 돕는 것은 포로를 속량하

---

9. 참조: 2마카 12,46; 마태 10,10; 루카 10,26 이하; 로마 12,12-17; 갈라 6,1.2; 에페 4,1.2.32; 6,18; 콜로 4,2; 1테살 5,14-17; 1티모 2,1.2; 야고 5,19.20.
10. c.3: PL 40, 595.

subvenitur, non quaeruntur nisi ad subveniendum praedictis defectibus, et ideo non fuit specialis mentio de hoc defectu facienda.[11]

AD TERTIUM dicendum quod correctio peccantium, quantum ad ipsam executionem actus, severitatem iustitiae continere videtur. Sed quantum ad intentionem corrigentis, qui vult hominem a malo culpae liberare, pertinet ad misericordiam et dilectionis affectum,[12] secundum illud *Prov. 27*, [6]: *Meliora sunt verbera*[13] *diligentis quam fraudulenta oscula odientis*.

AD QUARTUM dicendum quod non quaelibet nescientia pertinet ad hominis defectum, sed solum ea qua quis nescit ea quae convenit eum scire, cui defectui per doctrinam subvenire ad eleemosynam pertinet. In quo tamen observandae sunt debitae circumstantiae personae et loci et temporis, sicut et in aliis actibus virtuosis.

Articulus 3
Utrum eleemosynae corporales sint potiores quam spirituales

Ad tertium sic proceditur. Videtur quod eleemosynae corporales sint potiores quam spirituales.

---

11. "철학자가 『니코마코스 윤리학』 제5권[c.8, 1133b; S. Thomas, lect.9, n.989]에서 말하듯이 돈은 일종의 기준으로서, 필요한 모든 삶의 덕을 포함한다. 마찬가지로 가난은 모든 필요를 포함한다. 그러므로 가난한 이를 돕는 것은 다른 자선들

는 것으로 환원된다. 그리고 그로써 가난한 이들을 돕는 재산은 앞서 언급한 결함들을 돕기 위해서 추구된다. 그러므로 그러한 결함에 대해 특별히 언급하는 것은 필요하지 않았다.[11]

3. 죄인들에게 훈계하는 것은 그 행위의 실행에 있어서는 정의의 엄격함을 담고 있는 것으로 생각된다. 그러나 훈계하는 사람의 지향에 있어서는 한 사람을 죄과라는 악에서 벗어나게 하려는 것이므로 자비와 사랑의 감정에 속한다.[12] 잠언 27장 [6절]에서는 "사랑하는 이의 매가[13] 미워하는 자의 거짓된 입맞춤보다 낫다."고 말한다.

4. 모든 무지가 인간의 결함에 속하는 것은 아니며, 어떤 사람이 알아야 할 것을 모르는 무지만이 결함에 속한다. 그러한 결함을 가르침으로 돕는 것은 자선에 속한다. 그러나 다른 덕스러운 행위들에서와 마찬가지로, 사람과 장소와 시간의 마땅한 상황을 준수해야 한다.

제3절 물질적 자선은 영적 자선보다 더 중요한가?

Parall.: *In Sent.*, IV, d.15, q.2, a.3, qc.3.

[반론] 셋째에 대해서는 다음과 같이 진행된다. 물질적 자선은 영적 자선보다 더 중요한 것으로 생각된다.

과 구분되는 특수한 자선이 아니라, 모든 것을 포함하는 일반적인 자선이다." *In Sent.*, IV, d.15, q.2, a.3, qc.1, ad5.
12. Cf. q.33, a.1.
13. Vulgata: vulnera.

q.32, a.3

1. Laudabilius enim est magis indigenti eleemosynam facere, ex hoc enim eleemosyna laudem habet quod indigenti subvenit. Sed corpus, cui subvenitur per eleemosynas corporales, est indigentioris naturae quam spiritus, cui subvenitur per eleemosynas spirituales. Ergo eleemosynae corporales sunt potiores.

2. Praeterea, recompensatio beneficii laudem et meritum eleemosynae minuit, unde et Dominus dicit, Luc. 14, [12]: *Cum facis prandium aut cenam, noli vocare vicinos divites, ne forte et ipsi te reinvitent.*[1] Sed in eleemosynis spiritualibus semper est recompensatio, quia qui orat pro alio sibi proficit, secundum illud Psalm. [Ps. 34, 13]: *Oratio mea in sinu meo convertetur*; qui etiam alium docet, ipse in scientia proficit. Quod non contingit in eleemosynis corporalibus. Ergo eleemosynae corporales sunt potiores quam spirituales.

3. Praeterea, ad laudem eleemosynae pertinet quod pauper ex eleemosyna data consoletur, unde *Iob* 31, [20] dicitur: *Si non benedixerunt mihi latera eius*; et *ad Philemonem* [7] dicit Apostolus: *Viscera sanctorum requieverunt per te, frater*. Sed quandoque magis est grata pauperi eleemosyna corporalis quam spiritualis. Ergo eleemosyna corporalis potior est quam spiritualis.

SED CONTRA est quod Augustinus, in libro *de Serm. Dom. in Monte*,[2] super illud,[3] *Qui petit a te, da ei*, dicit, *dandum est quod*

---

1. Vulgata: ne forte te et ipsi reinvitent.

1. 더 곤궁한 사람에게 자선을 하는 것은 칭찬할 만한 일이다. 자선이 칭찬받는 것은 곤궁한 이를 돕는다는 점에서이기 때문이다. 그런데 물질적 자선으로 도움을 받는 육체는 영적 자선으로 도움을 받는 영보다 본성이 더 곤궁하다. 그러므로 물질적 자선이 더 중요하다.

2. 은혜에 대한 보상은 자선의 칭찬과 공로를 감소시킨다. 그래서 주님도 루카복음서 14장 [12절]에서 "네가 점심이나 저녁 식사를 베풀 때, 부유한 이웃을 부르지 마라. 그러면 그들도 다시 너를 초대하여 네가 보답을 받게 된다."[1]고 말한다. 그런데 영적 자선에는 언제나 보상이 있다. 다른 사람을 위하여 기도하는 사람은 자신에게 유익이 있기 때문이다. 시편 35(34)편 [13절]에서는 "제 기도가 제 가슴으로 돌아왔습니다."라고 말한다. 또한 다른 사람을 가르치는 사람은 그 자신이 학문에서 진보한다. 그러므로 물질적 자선은 영적 자선보다 더 중요하다.

3. 가난한 사람이 자선으로 위로를 받는 것은 자선에 대한 칭찬이 된다. 그래서 욥기 31장 [20절]에서는 "그의 허리가 나를 축복하지 않는다면"이라고 말하고, 사도는 필레몬서 [7절]에서 "형제여, 그대 덕분에 성도들이 마음에 생기를 얻었기 때문입니다."라고 말한다. 그런데 때로 물질적 자선은 가난한 이에게 영적 자선보다 더 고맙다. 그러므로 물질적 자선은 영적 자선보다 더 중요하다.

[재반론] 그러나 반대로 아우구스티누스는 『주님의 산상설교』[2]에서 "달라는 자에게 주어라."[3]라는 구절에 대해 이렇게 말한다. "너에게

2. I, c.20, n.67: PL 34, 1264.
3. 마태 5,42.

nec tibi nec alteri noceat, et cum negaveris quod petit, indicanda est iustitia, ut non eum inanem dimittas. Et aliquando melius aliquid dabis, cum iniuste petentem correxeris. Correctio autem est eleemosyna spiritualis. Ergo spirituales eleemosynae sunt corporalibus praeferendae.

RESPONDEO dicendum quod comparatio istarum eleemosynarum potest attendi dupliciter. Uno modo, simpliciter loquendo, et secundum hoc eleemosynae spirituales praeeminent, triplici ratione. Primo quidem quia id quod exhibetur nobilius est, scilicet donum spirituale, quod praeeminet corporali, secundum illud *Prov.* 4, [2]: *Donum bonum tribuam vobis, legem meam ne derelinquatis.*—Secundo, ratione eius cui subvenitur, quia spiritus nobilior est corpore. Unde sicut homo sibi ipsi magis debet providere quantum ad spiritum quam quantum ad corpus, ita et proximo, quem debet tanquam seipsum diligere.—Tertio, quantum ad ipsos actus quibus subvenitur proximo, quia spirituales actus sunt nobiliores corporalibus, qui sunt quodammodo serviles.

Alio modo possunt comparari secundum aliquem particularem casum, in quo quaedam corporalis eleemosyna alicui spirituali praefertur. Puta, magis esset pascendum fame morientem quam docendum, sicut et *indigenti*, secundum Philosophum,[4] *melius est ditari quam philosophari,* quamvis hoc sit simpliciter melius.

도 다른 사람에게도 해가 되지 않도록 주어야 한다. 청하는 것을 거절할 때에는 그 정당한 이유를 밝힘으로써, 그를 빈손으로 보내지 않도록 해야 한다. 때로는 부당하게 청하는 사람을 훈계함으로써 그에게 더 좋은 것을 주게 된다." 그런데 훈계는 영적 자선이다. 그러므로 영적 자선은 물질적 자선보다 우선된다.

[답변] 이 자선들은 두 가지로 비교할 수 있다. 그 한 가지는 단적으로 말할 때이다. 이에 따르면 영적 자선이 우위에 있는데, 이는 세 가지 이유에서이다. 첫째로는 주어지는 것이 더 고귀하기 때문이다. 영적 선물은 물질적 선물보다 우위에 있다. 잠언 4장 [2절]에서는 "내가 너희에게 유익한 지침을 주었으니 내 가르침을 저버리지 마라."고 말한다. - 둘째로는 무엇이 도움을 받는가 하는 점 때문인데, 영은 육체보다 고귀하다. 그러므로 인간이 자신의 육체보다 영을 더 돌보아야 하듯이, 자기 자신과 같이 사랑해야 하는 이웃에게 대해서도 마찬가지이다. - 셋째로는 이웃에게 도움이 주어지는 행위 자체에 있어서인데, 영적인 행위들은 어떤 점에서 종속적인 육적인 행위들보다 더 고귀하기 때문이다.

다른 방식으로는 어떤 개별적인 경우에 따라 비교될 수 있는데, 이때에 어떤 물질적 자선은 어떤 영적 자선보다 우선된다. 예를 들어, 굶주림으로 죽어 가는 사람에게는 가르치기보다 먹을 것을 주어야 한다. 철학자가[4] 말하듯이, 곤궁한 사람에게는 "철학을 하는 것보다 돈을 버는 것이 낫다." 단순하게 말한다면 철학을 하는 것이 돈을 버는 것보다 낫지만 그러하다.

---

4. *Topica*, III, c.2, 118a10-11.

AD PRIMUM ergo dicendum quod dare magis indigenti melius est, ceteris paribus. Sed si minus indigens sit melior, et melioribus indigeat, dare ei melius est. Et sic est in proposito.

AD SECUNDUM dicendum quod recompensatio non minuit meritum et laudem eleemosynae si non sit intenta, sicut etiam humana gloria, si non sit intenta, non minuit rationem virtutis; sicut et de Catone Sallustius dicit[5] quod *quo magis gloriam fugiebat, eo magis eum gloria sequebatur.* Et ita contingit in eleemosynis spiritualibus.—Et tamen intentio bonorum spiritualium non minuit meritum, sicut intentio bonorum corporalium.

AD TERTIUM dicendum quod meritum dantis eleemosynam attenditur secundum id in quo debet rationabiliter requiescere voluntas accipientis, non in eo in quo requiescit si sit inordinata.[6]

Articulus 4
Utrum eleemosynae corporales habeant effectum spiritualem

Ad quartum sic proceditur. Videtur quod eleemosynae corporales non habeant effectum spiritualem.

1. Effectus enim non est potior sua causa. Sed bona spiritualia sunt potiora corporalibus. Non ergo eleemosynae corporales habent spirituales effectus.

---

5. *De Catilinae coniuratione*, c.54: ed. R. Dietsch, Lipsiae, 1884, p.32, ll.34-35.

[해답] 1. 다른 점들이 동일하다면, 더 필요한 사람에게 주는 편이 더 좋다. 그러나 만일 덜 곤궁한 사람이 더 선하고 그가 더 좋은 것을 필요로 한다면, 그에게 주는 편이 더 좋다. 위의 예는 이러한 경우이다.

2. 인간적 영광이 그것을 의도한 것이 아니라면 덕의 가치를 감소시키지 않는 것과 같이, 보상도 그것을 의도한 것이 아니라면 자선의 공로와 그에 대한 칭송을 감소시키지 않는다. 그래서 살루스티우스는[5] 카토에 대하여 "영광을 피할수록 영광은 더 그를 뒤따랐다."고 말한다. 영적 자선의 경우도 이와 같다. 또한 영적 선을 지향하는 것은 육적인 선을 지향하는 것과 같이 공로를 감소시키지 않는다.

3. 자선을 주는 사람의 공로는 받는 사람의 의지가 합리적으로 충족되는 데에 따르는 것이며, 그 의지가 무질서하다면 그것이 충족되는 데에 따르는 것이 아니다.[6]

제4절 물질적 자선에는 영적인 결과가 있는가?

[반론] 넷째에 대해서는 다음과 같이 진행된다. 물질적 자선에는 영적인 결과가 없는 것으로 생각된다.

1. 결과는 원인보다 클 수 없다. 그런데 영적 선은 물질적 선보다 더 크다. 그러므로 육적인 자선에는 영적인 결과가 있을 수 없다.

---

6. "육적인 결함이 더 크게 느껴지기 때문에" 육적인 자선에 대한 받는 사람의 욕구가 영적인 것을 충족시키려는 것보다 더 크다고 말하지도 말 것이다. "영적인 결함이 덜 느껴진다 하더라도 그것은 그의 결함으로 인한 것이기 때문이다."(*In Sent.*, IV, d.15, q.2, a.3, qc.3, ad3.)

2. Praeterea, dare corporale pro spirituali vitium simoniae est.[1] Sed hoc vitium est omnino vitandum. Non ergo sunt dandae eleemosynae ad consequendum spirituales effectus.

3. Praeterea, multiplicata causa, multiplicatur effectus. Si igitur eleemosyna corporalis causaret spiritualem effectum, sequeretur quod maior eleemosyna magis spiritualiter proficeret. Quod est contra illud quod legitur Luc. 21, [2 sqq.] de vidua mittente duo aera minuta in gazophylacium, quae, secundum sententiam Domini, *plus omnibus misit*.[2] Non ergo eleemosyna corporalis habet spiritualem effectum.

SED CONTRA est quod dicitur *Eccli.* 29, [16]:[3] *Eleemosyna viri gratiam hominis quasi pupillam conservabit.*

RESPONDEO dicendum quod eleemosyna corporalis tripliciter potest considerari. Uno modo, secundum suam substantiam. Et secundum hoc non habet nisi corporalem effectum, inquantum scilicet supplet corporales defectus proximorum.—Alio modo potest considerari ex parte causae eius, inquantum scilicet aliquis eleemosynam corporalem dat propter dilectionem Dei et proximi. Et quantum ad hoc affert fructum spiritualem, secundum illud *Eccli.* 29, [13-14]: *Perde pecuniam propter fratrem. Pone thesaurum in praeceptis altissimi, et proderit tibi*

---

1. Cf. q.100, a.1.

2. 영적인 것을 위하여 육적인 것을 주는 것은 성직매매(simonia)의 악습이다.[1] 그런데 이 악습은 결코 피해야 한다. 그러므로 영적인 결과를 얻기 위하여 자선을 주지 말아야 한다.

3. 원인이 많아지면 결과도 많아진다. 그러므로 만일 육적인 자선이 영적인 결과의 원인이 된다면, 자선을 많이 할수록 영적으로 진보할 것이다. 이는 루카복음서 21장 [2절 이하]에 반대된다. 여기에서 성전 헌금함에 동전 두 닢을 넣은 과부는 주님의 말씀에 따르면 "다른 모든 사람보다 더 많이 넣었다." 그러므로 육적인 자선에는 영적인 결과가 없다.

[재반론] 그러나 반대로 집회서 29장 [16절][2]에서는 "사람의 자선은 인간의 은총을 눈동자처럼 지켜 준다."고 말한다.

[답변] 육적인 자선은 세 가지로 고찰될 수 있다. 첫째는 그 실체에 따라서이다. 이에 따르면 그것은 육적인 결과만을 갖는다. 이웃의 육적인 결함만을 보충하는 것이다. ― 둘째로는 그 원인 측면에서, 곧 하느님과 이웃에 대한 참사랑 때문에 육적인 자선을 주는 사람 편에서 고찰될 수 있다. 이 점에 있어서는 영적인 결과를 가져올 수 있다. 집회서 29장 [13-14절, 대중 라틴말 성경. 우리말 성경은 29장 10-11절]에서는 "형제를 위하여 돈을 내주어라. 네 보화를 지극히 높으신 분의 계명에 따라 내놓아라. 그러면 그것이 순금보다 훨씬 이득이 되리라."고 말한다. ― 셋째로는 결과 편에서 고찰될 수 있다. 이렇게 볼 때에도 영적인 열매가 있다. 육적인 자선으로 도움을 받은 이웃

---

2. 17장 18절(우리말 성경은 17,22)도 보라.

magis quam aurum.—Tertio modo, ex parte effectus. Et sic etiam habet spiritualem fructum, inquantum scilicet proximus, cui per corporalem eleemosynam subvenitur, movetur ad orandum pro benefactore. Unde et ibidem [15], subditur: *Conclude eleemosynam in sinu*[4] *pauperis, et haec pro te exorabit ab omni malo.*

AD PRIMUM ergo dicendum quod ratio illa procedit de corporali eleemosyna secundum suam substantiam.

AD SECUNDUM dicendum quod ille qui dat eleemosynam non intendit emere aliquid spirituale per corporale, quia scit spiritualia in infinitum corporalibus praeeminere, sed intendit per caritatis affectum spiritualem fructum promereri.

AD TERTIUM dicendum quod vidua, quae minus dedit secundum quantitatem, plus dedit secundum suam proportionem; ex quo pensatur in ipsa maior caritatis affectus, ex qua corporalis eleemosyna spiritualem efficaciam habet.

Articulus 5
Utrum dare eleemosynam sit in praecepto

Ad quintum sic proceditur. Videtur quod dare eleemosynam non sit in praecepto.

이 은인을 위하여 기도하게 된다는 점에서 그러하다. 그래서 같은 장 [15절, 대중 라틴말 성경. 우리말 성경은 12절]에서는 "가난한 사람의 품에³ 자선을 쌓아 두어라. 그것이 너를 온갖 재앙에서 구해 주리라."라고 말한다.

[해답] 1. 그 논거는 실체에 따라서 고찰한 육적인 자선에 대한 것이다.

2. 자선을 주는 사람은 육적인 것으로 영적인 것을 사려고 하는 것이 아니다. 그는 영적인 것이 육적인 것보다 무한히 우위에 있음을 알기 때문이다. 그는 참사랑의 감정으로 영적인 열매를 얻으려 하는 것이다.

3. 양적인 면에서는 더 적게 내놓은 과부는 비례에 있어서는 더 많은 것을 낸 것이다. 그래서 그에게 더 큰 참사랑의 감정이 있다고 여겨지며, 거기에서 육적인 자선이 영적인 결과를 갖게 된다.

제5절 자선은 계명에 속하는가?

Parall.: Infra, q.66, a.7; q.71, a.1; q.87, a.1, ad.4; q.118, a.4, ad.2; *In Sent.*, IV, d.15, q.2, a.1, qc.4; a.3, qc.2, ad.1; *Quodlibet.*, VI, q.7, ad1-2; VIII, q.6, a.2.
Doctr. Eccl.: 잉여분에서 가난한 이들에게 자선을 베푸는 것은 부자들에게 계명으로 절박하게 요구된다. DS 1938, 2257(=DH 3267, 3729).

[반론] 자선을 베푸는 것은 계명(誡命, praeceptum)에 속하지 않는 것으로 생각된다.

---

3. Vulgata: in corde.

1. Consilia enim a praeceptis distinguuntur. Sed dare eleemosynam est consilium, secundum illud Dan. 4, [24]: *Consilium meum regi placeat, peccata tua eleemosynis redime.*[1] Ergo dare eleemosynam non est in praecepto.

2. Praeterea, cuilibet licet sua re uti et eam retinere. Sed retinendo rem suam aliquis eleemosynam non dabit. Ergo licitum est eleemosynam non dare. Non ergo dare eleemosynam est in praecepto.

3. Praeterea, omne quod cadit sub praecepto aliquo tempore obligat transgressores ad peccatum mortale, quia praecepta affirmativa obligant pro tempore determinato.[2] Si ergo dare eleemosynam caderet sub praecepto, esset determinare aliquod tempus in quo homo peccaret mortaliter nisi eleemosynam daret. Sed hoc non videtur, quia semper probabiliter aestimari potest quod pauperi aliter subveniri possit; et quod id quod est in eleemosynas erogandum possit ei esse necessarium vel in praesenti vel in futuro. Ergo videtur quod dare eleemosynam non sit in praecepto.

4. Praeterea, omnia praecepta reducuntur ad praecepta decalogi.[3] Sed inter illa praecepta nihil continetur de datione eleemosynarum. Ergo dare eleemosynas non est in praecepto.

SED CONTRA, nullus punitur poena aeterna pro omissione

---

1. Vulgata: Quam ob rem, rex, consilium meum placeat tibi, et peccata tus eleemosynis redime.

제32문 제5절

1. 권고는 계명과 구별된다. 그런데 자선을 주는 것은 권고이다. 다니엘서 4장 [24절]에서는 "임금님, 저의 조언이 임금님께 받아들여지기를 바랍니다. 자선을 하시어 죄를 벗으십시오."[1]라고 말한다. 그러므로 자선은 계명에 속하지 않는다.

2. 누구나 자신의 것을 사용하거나 보유하는 것이 허용된다. 그런데 자신의 것을 그대로 보유하고 있다면 자선을 베풀지 않는 것이다. 그러므로 자선을 베풀지 않는 것이 허용된다. 그러므로 자선을 베푸는 것은 계명에 속하지 않는다.

3. 계명에 들어가는 모든 것은 어떤 때에 그것을 위반하는 이들을 사죄로 구속한다. 긍정적 계명들은 일정한 시간 동안 구속력을 갖기 때문이다.[2] 그러므로 자선을 베푸는 것이 계명에 들어간다면, 어떤 때에 인간이 자선을 하지 않는다면 대죄를 범하는 것이 되는지 결정할 수 있을 것이다. 그런데 이는 그렇지 않은 것으로 생각된다. 언제나 아마도 가난한 이들이 다른 식으로 도움을 받을 수 있고, 또한 자선으로 베풀 수 있을 것이 현재에 또는 미래에 자신에게 필요할 수 있다고 여길 수 있기 때문이다. 그러므로 자선을 베푸는 것은 계명에 속하지 않는다.

4. 모든 계명들은 십계명의 계명들로 환원된다.[3] 그런데 그 계명들 가운데 어떤 것에서도 자선에 대해서 말하지 않는다. 그러므로 자선을 베푸는 것은 계명에 속하지 않는다.

[재반론] 그러나 반대로 계명에 들어가지 않는 것을 하지 않는 것

---

2. Cf. q.33, a.2; I-II, q.71, a.5, ad3; q.88, a.1, ad2; q.100, a.10, c et ad2.
3. Cf. I-II, q.100, a.3.

alicuius quod non cadit sub praecepto. Sed aliqui puniuntur poena aeterna pro omissione eleemosynarum; ut patet Matth. 25, [41 sqq.]. Ergo dare eleemosynam est in praecepto.

RESPONDEO dicendum quod cum dilectio proximi sit in praecepto, necesse est omnia illa cadere sub praecepto sine quibus dilectio proximi non conservatur. Ad dilectionem autem proximi pertinet ut proximo non solum velimus bonum, sed etiam operemur, secundum illud I Ioan. 3, [18]: *Non diligamus verbo neque lingua, sed opere et veritate.* Ad hoc autem quod velimus et operemur bonum alicuius requiritur quod eius necessitati subveniamus, quod fit per eleemosynarum largitionem. Et ideo eleemosynarum largitio est in praecepto.

Sed quia praecepta dantur de actibus virtutum, necesse est quod hoc modo donum eleemosynae cadat sub praecepto, secundum quod actus est de necessitate virtutis, scilicet secundum quod recta ratio requirit. Secundum quam est aliquid considerandum ex parte dantis; et aliquid ex parte eius cui est eleemosyna danda. Ex parte quidem dantis considerandum est ut id quod est in eleemosynas erogandum sit ei superfluum, secundum illud Luc. 11, [41]: *Quod superest date eleemosynam.* Et dico superfluum non solum respectu sui ipsius, quod est supra id quod est necessarium individuo; sed etiam respectu aliorum quorum cura sibi incumbit, quia prius oportet quod

에 대해서는 아무도 영벌을 받지 않는다. 그런데 마태오복음서 25장 [41절 이하]에서 나타나듯이 어떤 이들은 자선을 베풀지 않은 것에 대해서 영벌을 받는다. 그러므로 자선을 베푸는 것은 계명에 속한다.

[답변] 이웃 사랑은 계명에 속하므로, 그것이 없이는 이웃 사랑이 보존될 수 없는 것은 모두 계명에 들어간다. 그런데 이웃에게 선을 원하는 것만이 아니라 선을 행하는 것이 이웃 사랑에 속한다. 요한 1서 3장 [18절]에서는 "말과 혀로 사랑하지 말고 행동으로 진리 안에서 사랑합시다."라고 말한다. 어떤 사람의 선을 원하고 그것을 행하기 위해서는 그의 필요를 도와주는 것이 요구되고, 그것은 자선으로 이루어진다. 그러므로 자선을 베푸는 것은 계명에 속한다.

그런데 계명은 덕의 행위들에 대해 주어지므로, 자선을 베푸는 것은 그 행위들이 덕에 필수적이라는 점에서 곧 올바른 이성에 의하여 요구된다는 점에서 계명에 속해야 한다. 이에 따르면 자선을 받는 사람 편에서의 어떤 것이 있다. 주는 사람 편에서는 자선으로 베푸는 것이 그에게 여분의 것인지를 고찰해야 한다. 루카복음서 11장 [41절]에서는 "남는 것으로 자선을 베풀어라."라고 말한다. 여기서 남는 것이라고 말하는 것은 그 자신에 대해서 남는 것 곧 그의 개인적 필요를 넘어서는 것만이 아니라 그가 맡고 있는 이들에 대해서도 말하는 것이다. 각자는 먼저 자신과 그가 맡고 있는 이들을 돌보아야 하고(그들의 '개인적' 필요를 돌보아야 하는데, '개인'은 존엄성을 내포한다.) 그다음에 남는 것으로 다른 이들의 필요를 도와야 하기 때문이다. 이는 본성이 먼저 자신의 육체를 유지하기 위하여 그 영양 능력에 필요한 음식을 받아들이고 남는 것을 생식 능력을 통하여

unusquisque sibi provideat et his quorum cura ei incumbit (respectu quorum dicitur necessarium personae secundum quod *persona* dignitatem importat), et postea de residuo aliorum necessitatibus subveniatur sicut et natura primo accipit sibi, ad sustentationem proprii corporis, quod est necessarium ministerio virtutis nutritivae; superfluum autem erogat ad generationem alterius per virtutem generativam.[4]

Ex parte autem recipientis requiritur quod necessitatem habeat, alioquin non esset ratio quare eleemosyna ei daretur. Sed cum non possit ab aliquo uno omnibus necessitatem habentibus subveniri, non omnis necessitas obligat ad praeceptum, sed illa sola sine qua is qui necessitatem patitur sustentari non potest. In illo enim casu locum habet quod Ambrosius dicit:[5] *Pasce fame morientem. Si non paveris, occidisti.*

Sic igitur dare eleemosynam de superfluo est in praecepto; et dare eleemosynam ei qui est in extrema necessitate.[6] Alias autem eleemosynam dare est in consilio, sicut et de quolibet meliori bono dantur consilia.[7]

---

4. Cf. I, q.119, a.2.
5. In sermone 81 (al. 64), 성령강림 후 제8주일, 루카 12,18에 대하여: PL 17, 593-594. 이 말은 Maurini(PL 17, 587)가 지적하듯이 루카 12장 18절의 "곳간들을 헐어 내고…"에 대한 바실리우스의 강론과 같다. 여러 부분이 첨가되고 어떤 부분들은 생략되었다.(Cf. PG 31, 261-277) Cf. Gratianus, *Decretum*, P. I, d.86, can.21; *Pasce*: ed. Richter-Friedberg, I, p.302.

다른 이들의 출산에 주는 것과 같다.⁴

받은 사람 편에서는 그가 곤궁할 것이 요구된다. 그렇지 않다면 자선을 베풀기를 요청할 이유가 없을 것이다. 그런데 한 사람이 모든 곤궁한 사람들을 도와줄 수는 없으므로, 모든 필요들을 돕는 것이 의무가 되는 것이 아니라 오직 그 도움이 없으면 그 곤궁한 사람이 부양될 수 없는 것만이 계명으로 구속력을 갖는다. 이러한 경우에 암브로시우스의 말이⁵ 해당된다. "굶주림으로 죽어 가는 사람에게 먹을 것을 주어라. 그렇게 하지 않는다면 네가 그를 죽인 것이다."

그러므로 남는 것에서 자선을 베푸는 것은 계명에 속한다. 그리고 극단적으로 곤궁한 사람에게 자선을 베푸는 것도 그러하다.⁶ 다른 모든 더 좋은 선들이 권고로 주어지듯이, 그 밖의 자선을 베푸는 것은 권고에 속한다.⁷

---

6. Cf. q.118, a.4, ad2. "어떤 사람이 법적 의무로 가난한 이들에게 베풀어야 하는 것은 곤궁함의 위험 때문이거나 남는 것이 있기 때문이다." 성 토마스의 학설은, 빌루아르(C. R. Billuart)가 실비우스(Silvius)와 함께 지적하듯이 서로 연결된 것이 아니라 나누어진 것으로 이해해야 한다. 다시 말하면, 남는 것이 있고 '동시에' 가난한 사람이 극단적으로 곤궁한 경우에 자선을 주는 것이 계명에 속하는 것이 아니다. 그러나 성 토마스는 자선의 계명이 절박해지는 두 경우를 제시한다. "첫째는 주는 사람 편에서 절대적으로 남는 것이 있을 때이다. 이때에는 어떤 곤궁함을 겪는 사람이든지 자선을 주어야 한다. 둘째는 받는 사람 편에서 극단적으로 곤궁하거나 중대할 때[…] 남는 상태가 아니라 먹고 살 정도만이라 하더라도." (*Summa S. Th. hodiernis Acad. usibus accomodata, Secunda Secundae*, Brixiae, 1838, Tract. De caritate, diss.V, art.2, §2, p.189.)
7. Cf. q.88, a.6, sc.

AD PRIMUM ergo dicendum quod Daniel loquebatur regi qui non erat legi Dei subiectus. Et ideo ea etiam quae pertinent ad praeceptum legis, quam non profitebatur, erant ei proponenda per modum consilii. Vel potest dici quod loquebatur in casu illo in quo dare eleemosynam non est in praecepto.

AD SECUNDUM dicendum quod bona temporalia, quae homini divinitus conferuntur, eius quidem sunt quantum ad proprietatem, sed quantum ad usum non solum debent esse eius, sed etiam aliorum, qui ex eis sustentari possunt ex eo quod ei superfluit.[8] Unde Basilius dicit:[9] *Si fateris ea tibi divinitus provenisse* (scilicet temporalia bona) *an iniustus est Deus inaequaliter res nobis distribuens? Cur tu abundas, ille vero mendicat, nisi ut tu bonae dispensationis merita consequaris, ille vero patientiae braviis decoretur? Est panis famelici quem tu tenes, nudi tunica quam in conclavi conservas, discalceati calceus qui penes te marcescit, indigentis argentum quod possides inhumatum. Quocirca tot iniuriaris quot dare valeres.* Et hoc idem dicit Ambrosius,[10] in *Decret.*, dist. XLVII.[11]

AD TERTIUM dicendum quod est aliquod tempus dare in quo mortaliter peccat si eleemosynam dare omittat, ex parte quidem recipientis, cum apparet evidens et urgens necessitas, nec apparet in promptu qui ei subveniat; ex parte vero dantis, cum habet superflua quae secundum statum praesentem non sunt sibi necessaria, prout probabiliter aestimari potest. Nec oportet quod

제32문 제5절

[해답] 1. 다니엘은 하느님의 율법에 종속되어 있지 않은 임금에게 말했다. 그러므로 그가 인정하지 않는 것인 율법 계명에 속하는 것도 권고의 방식으로 제시해야 했다. 또는, 그가 자선을 주는 것이 계명에 속하지 않는 경우에 대해 말했다고 할 수도 있다.

2. 인간에게 하느님으로부터 주어지는 현세적 선들은 소유에 있어서만 그 사람에게 속한다. 그러나 사용에 있어서는 그만의 것이 아니라 또한 다른 이들의 것이어야 하고, 다른 이들은 그 사람에게 남는 것으로 도움을 받을 수 있다.[8] 그래서 바실리우스는[9] 이렇게 말한다. "그것들이"(현세적 선들을 말한다.) "하느님으로부터 너에게 주어진 것임을 네가 인정한다면, 하느님께서 우리에게 사물을 똑같지 않게 분배하신다고 해서 그분이 불의하신 것인가? 너는 부유하고 그는 구걸을 한다면, 너는 잘 관리함으로써 공로를 얻고 그는 참회의 상으로 꾸며지기 위한 것이 아니겠는가? 네가 가지고 있는 것은 굶주린 이의 빵이고, 네가 잠가 둔 것은 헐벗은 이의 옷이고, 너에게서 빛이 바래고 있는 것은 맨발인 사람의 신발이고, 네가 묻어 둔 것은 가난한 이의 은이다. 그러므로 너는 네가 줄 수 있는 그만큼 해를 끼치는 것이다." 암브로시우스도[10] 교령집 제47구분[11]에서 같은 말을 한다.

3. 자선을 행하지 않는다면 사죄를 범하게 되는 때를 결정할 수 있다. 받는 사람 편에서는 필요가 명백하고 절박하며 그를 도와줄 사람이 즉시 나타나지 않을 때이다. 한편 주는 사람 편에서는 개연적

---

8. Cf. q.66, a.2.
9. Hom. 6 *in Luc.* 12,18, nn.7-8: PG 31, 276 C, 277 A.
10. Serm. 81(al. 64), 성령강림 후 제8주일, 루카 12,18에 대하여: PL 17, 593-594. Cf. Basilius, Hom.3 *in Luc.* 12,16, n.7: PG 31, 1752 BC.
11. Gratianus, *Decretum*, Part I, d.47, can.8, *Sicut ii*: ed. Richter-Friedberg, I, p.171.

consideret ad omnes casus qui possunt contingere in futurum, hoc enim esset *de crastino cogitare*, quod Dominus prohibet, Matth. 6, [34].[12] Sed debet diiudicari superfluum et necessarium secundum ea quae probabiliter et ut in pluribus occurrunt.

AD QUARTUM dicendum quod omnis subventio proximi reducitur ad praeceptum de honoratione parentum. Sic enim et Apostolus interpretatur, I *ad Tim.* 4, [8] dicens: *Pietas ad omnia utilis est, promissionem habens vitae quae nunc est et futurae*, quod dicit quia in praecepto de honoratione parentum additur promissio, *ut sis longaevus super terram*.[13] Sub pietate autem comprehenditur omnis eleemosynarum largitio.[14]

Articulus 6
Utrum aliquis debeat dare eleemosynam de necessario

Ad sextum sic proceditur. Videtur quod aliquis non debeat eleemosynam dare de necessario.

---

12. Cf. q.55, a.7; I-II, q.108, a.3, ad5.

으로 판단할 수 있는 한에서 그가 현재 상태에서 그에게 필요하지 않은 남는 것이 있을 때이다. 미래에 일어날 수 있는 모든 경우를 고려할 필요는 없다. 이것은 주님이 마태오복음서 6장 [34절]에서 금하는 "내일 걱정"이기 때문이다.[12] 필요한 것과 남는 것은 개연성에 따라 그리고 많은 이들에게 일어나는 바에 따라 판단해야 한다.

4. 이웃에 대한 모든 도움은 부모를 공경하라는 계명으로 환원된다. 그래서 사도도 티모테오 1서 4장 [8절]에서 "경건은 모든 면에서 유익합니다. 현재와 미래의 생명을 약속해 주기 때문입니다."라고 말한다. 이렇게 말하는 것은 부모 공경의 계명에는 "땅에서 오래 살 것이다."[13]라는 약속이 더해지기 때문이다. 그런데 경건에는 모든 자선이 포함된다.[14]

제6절 필요한 것에서도 물질적 자선을 베풀어야 하는가?

Parall.: Infra, q.117, a.1, ad2; *In Sent.*, IV, d.15, q.2, a.4, qc.1.

Doctr. Eccl.: 인노첸시오 11세는 1679년에 다음과 같은 이완주의의 명제를 단죄했다. "(12) 세속인들에게, 심지어 왕들에게도 그들의 신분에 비해 넘치는 것을 발견하기란 거의 불가능하다. 그러므로 다만 신분에 비해 넘치는 것으로 자선의 의무가 있다고 한다면, 그 누구도 자선의 의무를 거의 지니지 않는다." DS 1162(=DH 2112).

[반론] 여섯째에 대해서는 다음과 같이 진행된다. 필요한 것 (necessarium)에서 자선을 주어야 하는 것은 아니라고 생각된다.

---
13. 탈출 20,12; 에페 6,2-3.
14. Cf. I-II, q.69, a.3, ad3.

q.32, a.6

1. Ordo enim caritatis non minus attenditur penes effectum beneficii quam penes interiorem affectum. Peccat autem qui praepostere agit in ordine caritatis, quia ordo caritatis est in praecepto.[1] Cum ergo ex ordine caritatis plus debeat aliquis se quam proximum diligere, videtur quod peccet si subtrahat sibi necessaria ut alteri largiatur.

2. Praeterea, quicumque largitur de his quae sunt necessaria sibi est propriae substantiae dissipator, quod pertinet ad prodigum, ut patet per Philosophum, in IV *Ethic.*[2] Sed nullum opus vitiosum est faciendum. Ergo non est danda eleemosyna de necessario.

3. Praeterea, Apostolus dicit, I *ad Tim.* 5, [8]: *Si quis suorum, et maxime domesticorum curam non habet, fidem negavit et est infideli deterior.* Sed quod aliquis det de his quae sunt sibi necessaria vel suis videtur derogare curae quam quis debet habere de se et de suis. Ergo videtur quod quicumque de necessariis eleemosynam dat, quod graviter peccet.

SED CONTRA est quod Dominus dicit, Matth. 19, [21]: *Si vis perfectus esse, vade et[3] vende omnia quae habes, et da pauperibus.* Sed ille qui dat omnia quae habet pauperibus non solum dat superflua sed etiam necessaria. Ergo de necessariis potest homo eleemosynam dare.

---

1. Cf. q.26, a.1.

1. 참사랑의 질서는 내적인 감정에서 못지않게 은혜(恩惠, beneficium)의 효과에서도 준수되어야 한다. 그런데 참사랑의 질서에서 앞뒤를 바꾸어 행하는 사람은 죄를 짓는 것이다. 참사랑의 질서가 계명에 속하기 때문이다.[1] 그런데 참사랑의 질서에 따라 자신을 이웃보다 사랑해야 하므로, 다른 사람에게 베풀기 위하여 자신에게 필요한 것을 주는 사람은 죄를 짓는 것으로 생각된다.

2. 자신에게 필요한 것을 베푸는 사람은 자신의 재산을 흩뿌리는 것이며 철학자가 『니코마코스 윤리학』 제4권[2]에서 말하듯이 이는 낭비에 속한다. 그런데 악습의 행위는 어떤 것도 하지 말아야 한다. 그러므로 필요한 것에서 자선을 베풀지 말아야 한다.

3. 사도는 티모테오 1서 5장 [8절]에서 "어떤 사람이 자기 친척 특히 가족을 돌보지 않으면, 그는 믿음을 저버린 자로 믿지 않는 사람보다 더 나쁩니다."라고 말한다. 그런데 어떤 사람이 자신과 자신에게 속한 이들에게 필요한 것을 주는 것은 자신과 자신에게 속한 이들을 돌볼 의무를 소홀히 하는 것으로 여겨진다. 그러므로 자신에게 필요한 것에서 자선을 주는 사람은 중대하게 죄를 짓는 것이다.

[재반론] 그러나 반대로 주님은 마태오복음서 19장 [21절]에서 "네가 완전한 사람이 되려거든, 가서 너의 재산을 팔아[3] 가난한 이들에게 주어라."라고 말씀하신다. 그런데 가진 모든 것을 가난한 이들에게 주는 사람은 남는 것만이 아니라 필요한 것도 주는 것이다. 그러므로 필요한 것에서도 자선을 줄 수 있다.

---

2. c.3, 1121a17-20; S. Thomas, lect.4, n.686.
3. 대중 라틴말 성경(Vulgata)에는 et가 없다.

RESPONDEO dicendum quod necessarium dupliciter dicitur. Uno modo, sine quo aliquid esse non potest. Et de tali necessario omnino eleemosyna dari non debet, puta si aliquis in articulo necessitatis constitutus haberet solum unde posset sustentari, et filii sui vel alii ad eum pertinentes; de hoc enim necessario eleemosynam dare est sibi et suis vitam subtrahere.—Sed hoc dico nisi forte talis casus immineret ubi, subtrahendo sibi, daret alicui magnae personae, per quam Ecclesia vel respublica sustentaretur, quia pro talis personae liberatione seipsum et suos laudabiliter periculo mortis exponeret, cum bonum commune sit proprio praeferendum.[4]

Alio modo dicitur aliquid esse necessarium sine quo non potest convenienter vita transigi secundum conditionem vel statum personae propriae et aliarum personarum quarum cura ei incumbit. Huius necessarii terminus non est in indivisibili constitutus, sed multis additis, non potest diiudicari esse ultra tale necessarium; et multis subtractis, adhuc remanet unde possit convenienter aliquis vitam transigere secundum proprium statum. De huiusmodi ergo eleemosynam dare est bonum, et non cadit sub praecepto, sed sub consilio. Inordinatum autem esset si aliquis tantum sibi de bonis propriis subtraheret ut aliis largiretur, quod de residuo non posset vitam transigere convenienter secundum proprium statum et negotia occurrentia, nullus enim inconvenienter vivere debet.

[답변] 필요하다는 것은 두 가지를 뜻할 수 있다. 첫째로는, 그것이 없이는 어떤 것이 존재할 수 없는 것이다. 그리고 이렇게 필요한 것에서는 전혀 자선을 베풀지 말아야 한다. 만일 어떤 사람이 곤궁하여 자신과 자녀들, 그리고 그에게 속하는 이들을 부양할 것만 가지고 있다면, 그 필요한 것에서 자선을 베푸는 것은 자신과 자신에게 속한 이들에게 생명을 빼앗는 것과 같다.-자신에게서 빼냄으로써 교회나 국가를 유지하기 위하여 중요한 사람에게 줄 경우는 예외이다. 공동선은 자신의 것보다 우선해야 하므로, 그러한 사람들을 구하기 위하여 자신과 자신에게 속한 이들을 위험에 처하게 하는 것은 칭찬할 만한 일이기 때문이다.[4]

둘째로는 어떤 것이 없이는 자신과 그가 돌보도록 맡고 있는 사람들의 조건이나 신분에 적절하게 살아갈 수 없는 것을 필요하다고 말한다. 그런데 이렇게 필요한 것의 한계는 뚜렷하게 정해져 있는 것이 아니다. 많은 것이 더해져도 그 필요를 넘어선다고 판단할 수 없고, 많은 것을 뺀다 해도 자신의 신분에 따라 적절하게 살아갈 수 있기 때문이다. 그러므로 이러한 것에서 자선을 베푸는 것은 선이지만, 이는 계명에 들어가지는 않으며 권고에 들어간다. 만일 어떤 사람이 자신의 것을 다른 사람에게 주어 남는 것으로 자신의 신분과 일의 필요에 적절하게 살아갈 수 없게 된다면 그것은 무질서한 것이다. 아무도 부적절하게 살아서는 안 된다.

그러나 여기에 세 가지 예외가 있다. 그 첫째는 어떤 사람이 신분을 바꿀 때, 예를 들어 수도회에 입회할 때이다. 이 경우 그는 그의

---

4. Cf. q.11, a.4; q.58, a.12; q.68, a.1, ad3; q.117, a.6; q.185, a.2, ad1; I-II, q.83, a.1, ad5; q.105, a.3, obj.5.

Sed ab hoc tria sunt excipienda. Quorum primum est quando aliquis statum mutat, puta per religionis ingressum. Tunc enim, omnia sua propter Christum largiens, opus perfectionis facit, se in alio statu ponendo.—Secundo, quando ea quae sibi subtrahit, etsi sint necessaria ad convenientiam vitae, tamen de facili resarciri possunt, ut non sequatur maximum inconveniens.—Tertio, quando occurreret extrema necessitas alicuius privatae personae, vel etiam aliqua magna necessitas reipublicae. In his enim casibus laudabiliter[5] praetermitteret aliquis id quod ad decentiam sui status pertinere videretur, ut maiori necessitati subveniret.

Et per hoc patet de facili responsio AD OBIECTA.

Articulus 7
Utrum possit fieri eleemosyna de illicite acquisitis

Ad septimum sic proceditur. Videtur quod possit eleemosyna fieri de illicite acquisitis.

1. Dicitur enim Luc. 16, [9]: *Facite vobis amicos de mammona iniquitatis.* Mammona autem significat divitias. Ergo de divitiis inique acquisitis potest sibi aliquis spirituales amicos facere, eleemosynas largiendo.

2. Praeterea, omne turpe lucrum videtur esse illicite

모든 것을 그리스도를 위하여 내어 줌으로써 자신의 신분을 바꾸는 완전성의 행위를 하는 것이다.-둘째는 자신에게서 잃는 것이 비록 적절한 삶을 위해 필요한 것이라 해도 그것이 쉽게 회복될 수 있어서 너무 큰 어려움이 뒤따르지 않는 경우이다.-셋째는 어떤 개인이 극단적 곤궁함을 겪을 때, 또는 국가의 큰 필요가 있을 때이다. 이 경우에는 더 큰 필요를 돕기 위하여 자신의 신분에 어울리는 것을 포기하는 것이 칭찬할 만한 일이다.
　이로써 반대 의견들에 대해서는 쉽게 대답이 드러난다.

제7절 부당하게 취득한 것에서 자선을 할 수 있는가?

Parall.: Supra, q.31, a.3, ad3; *In Sent.*, IV, d.15, q.2, a.4, qc.2-3; *Quodlibet.*, XII, q.18, a.3.

[반론] 일곱째에 대해서는 다음과 같이 진행된다. 불법적으로 취득한 것에서 자선을 할 수 있는 것으로 생각된다.
　1. 루카복음서 16장 [9절]에서는 "불의한 재물(mammona)로 친구들을 만들어라."라고 말한다. 그러므로 불의하게 취득한 재산으로 자선을 베풂으로써 영적인 친구들을 만들 수 있다.
　2. 모든 수치스러운 이득은 불법적으로 얻은 것으로 생각된다. 그런데 매춘으로 번 것은 수치스러운 이득이고 그래서 제사나 봉헌물

acquisitum. Sed turpe lucrum est quod de meretricio acquiritur, unde et de huiusmodi sacrificium vel oblatio Deo offerri non debet, secundum illud *Deut.* 23, [18]: *Non offeres mercedem prostibuli in domo Dei tui.*[1] Similiter etiam turpiter acquiritur quod acquiritur per aleas, quia, ut Philosophus dicit, in IV *Ethic.*,[2] *tales ab amicis lucrantur, quibus oportet dare.* Turpissime etiam acquiritur aliquid per simoniam, per quam aliquis Spiritui Sancto iniuriam facit. Et tamen de huiusmodi eleemosyna fieri potest. Ergo de male acquisitis potest aliquis eleemosynam facere.

3. Praeterea, maiora mala sunt magis vitanda quam minora. Sed minus peccatum est detentio rei alienae quam homicidium, quod aliquis incurrit nisi alicui in ultima necessitate subveniat, ut patet per Ambrosium, qui dicit:[3] *Pasce fame morientem, quoniam si non paveris, occidisti.* Ergo aliquis potest eleemosynam facere in aliquo casu de male acquisitis.

SED CONTRA est quod Augustinus dicit, in libro *de Verb. Dom.*:[4] *De iustis laboribus facite eleemosynas. Non enim corrupturi estis iudicem Christum, ut non vos audiat cum pauperibus, quibus tollitis. Nolite velle eleemosynas facere de faenore et usuris. Fidelibus dico, quibus corpus Christi erogamus.*

---

1. Vulgata: Non offeres mercedem prostibuli... in domo Domini Dei tui.
2. c.3, 1122a10-13; S. Thomas, lect.5, n.704.
3. 위의 제5절 답변과 각주 5번 참조.

로 하느님께 바칠 수 없다. 신명기 23장 [19절]에서는 "창녀의 해웃값을 너희 하느님의 집에 가져와서는 안 된다."[1]고 말한다. 이와 마찬가지로, 도박으로 번 것도 수치스럽게 번 것이다. 철학자는 『니코마코스 윤리학』 제4권[2]에서 "이런 이들은 주어야 할 친구들에게서 이득을 얻는다."고 말한다. 성령을 모욕하는 성직 매매로 얻은 것 역시 지극히 수치스럽다. 그런데 그것으로 자선을 할 수 있다. 그러므로 악하게 얻은 것에서 자선을 할 수 있다.

3. 더 작은 악보다 더 큰 악을 피해야 한다. 그런데 다른 사람의 것을 갖고 있는 것은 어떤 사람이 극단적으로 곤궁한 사람을 돕지 않음으로써 범하게 되는 살인보다 작은 악이다. 암브로시우스[3]는 "죽어 가는 사람에게 먹을 것을 주어라. 네가 먹을 것을 주지 않는다면, 네가 그를 죽인 것이다."라고 말한다. 그러므로 어떤 경우 악하게 얻은 것에서 자선을 할 수 있다.

[재반론] 그러나 반대로 아우구스티누스는 『주님의 말씀』[4]에서 이렇게 말한다. "정직한 노동으로 자선을 하십시오. 심판자이신 그리스도를 부패하게 하여 당신이 강탈한 가난한 이들과 함께 당신의 말을 듣지 않으시도록 만들 수 없기 때문입니다. 이자와 고리대금으로 자선을 하려 하지 마십시오. 우리가 그리스도의 몸을 나누어 주는 신자들에게 말합니다."

---

4. Serm.113, al. *de verbis Domini* 35, c.2: PL 38, 649.

q.32, a.7

Respondeo dicendum quod tripliciter potest esse aliquid illicite acquisitum. Uno enim modo id quod illicite ab aliquo acquiritur debetur ei a quo est acquisitum, nec potest ab eo retineri qui acquisivit, sicut contingit in rapina et furto et usuris. Et de talibus, cum homo teneatur ad restitutionem,[5] eleemosyna fieri non potest.

Alio vero modo est aliquid illicite acquisitum quia ille quidem qui acquisivit retinere non potest, nec tamen debetur ei a quo acquisivit, quia scilicet contra iustitiam accepit, et alter contra iustitiam dedit, sicut contingit in simonia, in qua dans et accipiens contra iustitiam legis divinae agit. Unde non debet fieri restitutio ei qui dedit, sed debet in eleemosynas erogari.[6] Et eadem ratio est in similibus, in quibus scilicet et datio et acceptio est contra legem.

Tertio modo est aliquid illicite acquisitum, non quidem quia ipsa acquisitio sit illicita, sed quia id ex quo acquiritur est illicitum, sicut patet de eo quod mulier acquirit per meretricium. Et hoc proprie vocatur *turpe lucrum*. Quod enim mulier meretricium exerceat, turpiter agit et contra legem Dei, sed in eo quod accipit non iniuste agit nec contra legem. Unde quod sic illicite acquisitum est retineri potest, et de eo eleemosyna fieri.[7]

---

5. Cf. q.62, a.2.
6. Cf. q.62, q.5, ad2.

제32문 제7절

[답변] 불법적으로 어떤 것을 취득하는 것은 세 가지로 이루어질 수 있다. 첫째는 불법적으로 어떤 사람으로부터 얻은 것이 그로부터 그것을 얻은 그 사람에게 주어야 하는 것이고 그것을 얻은 사람은 그것을 보유할 수 없는 경우이다. 강도와 절도, 고리대금의 경우가 이와 같다. 이러한 것들은 돌려주어야 하므로,[5] 그것에서 자선을 할 수 없다.

둘째는 그것을 얻은 사람이 그것을 보유할 수 없으므로 불법적으로 얻은 것이지만, 그로부터 그것을 얻은 사람에게 돌려주어야 하는 것은 아닌 경우이다. 그는 정의를 거슬러 받았고 다른 사람은 정의를 거슬러 주었기 때문이다. 성직매매의 경우가 그러한데, 여기에서는 주는 사람과 받는 사람이 모두 하느님의 법의 정의에 거슬러 행하는 것이다. 그러므로 준 사람에게 돌려주지 말아야 하고, 자선으로 베풀어야 한다.[6] 주는 것과 받는 것 모두가 법을 거스르는 이와 유사한 경우들은 이와 동일하다.

셋째는 얻는 것 자체가 불법적인 것이기 때문이 아니라 그것을 얻는 방법이 불법적이기 때문에 불법적으로 얻은 것이 되는 경우이다. 여자가 매춘으로 얻은 것이 그러하다. 이것이 고유한 의미에서 수치스러운 이득이라고 일컬어진다. 여자가 매춘을 하는 것은 수치스러운 행동이며 하느님의 법을 거스르는 것이다. 그러나 여기에서 받는 것은 불의하지도 않으며 하느님의 법에 거슬리지도 않는다. 그러므로 이와 같이 불법적으로 취득한 것은 보유할 수 있으며 거기에서 자선을 할 수도 있다.[7]

---

7. Cf. ibid.

AD PRIMUM ergo dicendum quod, sicut Augustinus dicit, in libro *de Verb. Dom.*,[8] *illud verbum Domini quidam male intelligendo, rapiunt res alienas, et aliquid inde pauperibus largiuntur, et putant se facere quod praeceptum est. Intellectus iste corrigendus est.* Sed *omnes divitiae iniquitatis dicuntur*, ut dicit in libro *de Quaestionibus Evangelii*,[9] *quia non sunt divitiae nisi iniquis, qui in eis spem constituunt.*—Vel, secundum Ambrosium,[10] *iniquum mammona dixit quia variis divitiarum illecebris nostros tentat affectus.*—Vel quia *in pluribus praedecessoribus, quibus patrimonio succedis, aliquis reperitur qui iniuste usurpavit aliena, quamvis tu nescias*; ut Basilius dicit.[11]—Vel omnes divitiae dicuntur *iniquitatis*, idest inaequalitatis, quia non aequaliter sunt omnibus distributae uno egente et alio superabundante.

AD SECUNDUM dicendum quod de acquisito per meretricium iam[12] dictum est qualiter eleemosyna fieri possit. Non autem fit de eo sacrificium vel oblatio ad altare, tum propter scandalum; tum propter sacrorum reverentiam.—De eo etiam quod est per simoniam acquisitum potest fieri eleemosyna, quia non est debitum ei qui dedit, sed meretur illud amittere.—Circa illa vero quae per aleas[13] acquiruntur videtur esse aliquid illicitum ex iure divino, scilicet quod aliquis lucretur ab his qui rem suam alienare non possunt, sicut sunt minores et furiosi et huiusmodi;

---

8. Loc. cit.: PL 38, 648-649.
9. c.2, n.34: PL 35, 1349.

제32문 제7절

[해답] 1. 아우구스티누스가 『주님의 말씀』[8]에서 말하듯이, 그 주님의 말씀을 "어떤 이들은 잘못 이해하여, 다른 사람의 것을 강탈하고 그 일부를 가난한 이들에게 베풀면서 계명을 준수한다고 생각한다. 그들의 이해는 교정되어야 한다." 그러나 그가 『복음서에 관한 질문』[9]에서 말하듯이 "모든 재물은 부정하다고 일컬어진다. 재물에 희망을 두는 악한 이들의 것이기 때문이다." - 또는 암브로시우스가[10] 말하듯이 "맘몬이 불의하다고 일컬어지는 것은 재산의 여러 매력들이 우리의 감정들을 자극하기 때문이다." - 또는 바실리우스[11]가 말하듯이 "당신이 모르더라도, 우리가 그들의 유산을 물려받은 많은 조상들 가운데 어떤 이들은 다른 사람에게서 강탈을 했기 때문"이다. - 또는 모든 재산이 "불의하다" 또는 "불공평하다"고 일컬어지는데, 이는 공평하게 모든 사람에게 분배되지 않기 때문이다. 어떤 사람에게는 부족하고 어떤 사람에게는 넘친다.

2. 매춘으로 얻은 것에서는 이미[12] 말한 바와 같이 자선을 할 수 있다. 걸림돌이 되기 때문에 그리고 거룩한 것들에 대한 존경 때문에, 이를 제단에 제물이나 봉헌물로 바칠 수는 없다. - 성직매매로 얻은 것에서도 자선을 할 수 있다. 그것을 준 사람에게 마땅히 속하는 것이 아니며, 그는 그것을 잃을 만하기 때문이다. - 도박으로[13] 얻은 것은 어떤 경우 하느님의 법에 의하여 불법적인 것으로 생각된다. 자신의 것을 양도할 수 없는 사람, 예를 들어 미성년자와 정신이상자

---

10. *In Luc.*, VII, super 16, 9, n.245: PL 15, 1764 B.
11. Simeon Logotheta (Metaphrasten), serm.VI, de avaritia (excerp. ex opere S. Basilii), 5: PG 32, 1190 C.
12. 답변.
13. 도박이 무엇인지에 대하여: Cf. q.118, a.8, ad4.

503

q.32, a.7

et quod aliquis trahat alium ex cupiditate lucrandi ad ludum; et quod fraudulenter ab eo lucretur. Et in his casibus tenetur ad restitutionem, et sic de eo non potest eleemosynam facere. Aliquid autem videtur esse ulterius illicitum ex iure positivo civili, quod prohibet universaliter tale lucrum.[14] Sed quia ius civile non obligat omnes, sed eos solos qui sunt his legibus subiecti; et iterum per dissuetudinem abrogari potest, ideo apud illos qui sunt huiusmodi legibus obstricti, tenentur universaliter ad restitutionem qui lucrantur; nisi forte contraria consuetudo praevaleat; aut nisi aliquis lucratus sit ab eo qui traxit eum ad ludum. In quo casu non teneretur restituere, quia ille qui amisit non est dignus recipere; nec potest licite retinere, tali iure positivo durante; unde debet de hoc eleemosynam facere in hoc casu.

AD TERTIUM dicendum quod in casu extremae necessitatis omnia sunt communia.[15] Unde licet ei qui talem necessitatem patitur accipere de alieno ad sui sustentationem, si non inveniat qui sibi dare velit. Et eadem ratione licet habere aliquid de alieno et de hoc eleemosynam dare, quinimmo et accipere, si aliter subveniri non possit necessitatem patienti. Si tamen fieri potest sine periculo, debet requisita domini voluntate pauperi providere extremam necessitatem patienti.

---

14. *Codex Iustinianus*, III, tit.43(도박과 도박하는 사람에 대하여), ed. Krueger, II, p.147 a.

와 같은 이들에게서 이득을 얻는 것은 불법이다. 그리고 이득을 얻으려는 탐욕에서 다른 사람에게 도박을 하도록 자극했을 경우, 그리고 속임수로 그에게서 이득을 얻을 경우가 그러하다. 이러한 경우에는 되돌려 주어야 하고, 따라서 그것에서 자선을 할 수 없다. 이들은 그러한 이득을 일반적으로 금하는 사회의 실정법에 의해서도 불법이다.[14] 그러나 사회법은 모든 사람에게 구속력이 있는 것이 아니라 그 법에 종속된 이들에 대해서만 구속력이 있고 반대되는 관습에 의하여 폐지될 수 있으므로, 그러한 법에 종속된 이들은 일반적으로 그 이득을 돌려주어야 한다. 반대되는 관습이 지배적일 때, 또는 다른 사람이 그를 도박하도록 자극했던 사람에게서 이득을 보았을 때는 예외이다. 그러한 경우 돌려줄 의무가 없다. 잃어버린 사람이 그것을 받을 자격이 없기 때문이다. 그러나 불법적으로 그것을 보유할 수도 없다. 그러므로 그러한 경우에는 그것으로 자선을 해야 한다.

3. 극단적으로 곤궁한 경우에는 모든 것이 공동의 것이다. 그러므로 그러한 곤궁을 겪는 사람은 자신에게 주려 하는 사람이 없을 경우 자신의 생계를 위하여 다른 사람의 것을 취하는 것이 허락된다. 같은 이유에서, 곤궁을 겪고 있는 사람을 다른 방법으로는 도울 수 없다면 다른 사람의 것을 보유하고 그것에서 자선을 베풀 수 있으며, 다른 사람의 것을 취할 수도 있다. 그러나 위험 없이 할 수 있다면 주인의 뜻을 물은 다음 극단적인 곤궁함을 겪고 있는 가난한 사람을 도와야 한다.

Articulus 8
Utrum ille qui est in potestate alterius constitutus possit eleemosynam facere

Ad octavum sic proceditur. Videtur quod ille qui est in potestate alterius constitutus possit eleemosynam facere.

1. Religiosi enim sunt in potestate eorum quibus obedientiam voverunt. Sed si eis non liceret eleemosynam facere, damnum reportarent ex statu religionis, quia sicut Ambrosius dicit,[1] *summa Christianae religionis in pietate consistit*, quae maxime per eleemosynarum largitionem commendatur. Ergo illi qui sunt in potestate alterius constituti possunt eleemosynam facere.

2. Praeterea, uxor est *sub potestate viri*, ut dicitur *Gen.* 3, [16]. Sed uxor potest eleemosynam facere, cum assumatur in viri societatem, unde et de beata Lucia dicitur[2] quod, ignorante sponso, eleemosynas faciebat. Ergo per hoc quod aliquis est in potestate alterius constitutus, non impeditur quin possit eleemosynas facere.

3. Praeterea, naturalis quaedam subiectio est filiorum ad parentes, unde Apostolus, *ad Ephes.* 6, [1], dicit: *Filii, obedite parentibus vestris in Domino*. Sed filii, ut videtur, possunt de rebus patris eleemosynas dare, quia sunt quodammodo ipsorum,

---
1. Cf. Ambrosiaster, *In 1 Tim.*, super 4, 8: PL 17, 474 B.

제8절 다른 사람의 권한 아래 있는 사람이 자선을 할 수 있는가?

Parall.: *In Sent.*, IV, d.15, q.2, a.5; *Quodlibet.*, III, q.6, a.1.

[반론] 여덟째에 대해서는 다음과 같이 진행된다. 다른 사람의 권한 아래 있는 사람은 자선을 할 수 있는 것으로 생각된다.

1. 수도자들은 그들이 순명을 서원한 이들의 권한 아래 있다. 그런데 만일 그들이 자선을 하는 것이 허락되지 않는다면, 수도자의 신분으로부터 손해를 입게 되는 것이다. 암브로시우스[1]가 말하듯이 "그리스도교 종교의 요약은 경건"이고 경건은 특히 자선을 베푸는 것으로 인하여 칭송받는 것이기 때문이다. 그러므로 다른 사람의 권한 아래 있는 사람은 자선을 할 수 있다.

2. 창세기 3장 [16절]에서 말하듯이 아내는 "남편의 권한 아래" 있다. 그런데 아내는 남편의 동반자로서 자선을 할 수 있다. 그래서 복된 루치아는 남편 모르게 자선을 했다고 말한다.[2] 그러므로 어떤 사람이 다른 사람의 권한 아래 있다고 해서 자선을 할 수 있는 데에 장애가 되지는 않는다.

3. 자녀들은 본성적으로 부모에게 종속된다. 그래서 사도는 에페소서 6장 [1절]에서 "자녀 여러분, 주님 안에서 부모에게 순종하십시오."라고 말한다. 그런데 자녀들은 아버지의 것에서 자선을 베풀 수 있는 것으로 보인다. 그들은 상속자이므로 아버지의 것이 어떤 식으

---

2. Cf. Iacobus a Boragine, *Legenda aurea*, IV, §1; ed. T. Graesse, Lipsiae, 1850, p.30; B. Mombritius, *Sanctuarium seu Vitae Sanctorum*, Passio S. Luciae Virg. et mart.: II, Parisiis, 1910, p.107.

cum sint haeredes; et cum possint eis uti ad usum corporis, multo magis videtur quod possint eis uti, eleemosynas dando, ad remedium animae suae. Ergo illi qui sunt in potestate constituti possunt eleemosynas dare.

4. Praeterea, servi sunt sub potestate dominorum, secundum illud *ad Tit.* 2, [9]: *Servos dominis suis subditos esse.* Licet autem eis aliquid in utilitatem domini facere, quod maxime fit si pro eis eleemosynas largiantur. Ergo illi qui sunt in potestate constituti possunt eleemosynas facere.

SED CONTRA est quod eleemosynae non sunt faciendae de alieno, sed de iustis laboribus propriis unusquisque eleemosynam facere debet; ut Augustinus dicit, in libro *de Verb. Dom.*[3] Sed si subiecti aliis eleemosynam facerent, hoc esset de alieno. Ergo illi qui sunt sub potestate aliorum non possunt eleemosynam facere.

RESPONDEO dicendum quod ille qui est sub potestate alterius constitutus, inquantum huiusmodi, secundum superioris potestatem regulari debet, hic est enim ordo naturalis, ut inferiora secundum superiora regulentur.[4] Et ideo oportet quod ea in quibus inferior superiori subiicitur, dispenset non aliter quam ei sit a superiore commissum. Sic igitur ille qui est sub potestate constitutus de re secundum quam superiori subiicitur eleemosynam facere non debet nisi quatenus ei a superiore fuerit permissum.—Si quis vero habeat aliquid secundum quod

로 그들 자신의 것이기 때문이다. 그리고 육체의 용도를 위하여 그것을 사용할 수 있으므로, 자선을 베풂으로써 그들 영혼의 치료를 위해서 사용할 수 있는 것은 물론이다. 그러므로 다른 사람의 권한 아래 있는 사람은 자선을 베풀 수 있다.

4. 종들은 주인들의 권한 아래 있다. 티토서 2장 [9절]에서는 "종들에게도 권고하여, 주인에게 복종하도록 하십시오."라고 말한다. 그런데 그들은 주인의 유익을 위하여 어떤 것을 할 수 있고, 특히 주인을 대신하여 자선을 줌으로써 이를 행한다. 그러므로 다른 사람의 권한 아래 있는 사람은 자선을 베풀 수 있다.

[재반론] 그러나 반대로 아우구스티누스가 『주님의 말씀』[3]에서 말하듯이, 자선은 다른 사람의 것으로 해서는 안 되고 자신의 정직한 노동으로 해야 한다. 그런데 만일 종속자가 다른 이들에게 자선을 한다면 그것은 다른 사람의 것으로 하는 것이다. 그러므로 다른 이들의 권한 아래 있는 이들은 자선을 할 수 없다.

[답변] 다른 사람의 권한 아래 있는 사람은 그런 사람으로서는 장상의 권한에 따라 규제되어야 한다. 본성의 질서는 하위의 것들이 상위의 것들에 종속되는 것이다.[4] 그러므로 아랫사람은 윗사람에게 종속된 것들에 있어서, 윗사람에 의하여 맡겨진 것과 달리 처리하지 않아야 한다. 그러므로 다른 사람의 권한 아래 있는 사람은 윗사람에게 종속된 것에서, 윗사람에 의하여 그에게 허락된 정도 외에는

---

3. Serm.113, al. *de verbis Domini* 35, c.2: PL 38, 649.
4. Cf. q.83, a.11, ad4; q.85, a.1; I, q.64, a.4.

potestati superioris non subsit, iam secundum hoc non est potestati subiectus, quantum ad hoc proprii iuris existens. Et de hoc potest eleemosynam facere.

AD PRIMUM ergo dicendum quod monachus, si habet dispensationem a praelato commissam, potest facere eleemosynam de rebus monasterii, secundum quod sibi est commissum. Si vero non habet dispensationem, quia nihil proprium habet, tunc non potest facere eleemosynam sine licentia abbatis vel expresse habita vel probabiliter praesumpta, nisi forte in articulo extremae necessitatis, in quo licitum esset ei furari ut eleemosynam daret.⁵ Nec propter hoc efficitur peioris conditionis, quia sicut dicitur in libro *de Eccles. Dogmat.*,⁶ *bonum est facultates cum dispensatione pauperibus erogare, sed melius est, pro intentione sequendi Dominum, insimul donare, et, absolutum sollicitudine, egere cum Christo.*

AD SECUNDUM dicendum quod si uxor habeat alias res praeter dotem, quae ordinatur ad sustentanda onera matrimonii, vel ex proprio lucro vel quocumque alio licito modo, potest dare eleemosynas, etiam irrequisito assensu viri, moderatas tamen, ne ex earum superfluitate vir depauperetur. Alias autem non debet dare eleemosynas sine consensu viri vel expresso vel praesumpto, nisi in articulo necessitatis, sicut de monacho dictum est.⁷ Quamvis enim mulier sit aequalis in actu matrimonii, tamen in

자선을 할 수 없다.-그러나 어떤 사람이 윗사람의 권한 아래 있지 않은 어떤 것을 가지고 있다면, 그것에 있어서는 권한에 종속되어 있지 않으며 독립적이다. 그리고 그것에서는 자선을 할 수 있다.

[해답] 1. 수도승은 장상으로부터 관면을 받았다면 자신에게 위임된 바에 따라 수도원의 것에서 자선을 할 수 있다. 그러나 관면이 없을 때에는, 자신의 것으로 가지고 있는 것이 없으므로 명시적으로 또는 개연적 추정으로 아빠스의 허락이 없다면 자선을 할 수 없다. 자선을 하기 위하여 절도를 하는 것이 허락되는 극단적 필요의 경우는 예외이다.[5] 그렇다고 해서 그의 조건이 더 나빠지는 것도 아니다. 『교회 교의』[6]에서 말하듯이 "가난한 이들에게 분배해 주는 권한은 좋은 것이지만, 그리스도를 따르려는 지향에서 한 번에 모두 주고 근심에서 벗어나 그리스도와 함께 가난하게 되는 것은 더 좋은 일이다."

2. 부인이 자신의 수익으로 또는 다른 어떤 합법적 방법으로 부부의 부담을 덜기 위한 지참금 외에 다른 것을 소유하고 있다면 남편의 동의를 묻지 않고도 자선을 줄 수 있다. 그러나 지나쳐서 남편을 가난하게 만들지 않도록 정도가 있어야 한다. 그러나 다른 것에서는 명시적이거나 추정된 남편의 동의가 없다면 자선을 주지 말아야 한다. 수도승에 대해 말한 바와 같은[7] 필요의 경우는 예외이다. 아내는 부부의 행위에 있어 동등하지만, 집안의 관리에 속하는 것에서는 사

---

5. Cf. a.7, ad3.
6. Gennadius Massilianus, c.38, al 71: PL 58, 997 A (= PL 83, 1241 C).
7. ad1.

his quae ad dispositionem domus pertinent *vir caput est mulieris*, secundum Apostolum, I *ad Cor.* 11, [3].[8]—Beata autem Lucia sponsum habebat, non virum. Unde de consensu matris poterat eleemosynam facere.

AD TERTIUM dicendum quod ea quae sunt filiifamilias sunt patris. Et ideo non potest eleemosynam facere (nisi forte aliquam modicam, de qua potest praesumere quod patri placeat), nisi forte alicuius rei esset sibi a patre dispensatio commissa.—Et idem dicendum de servis.[9]

Unde patet solutio AD QUARTUM.

Articulus 9
Utrum sit magis propinquioribus eleemosyna facienda

Ad nonum sic proceditur. Videtur quod non sit magis propinquioribus eleemosyna facienda.

1. Dicitur enim *Eccli.* 12, [v. 4, 6]: *Da misericordi, et ne suscipias peccatorem, benefac humili, et non des[1] impio.* Sed quandoque contingit quod propinqui nostri sunt peccatores et impii. Ergo non sunt eis magis eleemosynae faciendae.

2. Praeterea, eleemosynae sunt faciendae propter retributionem mercedis aeternae, secundum illud Matth. 6, [18]: *Et pater tuus,*

---

8. Vulgata: Caput autem mulieris, vir.
9. q.57, a.4.

도가 코린토 1서 11장 [3절]에서 말하듯이 "아내의 머리는 남편"[8]이다.-복된 루치아는 남편이 아니라 약혼자가 있었고, 그래서 어머니의 동의로 자선을 행할 수 있었다.

3. 한 가족의 자녀의 것은 아버지에게 속한다. 그러므로 (아버지의 마음에 들리라고 추정할 수 있는 작은 것이 아니라면) 자선을 줄 수 없다. 아버지가 그에게 어떤 것의 관리를 위임한 경우는 예외이다.-종들에 대해서도 이와 동일하다.[9]

4. 넷째에 대해서는 대답이 명백하다.

제9절 더 밀접한 이들에게 더 많은 자선을 해야 하는가?

Parall.: *In Sent.*, IV, d.15, q.2, a.6, qc.3; *In Ep. ad Rom.*, c.12, lect.2; *in Matth.*, c.25.

[반론] 아홉째에 대해서는 다음과 같이 진행된다. 가까운 이들에게 더 많은 자선을 행해야 하는 것은 아니라고 생각된다.

1. 집회 12장 [4.7절, 대중 라틴말 성경]에서는 "자비로운 이는 도와주고 죄인은 돕지 마라. 겸손한 이에게 선을 행하고 불경한 자에게 주지 마라."[1]라고 말한다. 그런데 때로 우리에게 가까운 이들은 악인이고 불경한 자들이다. 그러므로 그들에게 더 많은 자선을 해야 하는 것은 아니다.

2. 자선은 영원한 상급의 갚음을 위하여 해야 한다. 마태오복음서 6장 [18절]에서는 "그러면 숨은 일도 보시는 네 아버지께서 너에게

---

1. Vulgata: et non dederis...

qui videt in abscondito, reddet tibi. Sed retributio aeterna maxime acquiritur ex eleemosynis quae sanctis erogantur, secundum illud Luc. 16, [9]: *Facite vobis amicos de mammona iniquitatis, ut, cum defeceritis, recipiant vos in aeterna tabernacula; quod exponens Augustinus, in libro de Verb. Dom.,*[2] dicit: *Qui sunt qui habebunt aeterna habitacula nisi sancti Dei?* Et qui sunt qui ab eis accipiendi sunt in tabernacula nisi qui eorum indigentiae serviunt? Ergo magis sunt eleemosynae dandae sanctioribus quam propinquioribus.

3. Praeterea, maxime homo est sibi propinquus. Sed sibi non potest homo eleemosynam facere. Ergo videtur quod non sit magis facienda eleemosyna personae magis coniunctae.

SED CONTRA est quod Apostolus dicit, I *ad Tim.* 5, [8]: *Si quis suorum, et maxime domesticorum curam non habet, fidem negavit et est infideli deterior.*

RESPONDEO dicendum quod, sicut Augustinus dicit, in I *de Doct. Christ.,*[3] illi qui sunt nobis magis coniuncti quasi quadam sorte nobis obveniunt, ut eis magis providere debemus. Est tamen circa hoc discretionis ratio adhibenda, secundum differentiam coniunctionis et sanctitatis et utilitatis. Nam multo sanctiori magis indigentiam patienti, et magis utili ad commune bonum,

---

2. Serm.113, al. *de verbis Domini* 35, c.1: PL 38, 648.

갚아 주실 것이다."라고 말한다. 그런데 영원한 갚음은 특히 성인들에게 베푸는 자선으로 얻어진다. 루카복음서 16장 [9절]에서는 "불의한 재물로 친구들을 만들어라. 그래서 재물이 없어질 때에 그들이 너희를 영원한 거처로 맞아들이게 하여라."라고 말한다. 이를 설명하여 아우구스티누스는 『주님의 말씀』²에서 이렇게 말한다. "영원한 거처를 가지고 있는 이들은 하느님의 성인들이 아니라면 누구이겠는가? 그리고 그들로부터 영원한 거처에 받아들여질 이들은 그들이 곤궁할 때 도와준 이들이 아니라면 누구이겠는가?" 그러므로 자선은 가까운 이들보다 성인들에게 주어야 한다.

3. 인간은 자신에게 가장 가깝다. 그런데 자신에게는 자선을 할 수 없다. 그러므로 더 밀접한 사람들에게 자선을 해야 하는 것은 아니라고 생각된다.

[재반론] 그러나 반대로 사도는 티모테오 1서 5장 [8절]에서 "어떤 사람이 자기 친척 특히 가족을 돌보지 않으면, 그는 믿음을 저버린 자로 믿지 않는 사람보다 더 나쁩니다."라고 말한다.

[답변] 아우구스티누스가 『그리스도교 교양』 제1권³에서 말하듯이, 우리에게 더 밀접한 이들은 우리가 그들을 더 돌보아야 하도록 마치 운명(sors)처럼 우리에게 주어진다. 그러나 이에 대해서는 그 관계와 거룩함과 유익함의 차이에 따라 분별이 필요하다. 훨씬 더 거룩하고 심한 빈곤을 겪는 이들, 그리고 공동선에 더 많이 유익한 이들에게는 가까운 이들에게보다 더 많은 자선을 주어야 한다. 특히 우리에

---

3. c.28: PL 34, 30.

est magis eleemosyna danda quam personae propinquiori; maxime si non sit multum coniuncta, cuius cura specialis nobis immineat, et si magnam necessitatem non patiatur.[4]

AD PRIMUM ergo dicendum quod peccatori non est subveniendum inquantum peccator est, idest ut per hoc in peccato foveatur, sed inquantum homo est, idest ut natura sustentetur.[5]

AD SECUNDUM dicendum quod opus eleemosynae ad mercedem retributionis aeternae dupliciter valet. Uno quidem modo, ex radice caritatis. Et secundum hoc eleemosyna est meritoria prout in ea servatur ordo caritatis, secundum quem propinquioribus magis providere debemus, ceteris paribus.[6] Unde Ambrosius dicit, in I *de Offic.*:[7] *Est illa probanda liberalitas, ut proximos sanguinis tui non despicias, si egere cognoscas, melius est enim ut ipse subvenias tuis, quibus pudor est ab aliis sumptum deposcere.*—Alio modo valet eleemosyna ad retributionem vitae aeternae ex merito eius cui donatur, qui orat pro eo qui eleemosynam dedit. Et secundum hoc loquitur ibi Augustinus.

AD TERTIUM dicendum quod, cum eleemosyna sit opus misericordiae, sicut misericordia non est proprie ad seipsum, sed per quandam similitudinem, ut supra[8] dictum est; ita

---

4. Cf. q.31, a.3.
5. Cf. q.31, a.2, ad2.

게 매우 긴밀한 사람이 아니고 우리가 특별히 돌보아야 하는 사람이 아니며, 심한 빈곤을 겪고 있지 않은 경우라면 더욱 그러하다.[4]

[해답] 1. 죄인은 죄인으로서는, 곧 죄를 부추기는 것으로서는 도와 주지 말아야 한다. 그러나 인간으로서, 곧 그의 본성은 부양해 주어야 한다.[5]

2. 자선은 영원한 갚음의 상급을 위하여 두 가지로 가치가 있다. 첫째로는 자선의 뿌리가 참사랑이라는 점 때문이다. 이에 따라서는 자선은 그 안에서 참사랑의 질서가 존중되는 데에 따라 공로가 되며, 그 점에서는 다른 조건들이 동일하다면 우리는 우리에게 더 가까운 이들을 돌보아야 한다.[6] 그래서 암브로시우스는 『성직자의 의무』 제1권[7]에서 이렇게 말한다. "네가 너의 가까운 혈족이 곤궁함을 안다면 그를 무시하지 않는 것이 칭찬할 만한 아량이다. 그들은 다른 이들에게 도움을 청하기를 부끄러워하며, 네가 너에게 속한 이들을 돕는 편이 더 낫다." - 둘째로 자선은 그 자선을 받는 사람의 공로로 인하여 영원한 생명의 갚음을 받는 데에 도움이 된다. 그는 자선을 준 사람을 위하여 기도하기 때문이다. 아우구스티누스는 이러한 의미에서 말하는 것이다.

3. 자선은 자비의 행위이므로, 위에서[8] 말한 바와 같이 자선과 마찬가지로 고유한 의미에서는 자신을 대상으로 하지 않고 비유적 의미에서만 그러하다. 마찬가지로 고유한 의미에서 말한다면, 아무도 자신에게 자선을 하지 않는다. 다른 사람을 대신할 경우는 예외이다.

---

6. Cf. q.26.
7. c.30, n.150: PL 16, 67 A.
8. q.30, a.1, ad2.

etiam, proprie loquendo, nullus sibi eleemosynam facit, nisi forte ex persona alterius. Puta, cum aliquis distributor ponitur eleemosynarum, potest et ipse sibi accipere, si indigeat, eo tenore quo et aliis ministrat.

Articulus 10
Utrum eleemosyna sit abundanter facienda

Ad decimum sic proceditur. Videtur quod eleemosyna non sit abundanter facienda.

1. Eleemosyna enim maxime debet fieri coniunctioribus. Sed illis non debet sic dari *ut ditiores inde fieri velint*; sicut Ambrosius dicit, in I *de Offic.*[1] Ergo nec aliis debet abundanter dari.

2. Praeterea, Ambrosius dicit ibidem:[2] *Non debent simul effundi opes, sed dispensari.* Sed abundantia eleemosynarum ad effusionem pertinet. Ergo eleemosyna non debet fieri abundanter.

3. Praeterea, II *ad Cor.* 8, [13] dicit Apostolus: *Non ut aliis sit remissio*, idest ut alii de nostris otiose vivant; *vobis autem sit*[3] *tribulatio*, idest paupertas. Sed hoc contingeret si eleemosyna daretur abundanter. Ergo non est abundanter eleemosyna largienda.

---

1. c.30, n.150: PL 16, 67 A.
2. c.30, n.149: PL 16, 67 A.

예를 들어 어떤 사람이 자선을 분배하도록 지명될 때, 만일 그가 곤궁하다면 다른 사람들에게 분배하는 것과 같은 방식으로 자신에게도 할 수 있다.

제10절 자선은 풍부하게 해야 하는가?

Parall.: Infra, q.117, a.1, ad2; *In Ep. II ad Cor.*, c.8, lect.1.

[반론] 열째에 대해서는 다음과 같이 진행된다. 자선은 풍부하게 하지 않아야 하는 것으로 생각된다.

1. 자선은 특히 자신과 밀접한 이들에게 행해야 한다. 그런데 암브로시우스가 『성직자의 의무』 제1권[1]에서 말하듯이 그들에게는 "더 부유하게 되도록" 주지 않아야 한다. 그러므로 다른 이들에게도 풍부하게 베풀지 말아야 한다.

2. 암브로시우스는 같은 곳[2]에서 "재산을 한 번에 쏟아 주지 말고 나누어 주어야 한다."고 말한다. 그런데 자선을 풍부하게 주는 것은 쏟아 주는 것에 속한다. 그러므로 자선은 풍부하게 베풀지 말아야 한다.

3. 사도는 코린토 2서 8장 [13절]에서는 "다른 이들은 편안하게 하면서", 곧 다른 이들이 우리의 것으로 한가하게 살도록 "여러분은 괴롭히자는 것"[3] 곧 우리를 가난하게 하려는 것이 아니라고 말한다. 그런데 이것은 자선을 풍부하게 베풀 때에 일어난다. 그러므로 자선은 풍부하게 베풀지 말아야 한다.

---
3. 대중 라틴말 성경(Vulgata)에는 sit이 없다.

SED CONTRA est quod dicitur *Tob.* 4, [9]: *Si multum tibi fuerit, abundanter tribue.*

RESPONDEO dicendum quod abundantia eleemosynae potest considerari et ex parte dantis, et ex parte recipientis. Ex parte quidem dantis cum scilicet aliquis dat quod est multum secundum proportionem propriae facultatis. Et sic laudabile est abundanter dare, unde et Dominus, Luc. 21, [3-4], laudavit viduam, quae ex eo quod *deerat illi, omnem victum quem habuit misit*,[4]—observatis tamen his quae supra[5] dicta sunt de eleemosyna facienda de necessariis.

Ex parte vero eius cui datur est abundans eleemosyna dupliciter. Uno modo, quod suppleat sufficienter eius indigentiam. Et sic laudabile est abundanter eleemosynam tribuere.—Alio modo, ut superabundet ad superfluitatem. Et hoc non est laudabile, sed melius est pluribus indigentibus elargiri. Unde et Apostolus dicit, I ad Cor. 13, [3]: *Si distribuero in cibos pauperum*; ubi *Glossa*[6] dicit: *Per hoc cautela eleemosynae docetur, ut non uni sed multis detur, ut pluribus prosit.*

AD PRIMUM ergo dicendum quod ratio illa procedit de abundantia superexcedente necessitatem recipientis eleemosynam.

---

4. Vulgata: haec autem ex eo, quod deest ili, omnem victum suum, quem habuit, misit.

[재반론] 그러나 반대로 토빗기 4장 [8절]에서는 "네가 가진 만큼, 많으면 많은 대로 자선을 베풀어라."라고 말한다.

[답변] 자선의 풍부함은 주는 사람 편에서 고찰할 수도 있고 받는 사람 편에서 고찰할 수도 있다. 주는 사람 편에서는 어떤 사람이 그의 재산에 비례하여 많이 베풀 때이다. 이러한 의미에서는 풍부하게 베푸는 것은 칭찬할 만한 일이다. 그래서 주님은 루카복음서 21장 [3-4절]에서 "궁핍한 가운데에서 가지고 있던 생활비를 다 넣었기"[4] 때문에 과부를 칭찬하셨다. ─ 그러나 위에서[5] 필요한 것에서 자선을 하는 데에 대하여 말한 것은 준수되어야 한다.

한편 받는 사람 편에서 자선은 두 가지로 풍부할 수 있다. 첫째는 그의 곤궁함을 충분하게 채워 주는 것이다. 이러한 의미에서는 풍부하게 자선을 베푸는 것은 칭찬할 만한 일이다. ─ 둘째는 넘치도록 풍부한 것이다. 이것은 칭찬할 만한 일이 아니며, 여러 곤궁한 이들에게 나누어주는 편이 더 낫다. 그래서 사도는 코린토 1서 13장 [3절]에서 "내가 가난한 이들에게 음식을 나누어 준다 하여도"라고 말한다. 이에 대하여 주해[6]에서는 이렇게 말한다. "이로써 자선에서 주의할 것에 대한 가르침이 주어진다. 여러 사람이 유익을 볼 수 있도록, 한 사람이 아니라 많은 사람들에게 주어야 한다는 것이다."

[해답] 1. 이 논거는 자선을 받는 사람의 필요를 훨씬 넘어서는 풍부함에 대해 말하는 것이다.

---

5. a.6.
6. Interl. super 1 Cor 13, 3; Lombardus, ibid.: PL 191, 1660 A.

AD SECUNDUM dicendum quod auctoritas illa loquitur de abundantia eleemosynae ex parte dantis.—Sed intelligendum est quod Deus non vult simul effundi omnes opes, nisi in mutatione status. Unde subdit ibidem:[7] *Nisi forte ut Elisaeus boves suos occidit, et pavit pauperes ex eo quod habuit, ut nulla cura domestica teneretur.*

AD TERTIUM dicendum quod auctoritas inducta, quantum ad hoc quod dicit, *Non ut alii sit remissio* vel refrigerium, loquitur de abundantia eleemosynae quae superexcedit necessitatem recipientis, cui non est danda eleemosyna ut inde luxurietur, sed ut inde sustentetur. Circa quod tamen est discretio adhibenda propter diversas conditiones hominum, quorum quidam, delicatioribus nutriti, indigent magis delicatis cibis aut vestibus. Unde et Ambrosius dicit, in libro *de Offic.*:[8] *Consideranda est in largiendo aetas atque debilitas. Nonnunquam etiam verecundia, quae ingenuos prodit natales. Aut si quis ex divitiis in egestatem cecidit sine vitio suo.*—Quantum vero ad id quod subditur, vobis autem tribulatio, loquitur de abundantia ex parte dantis. Sed, sicut Glossa[9] ibi dicit, *non hoc ideo dicit quin melius esset*, scilicet abundanter dare. *Sed de infirmis timet, quos sic dare monet ut egestatem non patiantur.*

---

7. c.30, n.149: PL 16, 67 A.

2. 이 본문은 주는 사람 편에서의 풍부한 자선에 대해 말한다.-하지만 이 말은, 하느님은 신분이 바뀌는 경우 외에는 재산 전부를 한 번에 부어 주는 것을 원하지 않으신다는 뜻으로 이해해야 한다. 그래서 같은 곳에서[7] 이어서 "엘리사처럼 집안을 돌보는 데에 매이지 않기 위해서 그의 소들을 죽이고 가진 것에서 가난한 이들에게 먹을 것을 주는 것이 아니라면"이라고 말한다.

3. 인용된 본문에서 "다른 이들은 편안하게" 또는 안일하게 하지 않는다는 것은 받는 사람의 필요를 훨씬 넘어서는 자선의 풍부함에 대해 말하는 것이다. 그러나 그에게 자선은 부유하게 되도록 주어지는 것이 아니라 생계를 유지하도록 주어져야 한다. 이에 대해서는 사람들의 상이한 조건들로 인하여 분별이 필요하다. 어떤 이들은 섬세하게 양육되어서 더 섬세한 음식이나 옷을 필요로 한다. 그래서 암브로시우스는 『성직자의 의무』[8]에서 이렇게 말한다. "베풀 때에는 나이와 약함을 고려해야 한다. 때로는 수치심도 고려해야 한다. 수치심은 출신이 고귀함을 드러내는 것이다. 어떤 사람이 자신의 악습 없이 부유하다가 곤궁하게 되었는지도 살필 것이다."-그러나 이어서 나오는 "여러분은 괴롭히자는 것"은 주는 사람 편에서의 풍부함을 말한다. 그런데 주해[9]에서 이 부분에 대해 말하듯이, "그렇다고 해서" 풍부하게 주는 것이 "더 낫다고 말하는 것은 아니다. 그러나 약한 이들을 두려워하여 그들 자신이 곤궁함을 겪지 않도록 줄 것을 권고하는 것이다."

---

8. I, c.30, n.158: PL 16, 74 B.
9. Interl. super 2 Cor 8, 3; Lombardus, ibid. PL 192, 58 D.

QUAESTIO XXXIII
DE CORRECTIONE FRATERNA
in octo articulos divisa

Deinde considerandum est de correctione fraterna.[1]

Et circa hoc quaeruntur octo.

Primo: utrum fraterna correctio sit actus caritatis.

Secundo: utrum sit sub praecepto.

Tertio: utrum hoc praeceptum extendat se ad omnes, vel solum in praelatis.

Quarto: utrum subditi teneantur ex hoc praecepto praelatos corrigere.

Quinto: utrum peccator possit corrigere.

Sexto: utrum aliquis debeat corrigi qui ex correctione fit deterior.

Septimo: utrum secreta correctio debeat praecedere denuntiationem.

Octavo: utrum testium inductio debeat praecedere denuntiationem.

---

1. Cf. q.31, Introd.

제33문
형제적 교정
(전8절)

다음으로는 형제적 교정(兄弟的校正, correctio fraterna)에 대해 고찰해야 한다.[1]

이에 대해서는 여덟 가지 문제가 제기된다.

1. 형제적 교정은 참사랑의 행위인가?
2. 형제적 교정은 계명에 속하는가?
3. 그 계명은 모든 이들에게 해당되는가, 아니면 장상들에게만 해당되는가?
4. 종속자들은 그 계명에 의하여 장상들을 교정해야 하는가?
5. 죄인은 교정할 수 있는가?
6. 교정으로 악화되는 사람을 교정해야 하는가?
7. 고발에 앞서 은밀한 교정이 있어야 하는가?
8. 교정에 앞서 증인이 있어야 하는가?

Articulus 1
Utrum fraterna correctio sit actus caritatis

Ad primum sic proceditur. Videtur quod fraterna correctio non sit actus caritatis.

1. Dicit enim Glossa[1] Matth. 18, super illud [15], *Si peccaverit in te frater tuus*, quod frater est arguendus *ex zelo iustitiae*. Sed iustitia est virtus distincta a caritate. Ergo correctio fraterna non est actus caritatis, sed iustitiae.

2. Praeterea, correctio fraterna fit per secretam admonitionem. Sed admonitio est consilium quoddam, quod pertinet ad prudentiam, prudentis enim est *esse bene consiliativum*, ut dicitur in VI *Ethic.*[2] Ergo fraterna correctio non est actus caritatis, sed prudentiae.

3. Praeterea, contrarii actus non pertinent ad eandem virtutem. Sed supportare peccantem est actus caritatis, secundum illud *ad Gal.* 6, [2]: *Alter alterius onera portate, et sic adimplebitis legem Christi*, quae est lex caritatis. Ergo videtur quod corrigere fratrem peccantem, quod est contrarium supportationi, non sit actus caritatis.

---

1. Ordin.: PL 114, 147 A.

제1절 형제적 교정은 참사랑의 행위인가?

Parall.: Supra, q.32, a.2, ad3; Infra, a.3; *In Sent.*, IV, d.19, q.2, a.1, ad6.

[반론] 첫째에 대해서는 다음과 같이 진행된다. 형제적 교정은 참사랑의 행위가 아닌 것으로 생각된다.

1. 마태오복음서 18장 [15절]의 "네 형제가 너에게 죄를 짓거든"에 대한 주해[1]에서는, "정의에 대한 열정으로" 형제를 꾸짖어야 한다고 말한다. 그런데 정의는 참사랑과 구별되는 덕이다. 그러므로 형제적 교정은 참사랑의 행위가 아니라 정의의 행위이다.

2. 형제적 교정은 은밀한 훈계로 이루어진다. 그런데 훈계는 일종의 조언이고 조언은 현명에 속한다. 『니코마코스 윤리학』 제6권[2]에서 말하듯이 현명한 사람의 특징은 "잘 조언하는 것"이다. 그러므로 형제적 교정은 참사랑의 행위가 아니라 현명의 행위이다.

3. 서로 반대되는 행위들은 같은 덕에 속하지 않는다. 그런데 죄짓는 사람을 견디는 것은 참사랑의 행위이다. 갈라티아서 6장 [2절]에서는 "서로 남의 짐을 져 주십시오. 그러면 그리스도의 율법을 완수하게 될 것입니다."라고 말하는데, 그리스도의 율법은 사랑의 법이다. 그러므로 견디는 것에 반대되는 형제적 교정은 참사랑의 행위가 아니다.

---

2. c.5, 1140a25; S. Thomas, lect.4, n.1162. Cf. cc.5 et 8: 1141b8-14; 1142b31-33; S. Thomas, lect.6, n.1193; lect.8, n.1233.

q.33, a.1

SED CONTRA, corripere delinquentem est quaedam eleemosyna spiritualis.[3] Sed eleemosyna est actus caritatis, ut supra[4] dictum est. Ergo et correctio fraterna est actus caritatis.

RESPONDEO dicendum quod correctio delinquentis est quoddam remedium quod debet adhiberi contra peccatum alicuius. Peccatum autem alicuius dupliciter considerari potest, uno quidem modo, inquantum est nocivum ei qui peccat; alio modo, inquantum vergit in nocumentum aliorum, qui ex eius peccato laeduntur vel scandalizantur; et etiam inquantum est in nocumentum boni communis, cuius iustitia per peccatum hominis perturbatur. Duplex ergo est correctio delinquentis. Una quidem quae adhibet remedium peccato inquantum est quoddam malum ipsius peccantis, et ista est proprie fraterna correctio, quae ordinatur ad emendationem delinquentis. Removere autem malum alicuius eiusdem rationis est et bonum eius procurare. Procurare autem fratris bonum pertinet ad caritatem, per quam volumus et operamur bonum amico. Unde etiam correctio fraterna est actus caritatis, quia per eam repellimus malum fratris, scilicet peccatum. Cuius remotio magis pertinet ad caritatem quam etiam remotio exterioris damni, vel etiam corporalis nocumenti, quanto contrarium bonum virtutis magis est affine caritati quam bonum corporis vel exteriorum rerum.[5] Unde correctio fraterna magis est actus

[재반론] 그러나 반대로 잘못하는 사람을 견책하는 것은 영적인 자선의 일종이다.[3] 그런데 위에서[4] 말한 바와 같이 자선은 참사랑의 행위이다. 그러므로 형제적 교정은 참사랑의 행위이다.

[답변] 잘못하는 사람을 교정하는 것은 어떤 사람의 죄에 대하여 취해야 하는 대책이다. 그런데 어떤 사람의 죄는 두 가지로 고찰할 수 있다. 첫째로는 그것이 죄를 짓는 그 사람에게 해가 된다는 점에서이다. 둘째는 그 죄로 인하여 상처를 입거나 걸려 넘어지는 다른 사람에게 해가 된다는 점에서이다. 또한 공동선을 해치는 것으로서도 고찰할 수 있다. 공동선의 정의가 인간의 죄로 흔들리게 되는 것이다. 그러므로 잘못하는 사람에 대한 교정도 두 가지이다. 한 가지는 죄를 짓는 사람 자신의 악이라는 점에서 죄에 대하여 대책을 취하는 것이다. 이것이 고유한 의미의 형제적 교정이다. 그것은 잘못하는 사람의 개선을 지향하기 때문이다. 그런데 어떤 사람의 악을 제거하는 것은 그의 선을 도모하는 것이다. 그리고 형제의 선을 도모하는 것은 우리가 그로써 친구의 선을 원하고 행하는 것인 참사랑에 속한다. 그러므로 형제적 교정 역시 참사랑의 행위이다. 이로써 형제의 악 곧 죄를 물리치는 것이기 때문이다. 죄를 제거하는 것은 외적인 손해나 육체적 해를 제거하는 것보다도 더 참사랑에 속한다. 죄에 반대되는 덕의 선이, 육체적 선이나 외적 사물보다 더 참사랑에 가깝기 때문이다.[5] 그러므로 형제적 교정은 육체적 질병의 치유나 외

---

3. Cf. q.32, a.2.
4. q.32, a.1.
5. Cf. Aristoteles, *Ethica Nic.*, IX, c.3, 1165b19-21. 이에 대하여 성 토마스는 이렇게 말한다. "어떤 사람이 지도를 받는 사람이라면, 올바름의 상태로 돌아가도록 잃어버린 재산을 회복하기 위해서보다 선한 관습을 되찾도록 그에게 도움을 주어야 한다. 덕은 돈보다 더 낫고 우정에 더 고유한 것이기 때문이다."(lect.3, n.1792)

caritatis quam curatio infirmitatis corporalis, vel subventio qua excluditur exterior egestas.—Alia vero correctio est quae adhibet remedium peccati delinquentis secundum quod est in malum aliorum, et etiam praecipue in nocumentum communis boni. Et talis correctio est actus iustitiae, cuius est conservare rectitudinem iustitiae unius ad alium.[6]

AD PRIMUM ergo dicendum quod Glossa illa loquitur de secunda correctione, quae est actus iustitiae.—Vel, si loquatur etiam de prima, iustitia ibi sumitur secundum quod est universalis virtus, ut infra[7] dicetur, prout etiam *omne peccatum est iniquitas*,[8] ut dicitur *I Ioan.* 3, [4], quasi contra iustitiam existens.

AD SECUNDUM dicendum quod, sicut Philosophus dicit, in VI *Ethic.*,[9] *prudentia facit rectitudinem in his quae sunt ad finem*, de quibus est consilium et electio. Tamen cum per prudentiam aliquid recte agimus ad finem alicuius virtutis moralis, puta temperantiae vel fortitudinis, actus ille est principaliter illius virtutis ad cuius finem ordinatur. Quia ergo admonitio quae fit in correctione fraterna ordinatur ad amovendum peccatum fratris, quod pertinet ad caritatem; manifestum est quod talis admonitio principaliter est actus caritatis, quasi imperantis, prudentiae vero secundario, quasi exequentis et dirigentis actum.

6. "형제적 교정은 자비를 통한 참사랑의 행위로 여겨진다. 그것이 일종의 자선이기 때문이다. 앞 문제의 제1절에서 말한 바와 같이 이러한 방식으로 자선을 하는 것

적인 빈곤함을 없애 주는 도움보다 더 참사랑의 행위이다.-그러나 다른 방식의 교정은 다른 사람에게 끼치는 악이라는 점에서 그리고 특히 공동선을 해친다는 점에서 잘못하는 사람의 죄에 대책을 취하는 것이다. 이러한 교정은 다른 사람에 대한 한 사람의 정의의 올바름을 보존하는 정의의 행위이다.[6]

[해답] 1. 그 주해는 정의의 행위인 두 번째 종류의 교정에 대해 말하는 것이다.-또는, 첫 번째 종류의 교정에 대해 말하는 것이라면, 여기서 정의는 아래에서[7] 말할 것과 같이 일반적인 덕으로서 이해되는 것이다. 요한 1서 3장 [4절]에서 말하듯이 "모든 죄는 불법"[8]이며 정의에 반대되는 것이기 때문이다.

2. 철학자가 『니코마코스 윤리학』 제6권[9]에서 말하듯이 "현명은 목적을 위하여 있는 수단들을 올바르게 한다." 조언과 선택은 이들에 대한 것이다. 그러나 우리는 현명으로써 절제나 용기 같은 어떤 도덕적 덕의 목적을 위하여 어떤 것을 올바로 행하는 것이므로, 행위는 주로 그것이 그 목적을 지향하는 덕에 속한다. 그런데 형제적 교정에서 행하는 훈계는 형제의 죄를 제거하고자 하는 것이고, 이것은 참사랑에 속한다. 그러므로 그러한 훈계는 주로 그것을 명령하는 참사랑의 행위임이 분명하며, 부수적으로 그 행위를 실행하고 인도하는 현명에 속한다.

은 참사랑의 행위이다. 그런데 참사랑은 자비에 대하여 명령하는 관계에 있다. 참사랑은 선행을 하고자 하고, 자선은 비참을 없애려고 한다. 참사랑은 주된 것이고, 자선은 참사랑에 종속된다. 한편 현명은 개선하고자 하는 목적에서 훈계의 행위를 지시하고 실행한다."(Cajetanus, in h. a.)

7. q.58, a.5.
8. Vulgata: et peccatum est iniquitas.
9. c.13, 1144a8-11; S. Thomas, lect.10, n.1269.

AD TERTIUM dicendum quod correctio fraterna non opponitur supportationi infirmorum, sed magis ex ea consequitur. Intantum enim aliquis supportat peccantem inquantum contra eum non turbatur, sed benevolentiam ad eum servat. Et ex hoc contingit quod eum satagit emendare.

Articulus 2
Utrum correctio fraterna sit in praecepto

Ad secundum sic proceditur. Videtur quod correctio fraterna non sit in praecepto.

1. Nihil enim quod est impossibile cadit sub praecepto, secundum illud Hieronymi:[1] *Maledictus qui dicit Deum aliquid impossibile praecepisse.* Sed *Eccle.* 7, [14] dicitur: *Considera opera Dei, quod nemo possit corrigere quem ille despexerit.* Ergo correctio fraterna non est in praecepto.

2. Praeterea, omnia praecepta legis divinae ad praecepta Decalogi reducuntur.[2] Sed correctio fraterna non cadit sub aliquo praeceptorum Decalogi. Ergo non cadit sub praecepto.

3. Praeterea, omissio praecepti divini est peccatum mortale, quod in sanctis viris non invenitur. Sed omissio fraternae correctionis invenitur in sanctis et in spiritualibus viris, dicit

---

1. Cf. Pelagius, *Epist. I ad Demetriad.*, c.16: PL 30, 30 D; *Libellum fidei ad Innocentium*, 10: PL 45, 1718.

3. 형제적 교정은 약한 이들을 견디는 것에 반대되지 않으며 오히려 거기에서 나온다. 어떤 사람이 죄를 짓는 사람에 대해 동요하지 않고 그에 대한 호의를 보존하는 그만큼 그는 그를 견디는 것이다. 그리고 그를 바로잡으려 하는 것은 거기에서 나온다.

제2절 형제적 교정은 계명에 속하는가?

Parall.: *In Sent.*, IV, d.19, q.2, a.2, qc.1; *De correct. frat.*, a.1.

[반론] 둘째에 대해서는 다음과 같이 진행된다. 형제적 교정은 계명(誡命, praeceptum)에 속하지 않는 것으로 생각된다.

1. 불가능한 것은 어떤 것도 계명에 들어가지 않는다. 히에로니무스[1]는 "하느님이 불가능한 것을 명하셨다고 말하는 사람은 저주를 받을 것이다."라고 말한다. 그런데 코헬렛 7장 [13절]에서는 "하느님께서 하시는 일을 보아라. 그분께서 구부리신 것을 누가 똑바로 할 수 있으랴?"라고 말한다. 그러므로 형제적 교정은 계명에 속하지 않는다.

2. 하느님의 법의 모든 계명들은 십계명의 계명들로 환원된다.[2] 그런데 형제적 교정은 십계명의 어떤 계명에도 들어가지 않는다. 그러므로 그것은 계명에 들어가지 않는다.

3. 하느님의 계명을 지키지 않는 것은 사죄이며 거룩한 사람들에게서는 일어나지 않는다. 그런데 형제적 교정을 하지 않는 것은 거룩

---

2. Cf. I-II, q.100, a.3.

enim Augustinus, I *de Civ. Dei*,³ quod *non solum inferiores, verum etiam hi qui superiorem vitae gradum tenent ab aliorum reprehensione se abstinent, propter quaedam cupiditatis vincula, non propter officia caritatis.* Ergo correctio fraterna non est in praecepto.

4. Praeterea, illud quod est in praecepto habet rationem debiti. Si ergo correctio fraterna caderet sub praecepto, hoc fratribus deberemus ut eos peccantes corrigeremus. Sed ille qui debet alicui debitum corporale, puta pecuniam, non debet esse contentus ut ei occurrat creditor, sed debet eum quaerere ut debitum reddat. Oporteret ergo quod homo quaereret correctione indigentes ad hoc quod eos corrigeret. Quod videtur inconveniens, tum propter multitudinem peccantium, ad quorum correctionem unus homo non posset sufficere; tum etiam quia oporteret quod religiosi de claustris suis exirent ad homines corrigendos, quod est inconveniens. Non ergo fraterna correctio est in praecepto.

SED CONTRA est quod Augustinus dicit, in libro *de Verb. Dom.*:⁴ *Si neglexeris corrigere, peior eo factus es qui peccavit.* Sed hoc non esset nisi per huiusmodi negligentiam aliquis praeceptum omitteret. Ergo correctio fraterna est in praecepto.

---

3. c.9, n.2: PL 41, 22.

한 이들과 영적인 사람들에게서도 일어난다. 아우구스티누스는 『신국론』 제1권³에서 "하위의 사람들만이 아니라 삶의 높은 단계에 있는 이들도, 참사랑의 임무 때문이 아니라 탐욕의 속박 때문에 다른 사람들을 꾸짖기를 꺼린다."고 말한다. 그러므로 형제적 교정은 계명에 속하지 않는다.

4. 계명에 속하는 것은 빛의 특성을 지닌다. 그러므로 만일 형제적 교정이 계명에 들어간다면, 우리는 죄를 짓는 형제들에게 교정의 빚을 지게 될 것이다. 그런데 어떤 사람에게 물질적인 빚 곧 돈을 빚진 사람은 채권자가 자신에게 오는 것으로 만족해서는 안 되고 빚을 갚기 위하여 그를 찾아야 한다. 그러므로 교정을 필요로 하는 사람을 찾아 그를 교정해야 할 것이다. 그러나 이것은 부적절하다고 생각된다. 죄를 짓는 이들이 많기 때문에, 그들을 교정하는 데에 한 사람으로 충분치 않기 때문에도 그러하고, 수도자들이 사람들을 교정하기 위하여 봉쇄 구역 밖으로 나가야 한다는 것이 부적절하기 때문에도 그러하다. 그러므로 형제적 교정은 계명에 속하지 않는다.

[재반론] 그러나 반대로 아우구스티누스는 『주님의 말씀』⁴에서 "네가 교정을 소홀히 한다면 너는 죄를 지은 사람보다 더 나쁘게 된다."고 말한다. 그런데 그러한 나태로써 어떤 계명을 소홀히 하지 않는다면 그렇게 되지 않을 것이다. 그러므로 형제적 교정은 계명에 속한다.

---

4. Serm.82, al. *de verbis Domini* 16, c.4, n.7: PL 38, 508.

Respondeo dicendum quod correctio fraterna cadit sub praecepto. Sed considerandum est quod sicut praecepta negativa legis prohibent actus peccatorum, ita praecepta affirmativa inducunt ad actus virtutum. Actus autem peccatorum sunt secundum se mali, et nullo modo bene fieri possunt, nec aliquo tempore aut loco, quia secundum se sunt coniuncti malo fini, ut dicitur in II *Ethic.*[5] Et ideo praecepta negativa obligant semper et ad semper. Sed actus virtutum non quolibet modo fieri debent, sed observatis debitis circumstantiis quae requiruntur ad hoc quod sit actus virtuosus, ut scilicet fiat ubi debet, et quando debet, et secundum quod debet.[6] Et quia dispositio eorum quae sunt ad finem attenditur secundum rationem finis, in istis circumstantiis virtuosi actus praecipue attendenda est ratio finis, qui est bonum virtutis. Si ergo sit aliqua talis omissio alicuius circumstantiae circa virtuosum actum quae totaliter tollat bonum virtutis, hoc contrariatur praecepto. Si autem sit defectus alicuius circumstantiae quae non totaliter tollat virtutem, licet non perfecte attingat ad bonum virtutis, non est contra praeceptum. Unde et Philosophus dicit, in II *Ethic.*,[7] quod si parum discedatur a medio, non est contra virtutem, sed si multum discedatur, corrumpitur virtus in suo actu. Correctio autem fraterna ordinatur ad fratris emendationem. Et ideo hoc modo cadit sub praecepto, secundum quod est necessaria ad istum finem, non autem ita quod quolibet loco vel tempore

[답변] 형제적 교정은 계명에 들어간다. 그러나 법의 부정적 계명들은 죄의 행위를 금하고 긍정적 계명들은 덕의 행위를 하도록 한다는 점을 고려해야 한다. 죄의 행위는 그 자체로 악한 것이며, 어떤 식으로도 어떤 시간이나 장소에서도 선하게 할 수 없다.『니코마코스 윤리학』제2권[5]에서 말하듯이 그 자체로서 악한 목적에 결합되어 있기 때문이다. 그러므로 부정적 계명들은 언제나 그리고 어떤 경우에나 구속력을 갖는다. 그러나 덕의 행위는 어떤 방식으로든 해야 하는 것이 아니라 그것이 덕스러운 행위가 되기 위해 요구되는 마땅한 상황들을 준수해야 한다. 마땅한 장소와 시간과 방법을 따라야 하는 것이다.[6] 그리고 목적을 위하여 있는 것들에 대한 처리는 목적을 따라야 하므로, 덕스러운 행위와 관련된 상황들에서는 특히 목적 곧 덕의 선을 고려해야 한다. 그러므로 만일 덕스러운 행위와 관련하여 어떠한 상황이 없다는 것이 그 덕의 선을 완전히 사라지게 한다면 그 행위는 계명에 반대되는 것이다. 그러나 만일 어떠한 상황의 결함이 덕을 완전히 사라지게 하지는 않는다면, 덕의 선에 완전하게 도달하지는 않는다 하더라도 계명에 반대되는 것은 아니다. 그래서 철학자는『니코마코스 윤리학』제2권[7]에서, 중용에서 조금 벗어난다면 그것은 덕에 반대되는 것이 아니라고 말한다. 그러나 만일 많이 벗어난다면 그것은 덕의 행위를 손상시킨다. 그런데 형제적 교정은 형제를 바로잡는 것을 목적으로 한다. 그러므로 그것은 그러한 방식으로, 곧 이 목적에 필요하다는 점에서 계명에 들어간다. 어떤 장소에

---

5. c.6, 1107a12-17; S. Thomas, lect.7, n.329.
6. Cf. q.3, a.2; q.79, a.3, ad3; I-II, q.71, a.5, ad3; q.88, a.1, ad2; q.100, a.10, ad2.
7. c.9, 1109b18-20; S. Thomas, lect.11, n.380.

frater delinquens corrigatur.[8]

AD PRIMUM ergo dicendum quod in omnibus bonis agendis operatio hominis non est efficax nisi adsit auxilium divinum, et tamen homo debet facere quod in se est.[9] Unde Augustinus dicit, in libro *de Corr. et Grat.*:[10] *Nescientes quis pertineat ad praedestinatorum numerum et quis non pertineat, sic affici debemus caritatis affectu ut omnes velimus salvos fieri.* Et ideo omnibus debemus fraternae correctionis officium impendere sub spe divini auxilii.

AD SECUNDUM dicendum quod, sicut supra[11] dictum est, omnia praecepta quae pertinent ad impendendum aliquod beneficium proximo reducuntur ad praeceptum de honoratione parentum.

AD TERTIUM dicendum quod correctio fraterna tripliciter omitti potest. Uno quidem modo, meritorie, quando ex caritate aliquis correctionem omittit. Dicit enim Augustinus, in I *de Civ. Dei*:[12] *Si propterea quisque obiurgandis et corripiendis male agentibus parcit, quia opportunius tempus inquiritur; vel eisdem ipsis metuit ne deteriores ex hoc efficiantur, vel ad bonam vitam et piam erudiendos impediant alios infirmos et premant, atque*

---

8. "긍정적 계명에 들어가는 것은 언제나 어떤 방식으로나 준수해야 하는 것이 아니며, 마땅한 조건과 사람과 장소와 원인과 시간을 준수해야 한다. 예를 들어 부모에 대한 공경은 어느 때에나 어디에서나 어떤 방식으로나 해야 하는 것이 아니라 마땅한 상황을 준수해야 한다. 마찬가지로 형제적 교정은 마땅한 상황에 따

서나 언제나 잘못하는 형제를 교정해야 하는 것은 아니다.[8]

[해답] 1. 선을 행하는 데에 있어서 언제나 인간의 행위는 하느님의 도우심 없이는 효과가 없다. 그러나 인간은 자신에게 달려 있는 것을 행해야 한다.[9] 그래서 아우구스티누스는 『훈계와 은총』[10]에서 "우리는 누가 예정된 이들의 수에 속하고 누가 속하지 않는지를 알지 못하므로, 참사랑의 감정으로 모든 이들이 구원되기를 바라야 한다."고 말한다. 그러므로 우리는 하느님의 도우심을 희망하며 모든 이들에게 형제적 교정의 임무를 행해야 한다.

2. 위에서[11] 말한 바와 같이 이웃에게 어떤 은혜를 행하라는 계명은 부모 공경의 계명으로 환원된다.

3. 형제적 교정은 세 가지 방식으로 하지 않을 수 있다. 첫째는 공로가 되는 경우로서, 어떤 사람이 참사랑으로 교정을 하지 않을 때이다. 아우구스티누스는 『신국론』 제1권[12]에서 이렇게 말한다. "만일 어떤 사람이 악하게 행동하는 사람을 꾸짖고 견책하지 않는 이유가 더 적절한 때를 찾고 있기 때문이거나 또는 그로써 더 악화될 것을 두려워하기 때문이거나 또는 다른 약한 이들이 선하고 경건한 길에서 배우고 있는 이들에게 장애가 되고 압력이 되어 그들이 신앙에서

라서 계명에 들어가며, 이에 따라 덕스러운 행위가 된다. 그러한 상황들을 말로 결정하는 것은 불가능하며, 그 판단은 개별적인 경우들에 이루어진다. 그것은 현명에 속하며, 현명은 경험과 시간으로부터 획득되거나 또는 오히려 주입되는 것이다. 1요한 2장 27절에서는 '그분께서 기름 부으심으로 여러분에게 모든 것을 가르치십니다.'라고 말한다."(*De corr. frat.*, a.1.)

9. Cf. I-II, q.109, a.6, ad2.
10. c.15, n.46: PL 44, 944.
11. q.32, a.5, ad4.
12. c.9, n.2: PL 41, 22.

avertant a fide; non videtur esse cupiditatis occasio, sed consilium caritatis.—Alio modo praetermittitur fraterna correctio cum peccato mortali, quando scilicet *formidatur*, ut ibi dicitur, *iudicium vulgi et carnis excruciatio vel peremptio*; dum tamen haec ita dominentur in animo quod fraternae caritati praeponantur. Et hoc videtur contingere quando aliquis praesumit de aliquo delinquente probabiliter quod posset eum a peccato retrahere, et tamen propter timorem vel cupiditatem praetermittit.—Tertio modo huiusmodi omissio est peccatum veniale, quando timor et cupiditas tardiorem faciunt hominem ad corrigendum delicta fratris, non tamen ita quod, si ei constaret quod fratrem posset a peccato retrahere, propter timorem vel cupiditatem dimitteret, quibus in animo suo praeponit caritatem fraternam. Et hoc modo quandoque viri sancti negligunt corrigere delinquentes.

AD QUARTUM dicendum quod illud quod debetur alicui determinatae et certae personae, sive sit bonum corporale sive spirituale, oportet quod ei impendamus non expectantes quod nobis occurrat, sed debitam sollicitudinem habentes ut eum inquiramus. Unde sicut ille qui debet pecuniam creditori debet eum requirere cum tempus fuerit ut ei debitum reddat, ita qui habet spiritualiter curam alicuius debet eum quaerere ad hoc quod eum corrigat de peccato. Sed illa beneficia quae non debentur certae personae sed communiter omnibus proximis, sive sint corporalia sive spiritualia, non oportet nos quaerere quibus impendamus, sed sufficit quod impendamus eis qui nobis

멀어지게 될 것을 두려워하기 때문이라면, 그것은 탐욕이 아니라 참사랑의 권고에서 나오는 것이라고 생각된다."-둘째는 형제적 권고를 하지 않는 것이 사죄가 되는 경우로서, 같은 곳에서 말하듯이 "사람들의 판단이나 육의 심한 고통이나 살해를 두려워할 때"이다. 때로 정신 안에서 이들에게 사로잡혀 이들을 형제적 참사랑보다 우선한다. 어떤 사람이 잘못하는 어떤 사람에 대해서 아마도 그를 죄로부터 끌어낼 수 있다고 추정하면서도 두려움 또는 탐욕을 우선할 때에 이렇게 된다.-셋째는 교정을 하지 않는 것이 소죄가 되는 경우로서, 두려움과 탐욕 때문에 형제의 잘못을 교정하기를 늦추지만, 그가 형제를 죄에서 끌어낼 수 있음을 확인한다면 두려움이나 탐욕 때문에 교정을 하지 않을 정도에 이르지는 않고 자신의 정신 안에서 형제적 참사랑을 이들보다 앞세울 때이다. 이러한 방식으로는 거룩한 사람들도 때로 잘못하는 사람을 교정하지 않는다.

4. 특정하고 확실한 어떤 사람에게 빚진 것은 물질적 선이든 영적인 것이든 그가 우리에게 오기를 기다리지 않고 그에게 주어야 하며, 우리에게 그를 열심히 찾아야 할 의무가 있다. 그러므로 채권자의 돈을 꾼 사람이 빚을 갚아야 할 때가 되면 그를 찾아야 하는 것과 마찬가지로, 영적으로 다른 사람을 돌보는 사람은 그의 죄를 교정하기 위하여 그를 찾아야 한다. 그러나 물질적인 것이든 영적인 것이든 특정한 사람에게 주어야 하는 것이 아니라 공통적으로 모든 이웃들에게 주어야 하는 선행의 경우, 그것을 줄 사람을 우리가 찾아야 하는 것은 아니며 우리에게 오는 사람에게 주는 것으로 충분하다. 아우구스티누스가 『그리스도교 교양』 제1권[13]에서 말하듯이 그

---

13. c.28: PL 34, 30.

occurrunt, hoc enim *quasi pro quadam sorte* habendum est, ut Augustinus dicit, in I *de Doct. Christ.*[13] Et propter hoc dicit, in libro *de Verb. Dom.*,[14] quod *admonet nos Dominus noster non negligere invicem peccata nostra, non quaerendo quid reprehendas, sed videndo quid corrigas.* Alioquin efficeremur exploratores vitae aliorum, contra id quod dicitur *Prov.* 24, [15]: *Ne quaeras impietatem in domo iusti, et non vastes requiem eius.*[15] Unde patet quod nec religiosos oportet exire claustrum ad corrigendum delinquentes.

Articulus 3
Utrum correctio fraterna pertineat solum ad praelatos

Ad tertium sic proceditur. Videtur quod correctio fraterna non pertineat nisi ad praelatos.

1. Dicit enim Hieronymus:[1] *Sacerdotes studeant illud Evangelii implere, Si peccaverit in te frater tuus,* etc. Sed nomine sacerdotum consueverunt significari praelati, qui habent curam aliorum. Ergo videtur quod ad solos praelatos pertineat fraterna correctio.

2. Praeterea, fraterna correctio est quaedam eleemosyna spiritualis.[2] Sed corporalem eleemosynam facere pertinet ad eos

---
14. Serm.82, al. *de verbis Domini* 16, c.1: PL 38, 506.
15. Vulgata: Ne insidieris et quaeras impietatem in domo iusti, neque vastes requiem eius.

것은 "마치 운명과 같이" 여겨야 하는 것이기 때문이다. 그래서 그는 『주님의 말씀』[14]에서 "주님은 우리에게, 우리가 꾸짖을 것을 찾기 위해서가 아니라 교정할 것을 보기 위해서 서로의 죄를 소홀히 하지 않기를 권고하신다."고 말한다. 그렇지 않다면 우리는 다른 이들의 삶을 정탐하는 사람이 될 것이다. 이에 반대하여 잠언 24장 [15절]에서는 "너는 의인의 보금자리에서 악을 찾지 말고 그의 안식처를 망쳐 놓지 마라."[15]고 말한다.-그러므로 수도자들이 잘못하는 이들을 교정하기 위하여 봉쇄에서 나가는 것은 필요하지 않음이 분명하다.

제3절 형제적 교정은 장상들에게만 속하는가?

Parall.: *In Sent.*, IV, d.19, q.2, a.1; a.2, qc.1; *De correct. frat.*, a.1, ad2 et 17.

[반론] 셋째에 대해서는 다음과 같이 진행된다. 형제적 교정은 장상(長上, praelatus)들에게만 속하는 것으로 생각된다.

1. 히에로니무스[1]는 이렇게 말한다. "사제들은 '네 형제가 너에게 죄를 짓거든…'이라는 복음 말씀을 실천하도록 노력할 것이다." 그런데 사제라는 이름은 보통 다른 이들을 돌보는 장상을 지칭한다. 그러므로 형제적 교정은 장상들에게만 속하는 것으로 생각된다.

2. 형제적 교정은 일종의 영적인 자선이다.[2] 그런데 물질적 자선을 하는 것은 현세적인 것에서 우위에 있는 이들 곧 부자들에게 속한

---

1. Cf. Origenes, *In Iosue*, serm.7, n.6: PG 12, 861 B.
2. Cf. q.32, a.2.

qui sunt superiores in temporalibus, scilicet ad ditiores. Ergo etiam fraterna correctio pertinet ad eos qui sunt superiores in spiritualibus, scilicet ad praelatos.

3. Praeterea, ille qui corripit alium movet eum sua admonitione ad melius. Sed in rebus naturalibus inferiora moventur a superioribus. Ergo etiam secundum ordinem virtutis, qui sequitur ordinem naturae, ad solos praelatos pertinet inferiores corrigere.

SED CONTRA est quod dicitur XXIV^a, qu. 3:[3] *Tam sacerdotes quam reliqui fideles omnes summam debent habere curam de his qui pereunt, quatenus eorum redargutione aut corrigantur a peccatis, aut, si incorrigibiles appareant, ab Ecclesia separentur.*

RESPONDEO dicendum quod, sicut dictum est,[4] duplex est correctio. Una quidem quae est actus caritatis, qui specialiter tendit ad emendationem fratris delinquentis per simplicem admonitionem. Et talis correctio pertinet ad quemlibet caritatem habentem,[5] sive sit subditus sive praelatus.—Est autem alia correctio quae est actus iustitiae, per quam intenditur bonum commune, quod non solum procuratur per admonitionem fratris, sed interdum etiam per punitionem, ut alii a peccato timentes desistant. Et talis correctio pertinet ad solos praelatos, qui non solum habent admonere, sed etiam corrigere puniendo.

제33문 제3절

다. 그러므로 형제적 교정 역시 영적인 것들에서 우위에 있는 이들 곧 장상들에게 속한다.

3. 다른 사람을 교정하는 사람은 자신의 훈계를 통하여 그 사람을 더 나은 방향으로 움직인다. 그런데 자연적 사물들에서 하위의 것들은 상위의 것들에 의하여 움직여진다. 그러므로 본성의 질서를 따르는 것인 덕의 질서에 따라서도 하위의 사람들을 교정하는 것은 장상들에게만 속한다.

[재반론] 그러나 반대로 『교령집』[3]에서는 이렇게 말한다. "사제들과 다른 모든 신자들은 멸망하는 이들을 지극하게 돌보아야 한다. 그들을 꾸짖음으로써 그들이 죄에서 교정되도록 하거나, 교정될 수 없음이 드러나면 교회로부터 분리되도록 할 것이다."

[답변] 앞서[4] 말한 바와 같이, 교정은 두 가지이다. 그 한 가지는 참사랑의 행위로서, 특히 단순한 훈계로 잘못하는 형제를 바로잡고자 하는 것이다. 그러한 교정은 종속자이든 장상이든 참사랑을 가진 사람이면[5] 누구에게나 해당된다.-정의에 속하는 다른 교정은 공동선을 위한 것으로서, 형제에게 훈계할 뿐만 아니라 때로는 처벌함으로써 다른 이들이 두려움에서 죄를 멀리하게 한다. 이러한 교정은 장상들에게만 속하며, 그들은 훈계해야 할 뿐만 아니라 처벌함으로써 교정하는 것도 해야 한다.

---

3. Gratianus, *Decretum*, P.II, causa 24, q.3, can.14(사제들에 대하여); ed. Richter-Friedberg, I, p.994.
4. a.1.
5. 현실태로든 가능태로든: Cf. infra a.5.

AD PRIMUM ergo dicendum quod etiam in correctione fraterna, quae ad omnes pertinet, gravior est cura praelatorum; ut dicit Augustinus, in I *de Civ. Dei*.[6] Sicut enim temporalia beneficia potius debet aliquis exhibere illis quorum curam temporalem habet, ita etiam beneficia spiritualia, puta correctionem, doctrinam et alia huiusmodi magis debet exhibere illis qui sunt suae spirituali curae commissi. Non ergo intendit Hieronymus dicere quod ad solos sacerdotes pertineat praeceptum de correctione fraterna, sed quod ad hos specialiter pertinet.

AD SECUNDUM dicendum quod sicut ille qui habet unde corporaliter subvenire possit quantum ad hoc dives est, ita ille qui habet sanum rationis iudicium, ex quo possit alterius delictum corrigere quantum ad hoc est superior habendus.

AD TERTIUM dicendum quod etiam in rebus naturalibus quaedam mutuo in se agunt, quia quantum ad aliquid sunt se invicem superiora, prout scilicet utrumque est quodammodo in potentia et quodammodo in actu respectu alterius. Et similiter aliquis, inquantum habet sanum rationis iudicium in hoc in quo alter delinquit, potest eum corrigere, licet non sit simpliciter superior.

[해답] 1. 아우구스티누스가 『신국론』 제1권[6]에서 말하듯이 모든 이들에게 속하는 형제적 교정에 있어서도 장상의 임무는 더 무겁다. 현세적인 것들을 돌보는 일을 맡은 이들이 더 많은 현세적인 은혜를 베풀어야 하는 것과 같이, 그들에게 영적인 돌봄이 맡겨져 있는 이들은 교정과 가르침 등의 영적인 선행을 더 많이 해야 한다. 그러므로 히에로니무스는 형제적 교정의 계명이 사제들에게만 속한다고 말하려는 것이 아니라, 그들에게 특별히 속한다고 말하는 것이다.

2. 물질적으로 다른 사람을 도울 것이 있는 사람이 그 점에서 부유한 것이듯이, 잘못을 교정할 수 있는 건전한 이성의 판단을 가진 사람은 그 점에서 우위에 있는 것으로 여겨야 한다.

3. 자연적 사물들 안에서도 어떤 것들은 어떤 점에서 서로 상대방보다 우위에 있기에 상호적으로 서로 작용한다. 그 둘이 각각 상대방에 대하여 어떤 방식으로는 가능태에 있고 어떤 식으로는 현실태에 있기 때문이다. 이와 마찬가지로 어떤 사람은 단순한 의미에서 우위에 있지는 않다 하더라도 다른 사람이 잘못하는 그 부분에서 건전한 이성적 판단을 가지고 있어서 그를 교정할 수 있다.

---

6. c.9, n.3: PL 41, 23.

Articulus 4
Utrum aliquis teneatur corrigere praelatum suum

Ad quartum sic proceditur. Videtur quod aliquis non teneatur corrigere praelatum suum.

1. Dicitur enim *Exod.* 19, [13]:[1] *Bestia quae tetigerit montem lapidabitur*, et II *Reg.* 6, [6-7] dicitur quod Oza percussus est a Domino quia tetigit arcam. Sed per montem et arcam significatur praelatus. Ergo praelati non sunt corrigendi a subditis.

2. Praeterea, *Gal.* II, super illud [11], *In faciem ei restiti*, dicit Glossa,[2] *ut par*. Ergo, cum subditus non sit par praelato, non debet eum corrigere.

3. Praeterea, Gregorius dicit:[3] *Sanctorum vitam corrigere non praesumat nisi qui de se meliora sentit*. Sed aliquis non debet de se meliora sentire quam de praelato suo. Ergo praelati non sunt corrigendi.

SED CONTRA est quod Augustinus dicit, in *Regula*:[4] *Non solum vestri, sed etiam ipsius, idest praelati, miseremini, qui inter vos*

---

1. 참조: 히브 12,20: "짐승이라도 산을 건드리면 돌에 맞아 죽을 것이다."
2. Interl., Lombardus: PL 192, 108 D.

제4절 자신의 장상을 교정해야 하는가?

Parall.: *In Sent.*, IV, d.19, q.2, a.2, qc.3; *De correct. frat.*, a.1, ad18.
Doctr. Eccl.: DS 595, 597(=DH 1165, 1167).

[반론] 넷째에 대해서는 다음과 같이 진행된다. 자신의 장상을 교정해야 하는 것은 아니라고 생각된다.

1. 탈출기 19장 [13절][1]에서는 "산을 건드리는 짐승은 돌에 맞아 죽게 하여라."라고 말하고, 사무엘기 하권 6장 [6-7절]에서는 우짜가 궤에 손을 대었기 때문에 주님께서 그를 치셨다고 말한다. 그런데 산과 궤는 장상을 나타낸다. 그러므로 장상은 종속자들에 의하여 교정되지 않아야 한다.

2. 갈라티아서 2장 [11절]의 "나는 그를 정면으로 반대하였습니다."에 대하여 주해[2]에서는 "동등한 사람처럼"이라고 말한다. 그러므로 종속자는 장상과 동등하지 않으므로 그를 교정하지 말아야 한다.

3. 그레고리우스[3]는 "스스로 성인들보다 낫다고 여기지 않는다면 그들을 교정하려 하지 마라."고 말한다. 그런데 스스로 아무도 자신의 장상보다 낫다고 여길 수 없다. 그러므로 장상들을 교정하지 말아야 한다.

[재반론] 그러나 반대로 아우구스티누스는 『규칙서』[4]에서 "너희만이 아니라 그에 대해서도" 곧 장상에 대해서도 "자비를 베풀어야 한다."

---

3. *Moralia*, V, c.11, al.10, n.25: PL 75, 692 C.
4. Epist. 221, al.109, n.15: PL 33, 965.

quanto in loco superiore, tanto in periculo maiore versatur. Sed correctio fraterna est opus misericordiae. Ergo etiam praelati sunt corrigendi.

Respondeo dicendum quod correctio quae est actus iustitiae per coercionem poenae non competit subditis respectu praelati. Sed correctio fraterna, quae est actus caritatis, pertinet ad unumquemque respectu cuiuslibet personae ad quam caritatem debet habere, si in eo aliquid corrigibile inveniatur. Actus enim ex aliquo habitu vel potentia procedens se extendit ad omnia quae continentur sub obiecto illius potentiae vel habitus, sicut visio ad omnia quae continentur sub obiecto visus.

Sed quia actus virtuosus debet esse moderatus debitis circumstantiis,[5] ideo in correctione qua subditi corrigunt praelatos debet modus congruus adhiberi, ut scilicet non cum protervia et duritia, sed cum mansuetudine et reverentia corrigantur. Unde Apostolus dicit, I ad Tim. 5, [1]: *Seniorem ne increpaveris, sed obsecra ut patrem.* Et ideo Dionysius[6] redarguit Demophilum monachum quia sacerdotem irreverenter correxerat, eum percutiens et de Ecclesia eiiciens.

Ad primum ergo dicendum quod tunc praelatus inordinate tangi videtur quando irreverenter obiurgatur, vel etiam quando

---

5. Cf. a.2.

그는 너희 가운데에서 높은 자리에 있는 그만큼 더 큰 위험에 처해 있다."고 말한다. 그러므로 장상들에게도 교정을 해야 한다.

[답변] 정의의 행위에 속하는 교정 곧 처벌의 강제를 통한 교정은 장상에 대한 종속자의 임무가 아니다. 그러나 참사랑에 속하는 교정은 모든 사람이 자신이 참사랑을 지녀야 하는 사람에게, 그에게 교정할 것이 있다면 할 수 있다. 시각이 보는 대상에 속하는 모든 것에게 이르는 것과 같이 실상 어떤 습성이나 능력에서 나오는 행위는 그 능력이나 습성의 대상이 되는 모든 것에 이른다.

그런데 덕스러운 행위는 마땅한 조건에 따라 조절되어야 하므로[5] 종속자가 장상을 교정하는 교정은 적절한 방법을 취해야 한다. 건방지거나 완고하게 해서는 안 되며, 온유와 존경으로 해야 한다. 그래서 사도는 티모테오 1서 5장 [1절]에서 "나이 많은 남자에게는 나무라지 말고 아버지를 대하듯이 권고하십시오."라고 말한다. 또한 그래서 디오니시우스[6]는 사제를 때리고 성당에서 쫓아내며 무례하게 교정한 수도승 데모필루스를 꾸짖었다.

[해답] 1. 무례하게 장상을 꾸짖거나 그를 헐뜯는다면 그것은 장상을 무질서하게 건드리는 것이다. 산과 궤를 건드림으로써 하느님의

---

6. Epist. 8: PG 3, 1088 AB.

ei detrahitur. Et hoc significatur per contactum montis et arcae damnatum a Deo.

AD SECUNDUM dicendum quod *in faciem resistere coram omnibus*[7] excedit modum fraternae correctionis, et ideo sic Paulus Petrum non reprehendisset nisi aliquo modo par esset, quantum ad fidei defensionem. Sed in occulto admonere et reverenter, hoc potest etiam ille qui non est par. Unde Apostolus, *ad Coloss*. ult., [17], scribit ut praelatum suum admoneant, cum dicit: *Dicite Archippo, Ministerium tuum imple.*[8]

Sciendum tamen est quod ubi immineret periculum fidei, etiam publice essent praelati a subditis arguendi. Unde et Paulus, qui erat subditus Petro, propter imminens periculum scandali circa fidem, Petrum publice arguit. Et sicut Glossa[9] Augustini dicit, *ad Gal*. 2, [14], *ipse Petrus exemplum maioribus praebuit ut, sicubi forte rectum tramitem reliquissent, non dedignentur etiam a posterioribus corrigi.*

AD TERTIUM dicendum quod praesumere se esse simpliciter meliorem quam praelatus sit, videtur esse praesumptuosae superbiae. Sed aestimare se meliorem quantum ad aliquid non est praesumptionis, quia nullus est in hac vita qui non habeat aliquem defectum.—Et etiam considerandum est quod cum aliquis praelatum caritative monet, non propter hoc se maiorem

---

7. 갈라 2,11.14 참조.

8. Vulgata: Et dicite Archippo: Vide ministerium, quod accepisti in Domino, ut illud impleas.

단죄를 받는 것은 이를 의미한다.

2. "모든 사람 앞에서 그를 정면으로 반대하였습니다."[7]라는 것은 형제적 교정의 정도를 넘어선다. 그러므로 바오로는 그가 어떤 의미에서 곧 신앙을 옹호한다는 점에서 그와 동등하지 않다면 그를 꾸짖지 않았을 것이다. 그러나 은밀하게 그리고 존경심을 가지고 교정하는 것은 동등하지 않은 사람이라도 할 수 있다. 그래서 사도는 콜로새서 4장 [17절]에서 장상에게 훈계하도록 "아르키포스에게는 이렇게 전해 주십시오. '그대의 직무를 완수할 수 있도록 주의를 기울이십시오.'"[8]라고 쓴다.

그러나 신앙의 위험이 있다면, 종속자들이 공공연하게도 장상들의 잘못을 지적해야 할 것이다. 그래서 베드로에게 종속되어 있는 바오로는 신앙에 걸림돌이 될 위험이 있었기 때문에 베드로를 공공연하게 비판했다. 그리고 갈라티아서 2장 [14절]에 대한 아우구스티누스의 주해[9]에서 말하듯이 "베드로는 어른들에게, 혹시 그들이 바른 길에서 벗어난다면 후배들이 그들을 교정하는 것을 배척하지 말도록 모범을 보여 준 것이다."

3. 자신이 단순하게 장상보다 낫다고 여기는 것은 교만의 억측으로 간주된다. 그러나 어떤 점에 있어서 자신이 더 낫다고 여기는 것은 억측이 아니다. 현세의 삶에서 아무도 결함이 없는 사람은 없기 때문이다.-또한 어떤 사람이 참사랑으로 장상에게 권고한다면 이는 자신을 더 우월하다고 생각하기 때문이 아니라 그에게 도움을 주는

---

9. Ordin.: PL 114, 574 A; Lombardus: PL 192, 109 D. Cf. Augustinus, Epist. 82, *ad Hier.*, c.2: PL 33, 278.

existimat, sed auxilium impartitur ei qui, *quanto in loco superiori, tanto in periculo maiori versatur*, ut Augustinus dicit, in *Regula*.[10]

Articulus 5
Utrum peccator debeat corrigere delinquentem

Ad quintum sic proceditur. Videtur quod peccator corrigere debeat delinquentem.

1. Nullus enim propter peccatum quod commisit a praecepto observando excusatur. Sed correctio fraterna cadit sub praecepto, ut dictum est.[1] Ergo videtur quod propter peccatum quod quis commisit non debeat praetermittere huiusmodi correctionem.

2. Praeterea, eleemosyna spiritualis est potior quam eleemosyna corporalis.[2] Sed ille qui est in peccato non debet abstinere quin eleemosynam corporalem faciat. Ergo multo minus debet abstinere a correctione delinquentis propter peccatum praecedens.

3. Praeterea, I Ioan. 1, [8] dicitur: *Si dixerimus quia peccatum non habemus, nosipsos seducimus*.[3] Si igitur propter peccatum aliquis impeditur a correctione fraterna, nullus erit qui possit

---

10. Epist. 211, al.109, n.15: PL 33, 965.

것이다. 그는 아우구스티누스가 『규칙서』[10]에서 말하듯이 "높은 자리에 있는 그만큼 더 큰 위험에 처해 있다."

제5절 죄인은 잘못하는 사람을 교정해야 하는가?

Parall.: Infra, q.60, a.2, ad3; *In Sent.*, IV, d.19, q.2, a.2, qc.2; *De correct. frat.*, a.1, ad15-16; *In Ioan.*, c.8, lect.1; *In Ep. ad Rom.*, c.2, lect.1.

[반론] 다섯째에 대해서는 다음과 같이 진행된다. 죄인은 잘못하는 사람을 교정해야 하는 것으로 생각된다.

1. 아무도 그가 범한 죄로 인하여 계명 준수가 면제되지 않는다. 그런데 앞서[1] 말한 바와 같이 형제적 교정은 계명에 들어간다. 그러므로 어떤 사람이 범한 죄로 인하여 교정을 소홀히 하지는 않아야 하는 것으로 생각된다.

2. 영적인 자선은 물질적인 자선보다 더 중요하다.[2] 그런데 죄 중에 있는 사람은 그것 때문에 물질적 자선을 베풀기를 중단하지 말아야 한다. 그러므로 이전의 죄 때문에 잘못하는 사람에게 교정을 중단하는 것은 더욱 하지 말아야 한다.

3. 요한 1서 1장 [8절]에서는 "만일 우리가 죄 없다고 말한다면, 우리는 자신을 속이는 것"[3]이라고 말한다. 그러므로 만일 죄 때문에 어떤 사람이 형제적 교정에 장애를 받는다면, 아무도 잘못하는 사람

---

1. a.2.
2. Cf. q.32, a.3.
3. Vulgata: Si dixerimus quoniam peccatum non habemus, ipsi nos seducimus.

corrigere delinquentem. Hoc autem est inconveniens. Ergo et primum.

SED CONTRA est quod Isidorus dicit, in libro *de Summo Bono*:[4] *Non debet vitia aliorum corrigere qui est vitiis subiectus*. Et *Rom.* 2, [1] dicitur: *In quo alium iudicas, teipsum condemnas, eadem enim agis quae iudicas.*[5]

RESPONDEO dicendum quod, sicut dictum est,[6] correctio delinquentis pertinet ad aliquem inquantum viget in eo rectum iudicium rationis. Peccatum autem, ut supra[7] dictum est, non tollit totum bonum naturae, quin remaneat in peccante aliquid de recto iudicio rationis. Et secundum hoc potest sibi competere alterius delictum arguere.

Sed tamen per peccatum praecedens impedimentum quoddam huic correctioni affertur, propter tria. Primo quidem, quia ex peccato praecedenti indignus redditur ut alium corrigat. Et praecipue si maius peccatum commisit, non est dignus ut alium corrigat de minori peccato. Unde super illud Matth. 7, [3], Quid vides festucam etc., dicit Hieronymus:[8] *De his loquitur qui, cum mortali crimine detineantur obnoxii, minora peccata fratribus non concedunt.*

---

4. Al. *Sent.*, III, c.32, n.1: PL 83, 704 A.
5. Vulgata: In quo enim iudicas alierum...

을 교정할 수 없을 것이다. 그 결론은 부적절하다. 그러므로 전제도 부적절하다.

[재반론] 그러나 반대로 이시도루스는 『최고선』[4]에서 "악습에 종속되어 있는 사람은 다른 사람의 악습을 교정하지 말아야 한다."고 말한다. 그리고 로마서 2장 [1절]에서는 "남을 심판하면서 똑같은 짓을 저지르고 있으니, 남을 심판하는 바로 그것으로 자신을 단죄하고 있기 때문입니다."[5]라고 말한다.

[답변] 앞서[6] 말한 바와 같이 잘못하는 사람을 교정하는 것은 올바른 이성의 판단을 지닌 사람에게 속한다. 그런데 위에서[7] 말한 바와 같이 죄는 죄를 짓는 사람에게는 올바른 이성의 판단이 남지 않도록 본성의 선을 완전히 제거하지는 않는다. 이에 따라 그는 다른 사람의 잘못을 지적할 수 있다.

하지만 이전의 죄로 인하여 그러한 교정에는 세 가지 이유로 장애가 있게 된다. 첫째로, 그는 이전의 죄로 다른 사람을 교정하기에 부당하게 된다. 특히 그가 더 큰 죄를 범했다면 그는 더 작은 죄를 교정하기에 부당하다. 마태오복음서 7장 [3절]의 "티는 보면서…"에 대하여 히에로니무스[8]는 이렇게 말한다. "여기에서는 스스로 사죄를 범하고서 형제의 더 작은 죄들을 용납하지 않는 사람에 대해 말한다."

---

6. q.3, ad2,3.
7. I-II, q.85, a.2.
8. Comment., I: PL 26, 46 D.

Secundo, redditur indebita correctio propter scandalum, quod sequitur ex correctione si peccatum corripientis sit manifestum, quia videtur quod ille qui corrigit non corrigat ex caritate, sed magis ad ostentationem. Unde super illud Matth. 7, [4], *Quomodo dicis fratri tuo* etc., exponit Chrysostomus:[9] *In quo proposito? Puta ex caritate, ut salves proximum tuum? Non, quia teipsum ante salvares. Vis ergo non alios salvare, sed per bonam doctrinam malos actus celare, et scientiae laudem ab hominibus quaerere.*

Tertio modo, propter superbiam corripientis, inquantum scilicet aliquis, propria peccata parvipendens, seipsum proximo praefert in corde suo, peccata eius austera severitate diiudicans, ac si ipse esset iustus. Unde Augustinus dicit, in libro *de Serm. Dom. in Monte*:[10] *Accusare vitia officium est bonorum, quod cum mali faciunt, alienas partes agunt.* Et ideo, sicut Augustinus dicit in eodem,[11] *cogitemus, cum aliquem reprehendere nos necessitas coegerit, utrum tale sit vitium quod nunquam habuimus, et tunc cogitemus nos homines esse, et habere potuisse. Vel tale quod habuimus et iam non habemus, et tunc tangat memoriam communis fragilitas, ut illam correctionem non odium sed misericordia praecedat. Si autem invenerimus nos in eodem vitio esse, non obiurgemus, sed congemiscamus et ad pariter poenitendum invitemus.*

---

9. *Opus Imperfectum in Matth.*, hom.17, super Mt 7, 4: PG 56, 727(Inter opp. supp. Chrysostomi).

둘째로, 교정하는 사람의 죄가 드러나 있는 경우 그 교정은 교정에 뒤따르는 걸림돌로 인하여 부당하게 된다. 교정하는 사람이 참사랑이 아니라 오히려 완고함 때문에 교정을 하는 것으로 보이기 때문이다. 그래서 마태오복음서 7장 [4절]의 "어떻게 형제에게…"라는 구절에 대하여 크리소스토무스[9]는 이렇게 말한다. "어떤 의도에서 하는가? 참사랑으로, 네 이웃을 구하기 위해서 하는가? 아니다. 너 자신을 먼저 구해야 하기 때문이다. 그러므로 너는 다른 이들을 구하려 하는 것이 아니라 좋은 가르침으로 악한 행위를 감추고, 지식으로 사람들에게서 칭찬을 받으려 하는 것이다."

셋째로, 교정하는 사람의 교만 때문이다. 이는 어떤 사람이 자신의 죄를 경시하고 마음속에서 자신이 이웃보다 낫다고 여기며, 마치 자신이 의인인 것처럼 이웃의 죄를 엄격하게 판단한다는 점에서이다. 그래서 아우구스티누스는 『주님의 산상설교』[10]에서 "악습을 비판하는 것은 선한 이들의 임무이다. 악인들이 이를 한다면 그들은 다른 사람들의 몫을 차지하는 것이다"라고 말한다. 그러므로 아우구스티누스가 같은 곳[11]에서 말하듯이 "다른 사람을 꾸짖어야 할 때에는, 우리가 그 악습을 범한 일이 한 번도 없는지 생각해야 한다. 그리고 우리가 인간이며 그 악습을 지닐 수 있었음을 생각해야 한다. 우리가 과거에 그 악습을 지니고 있었고 지금은 그렇지 않다면, 그 교정이 미움이 아니라 자비에서 나오는 것이 되도록 우리 모두가 나약하다는 것을 기억할 것이다. 만일 우리가 같은 악습에 물들어 있다면, 꾸짖지 말고 함께 탄식하며, 우리와 같이 참회하도록 초대할 것이다."

---

10. II, c.19, n.64: PL 34, 1298.
11. ibid.: PL 34, 1298-1299.

Ex his igitur patet quod peccator, si cum humilitate corripiat delinquentem, non peccat, nec sibi novam condemnationem acquirit; licet per hoc vel in conscientia fratris, vel saltem sua, pro peccato praeterito condemnabilem se esse ostendat.

Unde patet responsio AD OBIECTA.

Articulus 6
Utrum aliquis debeat a correctione cessare propter timorem ne ille fiat deterior

Ad sextum sic proceditur. Videtur quod aliquis non debeat a correctione cessare propter timorem ne ille fiat deterior.

1. Peccatum enim est quaedam infirmitas animae, secundum illud Psalm. [Ps. 6, 3]: *Miserere mei, Domine, quoniam infirmus sum.* Sed ille cui imminet cura infirmi etiam propter eius contradictionem vel contemptum non debet cessare, quia tunc imminet maius periculum, sicut patet circa furiosos. Ergo multo magis debet homo peccantem corrigere, quantumcumque graviter ferat.

2. Praeterea, secundum Hieronymum,[1] *veritas vitae non est dimittenda propter scandalum.*[2] Praecepta autem Dei pertinent ad

그러므로 여기에서, 죄인이 잘못하는 사람을 겸손하게 견책한다면 죄를 짓는 것도 아니고 더 단죄를 받게 되는 것도 아님이 드러난다. 비록 이전의 죄 때문에 형제의 양심 또는 자신의 양심 안에서 단죄 받을 만하게 드러나더라도 그러하다.

반대 의견들에 대한 답변은 이로써 분명하다.

제6절 교정으로 악화될 것을 두려워하여 교정을 중단해야 하는가?

Parall.: Supra, a.2, ad3; *In Sent.*, IV, d.19, q.2, a.2, qc.1, ad5; d.33, q.2, a.2, qc.2, ad1; *De correct. frat.*, a.1, ad1 et 3 sqq.

[반론] 여섯째에 대해서는 다음과 같이 진행된다. 교정으로 악화될 것을 두려워하여 교정을 중단하지 말아야 하는 것으로 생각된다.

1. 죄는 일종의 영혼의 질병이다. 시편 6편 [3절]에서는 이렇게 말한다. "저에게 자비를 베푸소서, 주님, 저는 쇠약한 몸입니다." 그런데 질병의 치료에 애쓰는 사람은 반대나 경멸이 있더라도 중단하지 말아야 한다. 정신이상자에게서 알 수 있듯이, 더 큰 위험을 초래할 수 있기 때문이다. 그러므로 아무리 어렵다 하더라도 죄인을 교정하는 것은 더욱 마땅히 해야 한다.

2. 히에로니무스[1]가 말하듯이 "삶의 진리는 걸림돌 때문에 포기하지 말아야 한다."[2] 그런데 하느님의 계명은 삶의 진리에 속한다. 앞

---
1. Alexander de Hales, *Summa Theologica.*, P.II, n.862; ad Claras Aquas, III, p.821.
2. 삶의 진리에 대하여: Cf. q.43, a.7, ad4; I, q.16, a.4, ad3.

veritatem vitae. Cum ergo correctio fraterna cadat sub praecepto, ut dictum est,³ videtur quod non sit dimittenda propter scandalum eius qui corripitur.

3. Praeterea, secundum Apostolum, ad *Rom.* 3, [8], *non sunt facienda mala ut veniant bona.*⁴ Ergo, pari ratione, non sunt praetermittenda bona ne veniant mala. Sed correctio fraterna est quoddam bonum. Ergo non est praetermittenda propter timorem ne ille qui corripitur fiat deterior.

SED CONTRA est quod dicitur *Prov.* 9, [8]: *Noli arguere derisorem, ne oderit te,* ubi dicit Glossa:⁵ *Non est timendum ne tibi derisor, cum arguitur, contumelias inferat, sed hoc potius providendum, ne, tractus ad odium, inde fiat peior.* Ergo cessandum est a correctione fraterna quando timetur ne fiat ille inde deterior.

RESPONDEO dicendum quod, sicut dictum est,⁶ duplex est correctio delinquentis. Una quidem pertinens ad praelatos, quae ordinatur ad bonum commune, et habet vim coactivam. Et talis correctio non est dimittenda propter turbationem eius qui corripitur. Tum quia, si propria sponte emendari non velit, cogendus est per poenas ut peccare desistat. Tum etiam quia, si incorrigibilis sit, per hoc providetur bono communi, dum servatur ordo iustitiae, et unius exemplo alii deterrentur.

서[3] 말한 바와 같이 형제적 교정은 삶의 진리에 속하므로, 견책하는 사람의 걸림돌 때문에 포기하지 말아야 하는 것으로 생각된다.

3. 사도는 로마서 3장 [8절]에서 "'악을 행하여 선이 생기게 하자.' 고 할 수 없다."[4]고 말한다. 그러므로 같은 이유로, 악이 생기지 않도록 선을 중단하지도 말아야 한다. 그런데 형제적 교정은 일종의 선이다. 그러므로 견책 받는 사람이 악화되는 것을 두려워하여 교정을 하지 않아서는 안 된다.

[재반론] 그러나 반대로 잠언 9장 [8절]에서는 "빈정꾼을 나무라지 마라. 그가 너를 미워하리라."라고 말한다. 이에 대해 주해[5]에서는 이렇게 말한다. "빈정꾼이 꾸짖음을 받으면 너를 모욕할 것을 두려워하지 말아야 한다. 그러나 그가 너를 미워하게 함으로써 그를 악화되게 하는 것을 주의해야 한다." 그러므로 형제적 교정으로 그를 악화시킬 우려가 있을 때에는 교정을 중단해야 한다.

[답변] 앞서[6] 말한 바와 같이 잘못하는 사람의 교정에는 두 가지가 있다. 그 첫째는 장상들에게 속한 것으로서 공동선을 목표로 하며 강제력이 있다. 이러한 교정은 견책 받는 사람이 동요된다고 해서 하지 않을 수 없다. 만일 그가 스스로 바로잡으려 하지 않을 경우 처벌을 통하여 죄를 짓지 않게 해야 하기 때문에도 그러하고, 만일 교

---

3. a.2.
4. Vulgata: Et non (sicut blasphemantur et sicut aiunt quidam nos dicere) faciamus mala ut veniant bona.
5. Ordin.: PL 113, 1092 A. Gregorius, *Moral.*, VIII, c.42, n.67: PL 75, 842 C.
6. a.3.

Unde iudex non praetermittit ferre sententiam condemnationis in peccantem propter timorem turbationis ipsius, vel etiam amicorum eius.

Alia vero est correctio fraterna, cuius finis est emendatio delinquentis, non habens coactionem sed simplicem admonitionem. Et ideo ubi probabiliter aestimatur quod peccator admonitionem non recipiat, sed ad peiora labatur, est ab huiusmodi correctione desistendum, quia ea quae sunt ad finem debent regulari secundum quod exigit ratio finis.

AD PRIMUM ergo dicendum quod medicus quadam coactione utitur in phreneticum, qui curam eius recipere non vult. Et huic similatur correctio praelatorum, quae habet vim coactivam, non autem simplex correctio fraterna.

AD SECUNDUM dicendum quod de correctione fraterna datur praeceptum secundum quod est actus virtutis. Hoc autem est secundum quod proportionatur fini. Et ideo quando est impeditiva finis, puta cum efficitur homo deterior, iam non pertinet ad veritatem vitae, nec cadit sub praecepto.

AD TERTIUM dicendum quod ea quae ordinantur ad finem habent rationem boni ex ordine ad finem.[7] Et ideo correctio fraterna, quando est impeditiva finis, scilicet emendationis fratris, iam non habet rationem boni. Et ideo cum praetermittitur talis correctio, non praetermittitur bonum ne eveniat malum.

정할 수 없다면 공동선을 위하여 정의의 질서를 보존하고 한 사람의 처벌로 다른 이들이 두려워하도록 하기 위해서도 그러하다. 그러므로 재판관은 죄를 지은 사람이나 그 친구들의 동요를 두려워하여 단죄의 선고를 내리지 않는 것이 아니다.

그러나 잘못하는 사람을 바로잡는 것을 목적으로 하는 다른 형제적 교정은 강제가 없으며 단순한 권고만 있다. 그러므로 아마도 죄인이 권고를 받아들이지 않고 오히려 더 나빠질 것이라고 여겨질 때에는 그 권고를 하지 말아야 한다. 목적을 위하여 있는 것들은 그 목적이 요구하는 바에 따라 규정되어야 하기 때문이다.

[해답] 1. 의사는 그의 치료를 받으려 하지 않는 미친 사람에게 강제한다. 이 점에서 그것은 강제력을 지닌 장상의 교정과 유사하다. 단순한 형제적 교정은 이와 다르다.

2. 형제적 교정의 계명은 덕스러운 행위로서 주어진다. 그런데 그것은 목적에 비례한다는 점에서 덕스러운 행위가 된다. 그러므로 목적에 장애가 될 때에는, 곧 인간을 악화시킬 때에는 삶의 진리에 속하지 않으며 계명에 들어가지도 않는다.

3. 목적을 위하여 있는 것들은 목적을 향한 질서에 따라 선이 된다.[7] 그러므로 형제적 교정이 목적 곧 형제를 바로잡는 데에 장애가 될 때에는 선이 될 이유가 없다. 그러므로 그러한 교정을 하지 않는 것은 악이 오지 않도록 선을 행하지 않는 것이 아니다.

---

7. Cf. q.44, a.2, ad3; q.81, a.6.

Articulus 7
Utrum in correctione fraterna debeat, ex necessitate praecepti, admonitio secreta praecedere denuntiationem

Ad septimum sic proceditur. Videtur quod in correctione fraterna non debeat, ex necessitate praecepti, admonitio secreta praecedere denuntiationem.

1. Operibus enim caritatis praecipue debemus Deum imitari, secundum illud *Ephes.* 5, [1-2]: *Estote imitatores Dei, sicut filii carissimi, et ambulate in dilectione.* Deus autem interdum publice punit hominem pro peccato nulla secreta monitione praecedente. Ergo videtur quod non sit necessarium admonitionem secretam praecedere denuntiationem.

2. Praeterea, sicut Augustinus dicit, in libro *Contra Mendacium,*[1] *ex gestis Sanctorum intelligi potest qualiter sunt praecepta sacrae Scripturae intelligenda.* Sed in gestis sanctorum invenitur facta publica denuntiatio peccati occulti nulla secreta monitione praecedente, sicut legitur *Gen.* 37, [2] quod Ioseph *accusavit fratres suos apud patrem crimine pessimo*; et *Act.* 5, [vv. 3-4, 9] dicitur quod Petrus Ananiam et Saphiram, occulte defraudantes de pretio agri, publice denuntiavit nulla secreta admonitione praemissa. Ipse etiam Dominus non legitur secreto

제7절 형제적 교정에 있어 계명에 의하여 고발에 앞서 은밀한 교정이 요구되는가?

Parall.: *In Sent.*, IV, d.19, q.2, a.3, qc.1; *De correct. frat.*, a.2; *Quodlibet.*, I, q.8, a.2; XI, q.10, aa.1-2; *in Matth.*, c.18.

[반론] 일곱째에 대해서는 다음과 같이 진행된다. 형제적 교정에 있어 계명에 의하여 고발에 앞서 은밀한 교정이 요구되는 것은 아니라고 생각된다.

1. 특히 참사랑의 행위들에서 우리는 하느님을 본받아야 한다. 에페소서 5장 [1-2절]에서는 "그러므로 사랑받는 자녀답게 하느님을 본받는 사람이 되십시오. 참사랑 안에서 살아가십시오."라고 말한다. 그런데 하느님은 때로 사전에 은밀한 권고 없이 인간을 공공연하게 벌하신다. 그러므로 고발에 앞서 반드시 은밀한 권고가 있어야 하는 것은 아니라고 생각된다.

2. 아우구스티누스가 『거짓말 반박』[1]에서 말하듯이 "성인들의 행적들로부터 성경의 계명들을 어떻게 이해해야 하는지를 알 수 있다." 그런데 성인들의 행적에서는 사전에 은밀한 훈계 없이 공공연히 죄를 고발하는 것을 볼 수 있다. 창세기 37장 [2절]에서는 요셉이 "형들에 대한 나쁜 이야기들을 아버지에게 일러바치곤 하였다."고 말하고, 사도행전 5장 [3-4.9절]에서는 베드로가 밭을 판 값을 몰래 속인 하나니아스와 사피라를 먼저 은밀한 훈계 없이 공공연하게 고발

---

1. *De Mendacio*, c.15, n.26: PL 40, 506.

admonuisse Iudam antequam eum denuntiaret. Non ergo est de necessitate praecepti ut secreta admonitio praecedat publicam denuntiationem.

3. Praeterea, accusatio est gravior quam denuntiatio. Sed ad publicam accusationem potest aliquis procedere nulla admonitione secreta praecedente, determinatur enim in Decretali[2] quod *accusationem debet praecedere inscriptio*. Ergo videtur quod non sit de necessitate praecepti quod secreta admonitio praecedat publicam denuntiationem.

4. Praeterea, non videtur esse probabile quod ea quae sunt in communi consuetudine religiosorum sint contra praecepta Christi. Sed consuetum est in religionibus quod in capitulis aliqui proclamantur de culpis nulla secreta admonitione praemissa. Ergo videtur quod hoc non sit de necessitate praecepti.

5. Praeterea, religiosi tenentur suis praelatis obedire. Sed quandoque praelati praecipiunt, vel communiter omnibus vel alicui specialiter, ut si quid scit corrigendum, ei dicatur. Ergo videtur quod teneantur ei dicere etiam ante secretam admonitionem. Non ergo est de necessitate praecepti ut secreta admonitio praecedat publicam denuntiationem.

SED CONTRA est quod Augustinus dicit, in libro *de Verbis Dom.*,[3] exponens illud,[4] «Corripe ipsum inter te et ipsum solum»:

제33문 제7절

했다고 말한다. 주님이 유다를 고발하시기 전에 그를 은밀하게 훈계하셨다는 말도 없다. 그러므로 공공연한 고발에 앞서 계명에 의하여 은밀한 권고가 요구되는 것은 아니다.

3. 비판은 고발보다 더 중대하다. 그런데 사전에 은밀한 권고 없이 공공연한 비판을 할 수 있다. 교령집[2]에서는 "비판에 앞서 등록이 있어야 한다."고 규정한다. 그러므로 계명에 의하여 공공연한 고발에 앞서 은밀한 훈계가 요구되는 것은 아니다.

4. 아마도 수도자들의 공통된 관습에 속하는 것이 그리스도의 계명에 반대되지는 않으리라고 생각된다. 그런데 수도자들 사이의 관습은 회의에서 사전에 은밀한 훈계 없이 잘못에 대해 선언하는 것이다. 그러므로 그것은 계명에 의하여 요구되지 않는 것으로 생각된다.

5. 수도자들은 그 장상들에게 순명해야 한다. 그런데 장상들은 때로 모든 이들에게 공통적으로 또는 어떤 이들에게 개별적으로, 교정해야 할 것을 안다면 그에게 말할 것을 명한다. 그러므로 그들은 은밀하게 훈계하기 전에도 그에게 말해야 하는 것으로 생각된다. 그러므로 공공연히 고발하기 전에 은밀하게 훈계하는 것은 계명에 의하여 요구되지 않는 것으로 생각된다.

[재반론] 그러나 반대로 아우구스티누스는 『주님의 말씀』[3]에서 "단 둘이 만나 그를 타일러라."[4]라는 말씀을 이렇게 설명한다. "교정에 힘

---

2. *Liber decretal. Gregorii IX*, V, tit.I, c.24: *Qualiter*: Richter-Freidberg, II, p.746.
3. Serm.82, al. *de verbis Domini* 16, c.4, n.7: PL 38, 509.
4. 마태 18,15.

Studens correctioni, parcens pudori. Forte enim prae verecundia incipit defendere peccatum suum, et quem vis facere meliorem, facis peiorem. Sed ad hoc tenemur per praeceptum caritatis ut caveamus ne frater deterior efficiatur. Ergo ordo correctionis fraternae cadit sub praecepto.

RESPONDEO dicendum quod circa publicam denuntiationem peccatorum distinguendum est. Aut enim peccata sunt publica, aut sunt occulta. Si quidem sint publica, non est tantum adhibendum remedium ei qui peccavit, ut melior fiat, sed etiam aliis, in quorum notitiam devenit, ut non scandalizentur. Et ideo talia peccata sunt publice arguenda, secundum illud Apostoli, I *ad Tim.* 5, [20]: *Peccantem coram omnibus argue, ut ceteri timorem habeant;*[5] quod intelligitur de peccatis publicis, ut Augustinus dicit, in libro *de Verbis Dom.*[6]

Si vero sint peccata occulta, sic videtur habere locum quod Dominus dicit:[7] *Si peccaverit in te frater tuus*, quando enim te offendit publice coram aliis, iam non solum in te peccat, sed etiam in alios, quos turbat. Sed quia etiam in occultis peccatis potest parari proximorum offensa, ideo adhuc distinguendum videtur. Quaedam enim peccata occulta sunt quae sunt in nocumentum proximorum vel corporale vel spirituale, puta si

---

5. Vulgata: Peccantes coram omnibus argue, ut et ceteri timorem habeant.
6. ibid., c.7: PL 38, 510.

쓰되 부끄러움은 피하여라. 그가 혹시 수치심으로 인하여 자신의 죄를 변명하기 시작하기 시작하고, 너는 개선하려 했던 사람을 더 나쁘게 만들 수 있다." 그런데 우리는 참사랑의 계명에 의하여 형제가 더 나쁘게 되지 않도록 주의해야 한다. 그러므로 형제적 교정의 질서는 계명에 들어간다.

[답변] 죄에 대한 공공연한 고발에 대해서는 구별이 있어야 한다. 죄는 공공연히 드러나 있거나 아니면 감추어져 있다. 죄가 드러나 있는 경우는 죄를 지은 사람이 개선되도록 할 뿐만 아니라 그 죄를 알게 된 이들이 걸려 넘어지지 않도록 하기 위해서도 대책이 있어야 한다. 그러므로 그러한 죄들은 공공연하게 지적해야 한다. 사도는 티모테오 1서 5장 [20절]에서 "죄를 짓는 이들은 모든 사람 앞에서 꾸짖어, 다른 사람들도 두려움을 가지게 하십시오."[5]라고 말한다. 아우구스티누스가 『주님의 말씀』[6]에서 말하듯이 이는 공공연한 죄들에 대한 것으로 이해된다.

그러나 감추어진 죄들의 경우에는 "네 형제가 너에게 죄를 짓거든…"이라는 주님의 말씀이 해당된다.[7] 다른 이들 앞에서 공공연하게 너에게 잘못했을 때에는 너에게만 죄를 짓는 것이 아니라 그가 동요시킨 다른 이들에게도 죄를 짓는 것이다. 그러나 감추어진 죄들에서도 이웃들에게 잘못을 범할 수 있으므로, 여기에서 구별이 있어야 한다. 어떤 감추어진 죄들은 육체적으로 또는 영적으로 이웃에게 해를 입힌다. 예를 들어 어떤 사람이 몰래 국가를 적들에게 넘기려 하거나, 이단자가 사적으로 사람들을 신앙에서 멀어지게 할 때가 그러

---

7. 마태 18,15.

aliquis occulte tractet quomodo civitas tradatur hostibus; vel si haereticus privatim homines a fide avertat. Et quia hic ille qui occulte peccat non solum in te peccat, sed etiam in alios; oportet statim ad denuntiationem procedere, ut huiusmodi nocumentum impediatur, nisi forte aliquis firmiter aestimaret quod statim per secretam admonitionem posset huiusmodi mala impedire.

Quaedam vero peccata sunt quae sunt solum in malum peccantis et tui, in quem peccatur vel quia a peccante laederis, vel saltem ex sola notitia. Et tunc ad hoc solum tendendum est ut fratri peccanti subveniatur. Et sicut medicus corporalis sanitatem confert, si potest, sine alicuius membri abscissione; si autem non potest, abscindit membrum minus necessarium, ut vita totius conservetur, ita etiam ille qui studet emendationi fratris debet, si potest, sic emendare fratrem, quantum ad conscientiam, ut fama eius conservetur. Quae quidem est utilis, primo quidem et ipsi peccanti, non solum in temporalibus, in quibus quantum ad multa homo patitur detrimentum amissa fama; sed etiam quantum ad spiritualia, quia prae timore infamiae multi a peccato retrahuntur, unde quando se infamatos conspiciunt, irrefrenate peccant. Unde Hieronymus dicit:[8] *Corripiendus est seorsum frater, ne, si semel pudorem aut verecundiam amiserit, permaneat in peccato.* Secundo debet conservari fama fratris peccantis, tum quia, uno infamato, alii infamantur, secundum illud Augustini, in Epist. *ad Plebem Hipponensem*:[9] *Cum de*

하다. 이러한 방식으로 은밀하게 죄를 짓는 사람은 너에게만 죄를 짓는 것이 아니라 다른 이들에게도 죄를 짓는 것이다. 그러므로 그 피해를 막기 위하여 즉시 고발을 진행하는 것이 필요하다. 어떤 사람이 은밀한 훈계로 즉시 악을 막을 수 있다고 확실히 생각하는 경우는 예외이다.

한편 어떤 죄들은 죄를 짓는 사람과 그에게서 피해를 입거나 그것을 알게 됨으로써 피해를 입게 되는 사람에게만 해가 된다. 이러한 경우는 죄를 짓는 형제에게 도움을 주는 것만을 지향해야 한다. 그리고 육체의 의사가 가능하다면 어떤 지체를 절단하지 않고 치유시키고 그것이 불가능하다면 전체의 생명을 보존하기 위하여 필요한 최소한의 지체를 절단하는 것과 같이, 형제를 바로잡고자 애쓰는 사람도 가능하다면 그렇게 그의 명예를 보존하면서 형제의 양심을 바로잡아야 한다. 명예는 먼저 죄를 짓는 사람 자신에게 유익하다. 현세적인 것들에서 명예를 잃으면 많은 손실을 겪게 될 뿐만 아니라, 영적인 것들에 있어서도 많은 이들이 불명예에 대한 두려움에서 죄를 멀리하고 그래서 명예를 잃고 나면 주저 없이 죄를 짓게 되기 때문이다. 그래서 히에로니무스[8]는 이렇게 말한다. "형제는 따로 견책해야 한다. 한번 부끄러움이나 수치를 잃어버리고 나면 죄에 계속 머물게 되지 않도록 하기 위해서이다." 둘째로, 죄를 짓는 형제의 명예를 보존해야 하는 것은 한 사람이 명예를 잃고 나면 다른 이들도 명예를 잃게 되기 때문이다. 아우구스티누스는 『히포 신자들에게 보낸 편지』[9]에서 이렇게 말한다. "거룩한 이름을 고백하는 이들 가운데 어

---

8. Comment. *in Matth.*, III, super 18, 15: PL 26, 131 B.
9. Epist. 78, al.137, n.6: PL 33, 271.

aliquibus qui sanctum nomen profitentur aliquid criminis vel falsi sonuerit vel veri patuerit, instant, satagunt, ambiunt ut de omnibus hoc credatur. Tum etiam quia ex peccato unius publicato alii provocantur ad peccatum.—Sed quia conscientia praeferenda est famae, voluit Dominus ut saltem cum dispendio famae fratris conscientia per publicam denuntiationem a peccato liberetur.

Unde patet de necessitate praecepti esse quod secreta admonitio publicam denuntiationem praecedat.[10]

AD PRIMUM ergo dicendum quod omnia occulta Deo sunt nota. Et ideo hoc modo se habent occulta peccata ad iudicium divinum sicut publica ad humanum.—Et tamen plerumque Deus peccatores quasi secreta admonitione arguit interius inspirando, vel vigilanti vel dormienti, secundum illud *Iob* 33, [15 sqq.]: *Per somnium in visione nocturna, quando irruit sopor super homines, tunc aperit aures virorum, et erudiens eos instruit disciplina, ut avertat hominem ab his quae fecit.*

AD SECUNDUM dicendum quod Dominus peccatum Iudae, tanquam Deus, sicut publicum habebat. Unde statim poterat ad

---

10. "교정은 어떤 식으로 참사랑에서 나와야 하며 그래서 형제적 교정이라고 일컬어진다. 그러므로 참사랑의 질서에 따라 형제적 교정의 질서를 세워야 한다. 그런데 참사랑의 질서는 이웃의 선보다 공동선을 우선한다. 또한 이웃의 양심과 명예의 선을 원한다. 그리고 여기에서 두 가지 모두를 바랄 수 없을 때에는 양심의 선을 더 원한다. 그러므로 이를 고려할 때, 많은 이들에게 해를 끼치는 어떤 육적인 죄 또는 영적인 죄가 있을 때에는 그것을 즉시 드러내야 한다. 앞서 말한 바와 같이 공동선은 참사랑의 질서에서 명예든 양심이든 이웃의 선보다 우선하기 때문이다. 그러나 많은 이들이 피해를 입을 것을 두려워하지 않는 경

떤 사람에게 거짓으로 어떤 죄를 고발하거나 참으로 그런 죄를 찾아 낸다면, 사람들은 모든 이들이 그렇다고 믿도록 고집하고 주장하고 퍼뜨린다." 그러므로 한 사람의 죄가 공개되는 것에서 다른 이들도 죄를 짓도록 자극된다.-그러나 양심은 명예보다 우선되어야 하므로, 주님은 공공연한 고발로 형제가 명예를 잃게 하더라도 그가 죄에서 해방되기를 바라셨다.

그러므로 계명에 의하여 공공연한 고발에 앞서 은밀한 훈계를 할 것이 요구된다는 것이 분명하다.[10]

[해답] 1. 감추어져 있는 모든 것들은 하느님께는 알려져 있다. 그러므로 감추어진 죄들은 하느님의 심판 앞에서는 마치 인간의 판단 앞에서 공공연한 죄들과 같다.-또한 하느님은 죄인들이 깨어 있거나 잠들었거나 자주 그들을 내적으로 감도하시며 은밀한 훈계로 꾸짖으신다. 욥기 33장 [15절 이하]에서는 이렇게 말한다. "사람들이 깊은 잠에 빠져 자리 위에서 잠들었을 때 꿈과 밤의 환상 속에서 그분께서는 사람들의 귀를 여시고 그들을 가르치십니다. 그것은 사람을 제 행실에서 떼어 놓으시려는 것입니다."

2. 주님은 하느님으로서 유다의 죄를 공공연한 죄와 같이 아셨고 그러므로 즉시 그것을 공개할 수 있으셨다. 그러나 그분은 그것을 공

우에는 단둘이 따로 교정함으로써 그 두 가지 곧 명예의 선과 양심의 선 모두를 지켜야 한다. 만일 이러한 교정에서 결과가 없다면 복음의 순서에 따라 자신과 함께 다른 사람을 데려가거나 교회에 알려야 한다. 그러나 여기에서도 질서를 지켜야 한다. 만일 그 죄가 공공연한 것이라면 공공연하게 교정할 것이다. 그러나 감추어진 죄라면 몰래 교정할 것이다. 그래서 너만 아는 죄 곧 감추어진 죄에 대해서는 '네 형제가 너에게 죄를 지으면'이라고 말한다. 그러나 공공연한 죄에 대해서는 '죄를 모든 이들 앞에서' 곧 공적으로 '확정 지어야 한다'고 말한다."(*Quodlibet.*, XI, q.10, a.1.)

publicandum procedere. Tamen ipse non publicavit, sed obscuris verbis eum de peccato suo admonuit.[11]—Petrus autem publicavit peccatum occultum Ananiae et Saphirae tanquam executor Dei, cuius revelatione peccatum cognovit.—De Ioseph autem credendum est quod fratres suos quandoque admonuerit, licet non sit scriptum. Vel potest dici quod peccatum publicum erat inter fratres, unde dicit pluraliter: *Accusavit fratres suos*.

AD TERTIUM dicendum quod quando imminet periculum multitudinis, non habent ibi locum haec verba Domini, quia tunc frater peccans non peccat in te tantum.

AD QUARTUM dicendum quod huiusmodi proclamationes quae in capitulis religiosorum fiunt sunt de aliquibus levibus, quae famae non derogant. Unde sunt quasi quaedam commemorationes potius oblitarum culparum quam accusationes vel denuntiationes. Si essent tamen talia de quibus frater infamaretur, contra praeceptum Domini ageret qui per hunc modum peccatum fratris publicaret.

AD QUINTUM dicendum quod praelato non est obediendum contra praeceptum divinum, secundum illud *Act.* 5, [29]: *Obedire oportet Deo magis quam hominibus*. Et ideo quando praelatus praecipit ut sibi dicatur quod quis sciverit corrigendum, intelligendum est praeceptum sane, salvo ordine correctionis fraternae, sive praeceptum fiat communiter ad omnes, sive ad aliquem specialiter. Sed si praelatus expresse praeciperet

개하지 않으시고 불분명한 말로 그의 죄를 훈계하셨다.[11] - 베드로는 하느님의 집행자로서 하나니아스와 사피라의 죄를 공개했다. 그는 그 죄의 계시를 통하여 그것을 알고 있었다. - 요셉에 대해서는 비록 기록되어 있지 않지만 그가 형제들을 때때로 훈계했다고 믿어야 한다. 또는, 그것이 형제들 사이에서 공공연한 죄였다고 말할 수 있다. 그래서 복수형으로 "형들에 대해 일러바치곤 하였다."고 말한다.

3. 많은 이들에 대한 위험이 있을 때에는 주님의 말씀이 적용되지 않는다. 그 경우 죄를 짓는 형제는 너에게만 죄를 짓는 것이 아니기 때문이다.

4. 수도자들의 회의에서 하는 선언들은 명예를 손상시키지 않는 가벼운 일들에 대한 것이다. 그러므로 이들은 비판이나 고발이라기보다 잊어버린 죄들을 상기시키는 것과 같다. 만일 형제의 명예를 잃게 할 만한 것이라면, 그러한 방식으로 형제의 죄를 공개하는 사람은 주님의 계명을 거슬러 행하는 것이 될 것이다.

5. 하느님의 계명을 거슬러 장상에게 순종하지 말아야 한다. 사도행전 5장 [29절]에서는 "사람에게 순종하는 것보다 하느님께 순종하는 것이 더욱 마땅합니다."라고 말한다. 그러므로 장상이 어떤 사람이 교정해야 한다고 알고 있는 것을 그에게 말하라고 명한다면, 모든 이들에게 공통적으로 명했든 어떤 사람에게 개별적으로 명했든 그것은 형제적 교정의 질서를 존중하며 건전하게 이해해야 한다. 그러나 만일 장상이 주님이 제정하신 질서를 거슬러 명시적으로 명한다면, 명하는 사람도 죄를 짓는 것이 되고 그에게 순명하는 사람도 주님의 계명을 거슬러 죄를 짓는 것이 된다. 장상은 감추어진 일

---

11. 참조: 마태 26,21 이하; 마르 14,18 이하; 루카 22,21 이하; 요한 13,21 이하.

contra hunc ordinem a Domino constitutum, et ipse peccaret praecipiens et ei obediens, quasi contra praeceptum Domini agens, unde non esset ei obediendum. Quia praelatus non est iudex occultorum, sed solus Deus, unde non habet potestatem praecipiendi aliquid super occultis nisi inquantum per aliqua indicia manifestantur, puta per infamiam vel aliquas suspiciones; in quibus casibus potest praelatus praecipere eodem modo sicut et iudex saecularis vel ecclesiasticus potest exigere iuramentum de veritate dicenda.

Articulus 8
Utrum testium inductio debeat praecedere publicam denuntiationem

Ad octavum sic proceditur. Videtur quod testium inductio non debeat praecedere publicam denuntiationem.

1. Peccata enim occulta non sunt aliis manifestanda, quia sic homo magis esset *proditor* criminis quam *corrector* fratris, ut Augustinus dicit.[1] Sed ille qui inducit testes peccatum fratris alteri manifestat. Ergo in peccatis occultis non debet testium inductio praecedere publicam denuntiationem.

---

1. Serm.82, al. *de verbis Domini* 16, c.7: PL 38, 510.

들의 심판자가 아니며 오직 하느님이 이를 심판하시기 때문이다. 그러므로 장상은 불명예나 어떤 의혹과 같은 어떤 표지를 통하여 드러난 것이 아니라면 감추어진 것들에 대하여 명할 권한이 없다. 그러한 경우에 장상은 사회와 교회의 재판관과 같은 방식으로 진리를 말하도록 맹세를 요구할 수 있다.

제8절 공적인 고발에 앞서 증인이 있어야 하는가?

Parall.: *In Sent.*, IV, d.19, q.2, a.3, qc.2; *De correct. frat.*, a.2, ad2 et 24 sqq.; *Quodlibet.*, XI, q.10, a.1; *in Matth.*, c.18.

[반론] 여덟째에 대해서는 다음과 같이 진행된다. 공공연한 고발(publica denuntiatio)에 앞서 증인을 대지 말아야 하는 것으로 생각된다.

1. 감추어진 죄들은 다른 이들에게 드러내지 말아야 한다. 아우구스티누스[1]가 말하듯이 그로써 형제의 죄를 "교정하는" 사람이 되기보다 "폭로하는" 사람이 될 것이기 때문이다. 그런데 증인을 대는 사람은 형제의 죄를 다른 이들에게 드러낸다. 그러므로 감추어진 죄들의 경우 공공연한 고발에 앞서 증인을 대지 말아야 한다.

2. Praeterea, homo debet diligere proximum sicut seipsum. Sed nullus ad suum peccatum occultum inducit testes. Ergo neque ad peccatum occultum fratris debet inducere.

3. Praeterea, testes inducuntur ad aliquid probandum. Sed in occultis non potest fieri probatio per testes. Ergo frustra huiusmodi testes inducuntur.

4. Praeterea, Augustinus dicit, in *Regula*,² quod *prius praeposito debet ostendi quam testibus*. Sed ostendere praeposito sive praelato est dicere Ecclesiae. Non ergo testium inductio debet praecedere publicam denuntiationem.

SED CONTRA est quod Dominus dicit, Matth. 18, [15 sqq.].

RESPONDEO dicendum quod de uno extremo ad aliud extremum convenienter transitur per medium. In correctione autem fraterna Dominus voluit quod principium esset occultum, dum frater corriperet fratrem inter se et ipsum solum; finem autem voluit esse publicum, ut scilicet Ecclesiae denuntiaretur. Et ideo convenienter in medio ponitur testium inductio, ut primo paucis indicetur peccatum fratris, qui possint prodesse et non obesse, ut saltem sic sine multitudinis infamia emendetur.

AD PRIMUM ergo dicendum quod quidam³ sic intellexerunt

---

2. Epist. 211, al.109, n.11: PL 33, 962.

2. 인간은 이웃을 자신처럼 사랑해야 한다. 그런데 아무도 자신의 감추어진 죄에 대하여 증인을 대지 않는다. 그러므로 형제의 감추어진 죄에 대해서도 그러해야 한다.

3. 증인은 어떤 것을 입증하기 위하여 필요하다. 그런데 감추어진 것은 증인으로 입증할 수 없다. 그러므로 그렇게 증인을 대는 것은 헛되다.

4. 아우구스티누스가 『규칙서』[2]에서 말하듯이 "증인보다 먼저 원장에게 보여야 한다." 그런데 원장 또는 장상에게 보이는 것은 교회에 말하는 것이다. 그러므로 공공연한 고발에 앞서 증인을 대지 말아야 한다.

[재반론] 그러나 반대로 주님이 마태오복음서 18장 [15절 이하]에서 하시는 말씀이 있다.

[답변] 한쪽 끝에서 다른 끝으로 가는 데에서는 중간을 지나는 것이 적합하다. 형제적 교정에서 주님은 형제가 형제를 단둘이 견책할 때에 그 시작이 감추어져 있기를 바라셨다. 한편 그 끝은 공공연하게 드러나기를, 곧 교회에 고발하기를 바라셨다. 그러므로 그 중간에 증인이 있어 먼저 소수의 사람들에게 형제의 죄를 알리는 것이 적합하다. 그들은 많은 이들에게 불명예를 당하지 않고 바로잡게 되도록, 그에게 장애가 아니라 도움이 될 수 있을 것이다.

[해답] 1. 어떤 이들은[3] 형제적 교정의 질서에서 첫째로 형제를 은

---

3. 예를 들어 Albertus Magn,, *In Sent.*, IV, d.14, a.21: ed. Borgnet, XXIX, p.827.

ordinem fraternae correctionis esse servandum ut primo frater sit in secreto corripiendus, et si audierit, bene quidem. Si autem non audierit, si peccatum sit omnino occultum, dicebant non esse ulterius procedendum. Si autem incipit iam ad plurium notitiam devenire aliquibus indiciis, debet ulterius procedi, secundum quod Dominus mandat.—Sed hoc est contra id quod Augustinus dicit, in *Regula*,[4] quod peccatum fratris non debet occultari, *ne putrescat in corde.*

Et ideo aliter dicendum est quod post admonitionem secretam semel vel pluries factam, quandiu spes probabiliter habetur de correctione, per secretam admonitionem procedendum est. Ex quo autem iam probabiliter cognoscere possumus quod secreta admonitio non valet, procedendum est ulterius, quantumcumque sit peccatum occultum, ad testium inductionem. Nisi forte probabiliter aestimaretur quod hoc ad emendationem fratris non proficeret, sed exinde deterior redderetur, quia propter hoc est totaliter a correctione cessandum, ut supra[5] dictum est.

AD SECUNDUM dicendum quod homo non indiget testibus ad emendationem sui peccati, quod tamen potest esse necessarium ad emendationem peccati fratris. Unde non est similis ratio.

AD TERTIUM dicendum quod testes possunt induci propter tria. Uno modo, ad ostendendum quod hoc sit peccatum de quo aliquis arguitur; ut Hieronymus dicit.[6] Secundo, ad convincendum de actu, si actus iteretur; ut Augustinus dicit, in *Regula*.[7] Tertio, *ad testificandum quod frater admonens fecit quod*

밀하게 견책해야 한다고 이해한다. 만일 듣는다면 좋은 일이다. 만일 듣지 않는다면, 그 죄가 완전히 감추어진 것이라면 더 이상 진행하지 말아야 한다고 말한다. 그러나 어떤 표지들을 통하여 죄가 여러 사람들에게 알려지기 시작한다면, 주님이 명하신 바에 따라 계속 진행해야 한다.-그러나 이것은 아우구스티누스가 『규칙서』[4]에서 형제의 죄는 "그것이 마음속에서 악취를 풍기지 않도록" 감추지 말아야 한다고 말하는 것에 반대된다.

그러므로 다른 방식으로 말해야 한다. 한번 또는 여러 번 은밀한 훈계를 한 다음에는, 아마도 교정될 것이라는 희망이 있다면 은밀한 훈계를 계속해야 한다. 아마도 은밀한 훈계가 소용이 없다는 것을 알 수 있게 되면, 다음 단계로 나아가 죄가 감추어진 것이라 하더라도 증인을 대야 한다. 그것이 형제를 바로잡는 데에 도움이 되지 않으며 아마도 오히려 그를 더 바쁘게 만들리라고 여겨지는 경우는 예외이다. 위에서[5] 말한 바와 같이 그 경우에는 교정을 완전히 중단해야 하기 때문이다.

2. 자신의 죄를 바로잡기 위해서는 증인을 대는 것이 필요하지 않다. 그러나 형제의 죄를 바로잡는 데에는 필요할 수 있다. 그러므로 비교는 성립되지 않는다.

3. 증인은 세 가지 이유에서 댈 수 있다. 첫째는 히에로니무스[6]가 말하듯이 어떤 사람이 지적하려고 하는 그것이 죄라는 것을 보이기 위해서이다. 둘째는 아우구스티누스가 『규칙서』[7]에서 말하는 바와

---

4. Epist. 211, al.109, n.11: PL 33, 962.
5. a.6.
6. Glossa interl. super Matth. 18,16. Hieronymus, In Matth., III, super 18, 16: PL 26, 131 B.
7. Loc. cit., supra, ad1: PL 33, 962.

in se fuit; ut Chrysostomus dicit.[8]

AD QUARTUM dicendum quod Augustinus intelligit quod prius dicatur praelato quam testibus secundum quod praelatus est quaedam singularis persona quae magis potest prodesse quam alii, non autem quod dicatur ei tanquam Ecclesiae, idest sicut in loco iudicis residenti.

---

8. Hom.61, al 61, *in Matth.*: PL 58, 586.

같이 그 행동이 반복된다면 그 행위를 증명하기 위해서이다. 셋째는 크리소스토무스[8]가 말하듯이 "훈계하는 형제가 자신이 할 수 있는 것을 했음을 입증하기 위해서"이다.

4. 아우구스티누스가 증인보다 먼저 장상에게 말해야 한다고 할 때에는 장상이 다른 이들보다 더 도움이 될 수 있는 개인이라는 점에서이며, 교회를 대표하여 재판관의 자리에 있는 사람으로서 그에게 말하라는 것이 아니다.

《주제 색인》

감각적 본성(natura sensibilis) 207
감정(affectus) 69, 81, 253, 255, 273, 279, 313, 411, 469, 481, 493
결함(defectus) 69, 121, 361, 389, 409, 411, 413, 425, 427, 437, 463-467, 471, 553
결합의 능력(virtus unitiva) 171
경건(敬虔, pietas) 423, 491, 507
계명(praeceptum) 31, 141, 201, 267, 371, 397, 449, 451, 481-491, 533-539, 555, 565, 569, 577
고발(denuntiatio) 567-581
고통(dolor) 407, 411, 419
교정(矯正, correctio) 467, 471, 475, 525-567, 571, 581-583
공로(meritum) 18, 123, 139, 295, 337-349, 397, 473, 477, 517
구원(salus) 157, 203, 247, 249
나그네(viator) 79, 109
나그넷길, 여정(via) 79, 101, 103, 105, 109-111, 133, 323, 385
능력(potentia) 19-23, 41, 65, 67, 77, 131-133, 159, 309, 371, 377, 425, 551
단계(gradus) 111-115, 137, 261, 273, 283, 295, 299, 437, 445, 535
대신덕(對神德, virtus theologicus) 43, 139, 371, 417
대상(對象, obiectum) 27, 33-45, 55, 61-69, 79-83, 87, 91, 119, 139, 153, 159, 223, 237, 259, 265, 273, 283, 311, 335, 373, 421, 451, 551
덕(德, virtus) 17, 23-57, 61, 71, 93, 97,117, 121, 137, 155, 183, 223-227, 261, 305, 317-319, 335, 369-375, 397-403, 415-427, 435, 437, 449-459, 527-537
동등성(aequalitas) 169, 255, 285, 503
마귀(daemon) 209-213
모상(模像, imago) 163, 167
목적(finis) 19, 33-39, 49-55, 65, 99-105, 123-125, 139, 145-147, 225, 235, 263, 319, 325, 333-335, 385, 393, 397, 495, 531, 537, 565
물질적 자선(eleemosyna materialis) 471-479, 491, 543, 555
믿음, 신앙(信仰, fides) 17, 25, 31, 37, 41-47, 67, 71, 139, 145, 163, 167, 223-227, 355
벌, 처벌(罰, poena) 121, 175, 185, 319, 401, 407, 419, 483-485, 563

본성(本性, natura) 11, 19, 29, 69, 73-77, 87, 173-177, 181, 187-189, 195, 207, 211, 235-241, 253, 259, 269, 295, 303, 387, 405, 439, 443, 485, 509, 545, 557
본향(本鄕, patria) 11, 101, 105, 109, 111, 133, 135, 207, 293, 295, 297, 323, 363
부모(parens) 259, 267-277, 283-285, 291-293, 407, 441, 447, 449, 491, 507
비이성적 피조물(creatura irrationalis) 163-167, 187
비참, 비참함(miseria) 363, 403-407, 411-413, 419, 421, 435
사랑(amor) 7, 9, 17, 29-33, 61-63, 69, 79, 123, 129, 135, 151, 155, 159, 161, 171, 197, 227, 235, 237, 291, 311-315, 329, 355, 363, 371, 373, 395, 411, 413, 437, 449
사랑(dilectio) 13-19, 35, 45, 69, 83, 97, 109, 129, 135-139, 151, 161, 165, 175-179, 195-205, 215-219, 225, 231, 241-243, 251-261, 267-275, 283-287, 293-301, 313, 325-331, 335, 339-347, 373, 399, 433, 471, 479, 485
사랑의 대상(diligibilia/diligibilitas) 217
사죄(死罪, peccatum mortale) 123, 125, 137-145, 483, 489, 533, 541, 557
상실되다(amitti) 137, 145
상응성, 갚음(相應性, reamatio) 5, 167, 177
선행(善行, beneficentia) 255, 427, 429-433, 437, 449-451, 455
성령(Spiritus Sanctus) 17-21, 29, 69, 73-75, 93, 103, 131, 135, 353, 499
소죄(peccatum veniale) 111, 123, 125, 143, 541
슬픔(tristitia) 353-361, 369, 373, 403, 405, 409, 411, 467
습성(習性, habitus) 17, 23, 33, 35, 67, 87, 91, 103, 111, 125, 131-133, 137, 141-145, 153, 309, 371, 421, 451, 551
아내(uxor) 229, 281-285, 507, 511, 513
아량(liberalitas) 431, 433, 435, 455, 459, 517
악(malum) 77, 133, 179, 181-183, 191, 195, 203, 243, 355, 359, 361, 381, 401-413, 451, 463, 499, 529, 531, 563, 565
영적 자선(eleemosyna spiritualis) 471-477
영혼(anima) 13-17, 21-23, 29, 43, 85, 93, 131, 177, 189, 191, 197, 201, 219, 225, 247, 249, 277, 281, 325, 335, 389, 465, 509, 561
완전성(perfectio) 79, 103, 107, 109, 173, 197, 201, 203, 243, 497
욕구(appetitus) 43, 51, 61, 63, 225, 253, 311, 323, 333, 365, 377, 379, 385, 387, 389, 393, 395, 405, 415, 419

욕망(concupiscentia) 31, 47, 115, 145, 177, 239, 435
우정(amicitia) 5-13, 23, 27, 35-39, 67, 121, 143, 157-161, 165-179, 183, 205-207, 211, 213, 217, 225, 229, 233, 237-239, 257-265, 269, 279-285, 305, 309-313, 347, 395, 411, 433, 435
원수(inimicus) 5, 13, 193-203, 253, 263, 337-341, 449
원인(causa) 29, 69, 73, 95, 103, 121, 123, 191, 217, 227, 231, 233, 235, 289, 317, 325, 353, 395, 399, 405, 465, 477, 479
육체(corpus) 7, 15, 21, 173-177, 189, 215-219, 245-249, 277, 281, 465, 469, 473, 475, 485, 509, 529
은혜(beneficium) 25, 35, 131, 203, 207, 271, 317, 319, 447, 449, 451, 493, 547
은총(恩寵, gratia) 67, 73-75, 121, 235, 237, 253, 265, 271, 273, 347, 355, 393, 395, 443
응보(應報, nemesis) 417-421
의지(voluntas) 17, 19, 41, 43, 55, 61-65, 143, 159, 191, 223, 263, 265, 293, 295, 311, 313, 323, 331, 377, 381, 387, 393, 405, 407, 467, 477
이성(ratio) 25, 41, 43, 61-65, 89, 113, 189, 219, 223, 227, 311, 331, 335, 337, 419, 467, 485, 547, 557
이성적 본성(natura rationalis) 189
이웃(proximus) 21, 31, 35-39, 139, 151-161, 165, 181, 197-209, 215-221, 227-233, 239-255, 259, 283, 297, 339, 343-347, 361, 393, 399, 425-427, 449-451, 461-467, 473-479, 485, 559, 571, 581
자비(慈悲, misericordia) 207, 401-435, 457, 463, 517, 559
자선(慈善, eleemosyna) 453-465, 471-523, 531, 543-545　*(물질적 자선, 영적 자선 참조)
자유재량(自由裁量, liberum arbitrium) 61, 127, 129, 131, 165
장상(praelatus) 511, 543-553, 563, 565, 569, 577, 579, 585
정감(affectio) 25, 139, 145, 335
정념(情念, passio) 29, 43, 145, 311, 355, 365, 371, 413, 417-421, 433, 467
정의(iustitia) 27, 47, 51, 53, 65, 155, 183, 261, 391, 395, 407, 417, 419, 431, 435, 439, 447, 459, 501, 527-531, 551, 565
존경(honor) 151, 155, 307
죄(peccatum) 51, 117, 121-127, 135, 137-143, 181, 185, 211, 243, 245, 321-325, 363, 393, 455, 467, 483, 499, 517, 529, 531, 537, 541, 545, 555-565, 571-583
　　　　　　　　　　　　　　　　　　　　　*(사죄, 소죄 참조)

죄과(罪過, culpa) 401, 407, 439, 471
죄인(peccator) 7, 13, 47, 177-187, 209-213, 407, 437, 439, 471, 517, 555, 561, 565, 575
주입(注入, infusio) 65-75, 85, 93, 119, 127, 141, 143, 329
주체(主體, subiectum) 23, 29, 59-63, 83, 87-91, 99, 103, 121, 131, 133, 135, 141, 219, 243, 259, 265, 297, 307
죽음(mors) 139, 141, 173, 177, 211
죽음의 몸(corpus mortis) 173, 177
즐거움(gaudium) 23, 29, 351-373, 399, 417, 421
증가(augmentum) 79, 83, 87, 89
증인(testis) 579-585
지옥(infernus) 211, 213
지혜(智慧, sapientia) 21, 63, 253, 359, 369, 443
질료(質料, materia) 55, 57, 73, 75, 131, 133, 279, 281, 317, 339, 459
참행복(beatitudo) 33, 37, 67, 69, 73, 79, 157, 161, 177, 181, 199, 207, 211, 217, 225, 229, 231, 237, 247, 249, 255, 259, 261, 357, 369, 399, 403
참행복의 공유(communicatio beatitudinis) 67, 157, 181, 217, 229, 259
천사(angelus) 73-77, 205-217
최종 목적(finis ultimus) 33, 49, 53, 55, 57, 65, 79, 123, 225, 319, 325, 335, 389, 397
친구(amicus) 7, 9, 13, 121, 161, 163, 169, 179, 191, 195, 211, 213, 241, 243, 247, 255, 257, 265, 269, 275, 305, 309, 313, 337-343, 347, 355, 393, 411, 431, 433, 441, 497, 515, 529, 565
탐욕(cupiditas) 107, 119, 125, 129, 155, 445, 505, 535, 541
특수한 덕(virtus particularis) 29-33, 373, 417, 433, 449-451
평화(pax) 23, 211, 353, 375-399, 417, 421
피조물(被造物, creatura) 13-17, 67, 99, 103, 109, 125, 151, 163-167, 187, 213, 235, 325-329, 365-367, 389
하느님과의 결합(unio ad Deum) 145, 243
하느님으로부터 등 돌림(aversio a Deo) 145
행위(actus) 17-21, 25, 33, 47, 51, 55, 57, 61, 65-71, 89, 93-99, 111, 121, 125, 133-143, 153, 211, 253, 255, 259, 265, 301, 305-313, 323, 335, 337, 339, 371-373, 397-399, 429-439, 451, 455-459, 467, 475, 527-531, 537, 545, 547, 515, 559, 565, 583

현명(賢明, prudentia) 31, 43, 47, 51, 65, 445, 447, 527, 531
형상(形相, forma) 19, 21, 45, 53-57, 73, 75, 85, 89, 91, 101, 131-133, 147, 153, 281, 317, 319, 355
형제적 교정(兄弟的 矯正, correctio fraterna) 525-539, 543-547, 553, 555, 563, 565-567, 571, 577, 581
호의(好意, benevolentia) 7, 9, 183, 203, 253, 255, 301, 309-313, 433, 451, 533
효과(效果, effectus) 493, 539
흔적(痕迹, vestigium) 167
흠숭(欽崇, latria) 151, 155, 455, 459
희망(希望, spes) 17, 25, 31, 41-45, 51, 139, 145, 151, 157, 183, 191, 315, 321, 353, 357, 371, 373, 405, 409, 459, 503, 539, 583

《인명 색인》

그레고리우스 94, 95, 129, 169, 173, 179, 201, 231, 267, 315, 359, 407, 415, 463, 549
디오니시우스 67, 69, 171, 187, 325, 327, 377, 383, 385, 387, 395, 433, 443, 551
막시무스 발레리우스 265
베르나르두스 137, 331
살루스티우스 415, 419
아리스토텔레스 5, 7, 23, 27, 35, 37, 39, 45, 49, 61, 63, 83, 91, 99, 115, 121, 133, 151, 165, 183, 191, 225, 233, 237, 249, 251, 269, 273, 277, 279, 283, 289, 303, 305, 307, 309, 311, 313, 333, 395, 403-411, 415-421, 431, 447, 449, 455, 475, 493, 499, 531
아우구스티누스 15, 17, 21, 25, 31, 49, 51, 71, 79, 107, 113, 117, 119, 125, 129, 131, 143, 159, 175, 177, 181, 187, 193, 205, 209, 215, 229, 235, 245, 247, 251, 255, 275, 287, 293, 303, 315, 317, 321, 331-337, 375, 381, 385, 391, 397, 403, 417, 419, 435, 443, 469, 473, 499, 503, 509, 515, 517, 535, 539, 541, 547, 549, 553, 555, 559, 567, 569, 573, 581, 583, 585
암브로시우스 55, 265, 271, 273, 279, 423, 487, 489, 499, 503, 507, 517, 519
요한 크리소스토무스 347, 559, 585
키케로 393, 417
히에로니무스 31, 279, 287, 391, 467, 543, 547, 557, 561, 573, 583

《고전작품 색인》

디오니시우스

『신명론』(De divinis nominibus) 67, 187, 209, 325, 327, 377, 385, 395, 433
『천상 위계론』(De coelesti hierarchia) 443

레오 교황

『수난에 관한 설교』(De passione) 137

베르나르두스

『하느님 사랑』(de Diligendo Deum) 331

아리스토텔레스

『니코마코스 윤리학』(Ethica nicomachea) 5, 7, 23, 25, 27, 33, 37, 45, 47, 65, 151, 165, 169, 179, 183, 191, 205, 227, 233, 249, 273, 277, 279, 289, 303, 309, 343, 393, 395, 407, 411, 415, 417, 431, 447, 449, 455, 493, 527, 531, 537
『동물들의 출산』(De Generatione Animalium) 277
『생성소멸론』(De generatione et corruptione) 83
『수사학』(Rhetorica) 251, 309, 403, 405, 411, 417, 421
『영혼론』(De anima) 63
『원인론』(De causis) 43
『자연학』(Physica) 49, 55, 91, 99, 165, 333
『정치학』(Politica) 333
『토피카』(Topica) 61
『천지론』(De caelo et mundo) 23, 115
『형이상학』(Metaphysica) 99, 225

아우구스티누스

『가톨릭교회의 관습과 마니교도의 관습』(De moribus ecclesiae catholicae et de moribus Manichaeorum) 25, 31, 331
『거짓말 반박』(Contra mendacium) 567

『고백록』(Confessiones) 117
『규칙서』(Regula) 245, 549, 555, 581, 583
『그리스도교 교양』(De doctrina christiana) 17, 175, 181, 205, 215, 229, 235, 247, 251, 275, 317, 435, 443, 515, 541
『디오스코루스에게 보낸 편지』(Epistola ad Dioscoro) 177
『라우렌티우스에게 보낸 길잡이』(Enchiridion ad Laurentium) 193, 337
『복음서에 관한 질문』(De Quaestiones Evangeliorum) 503
『삼위일체론』(De Trinitate) 245, 549, 555, 581
『선의 본성』(De natura boni) 331
『성도들의 예정』(De praedestinatione sanctorum) 131
『신국론』(De civitate Dei) 187, 209, 375, 385, 397, 403, 417, 419, 539, 547
『여든세 가지 다양한 질문』(Octoginta trium quaestionum) 107, 119
『요한복음서 강해』(In Iohannis evangelium tractatus) 79, 215
『요한 1서 주해』(Super Primum Canonicum Joannis) 107, 113, 315
『율리아누스 반박』(Contra Iulianum) 49, 51, 129
『인간 의로움의 완성』(De perfectione iustitiae hominis) 31
『입문자 교리 교육』(De catechizandis rudibus) 287, 303
『주님의 말씀』(De verbo Domini) 499, 503, 509, 513, 535, 543, 569
『주님의 산상설교』(De sermone Domini in monte) 131, 473, 559
『참된 종교』(De vera religione) 293
『창세기 문자적 해설』(Genesi ad litteram) 119, 143, 331
『히포 신자들에게 보낸 편지』(epistola ad Plebem Hipponensem) 573

암브로시우스

『성직자의 의무』(De officiis ministrorum) 265, 519, 523

오리게네스

『원리론』(De principiis) 137

요한 크리소스토무스

『뉘우침과 절제』(De compunctione et continentia) 347

이시도루스
『최고선』(Summum bonum) 557

젠나디우스
『교회 교의』(De ecclesiasticis dogmatibus) 511

키케로
『우정론』(De amicitia) 393

페르투스 롬바르두스
『명제집』(Sententiarum) 17, 73

히에로니무스
『마태오복음서 주해』(Commentarii in Evangelium Matthaei) 467
『에제키엘서 주해』(Commentarii in Hiezechihelem) 279
『파울리누스에게 보낸 편지』(Epistula ad Paulinum) 7

《성 토마스 작품 색인》
『덕론』(De virtutibus) 61, 83, 167, 199
『명제집 주해』(Scriptum super libros Sententiarum) 5, 13, 23, 29, 35, 45, 53, 61, 71, 77, 83, 93, 99, 105, 111, 117, 127, 137, 157, 163, 167, 173, 177, 187, 193, 199, 205, 209, 215, 223, 233, 239, 249, 257, 265, 271, 277, 281, 286, 291, 315, 321, 326, 329, 337, 343, 375, 383, 415, 439, 455, 461, 471, 481, 491, 497, 507, 513, 527, 535, 543, 549, 555, 561, 566, 579
『악론』(De malo) 29, 53, 77, 117, 415
『자유 토론 문제집』(Quodlibet.) 77, 481, 497, 507, 567, 579
『진리론』(De veritate) 53, 383
『참사랑』(De caritate) 13, 29, 35, 53, 71, 99, 105, 127, 137, 151, 163, 173, 177, 193, 205, 209, 215, 223, 227, 233, 239, 245, 249, 257, 265, 271, 281, 293, 321, 327, 329, 337, 439

《성경 색인》

탈출기 179, 267, 549
레위기 169, 203, 241, 251
신명기 15, 151, 327, 329, 499
느헤미야기 116
토빗기 521
욥기 431, 473, 575
시편 39, 49, 179, 183, 185, 187, 191, 337, 359, 367, 389, 391, 409, 423, 473, 561
아가 119, 223
잠언 195, 203, 241, 265, 415, 471, 475, 543, 563
지혜서 19, 47, 163, 185, 359, 389
집회서 227, 275, 279, 407, 437, 479
이사야서 211, 321, 363, 377, 391
예레미야서 151, 185
다니엘서 5
호세아서 423
미카서 263
마태오복음서 5, 71, 151, 157, 185, 195, 199, 201, 241, 285, 315, 337, 353, 367, 385, 397, 407, 449, 461, 485, 491, 493, 513, 527, 557, 559, 581
마르코복음서 385, 397
루카복음서 73, 181, 229, 257, 367, 423, 441, 473, 479, 485, 497, 515, 521
요한복음서 7, 73, 79, 139, 247, 319
로마서 67, 139, 175, 279, 315, 331, 343, 353, 359, 411, 467, 557, 563
코린토 1서 9, 31, 41, 47, 61, 73, 81, 169, 241, 321, 323, 353, 367, 377, 437, 455, 513
코린토 2서 85, 105, 177, 185, 189, 271, 441, 519
갈라티아서 41, 373, 377, 397, 437, 469, 527, 549, 553
에페소서 37, 63, 75, 283
필리피서 11, 101, 105, 173, 359, 371
티모테오 1서 35, 47, 67, 259, 423, 491, 493, 515, 551
히브리서 427, 455
요한 1서 15, 85, 107, 127, 153, 199, 227, 327, 343, 355, 457, 531, 555
요한묵시록 11, 129

■ 지은이: 토마스 아퀴나스(S. Thomas Aquinas)

성 토마스 아퀴나스는 1224/5년 이탈리아 중남부의 귀족 가문에서 태어나 도미니코수도회에 입회하였고, 때 묻지 않은 '천사적' 순수함과 진리에 대한 지칠 줄 모르는 열정으로 13세기라는 역사상 드문 정치적·사상적 격변기를 헤쳐나갔다. 그는 아리스토텔레스의 대부분의 작품들과 복음서 및 바오로의 주요 서간들에 대해 주해서를 집필하였고, 『대이교도대전』과 『토론문제집』 등 중요한 저작들을 남겼다. 특히 그리스 철학의 제 학파와 아랍 세계의 선진 이슬람 문명 등 당대까지 유럽에 전해져 서로 충돌하던 다양한 사상들을 그리스도교 진리의 빛 속에서 웅장하게 체계적으로 종합한 『신학대전』(*Summa Theologiae*)은 인류 문화사적 걸작으로 꼽힌다. 그는 1274년 리옹공의회에 참석하러 가던 길에 중병을 얻어 포사노바에서 선종하였다.

1879년 교황 레오 13세는 회칙 『영원하신 아버지』를 통해 토마스의 사상을 가톨릭교회의 공식 학설로 공표하였다.

■ 옮긴이: 안소근

안소근 수녀는 성 도미니코 선교 수녀회 소속으로, 서울대학교에서 독어독문학, 가톨릭대학교에서 신학을 공부하고 교황청 성서대학에서 2004년에 성서학 석사 학위를, 2008년에 성서학 박사 학위를 취득했다. 대전가톨릭대학교와 가톨릭교리신학원(서울)에서 강의하고 있다.

저서로 『이사야서』(거룩한 독서를 위한 성경 주해 시리즈), 『구약 종주』, 『신약 종주』, 『시편』 등이 있고, 역서로 『하늘의 지혜』(M. 질베), 『이스라엘 역사』(A. 소진), 『토마스 아퀴나스가 가르치는 세계관과 영성』(R. 배런) 등이 있다.

■ 진리의 협력자들

가르멜수도회(윤주현 신부) 가톨릭교리신학원(최승정 신부) 가톨릭출판사(홍성학 신부) 강윤희신부 †곽성명마티아 교리48기(김순진 요안나) 구요비주교 기쁜소식(전갑수 사장) 김경애유스타 김두라소화데레사 김명순소피아 김미라크레센시아 김미리파비올라 김미숙도미나 김복원요안나 김수남글라라 김영남신부 김영진신부 김영희글라라 김운장(대화제약 회장) 김운회주교 김웅태신부 김월자안젤라 김은주율리아나 김장이베로니카 김정렬사도요한 김정이아네스 김정임세실리아 김종국신부 김철련스테파노 김청자아가다 김항희마르타 김해영아나다시아 김혜경세레나 김혜경아네스 김효숙노엘라 김훈겸신부 김희중대주교 로사리오 성모의 도미니코수녀회(오하정 수녀) 마천동성당(장강택 신부) 목동성당(민병덕 신부) 문정동성당(이철호 신부) 박동균신부 박상수신부 박영규사도요한 박용선소화데레사 박정자소화데레사 박종호시몬 박찬윤신부 박표열정혜엘리사벳 박현숙글라라 방배4동성당(최동진 신부 - 이동익 신부) 방배동성당(안병철 신부) 배기현주교 배옥순시모니아 분당성마리아성당(윤종대 신부) 사랑의 시튼수녀회(김영선 수녀) 상도동성당(곽성민 신부) 서명숙루치아 서인숙아네스 서초동성당(이찬일 신부) 서호숙데레사 세종로성당(박동균 신부) 성도미니코선교수녀회(안소근 수녀) 손삼석주교 손희송주교 송기인신부 송인섭안드레아 신수정비안나 신옥현루시아 심상태몬시뇰 양정희루시아 여규태요셉 염수정추기경 오금동성당(박희원 신부) 오승원신부 원종철신부 위재숙아나다시아 유경촌주교 유덕희(경동제약 회장) 유식용(일도TCS 회장) 유영숙스콜라스티카 †윤정자님과 이경상신부 이계숙루시아 이동익신부 이동호신부 이문동성당(박동호 신부) 이민주신부 이명순토마스 이범현신부 이병호주교 이선용알베르토 이완학미카엘라 이용훈주교 이윤하신부 †이정국미카엘 이정석요한 이종상요셉 이 진안드레아 이준영아우구스티노 이화주가브리엘라 이효재로마노 임경희미카엘라 잠원동성당(박항오 신부) 장석호모세 장우일레오 장춘복세바스티아나 장혜순카타리나 (재)신학과사상(백운철 신부) 전상순요안나 전상직(더맨 회장) 절두산순교성지성당(정연정 신부) 정달용신부 정미애율리아나 정순택대주교 정복신안나 정영숙(다빈치 회장) 정의채몬시뇰 정종휴암브로시오 †정진석추기경 조 광이냐시오 조규만주교 조신호델피노 조용주마리안나 조욱현신부 차상금이사벨 청담동성당(김민수 신부) 최명주율리아 최미묘분다 최학분에디타 하계동성당(김웅태 신부) 학교법인가톨릭학원(김영국 신부) 한무숙문학관(김호기 박사) 혜화동성당(홍기범 신부) 홍순자요셉피나 황예성세실리아

지금까지 출간된 분책(2022년 현재)

■ 제1권(I, qq.1-12), [하느님의 존재], 정의채 옮김, 1985, 3판 2014, 751쪽.
제1문 거룩한 가르침에 관하여. 제2문 신론 - 하느님이 존재하는가. 제3문 하느님의 단순성에 대하여. 제4문 하느님의 완전성에 대하여. 제5문 선 일반에 대하여. 제6문 하느님의 선성에 대하여. 제7문 하느님의 무한성에 대하여. 제8문 사물에 있어서의 하느님의 실재에 대하여. 제9문 하느님의 불변성에 대하여. 제10문 하느님의 영원성에 대하여. 제11문 하느님의 일체성(단일성)에 대하여. 제12문 하느님은 우리에게 어떻게 인식되는가에 대하여.

■ 제2권(I, qq.13-19), [하느님의 생명], 정의채 옮김, 1993, 2판 2014, 572쪽.
제13문 하느님의 명칭에 대하여. 제14문 하느님의 지식에 대하여. 제15문 이데아에 대하여. 제16문 진리에 대하여. 제17문 허위에 대하여. 제18문 하느님의 생명에 대하여. 제19문 하느님의 의지에 대하여.

■ 제3권(I, qq.20-30), [하느님의 작용과 위격], 정의채 옮김, 1994, 2판 2000, 495쪽.
제20문 하느님의 사랑에 대하여. 제21문 하느님의 정의와 자비에 대하여. 제22문 하느님의 섭리에 대하여. 제23문 예정에 대하여. 제24문 생명의 책에 대하여. 제25문 하느님의 능력에 대하여. 제26문 하느님의 지복에 대하여. 제27문 하느님의 위격들의 발출에 대하여. 제28문 하느님 안에서의 관계들에 대하여. 제29문 하느님의 위격들에 대하여. 제30문 하느님 안에서의 위격들의 복수성에 대하여.

■ 제4권(I, qq.31-38), [위격들의 구별], 정의채 옮김, 1997, 293쪽.
제31문 하느님 안에서 단일성 혹은 복잡성에 속하는 것들에 대하여. 제32문 하느님의 위격들의 인식에 대하여. 제33문 성부의 위격에 대하여. 제34문 성자의 위격에 대하여. 제35문 모습(혹은 모상)에 대하여. 제36문 성령의 위격에 대하여. 제37문 사랑이라는 성령의 명칭에 대하여. 제38문 은사라는 성령의 명칭에 대하여.

- 제5권(I, qq.39-43), [위격들의 관계], 정의채 옮김, 1998, 345쪽.
제39문 본질과 비교된 위격들에 대하여. 제40문 관계들 내지는 고유성들과의 비교에 있어서의 위격들에 대하여. 제41문 인식 표징적(혹은 식별 표징적) 작용들과의 비교에 있어서의 위격들에 대하여. 제42문 하느님의 위격들 상호간의 동등성과 유사성에 대하여. 제43문 하느님의 위격들의 파견에 대하여.

- 제6권(I, qq.44-49), [창조], 정의채 옮김, 1999, 339쪽.
제44문 피조물들의 하느님으로부터의 발출과 모든 유의 제1원인에 대하여. 제45문 사물들의 제1근원으로부터의 유출의 양태에 대하여. 제46문 창조된 사물들의 지속의 시작에 대하여. 제47문 사물들의 구별 일반에 대하여. 제48문 사물들의 구별에 대한 각론. 제49문 악의 원인에 대하여.

- 제7권(I, qq.50-57), [천사], 윤종국 옮김, 정의채 감수, 2010, 379쪽.
제50문 천사의 실체 자체에 대하여. 제51문 천사와 물체의 비교에 대하여. 제52문 장소에 대한 천사의 비교에 대하여. 제53문 천사의 장소적 운동에 대하여. 제54문 천사의 인식 작용에 대하여. 제55문 천사의 인식 수단에 대하여. 제56문 비물질적 사물의 일부에서 얻는 천사의 인식에 대하여. 제57문 질료적 사물들의 성찰에 따른 천사의 인식에 대하여.

- 제8권(I, 58-64), 천사의 활동, 강윤희 옮김, 2020, 368쪽.
제58문 천사의 인식 양태에 대하여. 제59문 천사의 의지에 대하여. 제60문 천사의 사랑 혹은 애정에 대하여. 제61문 천사가 본성적 존재로 창조되었음에 대하여. 제62문 천사가 은총과 영광의 상태로 완성됨에 대하여. 제63문 천사의 악의와 탓에 대하여 제64문 악령들의 형벌에 대하여.

- 제9권(I, qq.65-74), [우주 창조], 김춘오 옮김, 정의채 감수, 2010, 424쪽.
제65문 물체적 피조물들의 창조 작업에 대하여. 제66문 구별에 대한 피조물의 질서에 대하여. 제67문 자체 안에서의 구별 작업에 대하여. 제68문 둘째 날의 작업에 대하여. 제69문 셋째 날의 작업에 대하여. 제70문 넷째 날에 대한 장식 작업에 대하여. 제71문 다섯째 날에 대하여. 제72문 여섯째 날에 대하여. 제73문 일곱째 날에 속한 어떤 것에 대하여. 제74문 공통적인 것들 안에서 모든 일곱 날에 대하여.

- 제10권(I, qq.75-78), [인간], 정의채 옮김, 2003, 383쪽.
제75문 인간론: 영적 실체와 물체적 실체로 복합된 인간에 대하여. 제76문 혼의 신체와의 하나됨(합일)에 대하여. 제77문 혼의 능력 일반에 속하는 것들에 대하여. 제78문 혼의 개별적 능력들에 대하여.

- 제11권(I, qq.79-83), [인간 영혼의 능력], 정의채 옮김, 2003, 320쪽.
제79문 지성적 능력들에 대하여. 제80문 욕구적 능력 일반에 대하여. 제81문 감성적 능력에 대하여. 제82문 의지에 대하여. 제83문 자유의사에 대하여.

- 제12권(I, qq.84-89), [인간의 지성], 정의채 옮김, 2013, 511쪽.
제84문 신체와 결합된 영혼은 어떻게 자신보다 하위에 있는 물체적인 것들을 인식하는가. 제85문 지성 인식의 양태와 서열에 대하여. 제86문 우리 지성은 질료적 사물들에 있어 무엇을 인식하는가. 제87문 지성적 혼은 어떻게 자기 자신과 자기 안에 있는 것들을 인식하는가. 제88문 인간 혼은 어떻게 자기의 상위에 있는 것들을 인식하는가. 제89문 분리된 영혼의 인식에 대하여.

- 제13권(I, qq.90-102), [하느님의 모상으로 창조된 인간], 김율 옮김, 2008, 505쪽.
제90문 인간 혼의 첫 산출에 대하여. 제91문 첫 인간의 신체의 산출에 대하여. 제92문 여자의 산출에 대하여. 제93문 인간의 산출 목적 또는 결말에 대하여. 제94문 첫 인간의 지성 상태와 조건에 대하여. 제95문 첫 인간의 의지에 관련된 사항들, 곧 은총과 정의에 대하여. 제96문 무죄의 상태에서 인간이 가지고 있던 지배권에 대하여. 제97문 첫 인간의 상태에서 개인의 보존. 제98문 종의 보존에 대하여. 제99문 태어났을 자손의 신체적 조건에 대하여. 제100문 태어났을 자손의 정의의 조건에 대하여. 제101문 태어났을 자손의 지식의 조건에 대하여. 제102문 인간의 거처, 곧 낙원에 대하여.

- 제14권(I, qq.103-114), [하느님의 통치], 이상섭 옮김, 2009, 607쪽.
제103문 사물들의 통치 일반에 대하여. 제104문 하느님 통치의 특수한 결과들에 대하여. 제105문 하느님에 의한 피조물들의 변화에 대하여. 제106문 한 피조물은 다른 피조물들을 어떻게 움직이는가. 제107문 천사들의 말에 대하여. 제108문 위계와 질서에 따르는 천사들의 질서지음에 대하여. 제109문 악한 천사들의 질서지음에 대하여. 제110문 물체적 피조물들에 대한 천사들의 통할에 대하여. 제111문 인간들에 대한 천사들의 작용에 대하여. 제112문 천사들의 파견에 대하여. 제113문 선한 천사들의 보호에 대하여. 제114문 마귀들의 공격에 대하여.

- 제15권(I, qq.115-119), [우주의 질서], 김정국 옮김, 2010, 307쪽.
  제115문 물체적 피조물의 작용에 대하여. 제116문 숙명에 대하여. 제117문 인간의 작용과 관련된 것에 대하여. 제118문 혼과 관련한 인류의 번식에 대하여. 제119문 육체에 관련된 인류의 번식에 대하여.

- 제16권(I-II, qq.1-5), [행복], 정의채 옮김, 2000, 417쪽.
  제1문 인간의 궁극 목적에 대하여. 제2문 인간의 행복이 있는 것들에 대하여. 제3문 행복이란 무엇인가. 제4문 행복을 위해 요구되는 것들에 대하여. 제5문 행복에의 도달에 대하여.

- 제17권(I-II, qq.6-17), 인간적 행위, 이상섭 옮김, 2019, xlviii-444쪽.
  제6문 의지적인 것과 비의지적인 것에 대하여. 제7문 인간적 행위의 상황들에 대하여. 제8문 의지에 대하여, 의지는 무엇을 대상으로 갖는가? 제9문 의지의 동인에 대하여. 제10문 의지가 움직여지는 방식에 대하여. 제11문 향유라는 의지 작용에 대하여. 제12문 지향에 대하여. 제13문 수단과 관련된 의지의 작용인 선택에 대하여. 제14문 선택에 앞서는 숙고에 대하여. 제15문 수단과 관련된 의지 작용인 동의에 대하여. 제16문 수단과 관련된 의지의 작용인 사용에 대하여. 제17문 의지에 의해 명령된 작용에 대하여.

- 제18권(I-II, 18021), 도덕성의 원리, 이재룡 옮김, 2019, lx-264쪽.
  제18문 인간적 행위에서의 선성과 악성에 대하여. 제19문 의지의 내적 행위의 선성과 악성에 대하여. 제20문 인간의 외적 행위의 선성과 악성에 대하여. 제21문 인간적 행위의 귀결들과 그 선성 또는 악성에 대하여.

- 제19권(I-II, 22-30), 정념, 김정국 옮김, 2020, I-270쪽.
  제22문 영혼의 정념의 주체에 대하여. 제23문 정념 상호간의 차이에 대하여. 제24문 영혼의 정념들에 있어서 선과 악에 대하여. 제25문 정념들 상호간의 질서에 대하여. 제26문 사랑에 대하여. 제27문 사랑의 원인에 대하여. 제28문 사랑의 결과에 대하여. 제29문 미움에 대하여. 제30문 욕망에 대하여.

- 제20권(I-II, 31-39), 쾌락, 이재룡 옮김, 2020, lviii-236쪽.
제31문 쾌락 그 자체에 대하여. 제32문 쾌락의 원인에 대하여. 제33문 쾌락의 결과에 대하여. 제34문 쾌락의 선성과 악성에 대하여. 제35문 고통 또는 슬픔 그 자체에 대하여. 제36문 슬픔 또는 고통의 원인에 대하여. 제37문 고통 또는 슬픔의 결과에 대하여. 제38문 슬픔 또는 고통의 결과에 대하여. 제39문 슬픔 또는 고통의 선성과 악성에 대하여.

- 제21권(I-II, 40-48), 두려움과 분노, 채이병 옮김, 2020, lxii-278쪽.
제40문 분노적 정념들에 대하여. 먼저 희망과 절망에 대하여. 제41문 두려움 그 자체에 대하여. 제42문 두려움의 대상에 대하여. 제43문 두려움의 원인에 대하여. 제44문 두려움의 결과에 대하여. 제45문 담대함에 대하여. 제46문 분노 그 자체에 대하여. 제47문 분노를 일으키는 원인과 그 대처 수단에 대하여. 제48문 분노의 결과에 대하여.

- 제22권(I-II, 49-54), 습성, 이재룡 옮김, 2020, lviii-234쪽.
제49문 습성의 실체 자체에 대하여. 제50문 습성의 주체에 대하여. 제51문 습성의 생성 원인에 대하여. 제52문 습성의 성장에 대하여. 제53문 습성의 소멸과 약화에 대하여. 제54문 습성의 구별에 대하여.

- 제23권(I-II, 55-67), 덕, 이재룡 옮김, 2020, lxxvi-558쪽.
제55문 덕의 본질에 대하여. 제56문 덕의 주체에 대하여. 제57문 지성적 덕의 구별에 대하여. 제58문 도덕적 덕과 지성적 덕의 구별에 대하여. 제59문 도덕적 덕과 정념 사이의 구별에 대하여. 제60문 도덕적 덕들 상호간의 구별에 대하여. 제61문 추요덕에 대하여. 제62문 대신덕에 대하여. 제63문 덕의 원인에 대하여. 제64문 덕의 중용에 대하여. 제65문 덕들 사이의 상호 연관성에 다하여. 제66문 덕들의 동등성에 대하여. 제67문 후세에서의 덕의 지속에 대하여.

- 제24권(I-II, 68-70), 성령의 선물, 채이병 옮김, 2020, liv-152쪽.
제68문 선물들에 대하여. 제69문 참행복에 대하여. 제70문 성령의 열매에 대하여.

- 제25권(I-II, 71-80), 죄, 안소근 옮김, 2020, I-452쪽.
  제71문 악습과 죄 자체에 대하여. 제72문 죄의 구별에 대하여. 제73문 죄들의 상호 비교에 대하여. 제74문 죄의 주체에 대하여. 제75문 죄의 일반적 원인에 대하여. 제76문 죄의 특수 원인에 대하여. 제77문 감각적 욕구 편에서 본 죄의 원인에 대하여. 제78문 죄의 원인인 악의에 대하여. 제79문 죄의 외부적 원인에 대하여(1): 하느님. 제80문 죄의 외부적 원인에 대하여(2): 악마

- 제26권(I-II, qq.81-85) 원죄, 정현석 옮김, 2021, lii-191쪽.
  제81문 인간 편에서의 원죄의 원인에 대하여. 제82문 원죄의 본질에 대하여. 제83문 원죄의 주체에 대하여. 제84문 어떤 죄가 죄의 원인이 된다는 점에서 죄의 원인에 대하여. 제85문 죄의 결과에 대하여.

- 제27권(I-II, qq.86-89) 죄의 결과, 윤주현 옮김, 2021, xlviii-164쪽.
  제86문 죄의 흠결에 대하여. 제87문 벌의 죄책에 대하여. 제88문 경죄와 사죄에 대하여. 제89문 경죄 자체에 대하여.

- 제28권(I-II, 90-97), 법, 이진남 옮김, 2020, I-289쪽.
  제90문 법의 본질에 대하여. 제91문 법의 종류에 대하여. 제92문 법의 효력에 대하여. 제93문 영원법에 대하여. 제94문 자연법에 대하여. 제95문 인정법에 대하여. 제96문 인정법의 효력에 대하여. 제97문 법의 개정에 관하여.

- 제29권(I-II, qq.98-105) 옛 법, 이경상 옮김, 2021, lxiv-608쪽.
  제98문 옛 법에 대하여. 제99문 옛 법의 규정들에 대하여. 제100문 옛 법의 도덕적 규정들에 대하여. 제101문 예식 규정들에 대하여. 제102문 예식 규정들의 원인에 대하여. 제103문 예식 규정들의 기한에 대하여. 제104문 사법 규정들에 대하여. 제105문 사법 규정들의 근거에 대하여.

- 제30권(I-II, qq.106-114) 새 법과 은총, 이재룡 옮김, 2021, lxxviii-570쪽.
  제106문 복음의 새 법에 대하여. 제107문 새 법과 옛 법의 비교에 대하여. 제108문 새 법의 내용에 대하여. 제109문 은총의 필요성에 대하여. 제110문 은총의 본질 대하여. 제111문 은총의 구분에 대하여. 제112문 은총의 원인에 대하여. 제113문 은총의 효과인 불경한 자의 의화에 대하여. 제114문 공로에 대하여.

- 제31권(II-II, qq.1-7) 신앙, 박승찬 옮김, 2022, cxiv-412쪽.
제1문 신앙의 대상에 대하여. 제2문 신앙의 내적 행위에 대하여. 제3문 신앙의 외적인 행위에 대하여. 제4문 신앙의 덕 자체에 대하여. 제5문 신앙을 지닌 이들에 대하여. 제6문 신앙의 원인에 대하여. 제7문 신앙의 효과에 대하여.

- 제34권(II-II, qq.23-33) 참사랑, 안소근 옮김, 2022, lvi-604쪽.
제23문 참사랑 그 자체. 제24문 참사랑의 주체. 제25문 참사랑의 대상. 제26문 참사랑의 질서. 제27문 참사랑의 주요 행위인 사랑. 제28문 즐거움. 제29문 평화. 제30문 자비. 제31문 선행. 제32문 자선. 제33문 형제적 교정.